多元文化主义

Multiculturalism

李丽红　编

浙江大学出版社
ZHEJIANG UNIVERSITY PRESS

图书在版编目（CIP）数据

多元文化主义/李丽红编. —杭州：浙江大学出版社，2011.11
（当代西方政治哲学读本）
ISBN 978 - 7 - 308 - 09255 - 5

Ⅰ.①多…　Ⅱ.①李…　Ⅲ.①政治哲学 – 研究 – 西方国家 –
现代　Ⅳ.①D095

中国版本图书馆 CIP 数据核字（2011）第 223176 号

多元文化主义

李丽红　编

责任编辑	王志毅
文字编辑	杨苏晓
装帧设计	丁　丁
出版发行	浙江大学出版社
	（杭州天目山路 148 号　邮政编码 310007）
	（网址：http://www.zjupress.com）
排　版	北京京鲁创业科贸有限公司
印　刷	临安市曙光印务有限公司
开　本	710mm×1000mm　1/16
印　张	22
字　数	410 千字
版 印 次	2011 年 12 月第 1 版　2011 年 12 月第 1 次印刷
书　号	ISBN 978 - 7 - 308 - 09255 - 5
定　价	54.00 元

政治哲学译介之再出发

——写在"当代西方政治哲学读本"之前

最好地实现了古代人自由观念的城邦也是最近似于现代人自由观念的城邦。

——Alain Boyer

作为可以追溯到 17 世纪的"古代人与现代人之争"的产物，现代性从它肇端的那天起就注定了并不是一种单数的存在。正如启蒙运动是一种复数的存在，作为现代性之政治表述的自由主义也可以被区分为英国自由主义、法国自由主义、德国自由主义，如此等等。这种"道术为天下裂"的原因不但应当到诸如文化传统、地理环境等方面去寻找，而更应当用现代性规范论证的基本结构来说明。德国哲学家汉斯·布卢门贝格关于现代性的经典定义最好地阐明了这一点，按照他的洞见，现代性包含自我奠基和自我肯定两个维度。从表面上看，自我奠基是一种理论关切，自我肯定则是一种实践关切，但实际上它们只不过是作为"规范的唯一来源"的主体性原则在两个不同层面上的体现。更为重要的是，"向自身内部寻求规范"和"反思能力运用于自身"（哈贝马斯语）的结果是：笛卡尔的自明原则是一种自我奠基，孔德的实证精神同样是一种自我奠基；霍布斯和洛克的"自我所有"是一种自我肯定，叔本华和尼采的意志主义也同样是一种自我肯定。于是就有所谓现代早期和现代晚期之说，斯特劳斯则有著名的现代性三波之论，而现代性冲动中潜在的虚无主义倾向更是悖谬性地成了滋生后现代犬儒主义的沃土。

无论就西方政治哲学还是中文政治哲学的语境而论，以斯特劳斯为代表的新保守主义浪潮的最大贡献都在于使人们重新认识到，"古代人与现代人之争"并没有随着政治现代性的崛起而寿终正寝或偃旗息鼓，而是内化到了后者的基本结构之中，并成为现代性政治论辩的基本视域。但问题在于，并不是只有斯特劳斯主义者有见于此，毋宁说，这种认识应当是现代性的任何堪称健全的自我展开和自我认知的题中应有之义。现代政治哲学中洛克传统和卢梭传统的分野与争雄即其显例。而新保守主义者极力诟病乃至于轻薄讥诮的罗尔斯的正义论之所以能够拨动西方智识人的心弦，触动他们的神经，并不仅仅在于它在公共政策层面上为当时流行的福利国家模式提供了表面化的理论论证，而在于敢于直面西方现代性内部自由价值与平等价值之间的内在冲突和紧张，并通过发展和提高康德式契约论的论证水平，调和与综合洛克和卢梭的政治遗产。而哈贝马斯更是在与形形色色的后现代主义奋争多年之后，最终把现代性规范内涵之锚泊定在它的政治维度上。具体来说，商议性政治观基于卢梭和康德关于公域自主和私域自主同宗同源、共为基原的直觉，试图通过阐明人民主权和人权之间、民主和法治之间、积极自由和消极自由之间的内在概念联系把自由民主的实践激进化，从而扬弃作为现代性之政治表述的自由主义和作为西方最古老的政治传统的共和主义这两种互竞的政治哲学范式之间的时代错乱的抽象对立，实现自由与归属的平衡与和解。

因此，如果说自由和民主是政治哲学的两个最基本概念，那么自由与民主的二元性和内在张力就既是政治现代性区别于古代政治的根本标志，也是政治现代性的动力机制。自由与民主之间的二元性又进一步体现为自由内部的二元性即积极自由与消极自由，以及民主内部的二元性，即直接民主与间接民主。但是，无论是政治现代性内部的洛克传统和卢梭传统的对峙，还是自由主义与社群主义或共和主义的论战，都没有越出以上诸种二元性的概念樊篱。20世纪90年代中期以来，当代西方政治哲学中出现了第三种自由概念和民主模式。这种同样以复数形式出现和存在的概念和模式试图突破传统自由主义公共领域与私人领域、正当与善、国家与社会甚至民族国家与世界主义的二元区分，提出了使得政治哲学能够更为充分地应对文化多元和道德冲突的严峻事实的新思路。毫无疑问，无论从哪个角度和哪种立场看，中文政治哲学的成长和构建都不能自外于这一脉动中的大潮。我们必须立足于自身的传统，从中国社会转型的情境需要和问题意识出发，在重新审视自由和民主概念的基础上，把批判性的视野进一步伸展到平等观念、公民德性理想、分配正义模式以及国家的中立性和文化的理想等更为广阔的论域中去，如此才能为中文政治哲学的成熟形态乃至于中华民族的政治成熟提供丰富的滋养和坚实的根基。

要达成这一目标，我们不但需要清除理论认识上的重大误区，更需要脚踏实地的艰苦工作。我们一方面要避免闻新保守主义之风而动，轻率地无视和否定西方主流现代性政治哲学之与当代中国语境的相关性，这显然是因为，如果说在哈贝马斯所言说的语境中，现代性尚且是一个"未完成的谋划"，那么在"周虽旧邦，其命维新"的当代中国则更是如此。另一方面我们又必须看到，由于回避原子主义政治文化的本体论痼疾，"政治的而非形而上学的"自由主义不但无力解决自由多元社会的自我赓续问题，而且由于政治哲学目标的自动降格，更极大地遮蔽了一种扩展的反思平衡和视界融合在全球普遍交往时代的必要性和可欲性。在这个意义上，这种自由主义不但是不现实的，而且是种族中心的。正如消极自由并不是从天而降的、可坐而享之的或形而上学上清白的，而是长期政治斗争的结果，并且从一开始就与近代机械论的形而上学自然观联系在一起；积极自由也并不总是灾难性地与唯理主义的一元论形而上学难分难解，而是可以通过创造性的转换，以回应价值和文化多元时代的挑战。

置身于当代的语境，这个读本系列将不但重视政治哲学的"政治"方面，而且重视政治哲学的"哲学"方面。它的主旨则是围绕当代西方政治哲学重要和核心的观念、问题、流派乃至于人物，请相关方面的研究人员自行编选专题文集。这样做一方面发挥了编选者的能动作用，体现了某种独特的认知效能，有益于提升翻译工作的品位；另一方面加大了单本书的信息量，也为相关领域的从业和爱好者提供了入门津梁，可以作为各专题研讨的基本读物，相信学术界和读书界都会欢迎这样的形式。我们期望并且相信，经过中文政治哲学同仁们卓有成效的努力，当代西方主流政治哲学的面貌必定能够以这种既不失客观公正，又富于个性特色的方式展现在参与塑造汉语学术自主形态的人们面前，并成为这一同样"未完成的谋划"的内在、重要和有机的组成部分。

应　奇　刘训练

2011 年春

选编说明

　　多元文化主义是西方学术界较有影响的政治思潮，它的基本主张是，社会由各种不同的文化群体构成，每个文化群体都有自己独特的文化身份，但是不同的文化群体因其文化身份不同，在社会中的地位和遭遇也各不相同。少数群体的文化身份遭到主流社会的忽视或宰制，没有得到应有的平等承认和对待，从而处于一种不利地位。所以多元文化主义强调群体文化身份的重要意义，主张平等、承认各种文化差异，尊重少数群体的文化成员身份并赋予他们差异的公民身份，实施"差异政治"，从而实现真正的平等。多元文化主义的核心原则是所有文化都应受到尊重，对于文化的多样性与差异性应该持宽容态度。

　　多元文化主义的主张在西方学术界引发了激烈的争论，多元文化主义对于传统的平等思想、公民观念以及价值体系，尤其是自由主义，都提出了严肃的挑战，在当代西方产生了深远的影响。译介这一思潮对于我们正确把握当代西方政治思潮的演变形式与发展趋势有着重要的意义。

　　编者选编本论文集主要出于两方面的考虑。

　　第一，希望呈现多元文化主义理论的概貌。"多元文化主义"是一个非常笼统的术语，在政治领域中，多元文化主义至今也没有一个公认的定义或清楚明晰的界定。正如沃特森所说的，"多元文化主义这个术语不仅在学术界、而且在当下大众作品中的流行和频繁使用，足以让我们警觉到这个可能，即这个词语对于不同的人群意味着不同的含义。"① 由此可见，多元文化主义体现出一种多样性的特征，在不同的学者眼里，"多元文化主义"具有不同的含义。所以，编者希望所选篇目可以反映出多元文化主义理论所涉及的主要问题、基本主张以及发展趋势。这里所选的都是多元文化主义理论权威研究者的经典文章，

---

① ［英］C. W. 沃特森：《多元文化主义》，吉林人民出版社，2005，导言，第1页。

中外学者的引用率也较高，在西方学术界具有一定的影响力，可以从不同的侧面反映出多元文化主义的基本主张。

第二，希望呈现多元文化主义与自由主义之间的争论。自从多元文化主义理论产生以来，自由主义与多元文化主义的争论在经济发达国家就成为一个热门议题。多元文化主义者摆出咄咄逼人的攻势，致力于拆毁自由主义理论的墙脚，创造出各种话语论证多元文化主义在社会生活中的合理性。自由主义者也忙于修补自己逻辑上的漏洞，提出更宽容的社会基本框架来接纳各方的挑战。一时间，学者之间展开了激烈的争论，可以说"多元文化主义"开启了一个众声喧哗的新时代。加拿大政治哲学家威尔·金里卡将这将争论称之为"多元文化主义战争"，因此，厘清争论各方的观点与主张意义重大。本论文集所选篇目均以多元文化主义在西方政治哲学领域所引发的争论，尤其是多元文化主义与自由主义之间的争论为主线，从不同的侧面反映了多元文化主义理论产生、发展的历史背景以及多元文化主义所涉及的主要问题与基本主张。通过对本书的阅读，读者不仅可以对多元文化主义理论有一个整体的认识，而且对于多元文化主义争论中各方的态度、争论的理论意义与现实影响也会有深入细致的了解。

按照上述思路，本论文集的编排结构如下：

导论部分选择了两篇文章，约瑟夫·拉兹（Joseph Raz）的《多元文化主义》是一篇极具代表性的文章。在这里，拉兹从总体上指出了多元文化主义的一些基本主张，并论证了多元文化主义的重要性与合理性。另一篇文章来自法国社会学家米歇尔·韦维尔卡（Michel Wieviorka）的一篇文章。这是一篇概览式的文章，主要介绍了多元文化主义理论的产生过程以及在实践中的发展概况。虽然这篇文章涉及了一些具体的法国经验，但这并不影响我们从总体上了解多元文化主义的涵义、基本主张及其局限性。同时，这篇文章也给我们提出了一个问题，即多元文化主义是解决办法吗？它能够解决由于文化差异而引发的承认与权利诉求问题吗？

第一部分的两篇文章主要阐述多元文化主义者在承认文化差异方面的见解和主张，在这些篇章中体现了多元文化主义对自由主义抽象的个人主义批判。自从多元文化主义理论产生以来，围绕着承认文化差异问题的讨论可谓汗牛充栋，在这些承认问题的讨论中，K. 安东尼·阿皮亚（K. Anthony Appiah）对于查尔斯·泰勒（Charles Taylor）的《承认的政治》（*The Politics of Recognition*）的评价及其对文化认同重要性的强调在多元文化主义理论中十分耀眼，而杰里米·瓦尔德隆（Jeremy Waldron）对于世界主义替代方式的阐述也享誉西方学术界并被频频引用，具有较强的影响力。这也是本文集选用这两篇文章来代表多元文化主义主张的根本原因。应该指出的是，承认与差异的问题是由泰勒的《承认的政治》一文引发的，关于承认问题的很多争论都是围绕着这一文章展开的，但考虑到这篇文章也已被翻译成中文，① 而且耳熟能详，所以本书并没有收录这篇文章。

第二部分主要涉及多元文化社会的公民身份诉求。威尔·金里卡和韦恩·诺曼的文章对于多元文化社会中各种文化群体的类别及其身份诉求进行了简明概要式的阐述，通过这篇文章我们可以看到多元文化社会中公民身份诉求的多样性和复杂性。艾利斯·马瑞恩·杨（Iris Mrion Young）的文章对于自由主义的普遍主义公民观提出了严肃的批判。而杰夫·斯宾纳-哈列维（Jeff Spinner-Halev）和苏珊·莫勒·欧金（Susan Moller Okin）则从不同的角度分析了在多元文化社会中尊重不同公民身份的重要意义，并对多元文化主义是否威胁公民身份的问题做出了回应。

第三部分是关于族裔性与文化权利的争论。主要涉及钱德兰·库卡萨斯（Chandran Kukathas）和金里卡围绕文化权利的必要性问题所展开的争论。库卡萨斯认为文化成员身份与不利地位之间只是一种不完全的联系，不必赋予少数群体特殊的文化权利。金里卡对此进行了回应，并再次强调文化权利对于少数群体的意义。

上述三个部分主要反映了多元文化主义的具体主张，即承认文化差异，尊重"差异的公民身份"，并赋予其文化权利。这三方面的主张呈现了多元文化主义理论的概貌，各种各样的权利诉求都或多或少都与这三方面的内容有关。当然，任何分类都是相对的，这里对多元文化主义基本主张的概括是根据编者本人的理解做出的，不同的学者完全有可能从不同的角度、按照不同的思路做出不同的概括。

第四部分是多元文化主义与自由主义。事实上，多元文化主义与自由主义并不是截然分开的，多元文化主义者往往是通过对自由主义的批判来阐述多元文化主义主张的。所以本文集在呈现多元文化主义理论概貌的部分（第一部分至第三部分）也穿插了多元文化主义对自由主义的抽象个人主义、普遍主义公民观以及价值中立的批判。而第四部分重点关注自由主义者对多元文化主义的回应。艾米·古德曼（Amy Gutmann）的文章分析了多元文化主义对于政治伦理提出的一个挑战，即如何看待由不同文化群体提出的看似冲突的社会正义标准？文章中也表达了作者协商普遍主义的倾向和观点。库卡萨斯和布赖恩·巴里（Brian Barry）分别从自由主义的角度进行了回应了多元文化主义提出的挑战。

最后一部分是多元文化主义的发展前景。克里斯汀·乔普克（Christian Joppke）和金

---

① 译文见汪晖、陈燕谷主编《文化与公共性》，三联书店，1998，第290-337页。

里卡都表达了对于多元文化主义未来走向和发展趋势的看法。乔普克认为多元文化主义已经在理论和政策层面出现了严重的回退现象，前景并不乐观。金里卡认为人们夸大了多元文化主义回退的程度。虽然多元文化主义面临着一些挑战和困难，但它的生命力很强，未来一片光明。这也算是对导论中所提的问题给出的不同答案，与导论遥相呼应。

需要说明的是，由于时间、篇幅、结构安排以及编者的水平问题，有些重要且有影响的文章并未能收录在文集之中。虽然翻译的"信、达、雅"境界是编者一直以来的追求，但是由于能力有限，译文中仍可能会出现晦涩与错误之处。欢迎对译文质量提出宝贵的批评和指正，作为编选者和校定者，本书的不足和错误应当完全由本人来承担。

在本书的编选过程中，刘训练为我提供了大量的资料，并对编选思路提供了宝贵的意见。加拿大女皇大学的金里卡教授及时地回复了我的邮件，并对篇目的选择提出了十分中肯的意见，令我受益匪浅，在此对他们表示由衷地感谢。天津师范大学的郑立和浙江海洋学院的付翠莲博士参与了本书部分篇目的翻译任务，感谢他们的全力支持和辛勤付出。还要感谢苏州大学的王新水博士，不仅要感谢他在翻译和修改过程中所持的认真负责态度，还要感谢他对我的支持和鼓励，这些支持和鼓励为我在译介的路上继续前行提供了莫大的信心和勇气。我的学生邱苗苗、陈洁、唐君韬也参与了部分文章初稿的翻译工作，在此一并感谢。

李丽红

2010 年儿童节前夜

本书是国家社科基金项目"当代西方多元文化主义对自由主义的批判"（08CZZ005）以及江苏省教育厅项目"整合多元文化，维护政治一体"（08JSD8100008）的阶段性成果。

目 录

:::

导论
多元文化主义[*]

约瑟夫·拉兹 (Joseph Raz)

李丽红 译

内容提要: 一些当代哲学家对于自由主义所主张的道德普遍性持拒斥态度,他们始终认为把人类还原为一种抽象存在物的观点是十分危险的。本文并不探讨这一话题。多元文化主义的理论核心是承认这些普遍性的主张可以在不同的文化当中以不同的方式来实现,因而应该重新定义自由主义理论范畴中关于人类幸福与人类尊严的概念。不能在民族主义的意识形态下来理解这种解读道德的方式。因此,取代作为社会共同纽带的民族主义是多元文化主义所面临的主要政治挑战之一。然而,任何一种独特的政策都必须预设一种新的社会敏感:社会并不是由多数人与少数人组成的,而是由众多的文化群体组成。这也是为什么宽容概念不能令人满意的原因。^{**}

一

你可能还会想起引领我们走向土牢的可怕的黑暗与令人难以忘怀的音乐。在这个令佛罗伦萨坦 (Florestan) 倍受折磨的土牢中,当蕾奥诺尔 (Leonore) 刚看到他的时候,她几乎认不出他了,她心力憔悴。她迟疑地坚持着,然而,几分钟过后,一切都不已经不是问

---

* 这是 1997 年我在不来梅大学 (University of Bremen) 做报告时的讲稿。报告的重点是最近的移民潮对于多元文化主义问题所产生的影响,并指出在那些不同文化群体或民族群体长期占据主导地位的地区,这一问题并没有得到解决。关于这一问题的系统阐释可以参阅参考文献当中所提及的文献。——原注

本文原题为 Multiculturalism,发表在 Ratio Juris. Vol. 11 No. 3,September 1998,pp. 193 – 205. ——译者注

** 内容提要由安东尼奥·罗托洛 (Antonio Rotolo) 所作。——原注

题了：

"无论你是谁，我都会解救你，

噢，上帝！你将不再是一个受害者！

毫无疑问，我要解开你的枷锁，

我要使你自由，可怜的人！" *

在那几分钟里，蕾奥诺尔从一个想竭尽全力解救丈夫的深情的妻子转变为全力解救所有受压迫者的道德志愿者，不经意间，歌剧已经完成了其从开场时浪漫的喜剧到政治戏剧的精彩转变。

从爱一个人到同情全人类的心路历程是一种强有力的现代叙述。人们经常告诉我们，道德就是以下面这种普遍理解与普遍同情的方式出现的：即我们要认识到其他人和我们及我们所爱的人一样，也有感觉、希望和痛苦，而且就像我们现在所看到的，我们会把我们的同情从我们所爱的人那里延伸到所有那些与他们相似的人。

这种启蒙式的叙述为那些批判所谓"启蒙方案"的现代批评者提供了攻击素材。他们认为，启蒙运动已经把婴儿连同洗澡水一起倒掉了。那些批评者指出，在承认道德能够克服人类对自己的偏爱的同时，启蒙运动已经产生了一个怪物：普遍化的个人。这个普遍化的个人剥去了人之为人的所有特性，把人还原为一种纯粹的抽象存在物。启蒙方案就是这种抽象个人的道德，批评者认为，与抽象的个人一样，启蒙方案也是空洞的。

这种对于普遍性道德的批判完全是一种误导与混淆。道德的普遍性植根于道德思想的本质：普遍性是所有概念性思想的本质，道德必须是可知的，道德原则必须是可以理解的，而不是任意设定的。

虽然这些对于道德普遍性的批评是混乱的，但是这种批评却来自于全面的，甚至是值得称赞的动机与担忧。它反映了这样一种认识：即把尊重他人理解为把他人当作我们自己的复制品一样去对待的观点是十分危险的，就好像我们认为是好的东西，他们也必然认为是好的。我们从小就受到那些强调道德普遍性的至理名言的熏陶：我们被教导"要像爱自己一样爱你的邻居"，"己所不欲，勿施于人"。如果能被充分理解的话，这些当然是真正的至理名言。但是，与此同时，这样做也是十分危险的。它容易形成一种趋势，即人们直接按照自己的标准来理解他人。你可能会说："我小时候从来没有看过电视，我不理解为什么今天的年轻人必须要看电视。""我从来都没有去过清真寺，为什么只是因为后来者

---

* 这是贝多芬的歌剧《费黛里奥》中的一个场景。——译者注

需要，我们就应该给他们清真寺？"

多元文化主义所引发的一个理论上的——而不仅仅是政治上的——挑战就是怎样将普遍主义的真理与特殊主义的真理融合起来。

多元文化主义是一个新的词语。牛津英文字典将它的产生追溯到50年代末和60年代初。但是，它是否指出了一种新的道德观点呢？它是否是对新的社会与政治现实的反应呢？这些问题的答案并不是十分明确。毕竟，在大部分历史进程中人们都是生活在多元文化的社会当中的。那么，多元文化主义的观点有什么独特之处呢？文化共同体、种族共同体以及宗教共同体并存于一个政治社会或一个国家的现象在很早以前就存在于许多欧洲国家，在他们把自己认同为欧洲人以前就存在。虽然大规模移民从一个国家到另一个国家的现象在历史的长河当中是断断续续发生的，但它也绝不是一种全新的事物。尤其是在19世纪，许多欧洲人以及大批生活在欧洲其他国家的居民离开欧洲去往阿根廷、加拿大、美国、南非等国。20世纪后半叶的移民现象更是史无前例的。但是这并不能解释为什么多元文化主义在20世纪末出现，而不是在此之前出现。

你可能会说除了这个词语是新的，其他的并无新意可言，它只是让我们回到了150多年前，回到了民族主义及其意识形态胜利之前。因为我相信直到民族主义胜利以后我们才把民族主义思想视为自然而然，甚至认为它对于我们来讲是不可避免的。这种认为只有共同的种族性、共同的语言以及共同的文化才能成为黏合一个政治共同体的黏合剂的思想在今天已经成为老生常谈。虽然有些人也认为民族主义可能会导致令人懊悔的极端情况，但是，从本质上来讲民族主义是一种解放运动，因此，人们往往认为它是一种正义的行动。"一个民族，一个国家"（one nation one state）的意识形态应该如何对欧洲人的痛苦经历负责？这既包括在过去的两个世纪内欧洲所遭受的众所周知的压迫，也包括如今欧洲人所经历的众多痛苦。从某种程度上讲，多元文化主义就是现代政治思想一个组成部分，它意在清除民族主义所产生的一些伤害。

我是说在众多具有这一目标的政治运动与理论运动当中，多元文化主义只是其中的一种。当然，占据优势地位的还是欧盟本身，也就是说主张对具有共同市场的国家进行政治整合以及其他一些主张把主权结合在一起创造联合欧洲（a Federal Europe）的运动是占据优势地位的。欧盟的发展是政治恐惧与经济希望的产物。其中的任何一个成员国都不能成为政治共同体的良好基础。我认为，历史学家与哲学家更清楚欧盟的理论基础，但是反对民族主义的证据却恰恰存在于多元文化主义理论当中。多元文化主义与其兄长欧盟都反对这样一种观点：即共同的民族性是决定政治共同体生存能力的必要条件。这也同样适用于我们所熟悉的另外一种欧洲运动：这个运动的口号是**区域欧洲**（Europe of the regions）。我认为在十九世纪反对民族主义者霸权的斗争失败之后，把区域欧洲运动视为民族运动复兴的看法是十分错误的。一些**区域欧洲**思想的倡导者并没有参与那些斗争。苏格兰人就是一个很好的例子。从许多方面来看，18 世纪是苏格兰的黄金时代，而且在 19 世纪这个国家也没有多大的民族主义热情。除此之外，当各种各样的民族主义者倡导**区域欧洲**运动时，大部分苏格兰人并不想脱离他们的国家，他们并不赞成传统民族主义者的民族 – 国家理想。他们主张把权力委托给一个更大的政治单位，权力既是国家的也是欧洲的。**区域欧洲**连同**欧盟**以及**多元文化主义**都反对把共同的民族性作为政治共同体赖以存在的共同纽带。

这三种运动都面临着相同的严峻挑战：什么可以取代共同的民族性成为粘合政治共同体的纽带？因为不容否认的是，事实证明民族主义已经成为一种有效的政治黏合剂，它紧紧抓住民族主义者的热情与焦虑使人们紧密团结。那些主张替换民族主义纽带的人不可避免地会被认为是政治幼稚（political naivete）。与理论挑战相对应，这就是多元文化主义、欧洲运动以及区域欧洲理想所面临的**政治挑战**：他们应该怎样设想政治纽带？对于他们来讲，什么可以取代民族主义而成为政治纽带？

但是，对于多元文化主义来讲，它所面临的最基本的挑战，也是更值得强调的是**道德挑战**：为什么是多元文化主义？首先选择走这条路的道德原因是什么？毫无疑问，我们的国家并不是十分完美的。但是我认为有些理想我们还是应该坚持的，如西方自由主义，或者如果你愿意，也可以说是西方社会民主理想。这些理想认可了民主政府、个人自由、福利国家以及市场经济。这些理想也允许持异议者对其执行、本质及其正当性提出异议。但是，今天我所探讨的主题并不在此，所以我不对此进行详细阐述。主要的问题是这些理想会使我们因其所信奉的抽象而空洞的普遍人（univversal Man）概念而受蒙蔽。事实上，自由主义政治是把普遍的人文主义道德运用于后工业时代的西方资本主义社会的结果。在由这些理想所构成的政治框架内，无论从哪个角度来看，其所认可的这些原则在西方民主国家还是十分盛行的，文化制度能够得到发展，有时候也很繁荣，各种各样的教堂能够正常发挥作用，文化的多样性并没有受到任何妨碍，也没有任何合法的人类利益受到忽视。因此，对于多元文化主义这样一个新的理想而言，它的道德必要性是什么呢？

二

从某种程度上来说，多元文化主义并不是一个全新的教义。毕竟，道德是普遍而永恒的。而且，道德的基本原则几乎可以适用于我们每一个人，也并无多少神秘感可言。我们可以用这样或那样的方式感知到它们的存在。多元文化主义以一种全新的方式去认识一个古老的真理，使这个古老的真理成为重要的议题，人们因此而不能把它忘记。多元文化主义主张建立这种道德真理，这是对社会事实的一种新的敏感反映。尤其重要的是，多元文化主义警示我们：根据他或她自己的观点去理解别人的是十分危险的，尤其是当别人是以外国人的身份生活在我们国家时候，当我们是在自己的国度内生活，而他们却是侨居他国的时候，这种根据自己的观点去理解别人的做法的危险性会更大。

我认为，我们不应该把多元文化主义**首先**看作一种道德理论或政治理论，而应该把它视为重申某种社会敏感的标志，它突显了人们在当今的政治现实中遇到的某些议题和某些需要。"多元文化主义"这个词首先是在加拿大开始使用的，也是最先在加拿大作为一种政策开始实施的。它意味着在同一个政治社会当中并存着许多大的文化群体，这些文化群体希望并且在原则上也能够保持他们独特的身份。多元文化主义始终与我们在一起。多元文化主义影响着重大历史事件的发展趋势，并且事件的规模越大，重要性越强，多元文化主义的影响力也就越强。在它的产生地加拿大，存在着三种形式的多元文化主义：首先，土著居民的并存：即因纽特人、各种美国印地安民族与具有欧洲血统的"老移民"的并存；其次，"老移民"共同体中讲英语者与讲法语者的并存；第三，具有西欧血统的移民（即"老移民"）与新移民的并存，这些新移民多数都来自于亚洲与南欧。而英国的情况却完全不同。这里主要存在着两种形式的多元文化主义：首先是四种人的并存，即苏格兰人、威尔士人、爱尔兰人以及英格兰人的并存，这四种人联合在一起形成了联合王国；其次是这四种人与新移民共同体的并存，这些新移民共同体主要包括加勒比黑人、印度人、各种各样的穆斯林共同体、巴基斯坦人、孟加拉人、印地安人以及其他的共同体。

这就是多元文化主义在不同的国家所表现出的不同形式，也正是因为如此，有时很难把多元文化主义看作是一种新的道德敏感（moral senlitirity）。多元文化主义政策可以适用于存在巨大差异的不同国家，而且任何人们能够想到的普遍规则，都有可能因多元文化主义的出现而成例外。尽管如此，多元文化主义却不只是一种新的道德敏感。我在其他地方已经指出，**自由多元文化主义**是一种以关注人类尊严与幸福为动力的标准训诫。这个训诫向我们证实：在现代西方社会，培养和鼓励文化群体的文化与物质的繁荣并尊重他们的身份，这种政治态度是正义的。

这个训诫产生了深远的影响。它呼吁我们从根本上重新认识社会，改变它的自我形象。它使我们我们认识到社会是由众多的文化群体构成的的，而不是由多数人与少数人构成的。当然，要实现这样的转变是需要很长时间的，而且仅仅依靠政府的行为也是无法实现的，它需要在很大的范围内改变人们的态度。当前，人们对于多元文化主义的态度以及人们接受多元文化主义训诫的速度在很大程度上取决于两方面的因素：一是人们对于多元文化主义政策的理解程度，二是继续采取各种具体政策来推进与实施自由多元文化主义的可行性。但是我们必须在切合实际的范围内制定一些长期规划来巩固短期政策。这些文化群体的规模与生存能力是另外一个可以影响那些具体措施效果的可变性因素。当实施公共资助的时候，文化群体的规模是不能不考虑的因素。文化群体的生存能力也是如此。公共政策不会去支持那些丧失了生命力、垂死的文化群体，也不会去支持那些年轻人不断离开、规模逐渐缩小的文化共同体。当然，多元文化主义改变了它所支持的那些文化群体的生存前景。这也正是它的目的所在。但是，多元文化主义同时也承认，只有当适用于合适的人群时，周密的公共政策才能有效的发挥作用。这些公共政策只会用于那些愿意接受它的人群，而不会强迫那些无关紧要的人去接受它。

那些比较合适并且事实证明也十分有效的具体政策是各不相同的，它在很大程度上取决于当地的具体情况。这些具体的政策主要以下这些措施：

（1）在所有规模较大的文化群体中，如果父母要求，年轻人可以在其文化群体内部接受教育。但是同时也应该教育这些年轻人熟悉国家主流文化的历史与传统，并培养他们尊重主流文化的历史与传统。

（2）各个文化群体所具有的差异的风俗习惯应该在允许的限度内以法律和公共团体的形式在社会中予以承认。同时提供公共服务的私营公司与组织，如果拥有大量具有不同文化背景的员工，应该为这些员工的风俗习惯提供便利。当前，这种微不足道的不宽容在许多国家都是十分普遍的。比如，在英国，现在仍然还有许多人在为能够在学校或工作中穿传统服饰而斗争。

（3）重要的是割裂贫穷、受教育水平低与族裔性之间的联系。只要某一族群当中有过多的贫困人口，未受教育人口以及没技术或技术不熟练的工人，那么，让别人尊重他们的文化身份的可能性，甚至群体成员本身感觉自己有自尊或者为自己的文化感到荣耀的可能性都将大打折扣。

（4）应该采取一些资助性政策来支持自治文化机构的运行。这些文化机构包括共同的慈善机构、志愿者组织、图书馆、博物馆、剧院、舞蹈、音乐以及其他一些艺术群体。这些政策（与教育一样）也要求公共资源的配给。在竞争这些资源的过程中，群体的规模就成为一个重要的因素。它通过两种方式起作用：总的来说，那些具有较多成员的大的文化群体将占据一定的优势。但是与此同时它也要求对于那些生命力很强并足以随生存考验的小规模的文化群体也给予一定的支持，这种支持并不是完全按比例进行。假如给予支持的经费数目较大的话，那么小规模文化群体中每人所享受的资助要比大规模文化群体中每人所享受的资助还要多。

（5）公共空间、街道、广场、公园、购物中心等等（电视上的空间也是一样）应该适合于所有的文化群体。当各个文化群体的审美感彼此不同时，当他们对颜色、模式、气味、音乐、噪音以及速度的偏好存在较大差异的时候，应该给他们划出各自的公共空间，就像种族邻里一样互不影响，与此同时其他的公共空间照常向所有人开放。

当然，所有这些措施都是为了实现各个文化群体能够在一个没有压迫、充满宽容的共同体中和谐共处而设计的。因此，这些措施也有局限性。但是，重要的是不要用错误的标准去检验宽容的局限性。事实上，我认为在土耳其，土耳其政府并没有宽容库尔德人的某些习惯，当从土耳其来的库尔德人定居欧洲以后，不允许他们继续沿袭这些习惯也是毫无道理的。

同样，宽容移民共同体的某些习惯可能会导致一个国家的公共空间或邻里关系特征发生改变，但是压制这些习惯也是没有道理的。我们自然希望保持邻里关系与公共空间的特征。我们的生活，我们的生活质量与它们是息息相关的。但是，其他人的生活也一样与之有关，而且他们当中的大多数都是年轻的一代，也就是我们的后代或者其他文化群体的成员，我们认为适宜的生活方式也许他们认为并不适宜。我们应当使他们也像我们一样拥有适宜的生活，使他们能够感觉到在这里生活就像在自己家里一样，因为一旦他们移民到一个国家，这个国家就成了他们的家。

不管怎样，宽容具有重大的局限性。我主要讲四点：第一，所有的文化共同体都没有压制自己内部成员的权利。这也同样适用于本土德国人对于同性恋的憎恶以及在索马里移民中存在的女性割礼习俗。第二，任何一个共同体都没有权利对那些不属于这个共同体的成员实行不宽容。虽然不必将其视为违法或犯罪，公共政策应该打击所有形式的种族主义或其他形式的不尊重。第三，共同体内部的成员必须具有选择离开其所在共同体的机会。离开共同体应该是得到公开承认的权利。第四，自由多元文化主义要求所有的文化群体给予他们的成员足够的机会进行自我表达以及参与国家的经济生活，并培养他们的态度与技能，使之能够有效地参与国家政治文化（Raz 1994，157 – 158）。

三

　　我已经提到一些具体的多元文化主义政策，但我并不想把它们推荐给任何政府使之能够立即付诸实施。正如前面我所讲到的，我们必须对照本国的实际情况来衡量这些政策才能找到有效的替代性方案（Raz 1986，427）。我提及这些政策是为了表明在讨论多元文化主义时在我心中已经推导出来的政策类型。我将不再探讨它的实践结果。然而，我想强调一下我所说的第三种挑战，即道德挑战。它提出了这样一个问题：我们已经拥有公民权利、政治权利以及不受歧视的权利，**为什么要多元文化主义**？一种理解方式就是：多元文化主义所倡导的所有政策与政治态度是不是来源于或包含于这些基本权利以及不受歧视的权利之中？先前的阐述表明答案是否定的。诸如在一个国家当中教授每个人少数群体的语言与文化的政策并不是来源于不受歧视的权利。而且，我想再次强调的是，多元文化主义不只是包括这些特定的政策。它还包括态度的改变以及我们对我们所处社会的理解与认知方式的改变。再重复一下：多元文化主义首先认为我们的社会不是由多数人群体与少数人群体组成的，而是由众多具有不同文化的文化群体组成的。这些观点并不是由反对歧视的权利、宗教自由或者其他什么基本权利推导出来的。

　　并不是每个人都认可并支持这一事实：即多元文化主义训诫并不是来源于传统的自由权利。相反，许多人都指出也正是因为这一点，所以多元文化主义的主张并不能被证明是正当的。但是这种观点是错误的。某些反自由主义学者也会指责采取这种立场的人，因为他们漠视这样一个事实：人类的繁荣与尊严的具体形式往往来自于他们所生活的社会，来自于在这个社会中他们共享的社会意义（Raz 1994，177 – 78）。

　　人们的幸福是由他们在各种有价值的人际关系与行为中感受到的成就感所构成的。他们处理各种行为、协调人际关系的社会技能以及其他一些技能都来源于他们自己的文化，他们的自尊感与他们对于自己作为某一文化群体成员的感受紧密相关。人们可以后天习得在另外一种文化中生存所需要的技能。在一个多元文化的社会，重要的是要给人们这样做的机会。这就是我所说的离开的权利（Raz 1995，181）。但是，并不是所有的人都能做到这一点，而且并不是所有的人都愿意这样做。因人们具有学习与接受的能力而让人们有机会与他们自己的文化及生活方式保持紧密联系的案例十分有限。但是，这取决于一些更重要的因素：**强迫习得并使其适应的要求会损害人们的尊严与自尊心**（Raz 1994，178）。这就表明：这个国家并没有尊重他们的文化，并且把他们的文化视为劣等并意图将其消除。

以这是代际传递中的问题来回应这个问题可能是比较有诱惑力的回答。我已经说过，人们放弃自己的文化转而接受一种新的文化是极其困难与痛苦的，而且人们能够转而接受新文化的能力也是有限的。这些因素都是影响人们愿意归属于一种文化而不是另一种文化的原因。新生的婴儿就没有这方面的问题。他们可以很容易地被培养成中国人、印度尼西亚人、法国人、英国人、德国人或土耳其人。这是不争的事实。但是，只有当有人穷凶极恶的想把孩子从其父母身边带走并放在指定的国家中抚养时，这种情况才是可能的。事实上父母对孩子的影响是最重要的，如果这是一个代际传递的问题，那么，这种代际传递会影响到许多代人。

所以，为什么要多元文化主义这个**道德挑战**的答案就是我们对于人类幸福与尊严的关注。不幸的是，这个答案只是强调了**政治挑战**的严重性。这个政治挑战就是：既然他们反对把共同的民族性作为共同的纽带，那么，依据多元文化主义的观点，什么才是使一个政治社会成为一体的联结纽带呢？

四

我们不得不承认这是一个严肃的挑战。但它也隐藏着许多危险。事实上，我们对于这种将政治社会联为一体的纽带的理解是十分贫乏的。通过夸大恐惧与忧虑来维护政治一体的做法是不道德的，也是十分危险的。

正如我们所知，大多数情况下，人们通常会把对某人的生存或重大利益构成威胁的外来国家看作共同的敌人。有时候，这个共同的敌人是以意识形态的形式表现出来的：一个外来的宗教或意识形态。有时候，也可能是存在于国家内部的敌人。

请允许我有片刻的稍稍偏离主题，这种认为拥有一个共同的敌人的观点对政治一体极有裨益的政治观点是我最反对的观点。当我还是个少年的时候，我在一所以色列的中学读书，当时有许多成功人士来学校作报告，内容涉及经济与社会的各个方面。有一次，一个以色列政客来作报告，他认为在以色列与其邻国之间之所以缺乏和平并不是因为以色列官方以及公共媒体的宣传，他也不认为这是一个悲剧。相反，他认为这是一个福音：它可以成为刺激以色列国人的民族动力。它可以使以色列在科学与技术方面取得更大的成就。它可以培养出有教养且十分警醒的人民，并且可以使以色列不被中东文化所同化，而保持其懒散、拖沓且不顾名誉的地中海东部人的文化。

　　我反对这种为了保持国家的政治一体而使国家长期处于冷战或热战当中的命题，我不想为此做过多的解释。我想说的是，我反对这种观点并不是因为我认定共同敌人的威胁不能带来人民的团结。我知道每个人都相信它能做到这一点。虽然事实上这是一种打造政治一体的有效方式，但我却反对这种方式，因为它是不道德的。

　　所以我们应该对那些鼓吹民族统一性以及共同纽带必要性的观点保持一种审慎的态度。我们不能因为这些观点的存在而使生活在我们国度里的文化群体遭受压迫。

　　我还想补充的是，政治纽带的问题是十分重要的。我们所有的人都在不同的层面为其奋斗：欧盟的企业依赖于我们打造或加强欧洲人身份感的能力，这种欧洲人身份是这个联盟的脊骨。通常情况下，欧洲的政治领导人并未对于这个事实给予过多的关注。他们往往认为国家的一体仅仅依赖于制度纽带与共同的经济利益。与共产主义运动领导人所犯的错误比起来，在当今时候犯这种错误更加不可原谅，因为我们已经有了前车之鉴。

　　正如我先前所说的，各种各样的政治学说与政治理论都在努力替代在欧洲盛行了150年的民族主义意识形态。欧洲的一体与多元文化主义都提出了相同的政治挑战，目的都是取代民族主义，使之不再成为政治社会的共同纽带。政治社会需要这样一种共同的纽带，这是不容置疑的。政治社会以主张国家权威高于个人为特征，国家权威通常可以为了同一政治社会当中的其他成员的利益而要求个人牺牲自己的利益。税收再分配政策、区域政策以及所有的福利国家政策都是国家制度强制一些人为了另一些人的利益而牺牲的例证。共享的意愿并不是很容易赢得的。没有这种共享的意愿，一个政治社会很快就会分崩离析，或者不得不运用大量的强制或强行手段来维护政治一体。

　　怎样才能保持这种共享意愿呢？

　　做一些事情来回应这个问题是确实是正确的，但对我们来讲这却远远不够。现代政治社会的成员需要共享一种共同的文化。这是正确的，但是人们很容易从这种毫无恶意的言论中读出一些夸大了的结论。我们知道共同的文化既不意味着一种共同的宗教，也不意味着成为一个共同种族或人种群体的成员。它甚至也不意味一种共同的语言，虽然缺乏一种共同语言是一件麻烦事。以上所有这些因素都不能成为在一个共同的政治社会中形成共享意愿的**必要条件**，我这样说并不表示这些因素对于形成共享意愿毫无帮助。这些因素当然会有利于共享意愿的形成。但是，它们不是必要条件，确实是这样，因为认为政治社会必须以共同的宗教或人种为基础的观点比那种认为必须以共同的敌人为基础的观点好不了多少。

那么，在共同文化的重要性的话题中，什么才是真理呢？这是很难进行概括的。有许多不同的因素都应该予以考虑：首先，为了让一个国家的经济有效发挥作用，就必须要求人们具备一些关于基本技能的一般性知识，包括基础知识、浅显的理解以及在一些专业性技能领域内的专业训练等等。

其次，民主的政治体系需要以自由为基础，需要信息透明以及公众对于政治议题及政治过程有一定的了解。

第三，共享意愿还依赖于人们的情感水平。它依赖于人们对于其他人的感受，依赖于他们理解其他人的能力以及对他人的遭遇、渴望与焦虑的同情程度。

各种各样的因素都能促成这些条件的实现：共存于相同的经济体系下，人们具备相同的技术，并对相关的技术知识有一定的了解，同时也知道人们的财富依赖于哪些条件。民主制度以及大众传媒的存在使人们对于政治过程的本质以及政治行为的限制性条件有着共同理解。人们熟悉在社会中普遍流行的生活方式以及其他人的观点与渴望。共同教育以及能使社会成员去熟悉不同文化群体文化的多元文化课程纲领的存在都是使相互理解与尊重能够广泛传播的必要条件。

我已经列出影响一个政治社会必备的共同文化形成的因素。但是，让我再重复一下我的告诫。一方面，只有共同的文化是不够的。在某种意义上，欧洲国家具有一种共同文化，那些归属于法兰西帝国或大英帝国的国家也是一样，它们也有一种共同文化。但是，这并没有使它们能够成为一个统一的政治社会。

其他的因素也同样重要：控制收入与财富的不平等可以缩小生活期望、健康以及一般期望的差距，这些差距通常会使人们站到社会与经济的对立面，会使人们不再相互理解与彼此同情。

但是，所有这些都没有涉及到事情的本质。我们理解事情本质的能力是有限的，这一点也说明了我们的不确定性。最终的政治一体取决于人们对于其所归属的政治社会的认同感与意愿：如果他们认为自己是德国人，这种认为自己是德国人的感觉完全是本能的，也是没有任何问题的。而且这取决于他们以自己是德国人为荣这一事实。

我们对于认同条件的认识是十分不完善的，这一事实告诉我们：第一，认同包括归属感，这是一种成为其中一部分的感觉；第二，人们可以认同许多不同的群体与制度：他们可以归属于一个家庭、一个工厂、一个政党、一个体育俱乐部、一个宗教群体等等。我们知道多元认同通常情况下并不是相互冲突的。相反，它们通常是相互支持的；第三，尤其重要的是，认同一个政治社会并不必然取代对于这个社会中其他群体的认同，而是可以把对其他群体的认同结合起来。大家公认共产主义者想要镇压所有其他的文化群体的想法是灾难性，现在，许多研究都强调多种认同并存的重要性。

现在到了与多元文化主义更直接相关的内容：认识到这一点是极其重要的：即一个群体认同政治社会的能力取决于这个小群体成员的身份得到大政治社会尊重的程度。这一点可以适用于认同的各个方面。那些不尊重同性恋者的政治社会，不尊重基督徒或黑人群体的政治社会就不要期望这些群体的成员来认同它，而且这个政治社会也不值得他们效忠（Raz 1994，157）。尊重他们就必须尊重他们的文化，他们的宗教等等。从这个角度来看，多元文化主义并不对使政治社会结为一体的共同纽带构成任何威胁，相反，它是促进政治一体的重要因素。

五

我只字未提自由多元文化主义遇到的理论挑战。到目前为止我所说的已经足以表明我的观点：普遍性与特殊性是相互补充的，而不是相互敌对的。这个观点在自亚里士多德以降的哲学传统中也十分鲜明：普遍性必须通过特殊性来体现，特殊性也只有在包含着普遍性的事实中才有意义。在把多元文化主义植入这个传统的过程中，我坚持认为仅仅有宽容是不够的。

多元文化主义思想并不是要求我们必须原谅其他文化群体成员的文化认同，因为他们了解的不够多。这样做是对的，但是只对了一部分。这个思想也不是要求人们必须宽容文化少数群体，否则他们将分裂国家。这种观点也是对的，但也没有涉及问题的实质。

多元文化主义的核心主张是认为，普遍价值可以在不同的文化当中以不同的形式来实现，而且每一种文化都是值得尊重的（Raz 1994，120；179；Raz 1986，265）。我还想强调一点，这并不是说所有文化的所有内容都值得认同。我们的文化与其他的文化一样都是有缺陷的。许多文化的缺陷是以同一种形式表现出来的，比如，对许多文化而言，对性取向的压制就是一个明显的例子。对于迷信、压迫以及错误的思想，无论是存在于我们的文化当中还是存在于别人的文化当中，一经发现，我们都应该与之斗争。当我们这样做的时候，我们当然要以宽容原则和尊重人权的原则为准绳。但是，不能以我们自己的文化为标准来谴责其他文化当中存在的错误与压迫。我们应该承认，他们的文化也实现了重要的价值，他们的文化为他们的成员提供了家园感与认同感，这种家园感与认同感对他们的成员具有积极的作用，正如我们的文化也实现了重要的价值，为我们提供了家园感与认同感一样。

　　这就是为什么多元文化主义能够超越任何宽容原则的原因。在清除错误的过程中，宽容原则限定了我们能做的内容。多元文化主义并不认为它倡导我们予以保护和支持的各种其他文化有什么错误。从本质上，多元文化主义把这些不同的文化看作是普遍价值的不同实现形式。

　　在结尾部分，我将再次回到报告开始时的话题：多元文化主义思想首先是一种新的道德敏感。在那里我曾指出，这种敏感更加关注他者的相异感（otherness），这种敏感告诫我们不要只是因为他们遵循一种不同的生活方式或只是因为他们来自于不同的文化而把我们的方式强加于他人。想想我刚刚提出的观点：当我们发现他们的文化充满了错误时，我们会以我们文化的标准去谴责他们。但是当我们发现自己的文化充满错误的时候却不会去谴责。可能大多数人并不认同这种观点，因为每个人都是以自己的文化为准则的。

　　这样做很好，那么我们就不应该去指责其他文化的缺陷，就像我们对待自己的文化一样，我们应该只是拒绝文化当中的缺陷，而不是全部文化。要做到这一点不仅仅要有包含正确道德原则的理论知识，还要有理解与敏感。要实现这一点，我们必须要理解其他人，理解他们的文化在他们的生活中所起的重要作用。我们必须更好地理解我们自己，我们必须具备不把自己的文化视为理所当然的能力。我们的文化并不是人类成就的典范，而只是人类精神的一种必要的、不完美的体现而已。

　　正如我所说，在多元文化主义思想中并没有多少理论创新。但是要真正的认识它并能够依据它所倡导的原则生活，还有相当长的路要走。

参考文献

Raz，Joseph. 1986. The Morality of Freedom. Oxford：Clarendon.

——. 1994. Ethics in the Public Domain. Essays in the Morality of Law and Politics. Oxford：Clarendon. （Revised edition 1995.）

Sonnleithner, Joseph and Georg Friedrich Treitschke. 1995. Fidelio（L. van Beethovenop. 72）. Milan：Ariele.

多元文化主义是解决办法吗？[*]

米歇尔·韦维尔卡（Michel Wieviorka）　　李丽红　译

内容提要

　　多少有些令人疑惑的是，只要谈及多元文化主义，在社会学、政治科学和政治哲学领域就会出现三类问题：我们社会中存在的文化差异的来源和意义是什么？一些国家的制度和政策制定者是用什么方式来处理多元文化主义的？为什么我们要支持或不支持多元文化主义呢？这篇文章将依次处理这些问题并试图找出答案。文化差异不仅仅被制造出来，它还处于一个不断被制造的持续进程中，这意味着分裂和再造具有永恒的可能性。在这种情况下，问题就是如何扩大民主，在避免多数人暴政的同时也避免少数人暴政。

　　关键词：多元文化主义，文化差异，分裂，民主，主体

一、新近的概念

　　名词"多元文化主义"（multiculturalism）及形容词"多元文化主义者的"（multiculturalist）这两个术语的使用完全是近些年的事，以至于很难给这些术语下一个比较精确的

---

[*] 本文原题 Is multiculturalism the solution? 发表在 *Ethnic and Racial Studies* Volume 21 Number 5 September 1998。——译注

定义。据我们所知，在20世纪60年代末70年代初，这些术语才在加拿大首次使用。[1]在政治学和社会学的著作中，尤其是涉及与非洲有关的内容时，这些术语使用的最多，在这类文章或著作的标题中，我们可以找到形容词"多元文化的"（multicultural）（例如，Richards，1969），用它来对一个社会或国家进行描述性说明。

很久以后，多元文化主义这个术语才出现在字典或图书馆分类中。1991年的哈珀·柯林斯词典（Harper Collins Dictionary of Sociology）对多元文化主义的定义是：

> 多元文化主义——将文化多元主义（cultural pluralism）作为许多社会的特点加以承认和发扬……多元文化主义颂扬并试图保护文化的多样性，比如少数群体的语言。与此同时，它往往集中关注少数群体文化与主流文化之间的不平等关系。

1990年，多元文化主义出现在华盛顿国会图书馆的分类标准中并被定义为"种族群体、宗教群体、文化群体共存于一个国家的状态"。在法国，L. P. 罗伯特（Le Petit Robert）在1985年指出：这个词的首次出现可以追溯到1971年，它被定义为"**多种文化在同一国家中的共存**"；从1984年开始，它出现在拉鲁斯法语大字典（*Le Grand Larousse*）中，但是在1994年版的博尔达斯字典（*Dictionnaire Bordas*）中并没有出现这个词。它也没有被收进 *Dictionnaire de notre temps* 字典（Hachette，1990）和1995年版的大学百科全书（*Encyclopédie Universalis*）。然而，它却出现在巴黎图书馆的 IEP（Institut d'Etudes Politiques）分类标准中。

如果多元文化主义是近期才出现在字典和分类标准中的术语，那么，它也是最近才进入日常应用领域，尤其是出版业中的。在1996年的一次对话中，内森·格雷泽（Nathan Glazer）谈到，据他所知，1981年这个术语在美国的主要报纸中只出现过40次，而1992年却出现了2000次（（Glazer 1996）。[2]

最后，该术语极易引起相关的困惑和混淆，以至于许多作者都拒绝使用它（Benhabib

---

[1] 内森·格雷泽（Nathan Glazer）指出，这些术语的首次出现可以追溯到1941年，是在 *New York Herald Tribune Books*，"We are all multiculturalists now"，Cambridge，MA：Harvard University Press，1997，p. 8.

[2] 在 Glazer 1997 第7页，格雷泽向其他人指出，"如今，我们都已是多元文化主义者，主要报纸的全文数据库显示，1988年之前的报纸几乎没出现过多元文化主义这个术语，1989年出现33次……1993年出现过1200次，1994年出现过1500次。"

1996, p. 17）〔3〕。之所以引起混淆是因为，在一程度上，还存在一些与其并存，并且几乎可以与之互换的术语。比如，按照达罗兹出版社 1981 年出版的社会科学词典（*Lexique des sciences sociales*）中的定义，**文化多元主义**（cultural pluralism）的概念和"多元文化主义"相差并不很远："它所指的是一种社会特征，在这种社会里，存在着与主流单一性有关的文化差异和社会差异，甚至是与古老社会有关的复杂性。"相似地，"**文化交互主义**（interculturalisme）"的概念曾出现在魁北克问题的讨论中，或者，另一个词"多文化主义（pluriculturalism）"，在某种程度上，在概念上可能与"多元文化主义"具有一定的重叠，即使一些作者竭力细化它们之间的区别也无法达到明显的效果。

因此，戴维·戈德伯格（David Theo Goldberg）在一篇文章中指出，"多元文化主义"具有一定的历史形成过程，在这段历史中，多元主义（pluralism）是对美国霸权文化——主张白人、欧洲人的文化具有普遍性——挑战的回应，并且认为它所指的是 20 世纪 60 年代的解放运动，这一运动所产生的只是"意识形态和修辞的成果"，并没有产生具有腐蚀性和挑战性的元素，但是，在当代多元文化主义中，尤其是在批判性多元文化主义中发现了这些挑战性元素（Goldberg 1994, p. 10）。在美国人看来，在这种方式的指引下，多元主义指的是一种温和的描述文化多样性的方法，类似于法国共和传统在它更开放更宽容的变体中所提倡的那样：我们应该回到这个时刻。

在这种背景下，"多元文化主义"含义的不固定性就变得容易理解了。事实上，它涉及三个层面的含义，应该区别分析这三个不同的层面，即使在实践中它们往往是并列存在的。正是带着这种精神，克里斯廷·英格里斯（Christine Inglis）在一篇根据大量纪实材料写成的文章中正确地指出，"多元文化主义"可能具有三种用法，即"人口统计学与描述性"用法，"意识形态与准则"的用法以及"计划与政策"用法（Inglis 1996; see Cashmore 1996, p. 144）。〔4〕或者，换成疑问句的方式就是：第一，多元文化主义是经尝试并验证后的现实吗？也就是说，文化差异是否真的存在于一个特定社会或国家中？第二，它

---

〔3〕 塞拉·本哈比（Seyla Benhabib）在一部由她主编的重要著作的导论中指出，"多元文化主义这个术语已经被用于新近的争论，它既可以用来指称将移民工人与后殖民整合进像法国和德国这样的欧洲民族国家的现象，也可以用来指称魁北克法语共同体的权利，从而确认他们的语言、文化和政治自主性，还可以用来指称在哲学、文学和艺术传统中教授西方'信条'的争论，由于它在所有这些方面都发展出混淆，所以这一术语几乎丧失了意义……"

〔4〕 也可见 Ellis Cashmore, *Dictionary of Race and Ethnic Relations*, 4th edn, Routledge, London, 1996, p. 144："多元文化主义这一术语所使用的原则涉及一系列含义，有作为意识形态的多元文化主义，作为话语的多元文化主义，还有作为一套政策和实践的多元文化主义。"

只是政治和道德哲学讨论中的一种立场或一组立场吗？第三，它不是一种政治行为准则吗？这一行为准则可以巩固制度机制、国家基本法以及大量政治实践，这一准则意在清楚表达维持一种特定文化的个人权利和集体权利，这一准则可能会使每个人都可以充分参与城市生活，尤其是公民、法律和经济事务。这三种观点中的任何一种所指称的都是一种几乎特定的方法。

严格意义上的社会学方法主要对存在多元文化主义的社会感兴趣，主要关注这一社会中的文化差异是以何种方式产生的？如何被接受的？又是如何发展的？以及这种发展引发了什么样的问题和张力？这种方式将多元文化主义描述为问题，而不是回应。因此，按照艾米·古德曼（Amy Gutmann）的观点，多元文化主义是议题，多样化的现实是提出政治目标的起点。它是一种"挑战"，在她看来，不仅社会具有多元文化性，而且，社会的成员，至少是部分成员也日益变得具有多元文化性，她指出："虽然并不是所有人都像拉什迪那样具有多元文化性，但是，不仅是西方知识分子和精英人物，大部分人的认同都是由不只一种文化所塑造的。不仅是社会，而且人本身，也是多元文化的"（Gutmann 1993，pp. 171 – 206）。

另一方面，政治哲学的方法将主要关注与多元文化主义者的观点有关的政治措施，关注这些措施的优势、局限性或不便之处。它将追问，以伦理或道德的标准，而不是经济的标准来衡量，这些措施在何种程度上是可取的或不可取的？实施这样的措施对社会有何好处，又有何损失？政治哲学的方法将使多元文化主义变成一个可能的答案，而不是有待解决的问题。

最后，政治科学的方法将主要关注那些依据多元文化主义原则而设立的政治制度和体制，主要分析这些制度和体制的产生和运行情况并评估它的效果。

尽管区别地分析这三种方法是很有用的，但是使它们成为系统的整体也同样有用，要注意保留他们各自的特征，同时也要考虑它们可以如何匹配。但是不能将这种使其成为一体的努力与经常将这两个层面合并或联合的实践活动相混淆，如果出现这种混淆，我们就无法知晓正在讨论的议题是关于多样化结构与社会运行的，还是关于社会应该采取何种立场的，抑或是关于一种特定的制度或法律的。现在，当这种混淆发生时，人们往往会冷静而严肃地拒绝考虑和讨论多元文化主义概念所涉及的各种问题，而且，凭借这一点甚至可以成为迅速挫败那些想要提出它们的人——正如彼德·考斯（P. Caws）在前面我们提到过的戈德伯格所编写的文集中所指出的那样（Caws 1994，pp. 371 – 387）。在法国，我自己也发现了这点。在法国的一些知识分子圈子中，一个非常法国式的拖延和避免讨论的方式就是给"多元文化主义"这个词加上"美国人的"这个修饰语，从而败坏这一观点，这种政治趋势或者方法同时也意味着它是以具体的经验为基础的，与法国的社会关系无关。（Wieviorka 1997）

二、实践中的多元文化主义

让我们从刚才枚举的三个层面中的第三个层面——即多元文化主义明确倡导的制度和政治安排——开始详细讨论。

（1）第一个经验：一种相对整合的多元文化主义

我们发现，最先开始真正实施多元文化主义的三个国家是加拿大、澳大利亚和瑞典。

在加拿大，起始点是魁北克及其语言（法语）问题。从 1965 年开始，多元文化主义的概念就出现在皇家双语双文化委员会报告（the Report of the Royal Commission on Bilingualism and Biculturalism）中，这一报告建议用多元文化主义取代二元文化政策，从而使加拿大社会可以将种族多样性纳入考虑，而不再只是关注两个主要群体，即英裔群体和法裔群体。1971 年，官方正式采用多元文化主义政策，并在 1982 年以《权利与自由宪章》的形式成为宪法的一部分，从那时起，多元文化主义开始以扩展的法律为基础，并且从最初的语言、文化和教育领域内的反对歧视延续到就业和晋升方面的机会平等。

在这里，我们不要太天真，这一点极其重要。70 年代初，加拿大发明了多元文化主义。之所以这样做，不仅是为了以将加拿大设想为一个拼盘（mosaic），而不是熔炉（melting pot）的形式来回应国内存在的因文化少数群体或种族少数群体而产生的困境。而且它也是——可能更主要——避免或推迟加拿大两极化的方式。它既被其中一极的英裔群体所欢迎，也被魁北克操法语者所拥戴，同时，民族主义者认为多元文化主义以某种方式确认了民族主义的民主特征，同时他们也从中看到了多元文化主义尊重少数文化的开放思想（Taylor 1992；Juteau 1993）。

澳大利亚并没有很正式地采用多元文化主义政策。这里虽然没有像加拿大那样的纲领性文件，但是这里有一系列的官方政策和致力于执行多元文化主义政策的特殊部门。在 20 世纪 70 年代早期，在工党政府的领导下，多元文化主义以"社会改革"（社会改革主要是为了纠正移民在社会和教育方面所处的不利地位）的观念为基础。1975 年，保守党上台以后，它的意义发生了改变。多元文化主义意味着尽管仍然大力支持移民保持其文化和语言传统，但它通常都被理解为现有社会的文化及其政治或行政制度才具有主导地位。它的总体目标是形成一个具有社会凝聚力的多元文化主义澳大利亚社会，其基础是"价值的彩虹联合"（overarching set of values），而这种联合会因文化多样性而得到强化。

1989 年，伴随着**多元文化社会国家议程**（*National Agenda for a Multicultural Society*）的出现，多元文化主义政策发生了改变，这个议程的主题包括文化认同、社会正义和集体经济效益。日后被称为"生产多样性"的经济维度是以如下的理念为基础的，即运用移民的语言和文化能力来促进与其他国家——尤其是亚洲国家——的贸易和投资联系。对于所有有关的群体和个人而言，这种多元文化主义的理念意味着接受宪法和法律，宽容、价值平等、代议民主，言论自由和宗教自由，英语为国家语言，男女平等，用斯蒂芬·卡索（Stephen Castles）的话说，在很大程度上，这是对"多元文化公民身份"的表达（Castles 1994，p. 17；see Vasta 1993）。换句话说，它既结合了尊重文化差异与公民平等，同时也考虑了国家的经济利益、经济进步、经济发展和经济凝聚力。为了避免被指责为轻率，我们也应该在这里指出——即使指出这一点可能并不重要，在面对其他太平洋国家时，这种多元文化主义政策对澳大利亚在区域政策方面的形象十分重要。

1996 年，保守党执掌澳大利亚政府，这一政党大量裁减针对移民的社会政策。澳大利亚的多元文化主义政策在多大程度上发生了改革，这一点目前还不太清楚。

最后，瑞典已经成为移民的东道国，它接受大量移民，尤其是芬兰与南斯拉夫移民，这是瑞典自身发展的需要，此前，它也是一个接纳政治移民的国度，主要接纳来自南斯拉夫和其他地方的政治避难人员。1975 年这个国家正式采用多元文化政策，它采用这一政策主要基于三个基本原则：少数群体和其余人口在生存标准上一律平等；在种族认同和特定的瑞典认同之间具有选择自由；确保雇佣关系是伙伴关系，这意味着每个人都可以在共同工作中受益（Alund and Schierup，1991）。

值得强调的是，这三种模式具有一种共同的特征。在加拿大，或许更多是在瑞典和澳大利亚，多元文化主义并未涉及文化问题与经济问题之间的明显区分。这一政策主要关注的方面也包括经济参与，而不只是文化差异方面。也正是基于这一原因，我们可以说这里所的是**一种相对整合的多元文化主义**。

虽然在一定程度上它并不太重要，但是多元文化主义依旧在许多国家的政治层面明显存在。因此，在墨西哥，在以宪法的形式承认印第安人的地位以及国家的多元化本质方面，萨利纳斯·德·戈塔利（Salinas de Gortari）政府起到一定的推动作用。在此之前，20世纪 40 年代，墨西哥采取的是"原住人融合"（indigenous integration）的政策，主要是为了涵化（acculturation）和同化土著民族，20世纪70年代所采取的是"原住人参与"政策，主要目的是为了控制，而不是承认原住人的要求。

此外，可能只有在城镇或地方层面，而非在国家层面，多元文化主义政策才有可能成为一种制度化的原则。因此，在德国有一个**血统主义村**（ius sanguinis），在那里，所有国家层面的基本文化政策都无法与多元文化主义对接，于是1989年，当地官员在法兰克福主干道设立了一个多元文化主义事务工作室，旨在确保当地政府和外来移民之间的关系。第一个被任命进入这个工作室并一直工作至1997年的就是著名的政治人物：丹尼尔·科恩·邦迪（Dany Cohn – Bendit）。

因此，多元文化主义政治原则在具体的制度中运行时具有各种不同的经验。将这些不同的经验结合在一起就构成了一个相对多样化的经验，这些多样化的经验并不都产生于相同的经济背景，有的是国家某一时期扩张和增长的结果，其他的则是在危机和衰退时期出现的。以上我们所列举的典型特征是少数群体的社会要求，这些社会要求无法与他们的文化要求分离开来。同样，国家所关心的总体经济要求也无法与国家的政治、道德和文化价值观截然分开。这种典型特征就是我们所指称的**整合性多元文化主义**的基础。

（2）美国的经验：分裂的多元文化主义

虽然美国通常会表现出一种**最卓越**的多元文化主义国家的形象，但是在我们所考查的将多元文化主义原则落实为制度的例子中，并没有提到美国的例子。必须要说明的是，在美国，并不存在具体落实多元文化主义的政治根基，多元文化主义并不是制度措施的组成部分，也没有融入最高层面的政治与国家体系，取而代之的是，它遍布社会生活的各个层面，最初起源于我们所讨论的少数群体所提出的要求。而且，重要的是，作为一种制度执行原则，美国的多元文化主义基本上体现出一种二元化特征，可以说，多元文化主义是通过两种不同的逻辑来贯彻执行的，其中一个是社会与经济逻辑，另一个是文化逻辑，而我们刚刚提到的其他经验似乎更具整合性。用一个稍微直接一点的形象来描绘，就是美国的多元文化主义是**分裂的**。

问题的前半部分由肯认行动（affirmative action）的实践及相关的讨论组成。在美国，这种实践和关于这种实践的讨论由来已久。肯认行动是20世纪60年代民权运动的结果，它的衰退也同样是民权运动的结果，它终结于黑人聚居区的叛乱，在非裔美国领导人日益要求真正独自处理共同体内部事务的呼声中，肯认行动又有了高涨的趋势。正如帕斯卡·诺布立特（Pascal Noblet）明确地指出的那样，最初，它只是为了"调整人种取向，实现反歧视的目的"（Noblet 1993，p. 149）。因此，它主要关注的并不是文化承认问题，而是反对社会不平等的行动，尤其是被种族歧视所强化的社会不平等。

应该指出的是，肯认行动并没有明确的定额，尤其是在巴克案（Bakke Case）之后。对于这一点，富有启发性的分析可以参见罗纳德·德沃金（Ronald Dworkin）1985 年的作品〔5〕。肯认行动首先只是为黑人准备和设计的，但很快就扩展到妇女群体、西班牙裔群体和其他一些群体。它所关注的是社会平等，而不是文化承认。

内森·格雷泽认为"肯认行动与文化承认毫无关系……它是有关工作和进入许可的"（Glazer 1997，p. 12）。然而，我认为，必须参考文化差异来分析肯认行动，即使它们不是同一件事。即使肯认行动可以从归化（naturalized）或种族性转移到所谓的社会性，但是一旦绕过文化属性，它就无法和多元文化主义问题脱离开来。事实上，假定的肯认行动的受益者群体，或者要求这一政策的群体，抑或被认为从中受益的群体，都不是由简化的自然属性来界定的，而是直接以社会属性来界定。比如，成为黑人或成为妇女是种族和性别上的事，但它不仅是由自然属性来界定的问题。人种和性别同时也是社会属性，从一种文化到另一种文化，从一个时期到另一个时期，会发生各种各样的变化。而且，社会不平等的再生和加剧都是通过少数群体的文化无资格（cultural disqualification）来表达的。

美国多元文化主义的第二个部分由直接而明确的文化问题构成，即承认问题。后者是讨论的主题，同时也是实践的主题，在承认问题中最有决定性的是始于高校的教育体系运行问题。就历史和文学教学而言，它们比其他任何领域都更受关注。在美国，我们确实可以看到这样的讨论，这种讨论要求以另外一种方式对待少数群体和妇女（虽然在很大程度上具有一定的相似性，但是把妇女也视为少数群体是十分可笑的）。

这些讨论有时已降低为荒谬的表达，"政治正确"已完全偏离了法国人所喜爱的玩笑。但这不是重点。事实上，这种要求已经出现，并且在某种程度上已经迫使他们提出承认其文化差异的要求，即使这些要求可能会彼此冲突——举例来说，在学校教科书中，在选择学习何种文学作品或者何种版本的历史时就存在这种要求。在这里，多元文化主义更接近于一种承认的政策，特别是在持有所谓的"批判性"观点的人那里，它将找到其理论的统一性，而且，事实上，多元文化主义是某种左派观点的最终结果，这些左派观点联合

〔5〕 Ronald Dworkin, *Matter of Principle*, Harvard, 1985. 巴克案因一个名为巴克的白种人被戴维斯医药学院用定额政策拒绝录取而得名，这一案件的结果是，美国最高法院作出裁决，大学在录取程序中不能使用定额政策，但是可以使用种族标准。正如德沃金在第 304 页所指出的那样，"……倡导者可以放心地发现，仍然可以通过戴维斯学院所使用的更加复杂、更加微妙的计划以及最高法院的拒绝来继续追求肯认行动的目标。"

起来共同发力，指责西方的、白种男性的或英语语言文化所推行的普遍主义和其主导地位。

重要的是，社会历史百科全书（Garland pub，New York and London）中的多元文化主义定义并没有提到肯认行动。多元文化主义被表述为一种运动，这种运动是在社会科学的研究和历史中形成的。以这种观点来看，多元文化主义主要是一种激进的政治思想，主要运行于十分具体的"文化研究"领域，并且很可能如我们所见，它已经发生偏离，步入了"政治正确"的行列。多元文化主义是来自少数群体的一系列压力，比如，在 20 世纪 80 年代，他们就要求把自己独特的观点纳入到美国的历史和价值观中。通过这种公平对待特定历史和价值的方法，可以成为在教育体系中尊重他们观点的依据，同时有利于增强少数群体学生的自尊和自信。

因此，在美国，存在两种不同的争论：一种是关于肯认行动的，另一种是关于尊重和承认少数群体或被统治文化的。的确，通过阅读，我们可以轻易地看出，这两种争论所提出的问题之间具有一定的相似性，例如，《异议》（Dissent）这本杂志所提供的卷宗〔6〕就尝试评价赞成和反对肯认行动的论点。在这两种争论中，一种在本质上更加关注社会与经济问题，另一种更加关注文化问题，而且这两种争论之间也存在各种形式的交流，比如，那些在肯认行动政策下申请进入大学的人往往能够要求更多地关注并更公平地看待令他们处于少数地位的历史、语言和文化。但是，即使是作为多元文化主义基础的两种逻辑，即文化性和社会性，在美国可能越来越接近，并且相互影响、相互整合，尽管如此，事实仍然是，它们具有各自独立的历史，并且必然由不同的学者进行阐释。

换句话说，只要多元文化主义不想将处理社会不平等的问题与缺乏尊重与承认少数文化的问题区分开来，那么，多元文化主义理论的统一性就不需要通过实践的统一性来表达的。因此，在这里谈及**分裂的多元文化主义**——来对应**整合的多元主义**——是十分可能的，分裂的多元文化主义更能体现上面提及的经验的特征。

进一步分析多元文化主义整合的社会历史条件可能十分有趣。但是让我们先满足于现有的结论。多元文化主义是一个有效的回应，我们只是探讨了多元文化主义可能会发生的不同变化。在加拿大、瑞典和澳大利亚的经验中，这种回应就是评价的目标，这些评价是公开的，且揭示了它们的主要内容，这些评价，如果不是积极的，至少也不是消极的。确

---

〔6〕 Dissent，（Fall），1995，包括一个重要的名为"炮火下的肯认行动"的卷宗，第 461 至 476 页，这个卷宗总结了《异议》杂志社具有左翼思想的审稿人关于这一问题的极其矛盾的争论。

切地说，在克里廷·英格里斯的方法中，可以得到的评价显示，尽管它们并不是在各个方面都取得了成功，但这些计划也并没有失败。而且，所有这三个国家的公众民意测验显示：大部分公众都趋向于支持多元文化主义，即使在危机和经济衰退时会激发憎恨外国人、种族歧视、害怕和拒绝他者，而不是像多元文化政策所倡导的那样以开阔的胸襟对待他人。

在这里，我们的目的是站在多元文化主义一边。很明显，多元文化不仅是对某些社会问题的一种回应，而且这种回应并不必然产生糟糕的场面，这也正是我们感兴趣的问题。它并没有阻止民主的运行，并且在试行这一政策的国家，它也并没有遭到大量公众的拒绝。甚至我们要被迫承认，像内森·格雷泽对美国的评论那样，"现在我们都是多元文化主义者"，因为"我们现在已经接受了对少数群体和妇女的更多关注，也接受了他们在美国历史、社会研究和学校的文学课堂上所扮演的角色"（Glazer 1997，p. 14）。但是我们应该谨慎地对待这一跳越式的结论。在何种程度上，我们说多元文化主义是一种正确的回应呢？更确切的是，什么才是问题呢？

三、差异问题

如果按照第一种方法，问题就是在民主社会中存在着文化差异，有人要求或期望——无论他们以多么明确的方式提出——能够在公共领域承认其文化差异。

（1）认同（identity）的产生

自从 20 世纪 60 年代开始，我们见证了在全世界范围内出现的群体要求确认其认同的主张，这些要求来自各种完全不同的群体，但大体包括宗教群体、种族群体、人种群体、历史群体、民族群体，以及性别群体、残疾人或患严重疾病的群体等。在某些情况下，这些文化要求和期望直接指向社会不平等，诸如雇佣中的过度剥削、失业或是沦为**下层阶级**、受排斥以及身处险境等。在另外一些情况下，这些要求与历史性承认有关，这些历史性承认是他们的深切渴望。在某种程度上，这些要求与我们前面提到过的那些群体的经历很相似，在过去的历史中，这些群体在殖民主义、奴隶制度、种族灭绝或文化清洗的摧残下或被取消资格，或被诬名化，抑或被消灭或几近被消灭。在所有情况下，这种要求不会在社会中直接产生。

然而这再一次表明，差异可以扭转那些具有肢体或精神残疾的人的现有处境，可以承认残疾人或受重病所扰的人与残疾和病魔作斗争时所付出的努力，可以使他们有能力参与城市生活，最终能够使这种参与所暗含的文化形式——例如，聋哑人的手语——获得更多的合法性（Wieviorka 1993；1996）。将有关文化差异的争论按照四种脉络区分开来是至关重要的（Kymlicka 1995）。

第一种争论所涉及的群体在我们所讨论的社会产生之前就存在了，在某种意义上，现有社会想将他们灭绝——例如澳大利亚的土著居民和美国的印第安人。在这些例子中，对认同的确认往往会涉及对过去的历史及其合法性的深刻认知，他们会意识到自己是过去实践的牺牲品，而这种牺牲与种族灭绝的社会劣根性有着深刻联系。虽然情况很不同，但对我来说，第一种争论所持的态度在很大程度上源于奴隶制。

第二种是主流社会对于移民人口的态度，这些移民人口带来了他们自己的文化起源和传统，这些文化和传统也是移民们不愿意丢弃的东西。

第三种争论是关于再生产的，这意味着有些群体的经历象征着一种长久存在的文化，尽管受到金钱、市场以及更具普遍性的现代经济生活的侵蚀，但他们仍竭尽全力地维护这一文化的生存，确保它具有活力和力量，并且永久地存续下去。

第四种争论是关于生产的，这一争论在围绕文化差异的争议中绝对具有决定性作用。我们所生活的社会的一个典型特征是文化碎片化的趋势，这与我们通常的认知是背道而驰的，这种碎片化的趋势要比文化同质化趋势发展的迅速，这是经济全球化的结果，或者说是在美国霸权主义控制下的大众文化国际化的结果。有人认为当今世界是超现代的（hyper-modern），还有人认为当今世界是后现代的，虽然也有人认为当今世界是去现代化的（demodernization），但是文化差异却是永久的结果，在文化差异中，认同被不断地转变与重构，而且没有什么原则是永久稳定的，即使最新的认同有时也是依照陈旧的模型塑造的，就像我们在西方社会仍然可以看到重塑伊斯兰教的趋势一样。

上面提到的三种争论不断地渗透和改变着第四种争论。确认文化认同的整个过程要主要考虑发明和改变，而不是主流社会或再生产。

这些应该予以进一步讨论的言论意味着我们不能反对现代传统，就像古典社会学和进化论者所认为的那样。那种认为现代化进程一定会带来传统衰退的观点应该予以摒弃。相反，差异的出现往往会使他们通常所主张的血统传统——这是他们的最后手段——转变为一种传递现代性的有效方式。这些现象的发展表明，我们已经进入一个新的时代，也可以说是超现代时期，在这个时代，我们的社会不断地生产出各种不同形式的传统，更普遍地说，会产生各种不同的文化认同，这些文化认同并不是固定不变的，而是很容易被分解和重构。

（2）张力

我们的社会在不断地产生文化差异，在这个过程中，我们见证差异的迅速比社会本身再生产的迅速还要快，而这些文化差异构成了一个异质的集合。认为这些差异具有统一性并声称它们是共同社会的组成部分、并且在为共同的目标而奋斗，完全是人为的假定。然而，它们也具有无数的共同点，尤其是它们都具有被称之为两极化的原则。它们都容易表现出两个主要方向之间的张力。

一方面，每一种文化认同都是由它与其他文化之间的区别来界定的，那些希望保持其文化独特性的群体会通过这些界限来尽可能地保持其文化认同的封闭性。此后，对于一种文化认同而言，第一种可能的方向优先考虑维持其认同的完整，这个方向发展到极端就是区别主义、原教旨主义和传统天主教因袭主义（integrism），同时也会出现暴力行为、宗派主义和共同体主义。

另一方面，生活在开放而民主的社会中并归属于特定文化认同的个人，可能期望摆脱体现他们独特性的因素，这样他们就可以在经济、政治和文化领域完全彻底地参与到公民生活之中。因此第二个可能方向就是成员趋向于摆脱特定的认同，这一趋势会加速这种认同的瓦解。

在有些情况下，这两个极端勾画出一个冲突、紧张和对立的区域，这种张力不仅存在于我们所讨论的群体中，而且这些群体中的每个成员也同样面临着这一张力，它只能通过改变平衡来得到解决，但这些改变仍会形成新平衡。在其他一些情况下，这种失衡意义重大。这意味着当张力达到临界点并且分裂的逻辑占据上风时，有些人会选择逐渐同化进入主流社会，而另一些人则可能会比较激进，会选择生活在封闭的共同体中。正如安妮·菲利普斯（Anne Phillips）所强调的那样，在所有这些情况中，文化群体构成了一个非同质化的实体，并且任何关于其独特性的界定都有可能加强他们的排外性而减弱他们讨论和动员的能力（Phillips 1996，pp. 139 – 52）。

我认为，对多元文化主义而言，在一个民主社会中，文化认同的张力有可能促进认同的解体，这并不是什么严重的问题，作为对现代认同性产物的回应，应该运用一定政治与制度程序来处理这些张力。

只有当差异不再被理解为障碍、对现代性的某种阻力或是迟早会消失的遗留传统，而是被视为最重要的一个方面，并且是不断加强而不是正在衰退的方面，这种回应才会成为可能。因此它是重要的思维裂变的组成部分，这种思维裂变将会见证社会和政治思想与进化论范例的分离，不再思考从**礼俗社会**（Gemeinschaft）到**法理社会**（Gesellschaft）的转变，或者从机械团结到有机团结的转变。在战后背景下，我们会认为纳粹竭力灭绝犹太人和吉普塞人的做法是令人震惊的，同时我们也意识到，自联合国以下的各级主要国际组织也表达了这样的观点：维护少数群体的文化和权利已成为当务之急。通往多元文化主义的道路已经变得比较通畅了，因为已经出现了大量维护少数群体文化和权利的宣言与文件，例如，在 1948 年的《世界人权宣言》（Universal Declaration of Human Rights）第 22 条就这样规定：

> 每一个人，作为社会的一员……都有权实现……经济、社会与文化权利，这是他人格和尊严自由发展的必备条件。

但是，在采纳多元文化主义政策或多元文化主义者的观点上，联合国和联合国教科文组织以及其他一些国际组织所发挥的作用却比社会本身的影响力小得多，并且，这些组织的内部也出现了分化：直到不久前，新出现的要求才被极少政治组织和机构认可；面对这些新的要求，政治系统、政治组织和政治制度也发生了转变；他们正在日益忙于完善社会政策或确保福利国家的运转等。

（3）个人主义与文化差异

在现代社会强调个人主义显然并不是什么新鲜事。个人主义主要体现在两个方面：一方面是指个人希望尽可能完全地参与现代生活，从有权使用金钱消费，到有权接受教育和保健，再到最后的工作与就业机会平等以及参与政治生活。对我们来说，另一个方面更有趣，个人主义就是指个体的主观性；事实上，他们每个人都希望自己成为主体，独自建构自己的存在，并且没有任何预定的标准和规范来限制他们的选择。

从这种观点来看，现代性主体是集体性认同的一个矛盾。一方面，他们希望能参与主流社会的活动，并希望被认同为一个具有独特记忆、语言、宗教和集体性经历的特定集体，从而不会使他们因为这种认同而被鄙视或被剥夺资格，并且在实践中不会受到类似于种族主义那样的诬名化。在这种情况下，自尊是群体尊严与承认的条件之一。然而，另一方面，主体们也不愿意过度地依赖和接受那些群体制定的特殊行为准则或指派给他们的认同；他们拒绝为集体认同而放弃或限制自己的个人自由。他们希望后者是自己选择的结果，而不是某种**归属**形式下的规定义务。

有时候，主体的个人主义会与集体认同发生剧烈的冲突，或者看起来完全不能和谐存在，尤其是当伊斯兰教禁止女性平等地拥有人权所规定的基本权利时，这一现象更加明显。但是，在其他情况下，个人主义和集体认同之间的契合也是有可能的，例如，我的一个学生在土耳其采访了一个年轻的穆斯林妇女，她认为未婚夫要求她在婚前保持处女之身是十分正常的，如果他的未婚夫不这样做，她会拒绝和他结婚，因为保持处女之身是她自己的选择，尊重这样的戒律也是她自己的决定。[7]

无论这是一个人权问题还是一个个人主体性问题，在民主社会中，文化差异的主题永远都要直面个人主义，这种状况既不能被化解、拒绝，也不能被最小化，任何化解的实践都意味着民主的终结。文化差异的存在引发了挑战，而作为回应这种挑战的多文化主义不可避免地要面对特殊主体性的主题，这也是集体主体性成为困扰和当务之急的原因所在。

四、政治哲学和道德哲学

多文化主义是一种回应，但不是唯一的回应，其后，多元文化主义也使我们经常讨论的社会公平概念、机会平等、平等和民主都面临挑战。例如，约翰·雷克斯（John Rex）就提出了批判性的观点：

> 多文化主义……是一个行得通的社会和政治理想。真正的困难在于在这个标题下可能获得的支持是一种欺骗性的替代，它会使多元文化主义与机会平等分离开来……多文化主义社会的创立必须融入一定程度的自愿性……（Rex 1986, pp. 119 - 35）

（1）讨论的平台

在我们的社会中，有四种承认文化差异的主要方式。

第一种方式是同化，从本质上，这种方法主要依据的是这样一种理念：普遍的个人权利可以很好地回应可能产生的歧视，因为对人进行以文化为基础的分类往往会产生歧视，在某种意义上，这种分类通常与人种的归化有关。

从这点来看，正是中立并且只承认个人主义的公共领域的存在，才能为保护个人自由与平等提供保证。这种方式的激进版本是，将个人从文化群体的特殊主义和少数群体的特殊主义世界中拉出来，让他们摆脱狭隘的自我观念，并且促使他们在一定程度上更加接近

---

[7] 关于年轻的穆斯林女性主体所表现出的矛盾性问题更广泛的观点可以参见 Nilüfer Göle 的著作，尤其是 *Musulmanes et modernes*，Paris：La Découverte，1993.

外部世界，从而使他们能够运用普遍的民族价值和公民身份。这种方式相对而言可能比较温和，在本质上是值得鼓励的，而非必须要这样做，但是这里还有种族文化灭绝的实例。在澳大利亚，直到 20 世纪 50 年代，原住人的孩子仍旧是被带离他们的家庭，在养育院（homes）或公共机构抚养，以此切断他们与其家庭和文化环境之间的联系，借口是为了让孩子们能够融入现代化社会。

第二种方式是宽容，这种方式允许独特性存在于私人领域和公共领域，假如他们的请求、需要，甚至清晰地表达都不会造成困难的话。与前面那种极其呆板的方式相比，这种方式是高度灵活的。它更加实用，也不那么意识形态化，并且主要专注于具体的现实，而不是原则。

第三种方式，相当于我们已采用的"多元文化主义"这一术语的定义，它的主要内容包括两种直接对立的方式，即限制少数群体聚居以及通过同化的方式瓦解。这种方法意味着它在竭尽全力地调节文化特殊性要求与普遍性要求之间的矛盾，这种普遍性要求包括语言、宗教、教育、公共服务、就业和住房方面的要求。参照查尔斯·泰勒（Charles Taylor）的观点，这种方式也可以被称为承认的方式。包容文化差异并不是问题，问题是要建立和维持这种尊重文化差异与尊重普遍权利及价值之间的平衡关系却是十分困难的。例如，依据查尔斯·泰勒（1992a）的观点，在决定适用于**人身保护权**时，文化差异绝不是什么问题，他提出了一种承认的政策，这种政策假定所有文化都可以同等地得到承认，但不是必须这样做——这一假定可以保证文化的重要性。对"中间过程"的研究实际上是一种深入的民主精神的努力，因为：

> 这种假定所要求我们的，并不是强制性或虚假的关于平等价值的判断，而是一种对比较文化研究的开放意愿，这种研究势必在随之而来的整合中改变我们的视界。（Taylor 1992a，p. 73）

最后，第四种方式是共同体主义的方式，就是说，只要具有完全严格的规则（可能通过国外或远距离的力量来强制或管理）来控制党内关系的协调和对权利的共享，这种方式就可以使多种共同体并存于同一个政治空间成为可能。当开始将注意力转向各种共同体主义时，我们将会发现，在之前的政治科学的文献中，诸如大卫·阿帕特（David Apter）或A. 李帕特（A. Lijphart）所提出的合作模式建议就属于这个类型。我们应该添加的内容是，这样界定的共同体主义与土耳其模式极其相近，而且内战前的黎巴嫩模式也是一个很好的说明,但是这种共同体主义与我们后面要讨论的"共同体主义"完全不同,我们后面要谈及的共同体主义是一个宽泛的思想流派,与我们之前提到的第三种方式——而不是第四种方式——更加接近。

对于这四种讨论多元文化主义问题平台的界定因国家的不同而不同,因智识传统的不同而不同,因民族政治文化的不同而不同。但是,总的来说,这种界定看起来确实相当广泛,例如,它可以避免种族中心主义错误,可以做到同时适用于盎格鲁—撒克逊人的情况和法国人的经历。

因此,就法国来说,做下面这样的定位并不是什么困难,即像以马利·托德(Emmanuel Todd)这样的作者所采取的方式非常接近于第一种方式,像多明尼克·施纳佩尔(Dominique Schnapper)这样的作者则完美地体现了第二种方式,而我自己,同样也包括社会干预分析中心(CADIS)的研究人员,或者诺伯特·劳伦(Norbert Rouland)所采用的是第三种方式,没有任何崇尚民主与共和原则的人属于第四种方式,民族精神病学者(ethnopsychatrist)托比·内森(Tobie Nathan)绝对是比较接近这种方式的学者之一(Schnapper1991,1994;Todd1994;Nathan1995;Rouland et al. 1996;Wieviorka(ed.)1996)。在盎格鲁—撒克逊裔的作者中,我只想提及像约瑟夫·拉兹(Joseph Raz)这样的人,抛开共同体主义不谈(也就是我们所说的第四种方式意义上的共同体主义),他的观点也十分接近其他三种不同的方式,相当于我们刚才概括的:"宽容",这种政策仅仅以确认个人权利为基础(也就是我们所说的同化);并且,最后,他所指称的"共同体主义"(Raz 1994,pp. 67 - 79)与我们的完全一样,而且他所用的术语也与我们的术语完全一致。

(2)主体在差异讨论中的地位

即使如此,这种关于差异的讨论[8]仍然是肤浅的,矛盾在于它只是一种简单的公式性表达,是围绕着两种我们曾经较好地讨论过的立场而构建的。这种公式性的表达试图考量两种直接对立的立场,即自由主义的立场和共同体主义的立场。这种对立的来源就存在于差异问题的讨论之中,并被不断地更新,在这种讨论里,那些要求在公共领域更多地尊重其文化特殊性的人与那些认为这种要求藏有风险并会诱发政治回退的人针锋相对。一方面是文化、激情和情感,另一方面是理性,有些人认为"善"优先于"正义",而另一些

---

〔8〕 关于这四种方式的另外一种表达,参见 Gutmann 1993,她列举了文化相对主义、政治相对主义、包容一切的普遍主义与协商普遍主义的挑战。

人却认为"正义"优先于"善";当某些人主张社会正义和权利,而另一些人却吁求普遍而抽象的原则时,我们应该考虑到这两者之间的关系以及人类归属的历史背景。相当多的著作都与这两种看似完全不能共存的方式有关。

然而,如果我们看得更细致些,我们就会发现,在这些哲学争论中,至少有一点是争论双方都会认可,而不会反对的。就我们所关心的内容而言,这一点极其重要。当人们去考查哪些条件最有利于促进个人自主性形成以及他/她在其他方面的发展和主张时,人们不会否认文化差异的存在,至少这一点是大家最终都会承认的共同点。在其他观点上,他们的对立可能会很激烈,但是在这里,他们所面对相同的问题,而且这些问题也是以相同的方式表述的。

对于"共同体主义者"来说,依据赫尔德和黑格尔的智识传统,答案就是个人主体性的形成意味着孩子们可以参考一种文化,在那里他们可以找到尊严和自尊的来源。因此"共同体主义者"提倡少数群体的文化应该被承认而不能被鄙视。而个人将被允许习得自由并构建他/她自己的主体性。以多元文化主义者的观点来看,这种立场特别有趣,因为它是以普遍价值的名义来捍卫自己的独特认同,具体地说,是个人主体性。尽管在我看来查尔斯·泰勒避免把自己明确地定义为多元文化主义者,但是以这种观点来看,他确实是最重要的思想家,并且重要的是,他强有力地指出了弗朗兹·法农(Frantz Fanon)所说的殖民化个体概念,如果他在场,一定会消除被殖民者强加在自己身上的这种贬损的自我形象。

在另一方面,"自由主义者"(liberals)〔有时"libertarians"也与这个讨论有关,特指"自由主义者"中激进的自由派,特别是以罗伯特·诺齐克(Robert Nozick)为代表的这一派〕认为,理性的习得以及个人主体性的构建都不是一种种族或人种文化的基础,相反,后者在危害社会一体的同时,可能还会成为限制个人的危险因素。以这种观点来看,个人的主体性和喜好是在他们所属的社会之外或是先于他们所属的社会形成的。他们成为主体不是因为他们参与了共同体的共同目标,而是因为他们能够——或者将会——像市场中的消费者和政治生活中的市民一样自由地发挥作用。在这种情况下,正义的原则——如果愿意的话,也可以说是权利——必须固定不变地独立于任何"善"的观念,而不能考虑以物质形式灌铸而成的制度和共同体。

有趣的是,"自由主义者"和"共同体主义者"之间的讨论仍以僵局收场,就是说,原来的完全对立替换为现在的僵局,一方坚持抽象的普遍主义,而另一方的立场也没有完全避免局限于一个共同体,但如果这是一个表述问题,他们又都同意这个争议是以主体观点为基础的。这两种立场在参照主体方面具有一致性，但是当受困于普遍主义和共同体主义之间的基本对立时，他们又是不一致的。

从那时起就出现了两种既保留反对意见又绕过以上对立的方式。第一种方式比较激进，它把讨论的重点放在主体的概念而非文化差异上；阿兰·图海纳（Alain Touraine）刚好研究这种方式，他解释道："因为自由主义者和共同体主义者的回应不是无法接受，就是不够充分，所以我在这里介绍了主体与社会运动的观念（Touraine 1997，p. 174）。第二种方式尝试超越这两个方向，为了以实用的形式来处理这个问题，它考虑到两个方向在理论上不能共存但在实践中必须学会妥协，彼此互相改变，从而能够共同发挥作用，而不至于出现一方垄断另一方的局面，就如阿米泰·伊兹欧尼（Amtitai Etzioni）（他把自己归为"共同体主义者"）所指出的那样，这本质上是"社会的秩序需要与个人的自治需要之间的矛盾"（Etzioni 1996，pp. 1—11）。

第二种方式在尽量避免过分简单地陈述一个人是"共同体主义者"还是"自由主义者"，用迈克尔·沃尔泽（Michael Walzer）的话说（Walzer 1994，pp. 185—91），竭力避免成为这一方或那一方，要视平衡的要求而定。但是，很容易就能看出这个吸引人的务实主义版本——在许多方面将不同的观点紧密地结合起来——将把我们引向何处（Friedman 1994，pp. 297—339）：那就是相当程度的混乱，正如菲利普·德·拉娜（Philippe de Lara）在《政治哲学词典》（1996）中对"共同体与共同体主义"的词条所做的解释那样，这导致了：

> 这个讨论产生了一大堆问题和观点，在这个讨论中，本体论和政治立场相互重合……（而且讨论的主题）从实践观点的哲学到当代"少数群体"地位问题或西方国家的危机问题，这两者之间并不具有结果的连续性，（而且）虽然在这场讨论中，倡导者的立场不是属于自由主义就是属于共同体主义，这一点是十分清楚的……但是这里并没有直接的对立，就像古代社会与现代社会之间不存在对立一样。[9]

以"自由主义者"和"共同体主义者"之间的争论为基础的哲学讨论，从绕过修辞

---

〔9〕 *Dictionnaire de philosophie politique*，edited by Philippe Raynaud and Stéphane Rials，Paris，PUF，1996. 金里卡在 *Dictionnaire d'éthique et de philosophie morale* edited by Monique Canto Sperber，Paris，PUF，1996. 中的表述也是关于"共同体主义者"与"自由主义者"之间关系的不错讨论。还有很多的著作都讨论主体问题。

博弈到被迫竭力调和那些不可调和的因素，再到采用将主体置于中心位置的新范畴，我们可以获得大量最具刺激性的内容。因此，我们开始关注另外一个问题，在关于民主社会中的差异问题的讨论中，这个问题处于中心地位：即为了避免抽象的普遍主义与差别主义之间的正面冲突，我们需要在二者之间引入第三个术语，即主体，这样才能使它们可以清晰地相互表达，而不是任其相互对立。

（3）被拒绝的讨论：法国经验

如果"自由主义者"和"共同体主义者"之间的对立刺激我们去克服普遍主义和共同体主义之间的矛盾，那么另一种非常法国式的对立则是一种十分差劲的争论，人们拒绝构建这样的争论，也拒绝考虑这个问题。

事实上，法国式的讨论在很大程度上是由提出这种讨论的共和主义者所主导的，共和主义者在占据主导地位的同化主义立场与宽容立场之间摇摆不定，后者是不太经常被采用的，共和主义者总是批判除了他们自己以外的其他立场，认为他们都是极端的共同体主义者。那些在别处被视为"共同体主义者"的人——也就是支持承认并且认可一种温和的多元文化主义的人——被共和主义者指控为在玩共同体主义的把戏，他们认为这些人的做法要么是幼稚的，要么是无知的。正如简·卢普·姆塞尔（Jean Loup Amselle）所指出的那样，在某种意义上，是这个国家的长期历史促进了共和国纯洁而清白的形象，这是同化主义的共和主义原则与差别主义之间对抗与联合的最终结果，后者是对民族历史的确认，比如，在种族战争时期，法国历史的形象就以此为基础，德国起源的法国民族是贵族的祖先，而高卢——罗马人则是平民的祖先。（Amslle, 1996）

这种观点也可以由最近的社会发展来予以解释，如今，共和国越来越难以兑现其平等博爱的承诺。对于那些被社会变化抛在后面的千万民众而言，对那些失业者、那些工作不稳固的工人、那些被排斥者和那些无法入学的人来说，这些话有什么价值呢？对正在增加的种族主义的受害者而言，这些话有什么意义呢？在这种情况下，这些话语一方面是使共和国运转的神话，同时又是意识形态。它以一种抽象、神奇而又不真实的方式承诺可以调和那些在现实中永远也无法调和的问题，无论是现在，还是过去，这都是一个虚假的形象。它会使那些维护这一形象的人可以在不经意间就捍卫自己的利益，比如，在共和国和公立学校的庇护下，继续推行只能使一小部分民众受益的精英主义教育就是一个问题。

"共和主义"是怀旧的，它不愿意进步，同时，它也可以使任何有关文化改变的考虑处于麻痹不前的状态。智识的麻痹已成为现今的秩序，尤其是当那些被"共和主义者"所指称的共同体在很大程度上成为想像的虚构，或者以完全荒谬的方式处事时，这点尤为明显，而那些最积极地向法国社会提出的问题的人则只是例外情况或是附加因素。

一方面，伊斯兰教确实被认为是共同体背后的推动力量，有些共同体随时准备在伊斯兰教的庇护下进行不法行为和暴力叛乱，甚至是最极端的恐怖主义谋杀，而在那些被排斥的区域内，主要是辍学的年轻人，他们没有特定的宗教团体。在法国，激进的伊斯兰教只是存在于极少数穆斯林之中。另一方面，共同体主义的威胁很少与葡萄牙人，或是东南亚人有关，他们正在为获取比其他移民更多的共同体风尚而奋斗。

五、多元文化主义的局限

在现代民主社会，文化差异的存在提出了挑战，现在，我们已经明确地了解了多元文化主义在回应这种挑战时所引发的问题和局限性。乍一看，多元文化主义必须提供一种模式来调节普遍原则——即权利和理性——与特殊价值之间的冲突，在避免陷入抽象的普遍主义僵局（因为它会忽略差异）的同时，又要避免共同体主义的偏离（因为它是造成共同暴力和限制共同体内部个人自由的一个因素）。为了具有可操作性，它需要民主的安排，这种民主的安排能使我们评判出差异问题是如何出现在公共领域的，并且能在真正知识的基础上进行讨论。这些安排必须能使我们避免多数的暴政，可以让我们回想起托克维尔的名言，同时这些安排也必须能够避免少数的暴政，正如菲利普·雷诺（Philippe Raynaud）拙劣地模仿托克维尔的口气所说的那样。

但是，即使是最温和的（bien tempéré）多元文化主义——最温和的这个词是亚历山大·费拉拉（Alessandro Ferrara）在 1996 年的著作中提出的说法——就能回答我们遇到的所有问题吗？这些问题从如何处理各种具有不同本质的差异到如何使承认这些差异始成为可能，不一而足。像罗纳德·德沃金那样，对肯认行动作出相对具体而实用的回应可能比较具有吸引力。在区分了实用性问题与原则性问题的基础上，他认为没有什么原则可以反对肯认行动，因此：

> ……在有关积极歧视的争论中，真正重要的问题完全是政策性问题。我们必须评判各种定额计划，并且逐一比较各自在实践中的利弊得失，而不是共同适用具有一定规模的总体原则（Dworkin 1985，p. 5）。

但是，在最终表态之前，我们首先要花费一定的时间去考查那些值得我们予以关注的一系列困难。

（1）多元文化主义政策的应用范围

要执行多元文化主义政策，首先必须列出它所适用的文化特殊主义都有哪些。在这里，美国的肯认行动经历就是一个应当考虑的警告。开始，它是为十分特定的黑人少数群体准备的，但是，在激进分子的压力下，这些原则被扩展到许多其他群体，大到它几乎已成为一种普遍性原则，这绝对会使它的影响力大大减弱。如我们所见，我们应该考虑到文化特殊主义的多样性，要考虑它是宗教的问题、种族的问题、民族出身的问题还是性别问题等等。

为了使多元文化主义既公正又高效，我们是应该提出一个解决框架（它可以是具有一定限制或者相对同质性的框架，比如，只限于种族问题，也可以是一个相对开放的框架，把那些需要进行政治处理的差异所具有异质性也包括进来），还是应该提出一种使民主生活运作起来的基本原则，而不只是一种严格的仅限于解决问题的方式？在第一种情况下，多元文化主义变得很容易适用，但是存在着一种风险，那就是合法提出要从中受益要求的群体很有可能被排除在外。在第二种情况下，它变成了一种一般性的规则，这个规则的应用可能会变得很脆弱，甚至成为不可能，并且，不管何种情况都会付出极大的代价，因为多元文化主义是通过一系列的社会政策来执行的，除了这个原则之外，还需要考虑草根阶层的努力和他们之间的紧密合作。

并不是所有的文化特殊主义都愿意服从多元文化主义政策，或者愿意被它塑造。因此，约瑟夫·拉兹提到，它"只适用于那种只存在几个固定的文化共同体的社会，而且这些共同体既希望也能够永久地保持现状"（Raz 1994，p. 79）。

他还认为，这些共同体必须具有必要的信任，或者能够在价值多元化的社会中——退一万步讲，在民主社会中——获取信任。所有这些就构成了相当可观的前提条件，如果一一满足这些条件，几乎会使问题变得多余或不必要。事实上，多元文化主义在这里似乎是在暗示它的成功。尽管存在一些差异，但是多元文化主义使社会变得更加和平与民主。现在，我们必须要聆听艾米·古德曼的评论，她认为这意味着：

> ……相互尊重合理的知识、政治与文化上的差异。相互尊重所要求的是一种普遍的意愿和清晰表达分歧的能力，要在持不同意见者面前进行辩解，明辨可尊重的分歧与不值得尊重的分歧之间区别，面对理由充分的批评意见时，可以开放地改变自己的想法。多元文化主义的道德前途取决于这些协商德行的运用情况。（Gutmann 1992，p. 24）

这就证实了有关先决条件的观点，因为多元文化主义是这样一个在被提出之前就已经被解决的问题，或者是以一个已经能够塑造其计划的乌托邦社会为基础的。

从约瑟夫·拉兹所提到的条件，我们立即就会看出这并不是我们一直所期望的。事实上，完全符合他所提出的大部分条件的共同体可能对多元文化主义原则极其不友好。因此，在澳大利亚，在土著居民和托雷斯海峡岛民之间就存在着这样一些人，他们认为自己才是这个国家唯一的真正居民，是最先到达并且唯一的合法居民，他们与新近涌入的大量移民并没有什么关系，而是与英国人有着不解的渊源，他们拒绝与其他人一起融入同一个多元文化主义社会中。而且，我们在一些欧洲国家也可以看到，这里存在一些暂时移民，这些个人或群体并不是完全彻底地生活在现有国家，每隔一段时间，或者在弥留之际，他们就想返回自己的出生国。

这种新流浪主义 (neo-nomadism) 适用于那些生活在欧洲并且为数众多的土耳其人、希腊人、前南斯拉夫人，或者是那些操作"戽水车"(noria) 的非洲工人，如果要他们公开宣称，他们所要求的绝对是其他政策，而不是多元文化主义。这是一个很重要的议题，它与社会观点的衰退有关。作为一种政策，通常认为多元文化主义只是经典框架内——即国家和民族范围内——的政治行动。但是我们知道，在许多国家，这个框架都是很脆弱的，文化差异与国家及民族之间并不存在一致性。因此，在政治行动与我们所讨论的文化和社会现实之间建立起一种一致性是十分困难的，而且这种一致性是国家内的、国家间的以及聚居地之间的一致性。

(2) 前提条件可以实现吗?

如果多元文化主义所涉及的只是具有相当规模、稳固而且具有自我生存能力的共同体，那么人们就可以提出反对意见，在我们的社会中由于不同共同体的存在而引发了众多挑战，而多元文化主义只考虑了其中一小部分挑战。通过考查我们已经看到，并不是所有的文化认同都要求维持其独特的认同，而且那些具有这种要求的群体也似乎处于不断的变化之中。文化特殊主义主要是引申和创造出来的。它们并不必然是固定不变的，也没有形成一系列适用于其内部成员和构成群体本质特征的规范、准则和行为模式。[10]此外，社会人类学家从前就教导我们，要充分考虑他们在这一领域已取得的成果，有些文化表面上看起来具有一定的规模并且具有相当久远的历史，但实际上却是最近才产生的国家文化。

---

〔10〕 关于对"群体本质主义"的批判，参见 Carol Gould, 'Diversity and democracy: representing differences', in Benhabib (ed.), 1996, pp. 171-186.

在一个开放而民主的社会中，文化特殊主义是通过相互之间的接触来定义的，即使是那些最具持久性的文化也要不断地发生变化，因此也会出现碎片化和重构。正如弗里德里克·巴斯（Fredrik Barth）在 1995 的著作中所指出的那样，文化认同处于一种不断流动的状态，这意味着用任何统计性分类或行政性分类来描述它们都是有问题的，甚至是荒谬的。因此，在法国，我们看到，那些来具有北非血统的年轻移民在 20 世纪 80 年代被称之为"Beurs"，这是一个不寻常的身份，没人解释这一术语的来源，可能是由当地的俚语"verlan"（可怜虫）转变而来，而 verlan 这个词也在不断的变化，它是从"arabe"（阿拉伯人）这个词转变而来。然而，现在正在形成这样一种趋势，那就是用形容词"maghrebin"来指称那些具有北非血统的移民人口，或者用形容词"asiatique"来指称那些具有东南亚血统的移民人口，但是这种趋势并没有意识到，这些形容词与被其指称的群体所具有的认同经验、出身的界定并不是一一对应的。矛盾就是，这个可能涉及大量断裂的改变并不必然排除最终的连续性，甚至在那些不断更新和重构的认同也是如此，比如，年轻人在法国所信仰的伊斯兰教与他们父母所信仰的伊斯兰十分不同，但它仍旧是伊斯兰教。

这种分析类型的第一个后果是：多元文化主义只能适用于某些文化差异，而且这些文化差异要十分接近前面提到的条件，这将大大限制它的应用范围。第二个后果恶化了第一个后果。在承认认同的过程中，多元文化主义政策不仅有无法操作的危险，而且也会逐渐消弱它的影响作用。承认可能导致某种基础性因素的确立，如果没有这些因素，承认可能会被改变或转换，这样一来，承认只会促进再生产，而不是促进生产和创造，而这么做只对我们所谈论的部分群体有利。

从这种观点来看，多元文化主义可能会增强或促进传统人物的力量，这些人物对于政治为他们提供的东西很感兴趣。当这些人物逐渐脱离其所代表的群体及其经验时，他们就会成为保守的力量。或者会出现另外一种现象，那就是群体的目的和手段会发生颠倒，群体只维持能够获取政治或经济利益的认同。比如，肯认行动中的某些部分已经在美国遭到批判。批评者认为肯认行动已不再是专门为了提高黑人的地位而实施的，它只是使极少数中产阶级受益，他们已经与工人阶级和下层阶级完全脱离，当肯认行动轮到下层阶级时就只剩下一点点好处了，因为这个政策剥夺了他们成为"黑人中产阶级"的权利，正如富兰克林·弗雷泽（Franklin Frazier）在 20 世纪 50 年代所描述的那样。

（3）文化差异和社会不平等

有时，人们是在没有考虑社会问题的情况下讨论文化差异问题的。现在，对于幸运的或混合的社会群体而言，承认、自尊和尊重已不是那么敏感的问题，而对于那些最贫困的群体，尤其是由于社会原因而导致贫困的群体而言，维护和构建他们的文化就困难得多。当一个少数群体积极参加国家的经济生活时，它的文化差异就不太容易被拒绝或忽视，而当它被排斥或被边缘化时，它的文化差异就容易被拒绝或忽视。

这就是为什么文化差异的请求会扩展到各种复杂群体的原因，这也正是我们有时会在中产阶级和精英分子中所见到的，这种混合会产生混杂、异质化以及各种各样的种族混合，倘若意识形态彻底地鄙视那些"倒霉蛋"，使他们不能成为"差异的"民族或是混合种族，就会产生一种新型的世界主义，这种世界主义会固化对种族主义的回归和对"红脖子"的闪族以及其他"丑陋者"的反对（Friedman 1997）。在法国，主流学者对于这种反种族主义的批判，在很大程度上就是源于这种意识形态的离经叛道。

如果文化承认对于大多数贫困群体更加至关重要，而且也是在贫困群体那里更成问题的话，那么，正如我们在文章开头提及的经验中所看到的那样，这意味着只有能够充分考虑到社会和文化方面的因素，多元文化主义政策才能真正地发挥作用。对于那些在就业中遭受严重剥削，或者被流放到城市贫困区域并在劳动力市场遭受严重排斥的人来说，文化承认意味着什么呢？如果多元文化主义仅限于一种文化承认的政策，它不是紧随反对种族和社会歧视政策之后的政策吗？用威廉·朱利叶斯·威尔逊（William Julius Wilson）的话说，当多元文化主义成为"真正处于不利地位"的贫困群体的一个问题时，它还能与之无关吗？

实际上，如果把多元文化主义仅限于文化领域，那么，还会存在一种持久的风险，即它要么作为一种只为那些已经在社会中处于良好状态的群体提供服务的政策出现，要么与具有特定经济和社会困难的群体并不契合，对于后者而言，文化承认并不是优先考虑的事，至少不是唯一应该优先考虑的事。这就是它为什么会成为主流社会政策的组成部分的原因，为了迎合它所主张的应予以处理的问题，主流社会的政策必须既要考虑社会性又要考虑文化性，或者它本身就是社会与文化措施的结合体。用约瑟夫·拉兹的话说：

> ……是为了切断贫困、未受良好教育与种族之间的关联。只要某些种族群体仍然存在大量的贫困者、缺乏教育者、无技术工人和半熟练工人，培养尊重他们文化认同的可能性，甚至是培养自尊的可能性，都会被大大降低（Raz 1994，p. 78）。

否则，如果它没有堕落为一种激进主义的抗议或者是一种吹毛求疵的左派观点，它至多也只是一种碎片化的、不连贯的话语和实践，它不是与优势群体的利益息息相关，就是使那些拒绝尊重文化及拒绝处理教育或在金融服务上存在的社会困难的群体——引用"批判的"多元文化主义提倡者的说法，就是那些以自我为中心的群体（Chicago Cultural Studies Group 1994，pp. 114 - 39；Turner 1994，pp. 406—25）——保持内心的平静。

结论

因此，多元文化主义政策应该是对问题的回应，这个问题具有许多方面，因为它包含了大量在实践中无法予以分离的维度。这一政策指出：在民主社会中，需要考虑文化差异因素，有些差异来自稳定而被承认的群体，还有一些差异来自不那么稳定但仍要求予以承认的群体。它要求将承认问题提上议事日程，从而既可以保证它与普遍价值之间的兼容性，又不把它强给那些并不适合的群体或个人。

这个问题是在社会中提出的，在这里，主体成为中心议题，并且好像已成为基本的判断标准，结果，除了单纯的群体承认之外，多元文化主义政策的合法性和关联性也将依照个人主体的观点来判断。因此，它的合法性在于它能够促使越来越多的人日益提高构建其自主性自我的能力，促使这些人学会自己做出选择，并且能够在每天的生活中与他人有更好地交流。此外，这里所提出的问题既具社会性又具文化性，因此，我们期望多元文化主义的回应必须把反对排斥和社会不平等与文化承认结合起来，同时，也期望它能在社会的经济发展中起到积极作用。

所有这些条件构成一个整体，对民主提出了严峻的挑战，而且，多元文化主义完全符合这些条件的说明也是不确定的。当然，我们可以拒绝那些拙劣的批评，比如，将肯认行动减化为配额，或者将多元文化主义作为一个整体来实施肯认行动，但是，有的评价指出，在澳大利亚 1989 年实行的与少数群体成员的参与有关的计划中（在政策制定、公正、警察、辩护、管理、艺术、媒体、体育等方面的政策），并不是只有一种措施以此为基础。克里斯廷·英格里斯指出，"肯认行动措施并不是被当作提高参与度的方式而提出的"（1996，p. 49）。

更严格地说，我们应该思考的是，多元文化主义方法如何通过具体术语的表达来促使我们既能避免否定文化差异的抽象普遍主义错误，又能避免总是具有偏离风险的共同体主义错误。在那种意义上，对于具有移民血统的儿童而言，在保证他们融入主流社会的语言与文化的同时，母语应该被传授到何种程度？独特的文化又应该被促进到何种程度

（Moondley 1991，pp. 315—30）？制度之间分离到何种程度才能合意？制度之间互相联系的准则是什么？应该在最高层面将多元文化主义制度化吗？要不要把它作为基本原则写进宪法并授予它主体法的性质呢？或者应该把它作为具有很大可取性的政策来推荐吗？

除了这些实践性问题之外，还有一个问题，那就是把符合我们前面所列条件的回应描述为多元文化主义的政策和倾向是否合适？我们的结论是相当谨慎的。

只要明确建立的政策体现的是宽泛的集体性认同——最稳定或者最有助于其成员学习个人自治，或者接受向这个方向的移动——多元文化主义就是一个合适的回应。当人们并没有对民主社会的权利与理性提出任何挑战时，文化拒绝并令其消失或者只是将文化限制在私人领域而不管不顾的做法是令人无法接受的。

另一方面，如果不断衰退与变动不居在形成和改变现代认同的问题上起着突出作用，那么，以机动性和灵活性为特征的多元文化主义就是一个危险而非令人满意的回应，因为它是以完全不同的文化差异表述为基础的。在这里，最好另外发明一个词汇，或者回归到关注主体与民主的更古典的类别中。提出这个问题是为了促进一种主体政策（在 Fraisse 1995，pp. 551—64；Touraine 1997 中发现的表达方式），也是为了民主机制的运行，正如泰勒所说，民主机制能够检验认同完全值得存在的假定，即使是以暂时和极其短暂的形式做到这一点。

换句话说，在由于新问题的出现而引发的各种维度中，这是一个把文化方面纳入考虑范围的问题，这些文化方面包括非本质的、创造出来的、正在构建的和已构建好的，而且这个问题并不只是一个过去遗留下来的、本真性有问题的问题，它也不只是对呼求个人主体性趋势的表达，更只是确认认同的问题，这一认同在某些方面简化为一种本质。

为文化创造提供一定的空间，并且看重紧随其后的主观性与尊重已经存在的和正在尽力保持其存在的认同并不完全一样，即使两者趋于重合。按照这种观点，我们需要比多元文化主义走得更远，按照 D. A. 霍林格（David A. Hollinger）在 1995 年的著作中所倡导的路径，他指的是后种族主义（postethnic）的美国，但我们要牢记并不是所有的"后种族主义"参与者都必然能够选择他们的认同，后者有时是在他人观念的迫使下才做出了毫无目的的选择。[11] 承认文化差异处于不断地更新之中并且拒绝固定，除了对不平等和社会排斥进行负责之外，还需要一些能够促进交流、沟通和要求的讨论，在这些讨论中，少数群体和意想不到的观点可以被听并且被冷静地分析，这也是民主方式或者民主文化的组成部

---

〔11〕 参见 Glazer（1996 OR 1997，p. 160），他指出了与霍林格的关系，他的观点促进了自愿地认同确认，而且"他的处方并没有考虑到非裔美国人的条件，在那里，归属几乎不是自愿的，在那里，出生于共同体界定了其不可避免地共同体命运，在那里，知识和道德实际上是由血统和历史来证明的……"

分。多元文化主义这个术语与文化的民主共存有着如此紧密的联系，这一形象恰如其分。在形成决策性讨论的问题上，它很有用处；现在，它也许，如果不是无用的，至少也过时了。

致谢

我要特别感谢巴黎大学的克莉丝汀·库珀，本文就是由她翻译成英文的。本文是在下列文章的基础上加工而成的：

– Paris, 13.1.1997, at the Institut d'études Politiques, (the CEVIPOF Monday lecture);

– Berlin, 8–9.1.1997, Centre Marc Bloch, colloquim *Problèmes minoritaires*, *formations identitaires et diaspora*;

– London, 16.5.1997, the 'Twentieth Anniversary ERS Conference. Rethinking ethnic and racial studies'.

参考文献

ALUND, ALEKSANDRA and SCHIERUP, CARL ULRIK 1991 *Paradoxes of Multiculturalism*, Aldershot:
Avebury/Gower.

AMSELLE, JEAN – LOUP 1996 *Vers un multiculturalisme fran? ais. L'empire de la coutume*, Paris: Aubier.

BARTH, FREDRIK 1995 'Ethnicity and the concept of culture', in Douglas R. Imig and Pamela Slavsky,
(eds), *Non – violent Sanctions and Cultural Survivals Seminars*, Cambridge, MA: Center for Internation-
al Affairs, Harvard University.

BENHABIB, SEYLA 1996 *Democracy and Difference. Contesting the Boundaries of thePolitical*, Princeton,
NJ: Princeton University Press, p. 17.

CASHMORE, ELLIS 1996 *Dictionary of Race and Ethnic Relations*, 4th edn, London: Routledge, p. 44.

CASTLES, STEPHEN 1994 'Democracy and multicultural citizenship. Australian debates and their relevance
for Western Europe', in Rainer Baubock (ed.), *From Aliens to Citizens*, Aldershot: Avesbury, p. 17.

CAWS, PETER 1994 'Identity: cultural, transcultural, multicultural', in D. T. Goldberg, op. cit. ,
pp. 371 – 87.

CHICAGO CULTURAL STUDIES GROUP 1994 'Critical multiculturalism', in Goldberg op. cit. , 1994,
pp. 114 – 39.

DISSENT (Fall) 1995 'Af. rmative action under . re', pp. 461 – 76.

DWORKIN, RONALD 1985 *Matter of Principle*, Cambridge, MA: Harvard University Press, pp. 5, 304.

ETZIONI, AMITAI 1996 'Presidential Address: The Responsive Community: A Communitarian Perspec-
tive', *American Sociological Review*, vol. 61, (Feb.), pp. 1 – 11.

FERRARA, ALESSANDRO 1996 'Multiculturalismo ben temperato e democrazia', in Franco Crespi e Rob-
erto Segatori (a cura di), *Multiculturalismo e democrazia*, Rome: Donzelli, pp. 195 – 204.

FRAISSE, ROBERT 1995 'Pour une politique des sujets singuliers', in F. Dubet and M. Wieviorka
(eds.), *Penser le Sujet. Autour d'Alain Touraine*, Paris: Fayard, pp. 551 – 64.

FRIEDMANN, JEFFREY 1994 'The politics of communitarianism', *Critical Review*, (Spring), vol. 8,
no. 2, pp. 297 – 339.

FRIEDMANN, JONATHAN 1997 'Global crises, the struggle for cultural identity and identity porkbarrel-
ing' in Pnina Werbner and Tariq Modood (eds), 1997, *op. cit.*

——forthcoming, 'The hybridization of roots and the abhorescence of the bush', in M. Featherstone and S. Lash, (eds), *Spaces of Culture: City, Nation, World*, GLAZER, NATHAN 1996 'Multiculturalism and American Exceptionalism', Communication at the Colloquy on *Multiculturalism, Minorities and Citizenship*, Florence, April 1996.

——1997 *We Are All Multiculturalists Now*, Cambridge, MA: Harvard University Press, p. 8.

GOLDBERG, DAVID THEO 1994 'Introduction: Multicultural conditions', in D. T. Goldberg (ed.), *Multiculturalism. A Critical Reader*, Oxford (UK). Cambridge, (MA): Blackwell, p. 10.

GOLE, NILUFER 1993 *Musulmanes et modernes*, Paris: La Découverte.

GOULD, CAROL 1996 'Diversity and democracy: representing differences', in Benhabib (ed.), 1996, pp. 171 – 86, op. cit.

GUTMANN, AMY, 1992 'Introduction' in Charles Taylor, *Multiculturalism and 'The Politics of Recognition'*, 1992, Princeton, NJ: Princeton University Press, p. 24.

——1993 'The challenge of multiculturalism in political ethnics', *Philosophy and PublicAffairs*, vol. 22, no. 3, (Summer), pp. 171 – 206.

HOLLINGER, DAVID 1995 *Postethnic America. Beyond Multiculturalism*, New York: Basic Books.

INGLIS, CHRISTINE 1996 *Multiculturalism: New Policy Responses to Diversity*, Most: UNESCO, p. 49.

JUTEAU, DANIELE 1993 'Multiculturalisme canadien et interculturalisme québécois', Communication at the Colloquy organized by the ENS, Fontenay – Saint Cloud, *L'Individu et Ses Cultures*, Paris: L'Harmattan.

KYMLICKA, WILL 1995 *Multiculturalism Citizenship*, Oxford: Clarendon Press.

——1996 in *Dictionnaire d'éthique et de philosophie morale* (edited by Monique Canto Sperber) Paris: PUF- MOODLEY, KOGILA 1991 'Transcending multiculturalism: the internationalist challenge', *Innovation*, vol. 4, no. 2, pp. 315 – 30.

NATHAN, TOBIE 1995 *Psychanalyse paienne: essais ethnopsychanalytiques*, new edn, O. Jacob NOBLET, PASCAL 1993 *L'Amérique des minorités. Les politiques d'intégration*, Paris: L'Harmattan, p. 149.

PHILLIPS, ANNE 1996 'Dealing with difference: a politics of ideas, or a politics of presence?', in Seyla Benhabib (ed.), *Democracy and Difference. Contesting the Boundaries of the Political*, Princeton, NJ: Princeton University Press, pp. 139 – 52.

RAYNAUD, PHILLIPE and RIALS, STEPHEN (eds) 1996 *Dictionnaire de philosophie politique*, Paris: PUF RAZ, JOSEPH 1994 'Multiculturalism: a liberal perspective', *Dissent*, (Winter), pp. 67 – 79.

REX, JOHN 1986 'The concept of a multi – cultural society' in *Race and Ethnicity*, Milton Keynes: Open University Press, pp. 119 – 35.

RICHARDS, A. I. 1969 *The Multicultural States of East Africa*, McGill – Queens University Press ROU-

LAND, NORBERT *et al.* 1996 *Droit des minorités et des peuples autochtones*, Paris: PUF SCHNAPPER, DOMINIQUE 1991 *La France de l'intégration*, Paris: Gallimard.

——1994 *La Communauté des citoyens*, Paris: Gallimard TAYLOR, CHARLES 1992 *Rapprocher les Solitudes*, Sainte Foy: Les Presses de l'Université de Laval.

——1992a *Multiculturalism and ' The politics of Recognition '*, Princeton, NJ: Princeton University Press, p. 73.

TODD, EMMANUEL 1994 *Le destin des immigrés*, Paris: Seuil TOURAINE, ALAIN 1997 *Pourrons – nous vivre ensemble? Egaux et différents*, Paris: Fayard TURNER, TERENCE 1994 ' Anthropology and multiculturalism: What is anthropology that multiculturalists should be mindful of it?', in D. T. Goldberg (ed.), op. cit. pp. 406 – 25.

VASTA, ELLIE 1993 ' Multiculturalism and ethnic identity: the relationship between racism and resistance', in *ANZIS*, vol. 29, no. 2, pp. 209 – 25.

WALZER, MICHAEL 1994 ' Multiculturalism and individualism', *Dissent*, (Spring), pp. 185 – 91.

WERBNER, PNINA and MODOOD, TARIQ (eds) 1997 *Debating Cultural Hybridity: Multicultural Identities and the Politics of Antiracism*, London: Zed Press.

WIEVIORKA, MICHEL 1993 *La Démocratie à l'épreuve. Nationalisme, populisme, ethnicité*, Paris: La Découverte.

—— (ed.) 1996 *Une société fragmentée? Le multiculturalisme en débat.* Paris: La Découverte.

——1997 *Commenter la France*, La Tour d'Aigues: Editions de l'Aube

第一部分：文化差异与承认

少数群体文化与世界主义的替代方案[*]

杰里米·瓦尔德隆 (Jeremy Waldron)^{**}

郑 立 译 李丽红 校

假如把这篇文章献给萨尔曼·拉什迪 (Salman Rushdie) 先生,那是再合适不过的了。自从1998年在德黑兰被宣布处以死刑之后,他在英国警方的保护下,已经安然度过了1000个日夜。在文章的开端,我将大段的引用他在小说《虔诚》(In Good Faith) 中的内容,这部写于1990年的小说是为了辩护他的另一部受到谴责的小说《撒旦的诗篇》(Satanic Verses) 而创作的。

"《撒旦的诗篇》这本小说透过移民的眼睛来传达对于世界的看法。它取材于无根的、分裂的以及非常态的(时快时慢、喜忧参半)移民经历,我相信这段经历可以给全人类带来一种启示。

英国而非其他特定背景的穆斯林群体是这部小说的主要人物,他们一直在为混血问题、民族聚居问题以及协调传统与现代观念等等这些重大问题而苦苦挣扎。认为不同文化的混合注定要削弱乃至败坏他们主流文化的观点就是目前反对这本小说的最重要的声音。而我却不能苟同于这种观点。《撒旦的诗篇》称赞混血、杂交和混合的观念,为新的转变和多元的关于人种、文化、观念、政治学说、电影和歌曲的融合而欢呼雀跃,它在杂乱中放声歌唱,在一元化的纯洁中颤栗。些许的杂乱和无序或许正是

---

* 本文原题为 "Minority Cultures and The Cosmopolitan Alternative",发表于 University of Michigan Journal of Law Reform 25 (1992):751–793. ——译者注

** 杰里米·瓦尔德隆 (Jeremy Waldron) 现任加州伯克利大学法学院教授,主要研究领域包括法律、司法和社会政策。1986年毕业于牛津大学,获得博士学位。这篇文章的早期版本最早是提交给学校的研究小组并且参加了于1991年11月在海湾地区举办的政治思想会议。在这里我想对参加那次会议并对我的文章给予批评和建议的与会者表示感谢。

新事物降临世界的方式。大量的移民为新世界带来了伟大的转机，而我将不遗余力的拥抱它。《撒旦的诗篇》就是为了迎合融合与结合所带来的转变而写的，它是一首献给我们混血人的爱的颂歌。

……

…… 我出生在印度，除了是一个印度人之外，我还是一个孟买人。而孟买就是印度所有城市中最具有世界主义特色和混血人口占人口总量最多的城市。故而，我的思想和文章一方面深深的浸染在印度神话之中，另一方面又受到伊斯兰宗教的很大影响，因为我还是一个穆斯林。当然西方也没有脱离孟买的视野范围。而且在来伦敦之前，我的身份就已经是混血儿和异端分子了。"〔1〕

这里我既不想进一步探讨《撒旦的诗篇》，也不想讨论作者为本书的出版而付出的代价。〔2〕在这篇文章中，我将首先评论以上引文，然后再进一步探究这种世界主义模式所蕴涵的人生观、主体观以及责任观念，即便这种世界主义模式仍然是处在一种半隐不明的形成过程之中。我想探讨这种世界主义模式与另外一种大家普遍熟知的模式之间的张力，后一种模式在这次研讨会上颇受关注，它将人生的意义和完整性锁定在特定共同体的文化和族性（ethnicity）之中。

一、共同体主义

下面将要谈到的是有关自由主义和共同体主义之间的争论，在当下的语境中这种争论已然变成了一个破旧不堪的标签〔3〕，但是我却认为接下来的讨论会有助于推动这个争论。

拉什迪所标榜的自由与自由主义崇尚的自由观念之间貌似存在一定的关联性，然而从当代政治的语境来看，自由主义理论范式中相对谨慎和理性的个体并不会服膺于拉什迪所

---

〔1〕 Salman Rushdie, *In Good Faith*, in Imaginary Homelands 393, 394, 404（1991）

〔2〕 见 Jeremy Waldron, *Religion and the Imagination in a Global Community*，发表在1989年4月在伦敦发行的泰晤士文学增刊上第10页到16页。at，248。这篇文章讨论了萨尔曼·拉什迪事件。

〔3〕 例如，Charles Taylor, Cross - Purposes: The liberal - Communitarian Debate, in Liberalism and The Moral Life 159（Nancy L. Rosenblum ed.，1989）就既讨论了本体议题与辩护议题各自的独立性，又讨论了二者之间的相互依赖性，在社会理论层面，这种做法使共同体主义与自由主义之间的争议变得异常混乱。

规划的人生图景。诸多现代自由主义的理论家们极其看重个体的自主性——即个人按照自由选择的方式来生活的自主性；这种个体的自主性体现在生活规划的形成和执行过程中、体现在对于理性计划（ground-project）的采纳上，个人所需要的权利就是自由和保护，他需要运用这些自由和保护来实现这种自主性。[4]自由主义者特别强调个体采纳某种特定善观念的重要性，这种特定的善观念可以使其过上一种有意义的生活，因此在这里，个人的权利也是一种保护，这种保护能够让他与其他从事同一事业的人一样，具有同等的选择和遵循这些价值的机会。[5]除了在自由观念与决策理论上具有一定的重合因素之外，拉什迪所刻画的人生之路与自由主义的观念之间几乎毫无共同之处。在拉什迪所刻画的生活中并不存在康德式的自主个人所具有的那种道德统一性[6]，他所刻画的是一种万花筒般的生活，充满了紧张和变化；这种人生之路既不是沿着罗纳德·德沃金的思路去追求一种被选定的善观念[7]，也与罗尔斯关于个体是按照计划来生活的思想格格不入[8]。相反，这种人生之路对于自由主义那种强制而僵化的传统提出了挑战。[9]如果说在拉什迪的论述中存在一种自由主义的自主观念的话，那就是无法控制的多元主义内化，从个体**之间的关系转化为个体内部的**多元主义，这种多元主义是各种事业、追求、观念、图像以及

---

〔4〕 例如，见 John Rawls, A Theory of Justice 395–439 (1971).

〔5〕 见 Loren Lomasky, Persons, Rights, and The Moral Community 37–83 (1987).

〔6〕 同上，第42页。

〔7〕 见 Ronald Dworkin, A Matter of Principle 191 (1985) (提及到一种平等理论，这种理论认为，政府对于"善的观念"是中立的，因为每个人对于"什么才是对生活有价值的"这个问题具有不同的理解，因而具有不同的善观念).

〔8〕 John Rawls, A Theory of Justice 408 (1971).

〔9〕 麦基（Mackie）提出了一种较为宽松的自由主义人生观念："人们可以选择追求完全不同的生活方式。即使以这样的方式提出这个问题会产生误导：即从总体上来说人们不会也不可能在全部的人生计划中做出一个全面的决策。他们总是根据情况逐步的追求不同类型的活动，而非一劳永逸。" J. L. Mackie, Can There Be a Right-Based Moral Theory? In Theories of Rights 168、175 (1984). 拉兹表达了类似的观点："从某种意义上讲，自主性的个体就是他人生的主人。这个比喻想要刻画并不是一个受严格管制和强迫的形象：他年轻的时候，他就要根据计划来设计他的人生，并且在他今后的人生中，他要按照设计好的人生计划行事……［自主］并不需要在其人生中强加任何一种特定的统一性。自主的生活或许是由多样性和异质化的追求所构成。可以这样说，一个时常更换自己兴致的人与从未更改其早年人生设计的人一样，他们都是自主的个体。" Joseph Raz, The Morality of Freedom 370–371 (1986). 在传统的自由主义理论中存在着一个强烈的偏好，那就是将亚里士多德伦理学所表达的幸福观念转化为自由主义的目标。自由主义者将亚里士多德在《尼科马各伦理学》中（Nicomachean Ethics (283 bk. X, ch. 7)）阐述的一元化幸福观念替代为这样一种观念，即世界上存在着众多的善观念而且每一个都可以自由地选择**其中的一个**。与拉什迪和麦基一样，我也认为现代的自由观念很少受到这种限制：它是一种做出多种选择的自由，而不是在众多的道德观念中只选择其中一种的自由。

文化碎片的大杂烩。[10]

假如我知道该术语所指为何，我会说它是一种后现代的自我观念。不过，因为我不理解它，就让我称它为"世界主义者"（cosmopolitan），尽管这个词并不表明具备刚才所谈论的那些气质的人就一定是一个移民（像拉什迪），一个永久的避难者（比如像卢梭），亦或是飞机常客（frequent flyer）（像我自己）。世界主义者可能一生都居住在一个地方并且自始至终都保持一种公民身份。但是他断然拒绝以他的家乡、血统、公民身份以及语言来**界定**他自己。尽管他居住在旧金山并且是爱尔兰人后裔，但是当他学习西班牙语、吃中餐、穿韩国服饰、通过日本制造设备来聆听毛利人公主演唱由威尔弟（Verdi）谱写的意大利歌剧时，以及当他边关注乌克兰政治边进行佛教的打坐修炼时，他并不认为自己的身份受到了侵犯。他是一个现代性的个体，意识到自己居住在一个混杂的世界中并且具有一种混杂的自我观念（a mixed – up self）。

我想以拉什迪所规划的人生为契机来挑战现代共同体主义者所阐发的一种观念，这种观念认为人们需要在一个特定共同体中去过一种实质性的生活，并以这个共同体作为其人生意义、完整性和特征的源泉。[11]在研究过程中，我们首先要做的一件重要的事情就是界定"共同体"（community）这个术语。让我们感到困惑不已的是，在麦金太尔、桑德尔、泰勒以及沃尔泽这样的共同体主义思想家的论述中[12]也没有对于共同体这个概念进行明确的界定。当然我不是说他们没有对共同体进行界定，而是说在他们的思想中没有对这个概念所涵盖的社会实体的范畴和规模进行明确地界定。

他们在著作中提到：现代的个体是共同体的产物[13]；我们其中的每个人都会认同于抚育我们成长的共同体[14]；我们的选择必定受到共同体背景的制约[15]；我们并不认为

---

〔10〕 尼采也主张这种多元观念：为了获取渊博知识，与其将自己局限在统一性之中，还不如倾听个体内在优雅的多种旋律，后者更加有价值；它们代表了一种更加适合我们的心灵状态。不要将自己看作单一的、古板的和死气沉沉的个体，我们对于生活本身和其他人的生活都具有智识上的兴趣。

Friedrich Nietzsche, Human, All Too Human: A Book For Free Spiris 196 (R. J. Hollingdale trans., 1986).

〔11〕 在我看来，共同体主义最为重要的代表作品包括：Alasdair Macintyre, After Virtue: A Study in Moral Theory (2d ed. 1984); Michael J. Sandel, Liberalism and The Limits of Justice (1982); Charles Taylor, Atomism, in 2 Philosphical Papers: Philosophy and The Human Sciences 187 (1985); 以及 Michael Walzer, Spheres of Justice (1983); 也可见文集 Liberalism and Its Critics (Michael J. Sandel ed., 1984).

〔12〕 见前面的注释11。

〔13〕 Karl Marx, Grundrisse, in Selected Writings 345, 346 (David Mclellan ed, 1977).

〔14〕 注释11中 Sandel 的著作。

〔15〕 Will kymlicka, Liberalism, Community, and Culture 165 (1989).

自己具有反对共同体的权利；〔16〕共同体存在边界；〔17〕正义就是忠于共同体中的共享性理解；〔18〕当他们说这些话的时候，他们所指的共同体究竟是多大的**规模**呢？共同体是不是就是可以保持**礼俗社会式的**（gemeinschaft – type）稳定和熟人般的友情的小型村落和社区？共同体和政治共同体之间的关系又是怎样的呢？"共同体"的功能是否类似于"市民社会"（civil society），从而区别于我们所谈论的国家或政治体的社会基本结构呢？如果像约翰·邓恩（John Dunn）最近所指出的那样，〔19〕无论是像斐济这样的小国还是像美国这样的大国，无论是像新加坡这样紧凑还是像独联体（C. I. S）这样松散的联盟，**国家**这个概念都已经不再指代一种自然的社会形态的话，那么，这是否意味着在每一个国家内部都存在着一个可以让个体找到归属感和依附感的共同体或者社会呢？

我们是否应该假设共同体在规模上并不大于国家呢？如果我们每一个人都是共同体的产物，那么，是民族文化孕育了我们还是世界范围内的语言、文学和文明塑造了我们？我们究竟是在独立的族群范围内探讨那些特定的共同体还是在讨论共同的文明和文化？共同的文明和文化可以使一个在牛津受训的新西兰人在《密歇根大学法学改革杂志》上发表文章。〔20〕

我怀疑现代共同体主义的盛行原因就是在于它对以上问题**并没有**给出明确的回答。我也怀疑共同体主义通过运用从某一规模（通常是较大规模）的共同体中引出的前提来支撑从一个完全不同规模（通常是较小规模）的共同体中得出的结论所要求的公民忠诚。

出于这篇文章的目的，我只想特别关注共同体概念中的一层含义——即**种族**意义上的"共同体"，这是一个特殊的群体，他们具有共同的习俗、仪式和生活方式所构成的传统，而且在这些现实的或想像的共同体中〔21〕，可以追溯到他们共同的历史、出身和故土。19世纪和20世纪兴起的民族主义所指涉的共同体就是这个意义上的共同体。在我对拉什迪的世界主义理想进行考查时，也是在这个意义上使用共同体概念的。我想把共同体主义对

---

〔16〕　注释 11 中 Taylor 的著作，第 198 页。

〔17〕　Robert C. Post, The Social Foundation of Defamation Law, 74 Cal L. Rev. 691, 736 (1986).

〔18〕　注释 11 中 Walzer 的著作，第 313 页。

〔19〕　John Dunn, Interpreting Political Responsibility 124 (1990).

〔20〕　Jeremy Waldron, Particular Values and Critical Morality, 77 Cal. L. Rev. 561582 (1989)；也可见 Michael Ignatieff, The Needs of Strangers 139 – 140 (1985) 我们对于公民政治形象的认识还会受到雅典、罗马和佛罗伦撒的古典城邦的困扰。是否还存在一种只属于洛杉矶的语言呢？

〔21〕　关于"想像的"，可以参考 Benedict Anderson, Imagined Communities：Reflection on the Origin and Spread fo Nationalism 15 – 16 (1983). 安德森相当睿智的指出，"想像的"并不意味它就是"虚构的"，同见，第 15 页。

于世界主义生活方式的批判和德国历史学家 J. G. V. 赫尔德的主张联系在一起，赫尔德认为，（用以塞亚·伯林的话说）"在人类的基本需要（像食物、住所、安全、生育以及交流等这样的基本需要）中，归属于一个特定的群体也是一种基本需要，在这个群体中，某种共同的联系使他们结合在一起，这种共同联系包括语言、集体性记忆、继续在同一块土地上生活"或许还包括"种族、血缘、宗教和共同的使命感等等。"〔22〕

有些人可能会认为以这种方式将这两者联系起来是不公平的。比如他们会说桑德尔并不是赫尔德。不过这样做的目的不是为了贬低任何特定哲学家观点的精致性。有时对我们而言，重要的不仅是去阅读那些通常十分模糊的共同体主义文献，更重要的是，如果逐一考查各种**确定的**共同体主义者的主张并将那些模糊的概念和含糊其词的东西丢弃之后，看看这些研究究竟还能剩下多少实质性的内容。最终，这将成为评价文献中所阐述的一系列不同意义的最佳方法。虽然本文肯定不能最终完成这项工程，但是却不失为一个有价值的开端。

二、作为一种人权的少数群体文化

之所以会对这个规模的社会体产生兴趣，除了上述原因之外，还有另外一个原因。在现代有关人权的讨论中，我们时常会碰到一个这样的说法：即特殊的文化、共同体和种族传统都有权利得到延续，有权免遭败落、同化和消亡的命运。《公民权利和政治权利国际公约》（International Covenant on Civil and Political Rights）第 27 条是这个思想最适中的表述：

> 在那些存在着人种的、宗教的或语言的少数人的国家中，不得否认这种少数人同他们的集团中的其他成员共同享有自己的文化、信奉和实行自己的宗教或使用自己的语言的权利。〔23〕

---

〔22〕 Isaiah Berlin, Benjamin Disraeli, Karl Marx and the Search for Identity, in Against The Current 252, 257 (Henry Hardy ed. 1980).

〔23〕 International Covenant on Civil and Political Rights, adopted Dec. 19, 1966, art. 27, 999 U. N. T. S. 172, 179.

从以上的文字可以看出来，在究竟什么才算是享有自己的文化、信奉自己的宗教以及使用自己的语言这些问题上，这个条款的态度是相当暧昧的。那些其文化处于消失边缘的人们，经过不懈的努力通过偶尔的集会来展示他们的民族服饰，重拾民族历史中的那些碎片、实践自己的宗教仪式和表达信仰以及使用曾经风靡一时的语言的时候，他们的权利得到保障了吗？这就是他们的文化给他们带来的**享受**吗？是不是要最大限度地使其文化按照最初的发展方式发展，积极促进其繁荣才能给他们带来享受呢？

很多人认为尊重少数群体文化并不需要太多的东西。联合国最近的一个报告否定了27条只是一个反歧视性规定的看法；相反它要求采取一些特殊措施来保护少数群体文化［像肯认行动（affirmative action）这样的措施］，并且认为这些措施与为保护基本人权而采取的措施具有同等重要的地位。[24]这些肯认性措施也包括来自主流社会的经济资助。[25]但是这些措施还包括承认，即承认少数群体文化有权进行自我保护，它们可以限制外来者的侵犯，也可以限制其内部成员在职业、家庭、生活方式、忠诚和退出等方面的选择，这些限制可能与主流的自由主义背景格格不入。[26]

我并不想介入到对于27条的细节讨论中去，我只是想对这个条款以及与其相似的条款所表达的生活方式进行一个探究罢了。再次申明，我们当下要处理的是这样一个赫尔德

---

〔24〕　Francesco Capotorti, Study on the Rights of Persons Belonging to Ethnic, Religious and Linguistic Minorities, 40 – 41, 98 – 99, U. N. Doc. E/CN. 4/Sub. 2/384/Rew. 1 (1979).

〔25〕　同上，第98 – 99页。

〔26〕　比如，加拿大就有相关立法规定，以此来限制非印第安人居住或使用印第安人的土地。

"任何类型的契约、合同、文件，无论是文字的还是口头的，只要是允许非该族群或团体的个人占用或使用保留地，或者想要在保留地上居住或行使其他任何权利，那它都是无效的。"

Indian Act, R. S. C., ch. 1 – 5, &28 (1) (1985) (Can). 一些加拿大原住民领袖曾经倡议要对地方选举条款进行一系列改变，以此来确保承认原住民的政治权利，而不管这个地区多数人群体的种族到底是什么。见 Michael Asch, Home and Native Land: Aboriginal Rights and The Canada Constitution 102 – 104 (1984); 也可见前面注释15中 Will Kymlicka 的著作，第146 – 147页。这个原住民领袖所建议的改变包括只有在该群体中定居三到十年的时间才具备投票和担任公务人员的权利。见 Asch 的著作第103页。在美国和加拿大与原住民通婚要遭受一些不公正的待遇，就算住在保留地和原住民区域内也难以幸免。对于这个问题的全面讨论可以参考注释15中 Will Kymlicka 的著作，第148 – 149页。美国高等法院通过一个判例确认了部落权威对于出生在保留地以外的孩子也具有同样的权利，在这个事件中一个原住民母亲故意让孩子在保留地外出生，想要让非原住民来收养他。见 Mississippi Band of Choctaw Indians v. Holyfield, 490 U. S. 30, 51 – 53 (1989). 在美国原住民权利的大背景下，这样的事件并不见怪。但是这与少数群体文化所提出的一般要求无关，也与承认他们的区域自治与自决要求无关，这些要求是受了民族主义的影响，已经引发了严重的政治稳定问题。见后面注释92的引文。

式的论调[27]——即人类对于归属感的诉求和需要，而这个需求现在正处在一个危机关头；比如北美原著民群体的处境就是例子。众多学者以批判或捍卫的态度来解释文化保留权时也是以这个需求为目标的。

三、一种弱的（thin）善理论

于是，这里现在就有两种理论有待我们考察：一种是拉什迪所暗示的世界主义模式，另一种则是 27 条的支持者们所宣扬的归属和沉浸于特定的共同体文化与生活。

至关重要的是，我们要认识到这些并不仅仅是老式自由主义在这个多元的世界里应该愉快地予以包容的有差异的生活方式（比如有些人喜欢篝火晚会，另一些人喜欢歌剧；有的人是天主教徒，而有的人却是卫理公会教徒）。相反，正如我们上面所已经讨论过的那样，我们在讨论的是人生观、主体以及责任的背景，这些背景从一开始就已经被预设了多样化生活方式的存在或者存在需要宽容的多样性。

这种生活方式和背景假设之间的对比值得我们做进一步的解释。任何理论，**包括**宽容理论和自由主义中立性理论在内，都需要对人类生活进行某种预设。即便是哲学家们所主张的一种"弱的"理论[28]也需要这样的预设，这种弱的理论仅仅给主体提供一个概念化的选择框架，但是具体的选择内容却任由个体来填充。我们需要一种弱的理论来告诉我们在一个正义的理论中，什么样的善才是至关重要的，什么样的自由和权利才是我们应该吁求的；更宽泛地讲，什么样的人生道路才是我们期望的，在这样的人生中我们可以使所有的事情都具有意义。譬如，在选择的内容应该是什么这一问题上，自由主义的权利理论就要做到不必乞灵于任何理论，就能够声称宗教选择与信仰事务对人们是至关重要的（并且值得予以特殊保护）。弱的理论也可以表现出正义理论中的核心主题（subject – matter），这些核心主题包括：在分配理论中，处于压轴地位的正当分配是什么呢？我们究竟是应该致力于幸福的正当分配、物质资料的正当分配，还是人类能力的正当分配呢？[29]不论在

---

〔27〕 见前面的注释 22 及其引文。

〔28〕 有关人类善的"弱的"理论的全面讨论，见注释 4 中 Rawls 的作品，第 396 页。

〔29〕 同上，第 90 – 95 页（有关"基本善"的讨论）；也可见 Ronald Dworkin, What's Equality? (pts. 1&2) 10 Phil. &Pub. Aff. 185，283（1981）（关于"福利平等"和"资源平等"的讨论）；Amartya Sen, Equality of What? in Liberty, Equality, and Law 137（Sterling M. McMurrin ed．，1987）.

其他层面存在什么样的多元差异性，每一个社会都会在这个层面达成一定的共识。

总之，我们需要一个关于选择、主体和责任的弱的理论，从而使得我们可以表达那些与社会、共同体以及正义相关联的个体生活的模式。我们需要一种将诸事物协调起来的框架。然而我们所设想的社会是什么样的呢？是由单个个人所组成的社会还是一种有机体式的共同生活呢？是一个每个人都具有相同权利的平等社会？还是一个以非平等为目标的等级社会呢？

只有将我们自身与这里所提到的一些内容结合起来，政治哲学研究才能取得进步；可以肯定的是，声称对**一切事物**都保持中立的自由主义中立性理论，在这个语境中很快就败落成虚幻的矛盾体。自由主义的批评者们对于这种中立性假设的揭批可谓是乐此不疲，就像是找到了一个让自由主义中立性理论名誉扫地的妙法。[30]但是每一个政治理论在下面这两个问题上都必须说明自己的立场：本真的人类主体（authentic human agency）到底是什么？它与我们在社会中所处的地位有什么关系？在我看来，在对于人类生活与行为的描述上，世界主义与共同体主义之间的张力绝对不仅仅是相互竞争的诸种生活方式间的差异这么简单。它们并不是已经在基本术语和概念上达成共识的自由主义旗帜下的盟友，它们之间的差异已深入到哲学的层面。

四、敌对和本真性

但是，这两种我们正在讨论的对于人类生活具有不同认识的理论是真正的对手吗？说它们之间完全对立，好像有些奇怪。拉什迪并没有敌视原住民权利，而美洲的原住民部落对于《撒旦的诗篇》这本书也没有多大的兴趣。27 条的捍卫者虽然会对文化多样性表示

---

〔30〕 比如，托马斯·内格尔（Thomas Nagel）在讨论罗尔斯的理论建构时就说道："这种模式囊括了一种强烈的个人主义式的偏见，并且被相互冷漠和妒忌进一步强化。这些假设的效果就是降低了依赖于个人之间关系的善观念的主张。原初地位（the original position）似乎不仅预设了一个中立的善理论，而且预设了一种自由主义的个人主义概念——即在不干涉其他人权利的情况下个人可以自由的追逐自己喜欢的人生道路。"Thomas Nagel, Rawls on Justice, in Reading Rawls: Critical Studies on Rawls's A Theory of Justic 1, 9 – 10（Norman Daniels ed., 1975）。内格尔正确的指出了罗尔斯理论中的这些假设。这些假设构成了罗尔斯关于人类选择和主体观念的弱的理论。它们虽然充满争议，但是争议的存在与其说是摧毁了自由主义中立性的承诺，倒不如把这场争论视为破坏了国际法的中立性的敌对行动。参见，Jeremy Waldron, Legislation and Moral Neutrality, in Liberal Neutuality 61, 78 – 81（Robert E. Goodin & Andrew Reeve eds. 1989）。

不满，但是他们并不会真正去限制像拉什迪这样的人的自由，不会限制他们转信其他宗教。但是，**事实**并不是这样。拉什迪被判死刑的一个理由就是背叛，这一事实就是一个明确的提醒，它的真正含义就是人们必须忠于他们的祖先。[31]

世界公民，即那些秉持世界主义观念的现代骑士们，也没想真的破坏少数群体文化。他们也希望用因纽特人的手工艺品或者毛利人的雕刻品来美化自己的居室。而且，我们知道，根除了世界主义的观念的世界仍不是少数群体的安居之所。我们的经验已经表明，在现代生活的严酷无情下，少数群体文化正在逐渐走向枯萎乃至消亡，而且那些守护濒危文化的人们正生活在险境之中。

换言之，我们必须着手处理人与社会的概念，这两个概念即便不是完全不一致、也的确在一些重要的方面相互对立。此人所向往的天堂，对于他人可能就是地狱。

的确如此，尽管这两个概念并非水火不容，然而要最大程度的实现双赢则是一个难题了。

首先让我们假定：一个自由自在的世界主义者生活在一个万花筒式的文化共同体中是可能的，也是可以实现的。同时也假定这种生活方式是充实的并且具有创造性，而且他们也和其他地方的人们一样幸福。顷刻之间，保护少数群体文化的论点就失去了原有的魅力。不能再主张人们**需要**与特定的文化保持紧密的联系，只是因为在这种文化中有他们和他们的祖先习已为常的食物、衣服和住处。[32]人们曾认为他们**需要**吃肉。现在证明这并不是真的：由蔬菜来替代肉也是一样可行。即便现在可能仍有一些人会保持吃肉的习惯，但这个习惯再也不是必需的选择了。同样，如果世界主义的替代方略能够得到支持，那么归属于特定文化的观念也可以被替代。这种沉浸在特定文化中的生活方式可能被特定的人所喜好，但不再能声称这是他们的必需品。

当然，从以上的观点并不能推出我们有权镇压和摧毁少数群体文化。但是，随着奠基于人类特定**需要**基础之上的赫尔德式观念的崩塌，任何赞成给予少数群体以特殊支持和帮助的主张，或者赞成给予少数群体一些特殊的规定与容忍的主张都遭受到严重的打击。给予少数群体如同宗教信仰自由权那样的地位已经是最好不过了。我们不再认为每个人都需要宗教信仰，或者每个人都必须皈依其所在共同体的宗教信仰。世俗生活同样是可行的，放弃一种宗教信仰转信其他信仰也一样可行。几乎没有人会认为因为有了这些可能的选

〔31〕 34 页，注释①中 Rushdie 的作品，第 405 页。（"我不会接受背叛的罪名，因为在我的生命中从来没有确立任何的信念，那么没有确立信念的人根本谈不上背叛。"）
〔32〕 参见注释 22 及引文。

择，就可以根除宗教信仰。但是同样，也几乎没有人会认为只是为了保护宗教就要给予宗教团体以特殊的资助。假若因为信徒逐渐减少，没人再信仰其教义和着迷于其仪式而导致一个特定的教堂走向败落，我们只能说，这个世界就是如此运转的。就像是一种时尚或嗜好过了时一样，这并非是人们真正需要的东西，只是从此消失不见了。

因此，这种世界主义替代模式的存在及其所具有的精神足以削弱那些旨在保护少数群体文化的主要诉求。有的时候，世界主义模式会走的更远一些。在这篇文章开头提到的拉什迪就强烈地主张：真正的世界主义模式所主张的异质的生活方式实际上是我们现代世界唯一合适的选择。[33]在我们所生活的世界中，我们被科技和贸易所包围；到处充斥着经济、宗教以及政治上的帝国主义及其变种；这里有无数的移民以及各种各样的文化影响。在这样的大背景下，使自己沉浸到传统实践中，也就是沉浸于原住民文化的做法不失为一种迷人的人类学实践活动，但这种做法却让我们人为地偏离了世界发展的真实轨道。之所以说是人为的，是因为这种沉浸于传统文化的生活模式通常要求那些生活在现实世界中的人们给予他们特殊的资助和特殊的规定；而现实中的文化与实践并不如此封闭、彼此相互隔绝的。换言之，对于这种诉求的指控就是这种生活是**非本真的**（inauthenticity）。

下面让我更加直白的论述吧。以一个世界主义者的观点来看，在现代世界中归属于一个特定共同体的文化传统就像置身于迪士尼乐园却还天真的以为身边的景物都是真实的存在。更加糟糕的是，这就是向现代社会要求资助，使其可以在迪士尼乐园里面安居，并且要求保护迪士尼的边界，同时又设法使自己相信迪士尼里的幸福就是一个完备和充实的人生。这好像是认为每个人最深切的需要就是让魔术师提供一个选择和信仰的框架供我们选择；但是却完全忘记了这样的一个事实，即迪士尼乐园框架的建成取决于众多的基础设施、建筑物和大量的资金投入，而这些都不是任何特定的外观特征所能揭示的。我们可以想像这样一副具有讽刺性的画面：一个归属于迪士尼乐园的人却公开声称他完全漠视乃至鄙视洛杉矶。

这只是事情的一个方面，另一方面，假如我们接受了少数文化捍卫者经常说的内容，即存在着一种普遍人类，这种普遍的人类需要植根于特定的共同体中生活，这个共同体的归属感将特性与深度加诸到我们的选择与行动上。[34]那么，拉什迪式的自由观就显得有些扭曲和非正统，就成为一种古怪的自由模式，而非人类自由的至善之境。正如有些人所

[33] 见注释1及引文。
[34] 见注释11，注释22及引文。

说的那样：自由只有与特定的行动相结合才会有意义；宽容的最大障碍来源于不理智而非敌意。[35] 假如以上这观点是正确的，那么，共同体主义论题将会得到更多的信任，而相应的世界主义的自由观就会缺乏说服力。

从共同体主义的观点来看，拉什迪所赞美的世界主义自由观——无论是抛弃传统、无视传统还是将传统与各种低俗的东西混合在一起——都像是一个怪异的人所做出的行为；这样的自由就像是在太平洋里面用浴盆来航行，或者说是终其一生纠缠在由结婚和离异所构成的迷局里面。那些随意从一个共同体跳至另一个共同体的人，那些从未脚踏实地生活在一个稳定的习俗与传统中的人，正如浴盆里的航行者和婚姻竞技者一样，只能激发我们私下里的赞美。一旦他们出了问题，我们也只能同情的问到"这不正是你所期待的生活吗？"

就在刚刚我们还认为沉浸于少数群体文化中的人生就像是躲避在迪士尼乐园里面，因此是一种逃避现实的非本真的生活方式。但是现在，对于这种非本真性的指控好像就要被少数群体文化的支持者加倍地反转过来了。根据他们的见解，拉什迪所说的不断改变和混合的归属才是一种肤浅和非本真的生活方式。他们会说，这种世界主义的理想包含了几乎所有传统自由主义所具有的所有弊病；原子主义、抽象主义、拒斥传统、责任匮乏、优柔寡断和对于善的冷漠。这些罪名既隐含在像"驱逐"（deracinated）和"疏远"（alienated）这样的弦外之音里，也存在于拉什迪大胆使用的"混杂"（hybrid）、"杂质"（impurity）、"杂烩"（hotchpotch）、"混血"（melange）以及"杂交"（mongrelization）[36] 等等词汇里面；这些用词如此精确的描绘了世界主义的模式，同时也充满了否定和训诫的意蕴。

也可以用其他的方式提出同样的观点。有这样一个问题：我们应该如何看待拉什迪的作品所产生的威胁？我们当然应该认真对待他的作品对于他的生命所产生的威胁。但是，

---

〔35〕 比如，本（Benn）和温斯坦（Weinstein）就认为，讨论一种行为是否自由才是一种合适的讨论方式：

"只有当一件事情成为理性选择对象时，我们才可以讨论一个人是否有自由去做这件事。在通常情况下，任何有理性的人都不会做出割下自己的耳朵这种行为，就是说'没有哪个处于理智状态的人会考虑去做这种事情'（即便有的人实际上已经这样做了）。这不是一个在逻辑上是否荒谬的问题；相反，只有做一件事是有意义的时候，'一个人有（或者没有）自由去做这件事'这句话才有意义。"

S. l. Benn & W. L. Weinstein, Being Free to Act, and Being a free Man, 80 Mind 194, 195 (1971). 以上引文的中译文采用刘训练编《后柏林的自由观》，江苏人民出版社，2007 年版，第 64 - 65 页——译注

〔36〕 见前文及注释 1 的引文。

我们应当如何看待这一威胁有可能引发的"恐怖效应"呢？对于拉什迪的其他作品，对他的出版商、销售商以及一些受他的启发而创作类似"冒犯性"作品的作家而言，这一威胁有何影响呢？为了回答这个问题，我们必须对类似情形所阐发的自由的价值进行定性地判断。并不是所有的自由都是并行不悖的，正如我前面所说的那样[37]，我们需要一种善的理论来告诉我们哪些自由才是最重要的，而哪些又是无所谓的。查尔斯·泰勒说过这样的话：

> "我们这个社会需要很多限制的存在；其中一些限制比较重要，而另一些则完全无关大局。从数目上来看，这里面肯定是有争议的。但是我们的判断应该立足于什么才是对于人类生活更有意义这个原则基础之上。对于人类信仰自由和伦理信念的限制比限制他们在国家内部非居住地区进行活动的权利更加重要，而以上两种权利又都比交通管制的意义更大。"[38]

即便是演讲和写作的自由，我们也想作出区别。比如出版一部严肃的政治或哲学书籍是一回事，出版一部廉价的用来腐化人们心灵的杂志则是另外一回事；也就是说为低俗小说提供道德可行性的论证肯定会比"严肃的"书籍难的多。[39]拉什迪的论敌认为像《撒旦诗篇》这样的作品肯定是属于低俗小说的范畴；而且在他们看来，对这些小说进行恐吓和禁止并不是什么需要认真对待的事情（尽管它可能是一部好书）。可见，世界主义模式如果想得到辩护必须首先对这个指控做出回应。

五、世界主义者的孤独

在共同体主义者的眼里，世界主义者就是孤独和疏远的代言人，接下来我想对这个认

---

[37] 见前面的注释 28 – 30，及其引文。

[38] Charles Taylor, what's wrong with negative liberty, in The Idea of Freedom: Essay in Honor of Isaiah Berlin 175, 182 –83 (Alan Ryan ed., 1979).

中译文参见刘训练编《后柏林的自由观》第 167 – 183 页——译者注

[39] 进一步的讨论见，Obscenity and Film Censorship: An Abridgement of The Williams Report 54 – 57 (Bernard Williams ed., 1981).

识进行更加细致的探讨。看看拉什迪自己，整日在躲避中过着世界主义的生活，他十分谨慎的远离朋友，得不到妻子玛丽安·薇基斯（Marianne Wiggis）的关爱，在警车的护送下从一个角落转移到另一个角落，除非经过相当长时间的精心安排，否则任何人都不能见到他本人。现在看来，这可能是相当不公正的；宣布**追杀令**的那些共同体主义者们洋洋得意。而拉什迪在受死刑威胁之前一直都过着幸福的生活。

直到现在这幅图画还历历在目。即使是最好的结果，那些拒绝特定共同体的世界主义者也会不可回避地产生一种孤立感。被驱逐的卢梭在他去世之前写下的动人篇章《一个孤独漫步者的暇思录》，开篇就说道：

> 我现在孤独的生活在这个世界上，没有一个亲朋好友陪伴在我身边，只有我自己……他们现在都成了陌生人和异邦人，他们不再为我存在……然而一旦这些人和整个世界都离我而去，我又是谁呢？……
>
> 我也不知怎样被排除于事物的正常秩序之外，眼看自己被投入无法理解的混沌之中，现在还是什么也看不清楚。我越是对当前的处境进行思考，越是不明白我现在置身何处。[40]

这就是世界主义者的命运吗？

下面的传统观念加剧了我们对卢梭的同情，那就是亚里士多德所说的人天生是政治的动物。[41]在亚氏看来，人就是最难以自足的政治动物。[42]人类个体的难以自足并不是偶然发生的，而是人的本性所决定的。我们**需要**彼此，亚里士多德的任务就是表明我们之间的这种关系是人类的必需品。个体归属于一个**城邦**并不是迫不得已的依附，而是对相互依存关系的积极认可和本质主义的接受。

从这个角度来看，脱离了文化的个体就是一个冷漠、孤立和与世隔绝的怪物。

---

〔40〕 Jean－Jacques Rousseau, Reveries of the Solitary Walker27（Peter Jones trans. , 1979）(1783). 但是值得注意的是卢梭和拉什迪都将自己看作是一个被抛弃者而非不懂人情世故的个体："最具社会性和爱心的人总被大众所抛弃。带着虚假仇恨他们用最严酷的手段来折磨我的心灵，并且将我和他们彻底分开。"同上。

〔41〕 Aristotle, The Politics 5（bk. I , ch. 2, Ernest Baker trans. , 1946）（"城邦是按照本性存在的事物，而人就是遵循本性在城邦里面进行生活的动物。"）

〔42〕 同上，第5－6页。（"很显然，和蜜蜂以及所有其他群居动物比较起来，人更是一种政治动物……当他们分开的时候他们都处于不自足的状态，所有的个体都同等的依靠着这个整体……"）

由于这个与世隔绝的人不能共享政治团体的利益或者认为自己是自足个体而没有必要去共享政治团体的利益，因此，他已不再是城邦的一分子，这些人非神即兽。……

……荷马曾经以贬损的口气写到这些人："他无根、无法、无心"。

这种人本性上就热衷于战争；他在游戏中单兵作战。[43]

亚氏认为无情的人不可能获得幸福和忠诚：

让至善之人成为一个孤独者肯定是一件怪诞的事情。因为人是一个政治动物，而且他的本性就是其他人一起生活，所以没有人会选择孤独的生活在这个世界上。[44]

他认为幸福的生活就是怀着善的信念并且享受着善的生活[45]。只有在社会中，在他人的陪伴下，一个人才算是真正的享受生活，否则享受一个好的生活（这种生活不同于自私的度过自己的生命）就只是空谈：

认为他的存在是有意义的都是他的朋友。那么此刻他生命的意义就在于他觉察到了自己生命的意义，而这本身就是令人愉悦的。因此，他同样意识到了他的朋友的存在，这种善通过一起生活和分享讨论思想的愉悦而表现出来；因为这种共享生活只是对于人而言的，绝非牛马在一起觅食。[46]

然而没有扎根于特定的共同体也并不必然等同于孤立无援或者缺少友情。为了表明共同体（正如我们所理解的那样）对于人性中社会和政治部分的重要性，我们必须进一步分析亚里士多德关于相互依存的论题。在接下来的部分中，我将探讨两种对互相依存论题的解释，即经济层面的解释和道德层面的解释，我将追问，声称放弃归属于任何特定文化的世界主义是如何削弱个人与他人之间关系的。

这里仍需声明的一点是，我将亚里士多德的论点作为论证的出发点并不是因为他的理

---

〔43〕 同上，第5－6页。

〔44〕 注释9中亚里士多德的作品，第238页（bk. IX, ch. 9).

〔45〕 同上，第263页（bk. X, ch. 6).

〔46〕 同上，第241页（bk. IX, ch. 9.）

论就是这个方面的最终权威，而是因为亚里士多德的政治哲学传统（包括**现代**亚里士多德主义）在挑战自由主义假设前提的诸多思想中是最具有说服力的。当然亚里士多德关于友情、共同体和**城邦**的概念都是在城市国家（city‐states）的背景下形成的，这些城市国家比现在美国的一个小城镇大不了多少。因此在讨论的时候，首先将亚里士多德主义的友情与相互依存的**概念**（concepts）与那些只适合于特定时代背景的概念内涵（conceptions）区别开来是十分必要的。[47]共同体主义对于现代社会的批判往往依据这样的论据，即亚里士多德对于友情和共同体内涵的论述在现代社会根本没有立足之地；而这些批评家很少有兴趣去追问这是否是在用明显不同的现代概念内涵解读体现了亚里士多德独特观点的概念。

六、相互依存性

（1）经济上的相互依存性

无疑，他确实没有沉浸于特定的共同体去从事高强度的经济活动，也没有和群体中的其他成员一起劳动并面对面地交换劳动产品。他既不是原住民部落的成员，也不是阿米希（Amish）共同体中的农民。但是那些都是想像中的场景，只是现代经济关系中极小的一部分。正如亚当·斯密所言，我们的相互依存性远远超越了我们保持友情的能力：

> 虽然他一生也很难找到几个知心朋友，但是生活在文明社会中的人们却无时无刻不在渴求大量的合作和帮助。[48]

鉴于我们与他人联系的真实状态——经济联系远远超越了特定共同体的边界，实际上也远远超越了特定民族国家的边界——世界主义者更加确切的表达了我们与他人之间的联系，而不是沉浸于田园牧歌般的礼俗社会。

假如我们担心参考亚当·斯密的思想会有过于偏袒资本主义之嫌的话，那么从卡尔·

---

〔47〕 关于概念和概念内涵之间的区别，见 Ronald Dworkin, Taking Rights Seriously, 134‐136 (1978).比如，我们因此要把"残忍和不同寻常的惩罚"这个概念与发现这一概念的原创人所理解的概念内涵区别开来。

〔48〕 Adam Smith, The Wealth of Nations 18 (Edwin Cannan ed., 1976) (1776).

马克思的著作中也会推出同样的判断。早期的马克思更多的关注资本主义经济在生产过程中对于人的异化作用。[49]但是马克思所担忧的异化并不是那种可以通过使人们沉浸于共同体、全身心地投入到生产活动中就能够得到矫正的异化。相反，马克思所担忧的是全人类的异化。当他坚持认为"生产活动是一种人类活动"[50]的时候，他的意思不仅是说创造性与合作生产是人性的本质和特征，而且认为在现代社会中，人类生产活动确实是发生在人类之间的活动，体现的是人与人之间的联系，而不是发生在特定的共同体中的，这种活动已经穿越了世界的界限。他论证到，虽然这种真实的全球性相互依存性是由资本主义率先发明的成就，但是它同样也是社会主义不可或缺的条件：

> 资产阶级，由于开拓了世界市场，使一切国家的生产和消费都成为世界性的了。使反对派大为惋惜的是，资产阶级挖掉了工业脚下的民族基础。古老的工业被消灭了，并且每天都还在被消灭中。它们被新的工业排挤掉了，新的工业的建立已经成为一切文明民族的生命攸关的问题；这些工业所加工的，已经不是本地的原料，而是来自极其遥远的地区的原料；它们的产品不仅供本国消费，而且同时供世界各地消费。旧的、靠本国生产来满足的需要，被新的、要靠极其遥远的国家和地带的产品来满足需要代替了。过去那种地方的和民族的自给自足和闭关自守状态，被各民族的各方面的互相往来和各方面的互相依赖所代替了。[51]

亚里士多德在分析这个问题的一开始就指出，希腊**城邦**独一无二的特点就是它的自足

---

〔49〕 见 Karl Marx, *Economic and Philosophical Manuscripts*, in Selected Writings, 注释 13 中的著作，第 83 页（"人一旦和商品产生了隔离，那么人与人之间的异化就开始了"）。

〔50〕 同上，第 82 页。

〔51〕 Karl Marx & Fredrich Engels, *The Communist Manifesto*, in Selected Writings, 注释 13 中的著作，第 224 页。这段话是用来庆祝传统生活消解的。在很多程度上，《共产党宣言》就是现代性的宣言："一切固定的僵化的关系以及与之相适应的素被尊崇的观念和见解被消除了，一切新形式的关系等不到固定下来就陈旧了。一切等级的和固定的东西都烟消云散了，一切神圣的东西都被亵渎了。人们终于不得不用冷静的眼光来看他们的生活地位、他们的相互关系。"

同上。任何认为马克思此时是在痛惜或谴责这种关系的人都会对他后来在《共产党宣言》中痛斥"反动的社会主义者"感到困惑，如果是这样的话，那这种人就没有注意到马克思是在强调资产阶级的作用，也忽略了马克思关于共产国际主义政治思想的经济及哲学基础与这种全球相互依存之间的联系。也可见 Marshall Berman, *All That is Solid Melts Into Air: The Experience of Modernity* 19–21 (1982) 中对于马克思世界主义的讨论。

性——〔52〕与家庭和村落不同的是，**城邦**的成员发现，他们所依赖的是城邦内的成员，而不是外邦人。正是由于这个原因，**城邦**才被认为是人类合作的最高形式。然而从斯密到马克思的观点只是表明情况已不再如此。如今，人类之间的相互依存已经完全体现在全球层面，而不是停留在国家层面（当然也不会是城市或者乡村层面）。那么，坚持在现代社会中套用亚里士多德主义的相互依存性的人就必须要认识到，在一个像雅典**城邦**这样小的社会实体中，必定会严重曲解亚里士多德所强调的价值；我们可能会忽略他的概念所体现的人类的善与完全相互依赖之间的关联，毕竟这个概念所包含的是已经完全过时了的内涵。

（2）道德和政治上的相互依存性

我们的相互依存性不仅体现在经济方面。在道德与政治层面我们同样具有相互依存性。在此我们遇到了反对世界主义的甚为精致的论点。还是亚里士多德的观点：

> 很显然，和蜜蜂以及所有其他群居动物比较起来，人更是一种政治动物。照我们的理论，自然不造无用的事物；而在各种动物中，独有人类具备言语的机能。声音可以表白悲欢，一般动物都具有发声的机能：它们凭这种机能可将各自的哀乐互相传达。……至于一事物的是否有利或有害，以及事物的是否合乎正义或不合正义，这就得凭借语言来为之说明。〔53〕

根据亚里士多德主义的传统，当我们彼此交流并且共享着有关社会善、对与错和正义与否的观念时，我们才是这个地球上独一无二的人类。对亚里士多德来说，认识到这一点是很重要的，即演讲不是毫无异议的低声附和或对认可的妙策的歌功颂德。演讲就是在集会广场上（agora）交谈、争辩，就是用清晰的语言探讨问题。在这样的背景下，人们之间的相互依存性所体现的是大量民众共同交谈的能力，通过讨论将不同的观点与经验连接起来，从而达成一种相对较好的集体观点，这种集体观点并不是任何个体凭自身的能力就可以获得的。换言之，人类在本质上就是**言说者**（speaking being），在亚里士多德的教义中，人类的这种本性被描述为大众的集体智慧：

> 就多数而论，其中每一个别的人常常是无善足述；但当他们合而为一个集体时，

---

〔52〕 注释41 中 Aristotle 的著作，第 4 页。"等到由若干村落组合而为城市，社会就进化到高级而完备的境界，在这种社会团体以内，人类的生活可以获得安全的自给自足……"

〔53〕 同上，第 5–6 页（bk. I, ch. 2）。

却往往可能超过少数贤良的智能。多人出资举办的宴会可以胜过一人独办的宴会。相似地，如果许多人共同议事，人人贡献一分意见和一分思虑；集合于一个会场的群众就好像一个具有许多手足、许多耳目的异人一样，他还具有许多性格、许多聪明。〔54〕

诚然，可能会有一两个睿智的人只凭自己的能力，不需要探讨者和批判者的介入，就可以制定出正义与道德的要求。然而对于我们大多数人来说，没有这些讨论和批评肯定是毫无斩获。我们必须和其他人一起讨论才能解决这些问题。〔55〕

这是否意味着正义的议题只有在城邦中才能被提起，也就是说，只有在世界主义者敬而远之的特定共同体中，我们的主人公才会登场呢？

当代政治哲学对于这个问题已经做了一定的阐述。比如，沃尔泽就提到，社会正义是相对于特定社会所蕴含的意义与理解而言的，而且他坚持认为只有那些深谙且参与到特定文化的人才能真正领略正义的真谛。可以肯定的是，在沃尔泽看来，在牛津大学、密歇根大学安阿巴分校以及公务舱中随处可见的哲学家座椅是非常糟糕的优势地位。在他的笔下没有任何优先性或者普遍选择——对分配正义的每一种具体的阐述都是地方性的。〔56〕

世界上存在无以数计的生命，他们被同样大量的文化、宗教、政治体制和地理条件等等因素所塑造。只有当生命是由共同分享的对于成员身份的理解所塑造的时候，这个特定的社会才算得上是正义的社会。〔57〕

沃尔泽还提到：在等级社会中，"社会正义会成为不平等的帮凶。"〔58〕而且坚持认为以某种普遍主义的平等观念去反对这些地区对于等级、性别以及差异身份的理解就是十足

---

〔54〕 同上，第123页（bk. III, ch. 11）。

〔55〕 正如密尔（John Stuart Mill）所言：

"实践生活中的真理就是协调和合成众多相反的事物，因此很少有人能够具有足够强大的能力和正义感来达到对于真理的认识，可想而知这条路肯定是充满了危险和障碍。"

John Stuart Mill, *On Liberty* 58（Currin V. Shields ed. , 1956）（1859）.

〔56〕 注释11中 Walzer 的著作，第314页。

〔57〕 同上，第313页。

〔58〕 同上。

的专制。[59]

即便约翰·罗尔斯后来也采纳了这种地方主义思路。他将自己的目的描述为：

> "我们不再试图寻找一种适用于所有社会的正义观念，而不顾他们特定的社会和历史情况…… 我们只是关注于自身以及我们的未来，并且反思那些自《独立宣言》签署以来我们的争议。将我们的结论应用到一个更大的背景之下则是另外一个问题了。…… 证实一种正义观念不是获取一种要么先于我们，要么是别人赐予我们的正确秩序；相反这种观念与我们对于自身的理解和我们的志向相一致，而且正义的实现性就深埋于我们的历史与传统之中并且通过我们的公共生活展现出来，无疑这才是最为理性的指导原则。"[60]

现在，谈谈我个人的一些理解，对我而言，这是些令人烦恼的想法，因为在我来到美国之前，我就在大洋彼岸初读了《正义论》并且随后又在新西兰和英国进一步研究和讲授它长达 15 年之久，但是罗尔斯那些第一人称复数形式的语句表达出美国社会所具有的一些独特的特征："我们关注我们自身的传统……并且从《独立宣言》签署之后开始反思我们的争议。"

在我阅读了这些段落之前，我从未认为罗尔斯的理论是以体现美国地区特点的理解和观念为基础的。罗尔斯想要处理的问题是现代世界中处处可见的自由与平等问题，而不是某个特定社会的问题，对此我从未有过任何质疑。

当然，不管作者怎么说，这**就是**这本书的生命力所在。为什么新西兰、英国以及剑桥、马萨诸塞都在研究罗尔斯的作品？为什么这本书被翻译成法语和意大利语？为什么在雅典、德里、华沙以及新加坡大家都在讨论它？对于以上这些问题存在很多的解释，但肯定不是因为这些国家对**美国**社会的困境特别感兴趣。而是因为所有发达国家均存在着与财产、自由、福利和平等有关的一些普遍性问题，而且他们也**意识到**这些问题的存在。在不同的国家，这些问题在形态和细节上会存在一定的差异，不同的国家在处理这些问题上积累了不同的历史经验，而且在各自的政治文化中处理这些问题的资源也会稍有不同（尽管有可能重叠）。但是所有的国家都具有这样的一种意识，即这些问题以及相似问题也同样

---

[59] 同上，第 313 – 314 页。

[60] John Rawls, Kantian Constructivism in Moral Theory, 77 J. Phil. 515, 518 – 519 (1980).

会出现在其他地方，也就是说这些问题是大家共同的难题，因此任何企图解决这些问题的国家必须要留心其他国家在解决这些问题上有什么样的成功经验和失败教训。美国人和澳大利亚人都在关注瑞典人所从事的事业，苏联人的教训对我们所有人都有重大的警示作用。英国人会阅读来自芝加哥大学的米尔顿·弗里德曼的文章，会从出生于奥地利的经济学家哈耶克那里获取灵感；也会从苏格兰的亚当·斯密的文字中得到启迪。无论是罗尔斯的理论还是沃尔泽的理论，它们都没有考虑到现代正义争议的国际主义特征，因而变的苍白无力，它们的局限性就表现在只考虑到地方主义的意义和理解。

在每个社会里，对于正义理论的探讨都依赖于与其他国家的比较，以及在对比和推断的基础上取长补短。[61]以下观点是毫无道理可言的：与那些根深蒂固的、持地方主义观点的对手相比，世界主义者在讨论中处于极为不利的地位。恰恰相反，由于世界主义者更加熟悉不同国家的一手资料，因而处于一种更加有利的地位，也正是他们才真正促进了这场以比较为核心的争论。

所有这些都是为了表明这样一个事实，即民族问题究其本质是世界性的问题。沃尔泽就坚持认为"正义理论是敏于边界的"[62]，而这种理论的一个困难就是有关正义的**议题**已经**不再**具有敏感性。对于像分配问题、环境污染以及资源匮乏这些全球性的问题而言，沃尔泽的地方主义路径肯定是要酿成大祸的；而战争、难民以及大规模移民都能将特定社会的问题升级为国际问题。这些问题都不是通过充满乡愁魅力的**共同体**或者召开一个新英格兰城镇会议就能够得到解决的。我们的确需要某种形式的共同体，但是这种共同体必须是全球规模的，是能够将多元化的观点和思想融合在一起共同解决全球性问题的共同体。我认为目前在多数情况下真正致力于解决以上所提及问题的都是那些秉持世界主义主体意识的人们，他们才是这个世界上真正有建树的公民，而那些为狭隘地方主义和地方文化认同所蒙蔽的自大之徒则决然不是。

我还想再次声明，我们必须警惕那种将亚里士多德传统生搬硬套的勾当。亚里士多德曾经说到，我们应该和同样迫切需要正义的人们一道，就正义理论达成一定的共识。[63]对于他来说，**城邦**中的公民就是我们的同伴。而对于我们来讲，必须意识到正义这个重大

---

〔61〕 参见注释41中Aristotle的著作，第39页（bk. II, ch. 1）。（"我们必须从研究理想的政府形式开始着手而不是只关注我们自己的政体；此外我们不仅要在关注那些实践中已经证明为好政府的国家形式，而且也应该研究那些由理论家们创设的具有不同秩序且信誉良好的政府形式。"）

〔62〕 注释11中Walzer的著作，第315页。

〔63〕 注释9中Aristotle的著作，第106–109页（bk. V, ch. 1）。

的问题已经超出了地域的局限，而亚里士多德主义的正义概念所要求的是抛弃狭隘的地方主义，从而在在国际范围内寻求能一种够有效解决我们彼此之间关系的办法。如果沿着沃尔泽所划定的路线，这种局限于严格的地方主义理解的做法可能会因其他原因（主要是文学和人类学）而具有一定的吸引力，但是这种做法实际上就是曲解了亚里士多德主义的观点，即正义必须从现实世界的情况出发。

七、我们对于全球社会的亏欠

世界主义模式的一个长处就在于它促使我们从更加宽广的角度来看待共同体和友情，它对于个体的成长以及友情和相互依存性的维持都非常有益。正如我上面所论述的那样，以充满乡愁的第一人称复数形式的归属感话语来描述共同体，让人们很自然就会想到小型的共同体、邻域以及熟悉的团体，比如原住民群体、雅典的城邦国家或者是德国的乡村农舍。

然而，坦率的说，现实生活中被大多数人所拥戴并且可供人们追寻人生价值以及度过似水流年的共同体却都是下面这些组织：国际学者共同体（根据共同的专业来界定）、科学共同体、人权共同体、艺术共同体、女权运动以及左翼社会主义组织等等。这些行动机构和联合行动机构，或独立或相互依赖，不费吹灰之力就越过了国家与族群的界限，并且使所有的男性和女性都可以在友善、合作和国际交换原则的指导下去追求共同而重要的事业。当然，不能把这幅交往的图画描摹的过于美好。这样的共同体也会出现敌对、猜忌以及分化的问题，但是不会超过共同的事业心，而且肯定也不会出现在小规模的、更具地方特点的共同体中存在的流言与诽谤。在这种全球规模的共同体才可以实现亚里士多德式的友情：他们都是擅长共同追寻美德的人。[64]那些为真实友情在现代社会中的消亡而扼腕叹息的人们怀念的就是这种形式的共同体。[65]

一旦我们认识到这一点，那么简单的赫尔德式的人类构成图式——即让个体归属于一

---

〔64〕 同上，第196上（bk. Ⅶ，ch. 3）。

〔65〕 参见 Robert N. Bellah et al, Habits of The Heart 115－116（1985）（"亚里士多德所提出的友情概念……主要有三个必要的组成部分。朋友必须愿意彼此陪伴，必须对彼此都有用，而且他们必须追求一种共同的善观念。"）。

个同质的共同体——就开始分崩离析了。想想我们多么应该感谢那些存在于历史和文化遗产（那些塑造了我们的文化）中的那些国际共同体，它们存在于商人、公司职员、律师、学者、科学家、作家以及外交官当中。我们不是自由主义者所幻想的自我构成的原子，当然，我们也绝不是单一民族或种族共同体的产物。我们由语言、文学、文化、科学、宗教、文明所塑造，而且这些人类本质特征是完全超越民族界限的，如果它们处处存在，那它们就只是**在世界上**存在。如果像共同体主义者坚持认为的那样，我们亏欠了塑造了我们的社会结构，那么，我们亏欠了特定的区域、国家、民族或部落多少，我们就亏欠了全世界、全球共同体以及全球文明多少。

现代共同体主义思想的主要论调就是一定不要认为我们是自主的个体，我们必须完全承认社会的重要作用，是社会构成并培养了我们的忠诚感与使命感。最近清楚表达这种观点的是查尔斯·泰勒的一篇名为"原子主义"的文章[66]，尽管我认为在这篇文章中泰勒自己的思想也是模棱两可的，这一点我在前面也提到过：即他站在整个文明的立场上追溯我们对社会的亏欠，却在特定民族国家的层面提出我们对社会的义务。[67]

尽管如此，仍然可以用泰勒的主张来轻松地回击那些小规模共同体主义的党羽以及原子式个人主义的倡导者。因为正如所谓自主的个体应该充分意识到他们对于社会、共同体以及文化结构的依赖性一样，在当代世界中，特定文化共同体和民族共同体也同样应该承认他们对于那些给予**他们**支持的主流社会结构、主流政治共同体、国际社会结构与国际文明的依赖。

在诸如美国、加拿大、澳大利亚以及新西兰这些国家中，原住民共同体就是一个很好的例子。这些原住民共同体是在其所处国家的主流政治生活中要求特殊保护条款以及自主管理事物权利的，那么，按照泰勒的逻辑，这些共同体就必须接受参与及维护主流社会生活的责任。他们不能一方面享受着保护和经济援助所带来的好处，另一方面却无视乃至贬损主流社会的结构、制度和活动，而正是这些机构、制度与活动能够确保原住民共同体得到主流社会其他公民以及其他小规模共同体的援助、宽容和忍耐。

当然，这些原住民共同体也会悲叹他们任由主流政治共同体摆布，而且他们必须向主流共同体中那些与他们具有不同种族归属的同伴公民（fellow citizens）提供充分的理由，证明他们文化存在的正当性。他们或许非常向往当年那种自给自足的生活，那时候根本不

---

[66] 注释 11 中 Taylor 的著作。

[67] 同上，第 197 – 198 页。（"我们独特的人类能力只能在社会中形成……因此我们就应该皈依或支持社会。"）

会出现与其他人共同分享他们的土地问题。[68]我认为这个思路与诺齐克式的个人主义颇有相似之处，诺齐克也非常向往当年那种个人不必受共同体摆布、个人也不必亏欠国家的日子，他对把个人带到如此境地的过程十分不满。[69]但是如今我们所有的人都已经成为这样的人。我们的生活与实践，无论是个人的还是共同体的，事实上都已不再是自给自足的。我们即使伪装成自足的原子，而且像个人主义经济学神话所宣扬的那样行事，但是我们集体生活的现实马上就会暴露这种伪装。同样的道理，尽管我们可以用我们独特的种族文化来装扮自己，并且将自己束缚在与外界最低程度交往的环境中，但是，如果没有描绘出我们对主流社会与政治结构的依赖——这些主流社会和政治结构已远远超出我们自称认同的特定共同体——那我们就没有完全诚实地描绘我们的生存状态。

如果这就是原住民少数群体与主流国家的真实关系，那么，它也表明了特定文化与民族、与整个世界秩序的关系。之前引用的、具有讽刺意味的《国际人权和政治权利公约》第 27 条的规定足以证明这个观点，它主张将原住民文化的完整性作为一项人权事务。[70]如果把 27 条作为人权宣言的延续，并被从渥太华到日内瓦的国际组织所执行和监督的话，我们就很难再坚持认为归属于特定的共同体就是人们所需求的社会关系的全部，毕竟这些组织的存在已经将我们的视野扩展到了超出特定民族、共同体或种族的地方去了。这并不是说我们应该统统放弃我们部落式的忠诚而转投到联合国的旗帜下。而是说这种思路错误地助长了归属于特定共同体中的人，对于世界主义者所追求的生活方式的嘲讽和贬斥。那些国际组织的活动并非无中生有，它意味着有很多人都愿意为**普遍的**人类议题与共同体价值做出自己的贡献，也有很多人愿意追求从其独特的文化遗产中抽取出来的抽象价值。

到现在为止，我已经探讨了泰勒观点中**工具性的**层面：正如个体需要在社会结构中形成自我保护的能力并执行自我保护的权利一样，少数群体也同样需要更大的政治和国际机构去保护和维持他们所追求的文化善。然而泰勒对于个人主义式的原子主义的批判显然越过了这个界限。在他看来，所谓的个人主义和自主都是社会的衍生物，是在特定的社会与历史背景中长期保持的认识与管理自我的方式。[71]关于这点我是非常赞同的。但是我们不

〔68〕 关于以这种向往作为修正性正义的理论基础所产生的危险问题，见 Jeremy Waldron, Superseding Historic Injustice, 103 Ethics 4 (1992)；也可见 Jeremy Waldron, Historic Injustice：Its Remembrance and Super-session, in Justice, Ethics and New Zealand Society 139 (Graham Oddie & Roy W. Perrett eds., 1992).

〔69〕 见 Robert Nozick, Anarchy, State, and Utopia (1974).

〔70〕 见注释 23 及引文。

〔71〕 见 Charles Taylor, Source of The Self (1989). 在这本重要而厚重的著作中，泰勒追溯了这些个人主义思维方式的起源。

能仅仅因为个人主义是衍生物就认为产生这种个人主义的社会结构就必定是客观存在的。可以确定的是，共同体主义、种族的或民族主义的观念都不是客观存在的事物。就像自主的个人观念一样，小规模的民族共同体也同样是文明的产物，它汇集了诸多分散的观点，并在特定的时间在特定的条件下成长和发展起来。[72]无疑，种族的民族性也是这样的概念，它寻求和梦想着它的客观性、历史性以及依附在特定土地上的不朽。就像本尼迪克特·安德森所说的那样：每个民族共同体都把自己**想像**为具有可追溯历史的共同体。[73]在原子主义哲学的全盛时期，**个人**也会把自己想像为客观的人类单位。[74]有人认为，我们总是要归属于一个特定的、确定的以及文化同质的人群，这是现代民族主义的典型主张，对于这种主张，我们也需要像对待个人主义那样保持警觉的态度：即作为某种理论假设，它可能是有益的，但是用在其他方面绝对就是一种误导。

八、金里卡论社会的世界

（1）文化成员身份的重要性

综上所述，世界主义的策略并不否认文化对于人类生活的重要作用，但是存在着两点质疑：第一，社会世界是否可以被完全分割成特定不同的文化，而且每种文化都成为一个共同体；其二，个人是否只需要**一种**单一而同质的文化体来塑造他的生活。

我认为，这样的假设遍布于威尔·金里卡新近出版的关于共同体与文化的著作中[75]，他的观点也是我现在想阐述的观点。金里卡的目的是想表明，像罗尔斯和德沃金这样的自由主义理论家严重低估了文化作为一种基本善在个体生活构成方面的重要作用。[76]他想

---

〔72〕 见注释 21 中 Anderson 的著作，第 50 – 65 页，第 80 – 103 页。描述了帝国主义的统治不仅创造了民族这个实体而且还培育了民族意识。

〔73〕 同上，第 129 – 140 页。

〔74〕 参见 John Locke, *Two Treaties of Government 269*（peter lasletted. , student ed. 1988）（3d ed. 1698）（"要理解政治权力，并追溯它的起源，我们必须考究人类原来自然地处在什么状态。那是一种完备无缺的自由状态，他们在自然法的范围内，按照他们认为合适的方法，决定他们的行动和处理他们的财产和人身，而无须得到任何人的许可或听命于任何人的意志。"）中译文参见：叶启芳、瞿菊农译《政府论》（下篇），商务印书馆，1964 年版，第 3 页。——译者注

〔75〕 注释 15 中 Kynlicka 的著作。

〔76〕 同上，第 162 – 166 页。

来填补这一空缺，并想在维护少数文化的过程中支持自由主义理论。[77]。

因此，金里卡的起点不像赫尔德那样急于寻求归属，而是以一种罗尔斯式的口气来主张人们有权自由地形成、完善和修正他们关于个体幸福生活的重要信念。[78]为了保护这种自由，个人需要一定程度的自尊，需要熟悉相应的保护机制甚至还包括谋生的机会，所有这些都在罗尔斯的正义理论中被列为基本善（primary good）[79]。为了让文化成为基本善之一，金里卡认为人们不能在孤立的环境中选择一种善观念，他们需要一个可供选择的清晰可见的特定选项范围。

> 对于如何度过人生这个问题，我们不能从零（de novo）开始，而是要检验"那些已被无数的个人乃至无数代人所发展和检验过的理想和生活方式。"度过人生的选择权虽然最终留在我们手里，但是这个决策却是我们从包含各种差异的生活方式的选择背景中选择出的，我们所选择的是我们认为最有价值的生活方式。[80]

金里卡坚持认为我们选择背景中的生活方式不仅仅是简单的物理形态上的行为模式，他详细地阐述了这个观点：

> 任何行为之所以会对我们具有一定的意义，是因为它们是我们的**文化**认可的生活方式，因为它们属于我们文化所认可的值得过的行为模式的范畴。我们通过那些讲述给我们的真实的或者虚拟的故事来学习这些行为模式……我们既通过置身于这些文化作品也通过模仿这些有意义的角色而学习如何去度过生活（当然也包括那些为我们量身订做的角色）。[81]

金里卡问到："从这里可以推出什么呢？"

---

〔77〕 同上。

〔78〕 见注释4中Rawls的著作，第407–424页，也可见John Rawls, Reply to Alexander and Musgrave, 88 Q. J. Econ. 633, 641（1974），"自由的人将自己看作可以自行修订和改变最终目标的个人，而且他们将保护这种自由放在首要的位置。"

〔79〕 注释4中Rawls的著作，第90–95页。

〔80〕 注释15中Kymlicka的著作，第164页（援引注释4中Rawls的著作，第563–64页）（引文略）.

〔81〕 同上，第165页。

　　自由主义者应该关注文化结构的命运，不是因为它们具有内在的道德价值，而是因为一个丰富而安全的文化结构可以以一种生动的形式让人们认识到这些选项的存在，并且可以理智地审视这些选择所蕴涵的价值。[82]

　　乍眼一看，这个论据是十分具有说服力的。选择当然是发生在文化背景中，选项也是经由文化给予其意义的。但是在阐发这一论点时，金里卡却犯了合成性谬误（the fallacy of composition）。从每个选项都必须具有文化意义这一事实并不能推导出每一个可能的选项都必须在一个相应的文化框架里才获得其意义。有意义的选项可能来自于各种文化资源。当他说到是"我们的文化"赋予每个选择以意义的时候，他显得过于急促了，而且他也没有权利进一步推论出为了使人们获取有意义的选项就必须保证文化结构的完整性。他的论点表明人们需要文化资源，但它并未表明人们需要的是"一个丰富而安全的文化结构"。他的观点表明接近各种叙事和角色的重要性，但是，如他所言，他的观点并未表明成员身份在文化中重要性。

　　金里卡所论证的人类行为意义上的选项与文化意义上的选项之间的区别只是以另外一种声调表达了麦金泰尔的理论；我决定再次与这种论调进行争辩，而且讨论这种观点同样有助于坚定我的立场。

　　　　我们进入人类社会，也就是带着一个或多个被委以的角色——进入那些指派给我们的角色——并且，为了能够理解他人对我们的反应如何和我们对他人 的反应是怎样被理解的，我们不得不了解角色是什么。正是通过听许多这样的故事——邪恶的后母，丢失的小孩，善良但是被错误引导的国王，养育孪生兄弟的狼，最年轻的兄弟们没有得到遗产但却在这个世界上获得了成功，年纪大的兄长们在放荡的生活中浪费了他们的遗产，离乡背井和猪生活在一起——儿童领会到或没有领会到一个孩子是什么，一个父亲或母亲是什么，而这一切都是这个戏剧中的那些角色，儿童们就降生在这种戏剧中；而这一切也就是这个世界的这些方面，儿童们就处在这个世界中。受虐待的儿童的故事，忧郁的口吃者，他们的行为中就如在他们的言词中一样，而你都把这些故事默记在心。[83]

---

〔82〕 同上。

〔83〕 注释 11 中 Macintyre 的著作，第 216 页，但要参考 Susan M. Okin, Humanist Liberalism, in Liberalism and The Moral Life 39, 48（Nancy L. Rosenblum ed., 1989），在麦金泰尔所罗列的以供我们作为生活典范的人物名单中没有明确的性别意识，女性人物只有巫婆和吃人的母狼。

我们再次看到这样的一个事实，即所罗列的人物是由大量不同的文化资源所构成的异质的角色群：包括世纪初的巴勒斯坦、日耳曼的民间传说以及罗马共和国的传说。它们并不是来源于某种被称为"我们的文化结构"的**事物**。我们之所以熟知这些人物是因为文化资源的多样性，事实上他们这些故事的来源与角色也同样适用于我们。但是熟悉和适用性都不能成为单一文化基质（culturalmatrix）的组成部分。事实上，如果只是因为这些东西也同样适用于我们就坚持认为它们是同一文化基质的组成成分，那我们可能会贬抑文化共同体所具备的特殊性，这种特殊性超越任何社会学兴趣。任何东西都可以被视为组成单一文化的资源，无论它们是否为人们所熟知。这样说来，如果一个人想要接近多于一个的文化框架，**在逻辑上**就是完全不可能的的。

有些人或许不赞成我所刻画的文化异质性图画。他们大肆斥问到：难道每一个选项不是从它所属的完整的文化背景中获取充分意义的吗？那么将它从文化背景中抽离出来或者是将它等同于分散的材料不是一种扭曲吗？从某些特定的目的来看，可能的确是这样。如果我们对某个选项进行人类学的研究，那么，我们将必须探讨其详细的文化背景及出处，我们可能需要在亚拉姆语（Aramaic）的语境中来看待这个挥金如土的儿子的故事，而且我们可能会仅限于谈格林童话中那些在通往日尔曼村庄的森林中迷路的小孩。但是如果以此来解释文化资源如何进入普通大众生活与选择的话，那将是一件十分荒谬的事情。基于此，文化资源只是**可用的**，它们就是散落在世界各个角落，或多或少具有意义的见闻、图片以及传奇故事。以纯粹人类学的观点来看，它们对于每个人的意义主要在于：它们已经被无数次的误读与误解，并在更大的背景中对其进行篡改，还有就是将它们与其他一些与之几乎没有什么共同性的东西放在一起。既然事实上这才是文化意义进入人类生活的方式，那拉什迪对于在印度众神——包括穆斯林电影明星、基普林（Kipling）、基督、纳巴科夫（Nabokov）和摩诃婆罗多（Mabharata）[84]控制下的生活所做的描写，与金里卡所支持的特定文化遗产的纯粹性一样，都是本真的描写。[85]

假如这样的观点是正确的，那么，通过认同一个单一的文化结构或者基质来界定的特定共同体的成员身份，就不再像金里卡所宣称的那么重要了。我们需要文化意义，但是却不需要同质的文化框架。我们需要在使得我们的选择具有意义的框架中理解我们的选择，但是并不需要任何单一的文化来建构我们的选择框架。说的直白些，我们需要文化，但是我们

---

〔84〕 见注释 1 中 Rushdie 的作品，第 404 页。

〔85〕 但是，参见注释 17 中 Post 的著作，第 736 页。（"没有边界的群体就没有模式和认同。"）

不需要文化的完整性。因为我们都不需要同质的文化框架或特定意义的完整性，不需要沉浸到一个小型文化共同体中，当然对于金里卡与其他一些人来说，只有这样才能确保文化的完整性与同质性。当然，有些人依然偏爱这种沉浸，并且希望社会对于他们的偏爱进行资助。然而，正如金里卡所说的那样，这决不是一个理性而有意义的选择的必备前提。

(2) 价值评估和文化安全

除了上面我所反驳的观点——即个人需要成为特定文化共同体的一员——之外，金里卡还认为每个人还需要确保使自己做出选择的文化框架的**安全**。[86]在我看来这个观点就是一个自我挫败式的观点。

在金里卡眼里，自由个体所做出的不仅是选择，而且是一种价值评估："呈现在我眼前的由文化所塑造的角色中，哪个是优秀的或（对我）具有吸引力的角色呢？"现在，价值评估就成为在实践上具有比较意味的事情了。我之所以选 A 而不选择 B 就是因为 A 代表了一种更好的生活方式，而且它还带给我更加融洽的社会关系。如果没有按照给定文化所限定的那样去承担一定的角色并且与其他行为方式进行比较的话，要进行评估就是非常困难的。比如，一个传统的文化可能将**男性长者**的角色以及部落权力等级制来作为权威的来源和传统的化身。这是年轻人想要的吗？他想知道的是，在所有其他的文化背景下，等级制权力的政治是否面临着巨大的挑战，而且人们是否已经形成其他类型的排除了男权制和父权制的权威治理方式。但是，就我们年轻人所能了解的程度而言，他并没有从金里卡所谓的安全文化框架中进行选择。要使他的选择成为真正意义上的**价值评估**，就意味着他所审视的文化容易受到挑战，并且从外部与其他的选择进行比较。只有当文化易受他的评估（及其他类似的评估）的影响，这一评估才会具有实践上的效果；而且只有文化在过去已经以这种方式受到了评估的影响，个人才能做出一个明智而有意义的选择。

为了保存一种处于**安全**状态中的文化，便要求选择必须与它真实运行的背景相分离。举个例子来说，我们如何判断一个特定文化中的性别角色具有价值呢？一个办法就是看这种作为一种生活方式的文化，在不同生活方式的挑战下是否会受到腐蚀乃至灭亡。忠诚感削弱的可能性或者为了保留忠诚感以及防止大量人口外流，文化需要超越所有的承认而进行妥协的可能性，才是文化评估的关键所在。文化在危机之下的处境才是真实选择的背景。但是如果这样，我们就不能既**保证**这个特定文化的完整性，又说这个文化（或者文化的命运）能够**告诉**我们这种特定生活方式所具有的价值和可行性了。人们要么从文化活动中或与其他文化的交流中获取有价

---

[86] 注释 15 中 Kymlicka 的著作，第 169 页。

值的东西，要么文化像一个自我运转良好的博物馆一样来展示那些它们引以为自豪的东西。在我看来，这种强烈的怀旧式的骄傲并没有什么可以指责的，但是绝对不能将这种怀旧式的骄傲与真实的选择以及价值评估相混淆。获取人生的价值就是带着自己的文化去冒险，这些危险肯定让那些热衷于保存文化纯粹性的人感到沮丧。[87]

　　总之，**保存**少数群体文化是一种人为的承诺。文化本身就是要产生、发展、改变乃至消亡；它们要么和其他文化融合，要么根据地理和人口而适度调整。**保存**文化只是对"瞬间"行为的钟爱，它坚持要不惜一切代价、不顾社会经济政治状况来保留这种纯粹意义上的文化。但是由这种文化保留方式所带来的文化停滞状态却很少被当作社会特征来置疑，即便是这样的话，这种保留也只是一种权宜之计。一个社会保持静止状态长达几个世纪之久，就是因为它不与如今人们所倡导予以保护的外部环境有所接触所致。如果静止不是文化的内在特征，那么，**那种文化**就必须意识到与时俱进的重要性。在面临改变的情况下，要想人为地保存或保护文化，就是严重损害所有社会在面临外部世界时所采取的调适和妥协机制（内容包括从福利政策到商业运作以及到合并计划）。这只是为了保存文化中的一部分而是许多人所认为的最具吸引力的特征，即形成**一种历史**的能力。

九、世界主义的自我观

　　在我看来，在本文伊始提到的拉什迪所宣扬的"种族混杂"观念没有落入共同体主义大肆揭批的本真性责难之中。我认为和那种主张让我们回退到特定共同体一隅的观念相比，这种观念是对我们所处的世界更加丰富、更加诚实，也是更为本真的回应。

　　但是，世界主义模式所阐述的**自我**究竟是什么样的？这是我最后将要考察的问题。如果我们过着一种世界主义式的生活，我们的忠诚感将无所不在。潺潺的文化溪流汇入我们的生命之河，而它们也不一定能够和谐共处。正如金里卡所言，如果一个人从一个单一文化体中获取他的认同，那他至少可以获得一定程度的一致性和完整性。使特定共同体成为

　　〔87〕　顺便说一句，金里卡（从自由主义假设出发）的策略对于意在保存文化的人们来说就是一个充满危险性的方法。自由主义的自主选择观念激发的是分辨力，精力充沛以及比较的精神。我认为这与那些完整地**保存**特定共同体结构的思路是格格不入的。只要文化的存在依靠的是个体的忠诚和支持，那么作为个人选择框架的文化，肯定会与保存文化的利益相抵触。

单一文化实体的一致性可以使个体自我具有一定程度的完整性。[88]相比之下，由多种文化所构成的自我就充斥着喧闹、困惑以及神情不定。

这个观点十分重要。正如我们所看到的，世界主义者并没有对人们归属和参与特定文化与共同体提出任何争议。世界主义者承认这一点，但是也认为这个争议——正如它自身所表现的那样——**过度**偏好共同体主义。因为它表明：每个个体几乎总是被大量多元乃至分化的共同体忠诚感所包围。因此秉持世界主义理念的个人认为应该**管理**这种完整性。而文化结构并不能为世界主义者提供这种管理，因为世界主义者具有太多复杂而异质的认同了。

问题是，如果我们过多地谈及管理这个话题，我们就会遇到一个麻烦，即要找出这个管理者。这个管理者应该不同于构成个体的任何分散的元素。我们必须指出这个"我"，这个用以维持心灵秩序的真实自我。但是这个"我"究竟是什么呢？它如何做出决策？它怎么知道该维持何种秩序呢？

目前在共同体主义的作品中，占据统治地位的一个批判就是指向这种独立的自我观念——世界主义式的管理者，他总是与构成个性的元素之间保持一定的距离。为了管理这些分散的元素而使它们彼此协调，为了能够对它们作出评价并与其他文化菜单上的元素进行比较，这个自我就成为一个虚幻的实体，没有任何实质性的内容或信奉。桑德尔正确地提出了这种质疑，即这是否是看待我们个性与特征的正确方式：

> 我们无法以这种方式把我们自己看作是独立的，除非我们为这些忠诚和确信付出沉重的代价，这些忠诚和确信的道德力量部分在于这样一个事实，即：靠这些忠诚和确信而活着，与把我们自己理解为我们所是的特殊个人——理解为某一家庭、共同体、国家或民族之一员；理解为某一历史的承担者；理解为某一场革命的儿女；理解为某一共和国的公民——是分不开的。诸如此类的忠诚并不是我偶然拥有的价值，也不是我"在任何既定时刻所支持的"那些目的……想像一个没有保持其类似构成性依附联系之能力的个人，并不是去拟想一种理想的自由而理性的行为主体，而是想像

---

〔88〕 但是这种方式可能会被夸大。无论我们如何界定并使文化个体化，难道我们能简单地认为每个文化都是像正文所说的那样具有内在一致吗？有些文化，甚至包括某些传统的文化，不都在被矛盾所撕扯吗？那些人为的保存方法难道不是在加强现有矛盾并在不断产生新的矛盾吗？而且，从我们的立场来看，我们真的认为一致性就等同于在像一个文化结构那样的一个社会实体的背景之下或者说是构成个人生活的人格实体吗？我将在另外的地方处理这些问题，现在只是让大家注意那些坚持共同体主义式的自我观念的理论家很少处理这些问题。

一个完全没有品格、没有道德深度的人。因为拥有品格就是了解我生活在历史之中，尽管我既不呼吁也不命令，可历史仍然是我选择和行为的结果。[89]

桑德尔的批评似乎告诉我们，世界主义的辩护者面临着一个令人不快的两难选择。要么他必须承认自由主义义务论所宣扬的虚幻的自我观念，这种自我没有任何实质性的内容；要么他必须要承认自我具有自己具体的特征，一种它实际认可的特征。假如他选择前者，那么他对选择的阐述就是完全不切实际的；因为如果没有自己具体的价值、承诺以及目的，那这种诡异的选择是以什么为基础的呢？如果选择后者，为了避免前者所带来的空洞而选择那种具有实质性内涵的自我观念，世界主义就不会那么让人满意了。因为，此刻的自我观念所必须拥有的不是那些由众多文化提供的多元化的文化特征，而是**一种独特的品性**，而且也没有证据表明世界主义者所倡导的模式能够提供这种品性。[90]

为了避免这种两难选择，我们应该回过头来质疑**管理者**的角色以及在这一批判中所**认同**的假设。只要我们认为这种自我管理就像是亲自管理一个共同体或社团那样，那么，我们就会追问这样一个令人窘迫的问题：作为管理者的"我"这个特殊角色的能力如何。但是，如果我们将个人认同放在一个由多元化的人类所组成的民主自治政府的框架下，而不是在一个等级制管理模式之下来考虑，或许个人就是由一系列的承诺与参与所构成的，而自我的管理就只是很多文化元素的和谐共处（当然有时也会存在一定的争吵）。诚然，威胁可能就是我们俗称的"精神分裂"；不过最好将它看作是激烈的冲突或者不和谐，而非仅仅是不规则的多元化。有助于解除这个弊病的，就是自治团体，这些自治团体往往是由生活和工作在一起的朋友们所组成的。每位友人都有自己独特的本性、优点和弱点；他们

---

[89] 注释11中Sandel的著作，第179页；也可见Charles Taylor, Hegel and Modern Society 157 (1979)，通过抛弃一切外在的障碍和限制才能实现自由的自我观念是没有任何特征的，而且尽管它被所谓的理性化和创造性所美化，但是它确实没有目的性。

[90] 麦金泰尔用相似形的口气说道："我们都是作为一个特殊的社会身份的承担者与我们自己的环境打交道。我是某人的儿子或女儿，另外某人的表兄或叔叔；我是这个或哪个城邦的公民，这个行业或哪个行业的一个职员，我属于这个氏族、哪个部落或这个民族。因此，那对我来说是好的事情必定对那处于这些角色中的任何人都是好的，这样，我从我的家庭、我的城邦、我的部落、我的民族继承了它们的过去，各种各样的债务、遗产、合法的前程和义务。这些构成了我的生活的既定部分，我的道德的起点。在一定程度上，正是这一切使我的生活有它自己的道德特殊性。从现代个人主义的立场看，这个思想不仅显得相左，而且甚至令人惊讶。个人主义的观点认为，我是我自己所选择的那种存在，只要我愿意，我就永远能把被看作是我的存在的那些仅仅是偶然性的社会特征放在一边。"（中译文采用龚群等译《德性之后》，中国社会科学出版社，1995年，第277-278页。——译注）前面注释11中提到的Macintyre的著作，第220页。

之间是存在很大差异的；但正是这些差异和摩擦造就了组织并且可以使每个人都能够理解不同的计划和事业。我想，没人会认为只要一个朋友承认负责，友情就会得到维持，或者全部的朋友都共享了一些独特的共同兴趣和目的，友情才能得到维持。友情并不是那样，我认为自我的内部政治学也不应该是那样。有时候，自我内部是存在对立面的，实际上朋友之间也是这样的，我们中间所有人，无论是处在多么安全的文化和心理氛围中都难以避免内部冲突的可能性。但是，具有产生冲突的可能性并不会贬低自我的完整性，多样而开放的性格背景似乎是独立而健康的性格所不可或缺的。的确是这样的，正如拉什迪的"杂交和混合"所揭示的那样，人类性格的千变万化，使得我们以新颖和创造性的方式来应对这个多彩世界成为现实。

这些仅仅是一些推断，它们都需要辅以对人类性格进行的实验加以佐证。但是，正如我所论述的那样，这些推断表明：以简单而粗糙的对于自我必须像什么的假定，来证明世界主义模式关于人类生活和行为的理论是多么容易让人产生误解的。人类认同并不是一件简单的事情。与桑德尔所认为的人类性格应该完全与一个单一的先在文化角色保持一致的观念比较起来，世界主义的生活观念所表达的开放性和多元性能够更好的把握在一个变化世界中人物性格所应该展现的特性和创造性。

十、结论

在这篇文章的开始部分，我引用了萨尔曼·拉什迪在文集《想像的家园》（Imaginary homelands）[91] 中的一些用来为《撒旦的诗篇》（The satanic verses）进行辩护的文字。在文章的结尾部分，我仍继续用他在著作《虔诚》中的一段文字来总结全文，这段文字集中表达了他对于这种文化寻根政治学的反思：

> 我们这一代的印度人坚信尼赫鲁（Jawaharlal Nehru）阐述的做一个世俗印度人的重要意义。对于印度人来说，世俗主义不仅是一种简单的观点，更是一个生存问题。如果印度称之为"共同体主义"的派系宗教政治将要控制整个国家，那么结果将是令人难以想象的恐怖。很多印度人担心那个时刻不久将会来临。我穷其一生反对这种

---

[91] 见注释 1 及其引文。

共同体主义政治。英国工党正在密切注视着印度国内的政客是如何玩弄共同体主义这张牌的，而且也在考虑他们按照同样的套路出牌是不是一个明智的决策。[92]

在这篇文章中，我不想讨论拉什迪的警告，而是想更加明确的讨论他所表达的现代自我观念。当然，我也希望大家不要无视这个警告。罗伯特·贝拉和桑德尔所描绘的动人心魄并具有吸引力的共同体主义理论在现实世界中是盲目的、危险的并且具有破坏性，在现实世界中，共同体并不是密不透风，也不具有古代共同体那种由仇恨所打造出来的忠诚感。

拉什迪的文章本来是为一个英国报纸而撰写的（因此他提到了工党）。他认为处在新多元主义张力中的英国人民事实上有权从政客那里，尤其是从左派那里获得更多的东西，而不是回退到种族宗派主义。同样，我认为这一点也同样适用于法律和政治哲学。旧式的个人主义范式处在危机之中已不再是秘密，因此我们必须去想办法修复或者替换自由主义中不适宜的部分。但是当萨拉热窝[93]被枪林弹雨所包围，当佐治亚州的民众不承认那些祖先不是本地人或者在1801[94]年之前没有定居在这里的人具有公民权利的时候，当我们看到无以数计的难民带着恐怖无奈的退回到那些唯一欢迎和包容他们的母国的时候，甚至当北美的"共同体"已经逐渐成为富裕定居者在阶级和民族排他性的标志时[95]——面对这所有的一切，我认为人们有权利向他们的政治哲学家去索取更好的选择，而不是远离现实世界，步入共同体认同政治，从而具有文化排他性。无论如何，我希望我在这里所阐发的世界主义模式能够提供一种替代性的思考——无论共同体主义者怎么说，这种模式包括了我们生活的各个方面，也欢迎多样性与混杂的存在，并认识到多样性与混杂是大多数人的最终命运。

---

[92] 同上，第404页。

[93] 见 Serbs Step Up Fighting for Piece of Bosnia Capital, N. Y. Times, Apr. 23, 1992, at A10.

[94] 见 Eric Hobsbawm, Grand Illusion: The Perils of the New Nationalism, 253 Nation 537, 555 (Nov. 4, 1991).

[95] 见 Mike Davis, City of Quartz: Excavating the Future in Los Angeles 153 – 156 (1990).

认同、本真性、生存

——多元文化社会与社会再生产*

K. 安东尼·阿皮亚（K. Anthony Appiah）

李丽红 译

一

　　查尔斯·泰勒完全正确地指出，大多数现代社会与政治生活都出现了承认的问题。在自由主义传统中，我们在很大程度上把承认视为对个人认同（identity）的承认。我们还有一种观念，这种观念（也是泰勒正确地指出的）来自于本真性道德（ethics of authenticity），那就是人们有权得到公共承认，承认他们的真实状况。因为有些人已经成为真正的犹太教徒或同性恋者，而我们却否定这一事实的存在，要求他们隐藏这一事实，使其看上去并不是那样。

　　然而奇怪的是，正如经常被指出的那样，关于承认的大多数讨论往往与个人主义所认可的本真性与认同的话语格格不入。如果对我而言重要的是我个人的本真性自我，为什么有如此众多的当代话语却不是个人主义的呢？这些话语都与性别、种族、民族、"人种"（race）[1]及性取向等这种大类的认同有关。这种集体性语言（collective language）与个人主义者所信仰的现代自我观念之间是什么关系呢？社会生活怎么会与那种扎根于浪漫主

　　* 本文原题为 "Identity, Authenticity, Survival: Multicultural Societies and Social Reproduction"，发表在 A. Gutmann（ed.），*Multiculturalism: examining the politics of recognition.* Princeton, NJ: Princeton University Press, 1994）一书中。本文为阿皮亚（K. Anthony Appiah）对查尔斯·泰勒（Charles Taylor）的《承认的政治》（The Politics of Recognition）一文的评论。——译注

　　〔1〕 我已经花费很多时间来反对使用这个术语时不加引号，因为这会让人感觉很不愉快。见 *In My Father's House: Africa in the Philosophy of Culture*（New York: Oxford University Press, 1992），各处。

义，倡导个人高于社会的认同观念发生如此紧密的联系呢？[2]

在泰勒的众多文章中，有一篇就很有说服力地回答了这些问题。在这里，我就以认同、本真性与生存为题来谈谈他的文章所具有的几个特点。事实上，我是想把这三个主要术语的复杂性逐一呈现出来。

二、认同

> 在我的生命中，我见过法国人、意大利人、俄罗斯人；感谢孟德斯鸠，我甚至知道一个人可以成为波斯人，但是人我却从来没有见过。
>
> ——约瑟夫·德·梅斯特（Joseph de Maistre）[3]

在很大程度上，我们可以把泰勒所讨论的那些要予以承认的认同称为集体性社会认同，它包括宗教、性别、种族、"人种"及性取向等方面的认同。这个清单有点混杂（heterogeneous），这种集体认同对于其持有者和非持有者的意义完全不同。比如，宗教就不同于其他的认同，它需要热衷于某种信仰并恪守某种实践。性别与性取向也与其他认同不一样，它们都以具有性别特征的身体为基础，在不同的时间和地点会产生不同的体验。我们知道，性别认同处处都决定着有关行为、衣着以及角色的原则。虽然性别与性取向具有抽象的共同性，但两者在许多方面当然也存在深刻的差异。比如，在我们的社会中，把一个人当作一个女人或男人来看就比较难，而把一个人当作异性恋者（或同性恋者）来看就比较容易。还存在其他一些集体认同——如残疾人——也在寻求承认，他们有时会把自己塑造成人种少数群体（racial minorities）（因为他们都曾遭受歧视和侮辱），或（聋人）族群。在南亚，每块大陆上的原始部族都存在着等级与阶级制，这些程度各不相同的阶级意识遍布工业化的世界。但是，新近在北美要求承认的大多数集体认同都是宗教认

---

〔2〕 泰勒正确地提醒我们，屈瑞林（Trilling）为我们深入理解本真性的历史做出了重大贡献。我在 *In My Father's House* 的第四章讨论了屈瑞林的著作。

〔3〕 Joseph de Maistre, Cosiderations sur la France (2d ed. London; Bale, 1797), p. 102. "J'ai vu, dans ma vie, des Francis, des Itaiens, des Russes, etc. ; je sais meme, graces a Montesquieu, qu'on peut etre Peut; mais quant a l'homme, je declare ne l'avoir recontre de ma vie……"

同、性别认同、种族认同、人种认同及性取向认同。[4]重视这些认同的原因极其混杂，我认为，这种情况的出现应该使我们小心谨慎，不要再假定适合一个人的就是适合其他人的。

泰勒重点讨论的个人认同与这些集体认同之间好像是下面的关系：每个人的个人认同都具有两个主要的维度。一个是集体维度，也就是他与集体认同的共同之处。另一个是个人维度，由其他一些重要的社会与道德特征构成，如知识、魅力、智慧、贪婪等，这些特征是他自己的，并不构成集体认同的基础。

可以说，认同的两种维度之间的区别是一种社会学上的区别，而不是逻辑上的区别。在每个维度中，我们都探讨对社会生活有重要意义的特征，但是只有集体认同才有社会分类，就像人的分类一样。而智慧、聪明、魅力或贪婪却只有逻辑分类，而没有社会分类。从相对意义上来讲，具有这些特征的人并不能构成一个群体。

我将转向这样一个问题：为什么这些独特的特征可以构成要求承认的社会分类的基础？我暂时以个人认同的个人与集体维度的区分来展开我的讨论，这种区分是我凭直觉想到的。为了能够呈现这两种维度之间的重要联系，我先谈谈"本真性"。

三、本真性

他开始被人称为艺术家，而不再被叫做手艺人或表演者，这取决于观众的认可。他所参考的只是他自己，或者是某种超验的力量，这种超验的力量已经注定了他的事业心，并且只是这种力量本身就可以作为判断标准。

——莱昂奈尔·屈瑞林[5]

泰勒正确地提醒我们注意屈瑞林对现代自我观念——更确切地说，是本真性理想——的精彩讨论。泰勒用众多优美的语句来表达这一理念："存在着某种特定的生活方式，那是**我的**生活方式。我内心发出的召唤要求我按照这种方式生活……如果我不是（真正的自

---

[4] 在美国，我们通过种族（ethnicity）概念来处理赫尔德所说的民族差异（national defference）（用泰勒的话说，这种差异就是美国民族内部一个社会与另一个社会之间的差异）。

[5] Lionel Trilling, *Sincerity and Authenticity*（Cambridge, Mass.: Havard University Press, 1971）, p. 97.

己），那我的生活就会失去意义。"（第30页）*

屈瑞林的主旨就是以文学作品的形式，在我们把艺术家的角色理解为本真性个人典型的过程中来表达这种自我观念。如果泰勒对于屈瑞林的观点还有什么遗漏的话，那就是对浪漫主义而言，对本真性的考察至少要像承认一个人真正的自我一样，要尽量体现出本真性自我与社会生活的要求相反。就像《对立的自我》（*The Oppsing Self*）这一文集的标题一样，屈瑞林描写了有关**吉普赛学人**（the scholar gypsy）的内容，"他的存在是为了困扰我们，使我们对自己文化中的日常生活不满意。"〔6〕

泰勒的主题是承认的政治；关注本真性的对立面将会对他的主题产生干扰，因为会使我们明确地意识到本真性这两个层面之间的差异，而当代承认的政治好像把它们混为一谈了。为了引出问题，让我从泰勒对赫尔德的评述开始：

> 在此应当指出，赫尔德是在两个层面上使用他的独创性概念的：既适用于与众不同的个人，也适用于与众不同的负载着某种文化的民族。正像一个人一样，一个民族也应当忠实于它自己，即忠实于它自己的文化。

以这种方式来构建这个问题，并没有把足够的注意力放在个人的独创性与民族的独创性之间的联系上。毕竟，当今的许多地方，极力要求予以承认的本真性是从个人认同中推导出来的，就像赫尔德那样，个人认同可能已经被视为民族认同，而民族认同是个人认同集体维度的一个组成部分。也就是说，除了其他方面之外，我的非裔美国人（African - American）身份塑造了我要表达的本真性自我。〔7〕而且也是部分由于我想要表达我的自我，所以我才要求承认我的非裔美国人身份。对于屈瑞林的对立性自我而言，这就是产生问题的关键所在。因为承认我是一个非裔美国人，就意味着社会要承认这一集体认同，不仅要求承认它的存在，而且要表现出对它的真正尊重。如果在我把自己理解为一个非裔美国人时，认为自己也抵制白人原则、主流的美国社会习俗以及"白人文化"中的种族主义（而且可能还有唯物主义或个人主义），那么，在反对这些白人他者（white others）的同时为什么我还要得到他们的承认呢？

---

* 作者在文中所标的页码均为泰勒的《承认的政治》一文英文原文的页码。下同，恕不一一指出。——译注

〔6〕 Lionel Trilling, The Oppsing Self: Nine Eassys in Criticism（New York: Viking Press, 1955）, p. xiv.

〔7〕 对赫尔德而言，这就是民族认同的例证。

换句话说，在本真性理想——我将它称之为波西米亚理想（Bohemian ideal），在这一理想中，本真性要求我们拒绝我们的社会所认可的众多习俗——中至少存在着一种反讽，而本真性理想却将其扭转并作为"承认的政治"的基础。反讽并不是波西米亚理想的唯一问题。我认为这种本真性观念好像具有一系列哲学人类学（philosophical anthropology）的错误。首先，错在没有看到泰勒明确承认的东西，如他所言，自我依赖于与他人的对话。本真性修辞不仅提出有一种生活方式是我自己的生活方式，还提出在形成这种生活方式的时候，我必须反对我的家庭、宗教组织、社会、学校以及国家等所有习俗的力量。然而，这却是错误的。不仅是因为只有在与他人的对话的过程中，在了解他人所理解的"我是谁"的情况下，我才能形成一种关于我自己的认同概念（这是泰勒的观点），而且因为我的认同主要是通过适合我的宗教、社会、学校以及国家概念和实践来建构的，并由家庭进行了不同程度的调整。在我成长的过程中，是对话塑造了我的认同，但是对话的内容，从某种程度上讲，却是由我所在的社会提供的，是由泰勒所说的"在广义上"使用的语言构成的。[8] 可以将泰勒的术语"独白"（monlogical）作进一步的延伸，用它来描述那些由本真性产生的这些相互联系的错误。

并不是所有的人都会接受这些见解。一个黑人民族主义者可能会以这样的方式来陈述他的观点："非裔美国人认同是由非裔美国人的社会、宗教和文化塑造的。正是与这些黑人他者之间的对话塑造了我的黑人自我；正是在这些黑人背景中，非裔美国人塑造了他们的自我观念。黑人民族主义者反对白人社会及白人文化，认为它们与黑人习俗针锋相对，并不是塑造美国黑人个人认同集体维度的组成部分。"

对我而言，这种主张似乎也是极其错误的。毕竟，这种形式的民族主义是要求"白人社会"来承认他们的黑人认同。而且这里的"承认"就是泰勒所说的承认，并不是只要求承认它的存在。非裔美国人认同主要是由美国社会与制度所塑造；并不只是在非裔美国人共同体内部形成的。

我认为，在标准的本真性理想的架构中还存在另外一种错误，那就是哲学现实主义（现在通常叫做"本质主义"），从某种程度上讲，这种错误是本真性问题所固有的。本真性涉及到被埋藏的真正自我，必须要把这种自我挖掘并表达出来。只是到了后来，在回应浪漫主义时才形成了如下观点，即自我是一种个人创造、虚构出来的东西，如此一来，每

---

〔8〕 广义"不仅包括我们所说的词语，而且包括我们用以界定自身的其他表达方式，如艺术、姿态和爱的'语言'等等"。

个人的生活都应该是一种艺术，从某种意义上说，它的创造者就是他或她自己最大的创造力［我想，这种观点可能来自王尔德（Oscar Wilde）］。

有一种观点认为存在一种像天然金块一样的本真性自我，这是一种我独有的、等待我去开掘的自我；还有一种观点认为我可以简单地虚构任何一种我选择的自我；这两种观点都不能吸引我们。我们是从一系列的选项中挑选出我们的自我观念，而这些选项都是由我们的文化与社会所提供的。我们可以做出选择，但是却不能决定可供我们选择的选项。[9]这就提出了一个问题，即在政治道德领域中，我们应该承认多少本真性取决于是否可以形成一种既非本质主义又非独白的阐释。

断言在多元文化的呼声中要求予以承认的认同**必定**是本质主义者的认同，并且是独白式的认同，这种观点过于夸张。但是，我认为质疑当代多元文化主义话语的一个合理的理由就是，它预设了一种集体认同的观念，在理解个人与集体的认同过程中，很难察觉到这种集体认同的存在。我并不确定泰勒是否同意我的观点，经过历史知识的砺炼和哲学反思的集体认同与呈现在我们面前要求承认的认同完全不同，因此，提出的问题也与泰勒所提出的问题不同。

以相当非哲学的方式简而言之，我所怀疑的是泰勒对于这种实际上遍布全球的这些集体认同的乐观态度，而且这也是我不太愿意像泰勒那样对集体认同做出让步的原因之一。下面我将阐述我们在群体生存这一领域所表面出的不同态度。

四、生存

> 意在生存的政策是为了积极创造一个共同体的成员，以保证了孙后代继续认同自己的法语居民的身份。
>
> ——查尔斯·泰勒（第 58－59 页）

泰勒认为，多元社会的现实可能会要求我们修正程序自由主义。我认为他是正确的，他认识到在自由主义应该完全是程序性这一问题上，没有什么太多的话可说。我也同意不

---

〔9〕 这也是十分简单的，安东尼·吉登斯（Anthony Giddens）对于"结构多样性"的诸多讨论中列举了原因。见 Gideens, *Central Problems in Social Theory* (Berkeley: University of California Press, 1979); 以及 *The Constitution of Society* (Cambridge: Polity Press, 1984).

应该接受下列观点：（1）坚持将相同的标准毫无区别地适用于所有人；（2）怀疑集体目标（第 60 页）；我也认可不接受（1）的原因就是我们应该拒绝（2）的原因（第 61 页）。可以存在合法的集体目标，但这些集体目标要放弃完全的程序主义。

但是泰勒却为绝大多数现代多元文化社会主张一种具有强烈要求的集体目标，他认为国家可能有必要为了保证某种"社会"的生存而答应这些要求，而这就意味着通过这一方式，那个群体可以使其具有独特的制度、价值和实践的群体文化持续存在，并随着时间的流逝世代相传。而且他还主张生存的要求不仅要求国家要保证那种文化的当前存在，使其可以继续为当前的个体提供生活意义，而且要求国家要保证那种文化持续存在下去，可以传递给无限的未来世代。

在对这个问题的讨论上，我想表达一种与泰勒完全不同的观点。首先让我强调一下，问题中不确定的未来世代应该是当前人口的子孙后代。有人希望法裔加拿大人认同能够存在下去，这种要求并不是希望始终都有人会讲魁北克人所讲的语言并践行魁北克人所践行的实践。他们所欲求的是这种语言和实践应该代代相传。有人提出了一个解决加拿大问题的建议，花钱请一个不相关的群体到南太平洋的一些岛屿上去传承法语加拿大文化，但这种建议过于简单，根本不能解决问题。

这个问题因此而变得很重要，因为上面提到的目标是否就是我们应该予以承认并给予尊重的未来个人的自主性呢？我认为这个问题一点也不明确。更重要的是，正是在家庭中，家长才能希望他们的孩子保持孩子所抵制的那些实践。比如，存在于英国社会中的针对印度血统女性的包办婚姻就是一种真实的反映。在这种情况下，自由主义所认可的平等尊严的道德原则好像与这些父母的行为发生了冲突，因为我们关注的是年轻女性的自主性。如果这种情况在个人领域中也是真实的，那我就认为，这个群体中整个一代人都希望把某种生活方式强加给下一代也同样的真实的，而且更不容置疑的是，"下一代"也会把这种方式强加给接下来的那一代。

当然，抽象地说，生存在这个意义上与尊重自主性完全一致，否则每个真正的自由社会都将不得不葬在一代人的手中。如果能够创造一种我们的子孙后代愿意把它传承下去的文化，那我们的文化就会在他们的手中存活下去。但是，还存在一个深层次的问题，这个问题又与另外一个问题相关，即尊重自主性应该如何约束我们的教育道德。毕竟，在我们把自己的孩子变得愿意保持我们文化的人的过程中会遇到这个问题。正是因为独白式的认同观点是不正确的，那么，如果家庭和社会允许孩子自由发展，孩子就不会形成他们的自我。我们不得不帮助孩子形成他们的自我，而且我们不得不依照我们的价值来做到这一点，因为孩子出生时并不具有自己的价值。重视自主性是为了尊重他人的观念，是为了让他们自己比较优劣，从而慎重决定什么才是对他们有益的，即使孩子出生时并不具有计划或观念。因此，我们可以得知，在广义的教育中——这种意义也是社会再生产这一技术性概念所涵盖的意义——我们必须既要追求又要传递那些更加本质性的价值，而不是尊重自由程序这么简单。自由程序主义意味着允许一个国家对待各种不同的善观念保持一种中立的态度，但是这种多样化的善观念本身却取决于教育的实施情况。要教给所有孩子的是让他们必须要接受某种政治安排，在这种政治安排中不能使其他人的善观念处于一种危险的境地，而且在那里本质性的善观念与自由原则——或至少与其他人的善观念——是彼此冲突的。这才是泰勒在评价拉什迪（Rushdie）事件时所指出的问题之关键所在。这也是为什么自由主义最终必定会成为一种引发争斗的信条。

在大多数现代社会，对大多数人的教育都是由政府的教育机构来承担。因此，教育属于政治领域。但这并不是一种偶然现象：即社会再生产包含集体目标。更进一步说，就像孩子在形成并备有其认同时应该尊重他们的自主性一样，自由主义国家在保护孩子的自主性、使其可以反对父母、教会及共同体的安排方面，具有重要的作用。我随时准备以这样的证据来捍卫我的教育观点，但是即使有人不同意这种观点，他们也必定会认可下列观点，即当前国家所发挥的重要作用，这意味着国家也参与了本质性善观念的普及。

这就是为什么我对泰勒反对完全程序主义的做法如此彻底地认可的主要原因之一。即使泰勒在讨论生存的背景下提出了对完全程序主义的反对意见，但我并不认为泰勒所提出的原因就是社会再生产的原因。

五

要求承认的集体认同是伴随着践行那一行为的人而产生的，并不是这里存在**一种**应该由同性恋者或黑人来践行的生活方式，而是这里存在着同性恋者或黑人。这一观点提供了一种宽松的原则或模式，这些原则或模式在塑造他们的人生计划方面具有重要作用，可以使这些集体认同成为个人认同的重点。[10]简言之，人们在塑造人生计划及讲述他们的人

---

〔10〕 在这里，我作"使"这个字，并不是因为我经常关注人生计划的塑造或选择的具体经验，而是因为我想强调反本质主义观点，即这里存在可供选择的选项。

生故事时，可以运用集体认同提供的脚本。从这个角度看，在我们的社会中［虽然可能并不是在阿狄森（Addison）和斯蒂尔（Steele）所说的英格兰］，变得越来越聪明并不意味着他有"聪明"的人生脚本。而且这也是认同的个人维度会不同于集体维度的原因。[11]

这并不只是有关现代西方人的观点——使人们的人生具有一定的叙事主题，并希望自己的人生故事具有意义，在每种文化中都十分重要。人生故事——我自己的人生故事——应该将我所在文化的各种标准与我的个人自我认同联系起来。对我们中的大多数而言，重要的是，在讲述那个故事时，如何将广泛存在的各种集体性认同加入自己的故事。并不是只有性别认同（比如，通过女人或男人成年的仪式）塑造了一个人的人生；道德与民族认同也将每个人的故事加入到较大的叙事当中。而且很多个人的个人主义认同都珍视这样的事情。霍布斯就把对荣誉的追求看作人类主要的推动力，而这必定会给社会生活带来麻烦。但是荣誉可以存在于集体的历史中，如此一来，结果就变成以荣誉的名义去做大多数社会事务。

在多元文化的西方，我们所处的境况是，在我们生活的社会中，某些个人并不没有得到同等尊严的对待，只是因为他（她）们是女性、同性恋者、黑人或天主教徒。因为正如泰勒极力主张的，我们的认同是在对话中塑造的，那些具有以上特征的人发现以上特征对于自己的认同十分重要——通常都是消极的。如今，存在着一种普遍认可的观点，那就是以这些集体认同的名义冒犯他们的尊严并限制他们的自主性是极其错误的。恢复那些处于某种集体认同中的人们的自我观念的一种方式，就是要学会不把这些集体认同看作是限制与冒犯的根源，而是把它们当作他们所珍视的主要的价值来看待。因为本真性道德要求我们要表达出我们主要珍视的价值，更要求我们在社会生活中承认妇女、同性恋者、黑人以及天主教徒的存在。因为没有什么好的理由可以恶劣地对待这些人，而且因为那种文化仍然会继续以侮辱性的形象来刻画他们，所以要求我们应该做一些文化上的工作来抵制这些旧习，来挑战这些冒犯，来解除这些限制。

这些陈旧的限制暗示了具有这些认同的人们的人生脚本，但是这些脚本却都是反面

---

〔11〕 还有其他的认同也可以成为脚本，如果那样就不能从那些不具有这种集体认同的人中区分出那些较小的阶层。"知识分子"、"艺术家"与"教师"、"律师"、"政治家"这样的职业认同一样，它们都与我已经以各种方式讨论过的众多集体认同不同，我会在未来的评论中继续阐述：我所说的集体认同并不依赖于那些（被认为是）不可选择的相同的特征（如相同的祖先或性别特征）；它们也不会成为儿童时代、代际关系以及家庭生活的中心内容。在这些领域中极少存在巨大的差别。分析有脚本的认同与无脚本的认同之间差异只是探究问题，而不是一系列严格的分类。

的。为了构建一种有尊严的生活，很自然就需要这种集体认同并重新构建积极的人生脚本。一个非裔美国人以前所接受的是陈旧的自我怨恨的人生脚本，在这一脚本中，他或她是一个黑鬼，黑人权力运动之后，他开始在共同体中与其他人一起努力建构一系列积极的黑人脚本。在这些人生脚本中，黑鬼被重新看作黑人，在其他事务中，他们不再被同化进白人的语言与行为原则中。而且，如果一个人要在种族主义社会中成为黑人，那他不得不持续处理对他尊严的侵犯。在这种情况下，仅仅具有坚持有尊严生活的权利就不够了，要求被当作黑人而得到平等的有尊严的对待也是不够的，因为这就是承认成为黑人在某种程度上自然就会对其尊严不利。而且如果这样的话，还是会出现那个人要求被**当作一个黑人**来尊重的结果。

　　同样的例子也可以用来支持同性恋认同。一个美国同性恋者以前接受的是陈旧的自我怨恨的、隐蔽的脚本，在这个脚本中，他是一个男同性恋者，在石墙事件和同性恋解放运动之后，他要在共同体中与其他人一起建构一系列积极的同性恋者人生脚本。在这些脚本中，成为同性恋者就是被重新看作以同性恋的方式生活，这就要求，在其他事务中，不再以隐蔽的方式生活。而且，如果一个人想要在剥夺同性恋者尊严和尊重的社会中走出这种隐蔽的生活方式，那么，他就不得不处理持续存在的对于他的尊严的侵犯。在这种情况下，仅仅具有作为一个"开放的同性恋者"而生活的权利就不够了，把他们当作具有平等尊严的同性恋者来看待也是不够的，因为那样就等于做出让步，承认成为同性恋者在本质上或在一定程度上对其尊严不利。而且这样一来，还是会出现那个人要求被**当作一个同性恋者**来尊重的结果。

　　这就是泰勒带着同情给我们讲的魁北克的故事。刚才我也带着同情讲述了同性恋者与黑人认同的故事。我看到了故事是如何展开的。让故事按照这样的方式展开可能是历史或策略的需要。[12]但是我们需要继续下一个必需的步骤，那就是要追问，从长远来看，以这种方式建构的认同是否是那种能使我们——这里我指的是一个在美国被看作黑人同性恋男性的人——感到快乐的认同呢？那些要求被当作黑人及同性恋者来看待的人所需要的是与成为非裔美国人或成为同性恋者相匹配的脚本。在这些脚本中，应该有成为黑人与同性恋者的适当方式，应该有可以得到满足的尊重，应该有可以提出的要求。正是在这些脚本中，那些极其看重自主的人才会追问我们是否没有用一种暴政替代另一种暴政。如果我不

---

　　〔12〕　可以对比萨特的观点，见 Anthologie de la Nouvelle Poesie Negre et Malagache de Lanue Francaise（ed. L. S. Senghor），p. xiv. 萨特声称，实际上，这种变动是辩证前行的必要步骤。在这一段中，他明确地主张他称为"反种族主义的种族主义"就是通向"最终的统一……消除种族之间差异"的必经之路。

得不在封闭的世界与同性恋解放的世界之间作出选择，或者在汤姆叔叔的小屋与黑人权力之间做出选择，我当然会选择后者。但是我宁愿不必做选择。我希望还有其他的选择。承认的政治要求以政治的方式承认一个人的肤色、性别，在这种承认下，想要把自己的肤色及性别作为自我认同的个人维度就会变得相当困难。而且个人的不再意味着秘密的，但也不再具有严格的脚本。我认为（我猜泰勒并不这样认为）那些魁北克人所要求的让法语"民族"用法语教育他们的孩子的主张已经超出了界线。我相信（宣称一种泰勒并没有阐述的话题）从某种意义上讲，那些主张以其"人种"或性取向来构建其人生的人，也超越了这一相同的界线。

我们熟知的是，在变化莫测的真正人类生活面前，进行这种官僚式的分类必定存在缺陷。但是同样重要并应该牢记于心的是，基于其表面上的努力，我们可以依赖认同的政治来改变集体认同。[13] 在承认的政治与强制的政治之间并没有明显的界线。

---

[13] 这是本质主义者的另外一个错误观点。

第二部分：多元文化社会的公民身份

多元文化社会中的公民身份：
问题、背景、概念[*]

威尔·金里卡（Will Kymlicka）韦恩·诺曼（Wayne Norman）

王新水 译 李丽红 校

在现代史上，没有比"公民"更具活力的社会人士。

——拉尔夫·达伦道夫：《公民身份及其超越》（Ralf Dahrendorf：*Citizenship and Beyond*）

"公民"与"公民身份"是强有力的话语。它们显示出尊重、权利与尊严……我们找不出其贬义用法。它是个重要的、不朽的、人文主义的字眼。

——南希·弗雷泽 琳达·戈登：《公民身份反对社会身份吗？》（*Nancy Fraser and Linda Gordon，'Civil Citizenship against Social Citizenship?'，in Bart Van Steenburgen (ed.)，The Condition of Citizenship*）

最近十年，政治哲学家显然对两个论题兴趣盎然：多种族社会种族文化少数群体（ethnocultural minority）的权利与地位问题（"少数群体权利与多元文化主义"之争）及与民主的公民身份相关的品德、行为与责任问题（"公民身份与公民品德"之争）。奇怪的是，这两场辩论仅各自独立地讨论过几次相互之间的联系，除此之外竟然井水不犯河水。本文旨在用一种较系统的方法打通这两个论题。我们打算探讨正在兴起的少数群体理论与多元文化主义理论如何影响民主公民的品德和行为，考察正在兴起的公民身份理论与公民品德理论如何影响种族文化少数群体的权利和地位。

这两个问题之间存在潜在的紧张。事实上，少数群体权利的捍卫者，经常怀疑那些带

---

[*] 本文原题为"citizenship in culturally diverse societies：issues，contexts，conception"，是威尔·金里卡和韦恩·诺曼所编的《多元文化社会中的公民身份》（"*citizenship in diverse societies*"）一书的导论。——译者注

有理想色彩的"好的公民身份"，他们认为这一吁求反映了某种强求，即认为少数群体应该悄悄学会按照多数群体的规则行事。（例如，参见 Samson 1999）相反，希望促进更强劲的公民品德和民主公民身份观念的人，则经常怀疑对少数群体权利的吁求，他们认为这是狭隘利己主义政治观点的反映，而这正是他们试图要克服的观念。（例如，参见 Ward 1991）

尽管长期相互猜疑，但双方都日益认识到，任何合理或有吸引力的政治理论，都必须关注促进种族文化少数群体的要求和负责任的民主公民身份。在本文中，我们将探讨这两种争论如何发展，为何逐步走向更密切的交流，何为二者之间潜在的紧张。我们期望，这将有助于为后面各章关于公民身份和多样性的更具体的分析奠定基础。

一、关于少数群体权利的新争论

让我们从政治哲学家之间就西方民主国家种族文化群体权利的新辩论开始。我们在宽泛的意义上使用"种族文化少数群体权利"（the rights of ethnocultural minority）[或者为了简洁而用"少数群体权利"（minority rights）]这个术语，它指一系列的公共政策、法律权利、宪法规定，这些规定是种族群体为了调解他们的文化差异而争取到的。要求少数群体权利的群体包括移民群体、原住人（indigenous peoples）、少数民族（national minority）、种族群体（racical groups）以及种族宗教团体（ethnoreligous sects）。他们的要求包括多元文化政策、语言权、尊重原住人条约。其他理论家用不同的术语描述这些要求——例如"多元文化主义"（multiculturalism）、"群体权利"（group rights）或"区别对待的公民身份"（differentiated citizenship）。虽然每个术语都有其缺点，但鉴于本文的目的，我们将使用"少数群体权利"作为总称。

"少数群体权利"是个含义混杂的范畴，我们将在其他章节研究一些不同类型的少数群体权利。尽管如此，我们这里所讨论的所有少数群体权利具有两个重要的共同特征：（1）这些权利超越了公民个人所拥有的那套常见的共同的公民权利和政治权利——它们在所有的自由主义民主国家都受到保护；（2）这些权利都意图承认和包容种族文化群体的独特身份和需求。

近年来，政治哲学家对于由少数群体权利引发的规范性议题兴趣盎然。赞成或反对这类权利的道德根据是什么？尤其是，少数群体权利如何与诸如个人自由、社会平等和民主等自由主义民主制度的根本原则相联系？它们与这些原则相一致吗？它们是促进这些价值观念，还是与之相冲突？

对这些问题的哲学讨论在过去 20 年已获巨大进展。在 20 世纪 80 年代中期，只有寥寥几个政治哲学家或政治理论家从事此领域的研究。[1]实际上，就这个世纪[2]的大部分时间而言，种族问题被政治哲学家视为边缘问题（其他许多学科，从社会学到地理学到历史学，也大多如此）。可是，在数十年的相对忽略之后，少数群体权利问题走到了政治理论的前沿。这有多方面的原因。最明显的是，1989 年共产主义在苏联、东欧的崩溃使得种族民族主义浪潮席卷东欧，给民主化进程带来戏剧性的影响。种族和民族主义的问题对这样一些乐观主义的假定提出了挑战：自由主义的民主将从共产主义的废墟上平稳地诞生。而在历史悠久的西方民主国家中，也有许多因素导致种族问题的凸显：许多西方国家（尤其是法国、英国、德国和美国）的土生居民保护主义者开始对抗性地反对移民和避难者；原住民政治动员和复兴，导致了联合国的原住民权利宣言草案；在几个最繁荣的西方民主国家，从魁北克到苏格兰、佛兰德和加泰罗尼亚，脱离威胁仍在进行甚至正在增长。

所有这些在 20 世纪 90 年代初期凸显出来的因素表明，西方自由主义的民主国家事实上并未解决或克服种族文化多样性所发出的挑战。因此政治理论家日渐把注意力转向这个话题，并不意外。例如，在过去几年里，我们已经看到了首批以英文撰写的哲学著作，这些著作所探讨的规范性议题包括分裂、民族主义、移民、多元文化主义及原住民权利。[3]

但是这场辩论不仅吸引了更多的注意和参与，而且大大地改变了辩论的术语。与少数群体权利相关的第一波著作主要致力于评价种族群体所提出的包容其文化差异的要求是否"正义"（justice）。这反映的事实是，传统上反对这类要求乃是诉诸正义。少数群体权利的批评者一直主张，正义要求国家制度"漠视肤色"（clour‑blind）。他们认为权利或利益的基础在于有群体归属的成员身份，这种做法被视为在道德上是专断的，本质上是歧视性的，而且必然造成一、二等公民之区分。

---

〔1〕 这些人当中最重要的是 Vernon Van Dyke，他在 20 世纪 70 年代和 20 世纪 80 年代早期发表了几篇关于这一主题的论文（例如，Van Dyke 1977，1982，1985）。还有几个法学理论家讨论过国际法中少数群体权利的作用及其与无歧视人权原则的关系。

〔2〕 原文中的"cestury"可能是"century"一词之笔误。——译者注

〔3〕 Baubock 1994a；Buchanan 1991；Kymlicka 1995a；Miller 1995；Spinner 1994；Tamir 1993；Taylor 1992；Tully 1995；Canovan 1996；Gilbert 1998。除了 Plamenatz 1960 之外，我们不知道 20 世纪 90 年代之前，还有哪位英语世界的哲学家以专著的形式对这些话题中的任何一个进行过长篇讨论。关于近来对这些问题的哲学论文集，参见 Kymlicka 1995b；J. Baker 1994；Shapiro and Kymlicka 1997；Beiner 1999；Couture et al. 1998；Moore 1998；McKim and McMahan 1997。

因此，任何少数群体权利的捍卫者面临的首要任务，就是力图克服上述假设，并指明背离"漠视差异"的规则并非必然引起不公平，因为这些规则的采纳本是为了包容种族文化的差异。几位著作者从事这项研究，试图为包容多元文化或群体特定权利（group - specific rights）的正义性进行辩护。[4] 为了证明自己有理，这些著作者摆出了种种理由，其中大部分可被视为基于一个共同的策略。他们都声称，当漠视差异的制度装得好像中立于不同的种族文化群体时，实际上就是暗中倾向于多数人群体的需要、利益和身份；而这会给少数群体成员带来一系列负担、障碍、耻辱，并引起被排斥感。他们论证，承认某些少数群体权利有助于补救少数群体在漠视差异的制度中所遭受的损失，而且这样做可促进公平。少数群体权利非但不构成不公平的特权或令人反感的歧视，反而是对不公平损失的补偿，因而与正义相一致，而且实际上也许是正义所要求的。

我们认为，随着少数群体权利的捍卫者有效的辩护，这场辩论的第一阶段即将告一段落。当然，我们不是说种族群体在让人接受并实施他们的主张方面总是做得很成功，尽管在西方民主国家有一股明显的趋势，对少数群体权利愈加认可。我们只是声明，少数群体权利的捍卫者已经在两个重要方面成功地重新规定了公共讨论的条件：（1）很少有深思熟虑者会再认为，仅仅根据漠视差异的规则或制度就可界定正义。现在人们大都认识到，漠视差异的规则或制度反而会给特殊群体造成不利的损失。正义是需要一视同仁的共同规则，还是采取因人而异的差异原则，需根据具体情况而逐一评价，而不能预先设定。（2）因此，合理性证明的重任转移了。合理性证明的重任不再仅由多元文化主义的捍卫者单独承担，即要表明他们提议的变革不会造成不正义；漠视差异制度的捍卫者也要共同承担论证责任，他们必须设法证明现有的状况不会给少数群体及其成员带来不正义。

换言之，第一波倡导少数群体权利的理论家动摇了自由主义者的自鸣得意，以往，这些自由主义者并不考虑少数群体权利的要求，如今，在为特殊种族群体的权利诉求进行辩护时，这些理论家成功地实现了与对手的平等。少数群体权利的理论家何以能如此迅速地成功改变公共辩论的倾向，这是个有趣的问题。[5] 就某种程度而言，这一成功建立于一个日益增长的共识，即主流制度暗中袒护多数群体——例如，使用多数群体的语言、历法和象征。而且，很难知道如何才能克服这些偏见。公共制度在语言或宗教历法上能真正做到中立，这一观念似乎日益令人难以置信。

---

〔4〕 参见 Young 1990；Minow 1990；Parekh 1990；Phillips 1992；Spinner 1994；Tully 1995.
〔5〕 对这一问题的某些推测，参见 Kymlicka 1998b.

　　但也有人日益意识到某些利益的重要性，自由主义的正义理论过去通常忽略这些利益，例如承认、认同、语言和文化成员身份等利益。如果这些利益被国家忽视或轻视，人们就不但会感觉受到伤害——而且真的会受伤害——即使他们的公民权利、政治权利和福利权利都受到了尊重。如果国家制度不承认且不尊重人们的文化和认同，结果会严重伤害人们的自尊和主体感（sense of agency）。[6]

　　因此，最初诉诸于正义来反对少数群体权利的理由已不成立。这并不意味着对少数群体权利的哲学和政治的反对已经不存在，甚至也不意味着反对已经显著地减少。目前不过是采取新的反对形式罢了。反对形式可能有两种：首先质疑在特定情形下赋予少数群体特定权利的正义性，这一政策可能会造成与认同和文化有关的利益和责任的分配不公；其次，关注点从正义转向**公民身份**问题，即关注的重点不再是特定政策是否正义，而是转变为少数群体权利可能给支撑民主制度健康运转的公民品德和公民行为造成什么样的危害。

二、关于公民身份的新争论

　　就是在这个问题上，关于少数群体权利的争论与关于民主公民品德和行为的争论相互交融，而后一个争论在近十年中一直独立发展。实际上，政治理论家对公民身份概念的兴趣一直在激增。1978 年，有人自信地声称"公民身份的概念在政治思想家那里已经过时"（Van Gunsteren 1978：9）。到了 1990 年，德勒克·希特（Derek Heater）声称，公民身份在所有政治理论派别的思想家中都已成为"流行行话"（Heater 1990：293）。

　　许多原因使得对公民身份的兴趣在整个 20 世纪 90 年代日益增长。其中一个即与少数群体权利的兴起相关。关于多元文化主义的争论常招致不满，而且给公民礼仪的规范和良好公民身份造成相当压力。一些人担心"政治正确"（political correctness）的暴政和"文化战争"（cultural wars）会阻碍人们以公民身份参与到社会中；另外一些人则担心，随着少数群体的日益增加或突出，会产生不可避免的对抗性冲突。但近来在全世界出现的另外几桩政治事件和趋势，暗示了公民行为的重要性。这些事件和趋势包括美国日益严重的投票冷漠和长期依赖福利，福利国家的衰弱，以及立足于公民自愿合作的环境政策的失败。

　　这些事件表明，现代民主制的健康和稳定不仅取决于其制度本身的正义，而且取决于

---

　[6]　Taylor 1992；Margalit and Raz 1990；Tamir 1993.

其公民的素质和态度——譬如，认同感以及如何看待具有潜在竞争性的其他各种认同，如民族认同、地区认同、种族认同或宗教认同；对不同于自己的他人予以宽容和共事的能力；为了促进公共善（public good）和促使政治权威承担责任而参加政治活动的愿望；在自己的经济需求上与影响公共健康和环境的其他个人选择上表现自我约束及履行个人责任的意愿；正义感以及对公平分配资源的信奉。如果没有拥有这些素质的公民，"自由主义社会成功运作的性能将逐渐削弱"（Galston 1991：220）。〔7〕

因此，对"公民身份理论"的需要应该与日俱增，这并不令人意外。20 世纪 70 年代和 20 世纪 80 年代的政治理论家主要关注罗尔斯所谓的社会"基本结构"——宪法权利、政治决策程序、社会制度。〔8〕然而，现在人们广为承认，政治理论家还必须关注在制度和程序中起作用的公民的素质和倾向。因此，政治理论家在 20 世纪 90 年代则关注公民的认同和行为，包括责任心、忠诚度和角色。

罗伯特·普特南（Robort Putnam）的理论极大地满足了对于公民身份理论的需要，他对意大利地方政府的表现所做的研究极具影响力（Putnam 1993）。他指出，这些战后建立起来的地方政府，尽管拥有大体一样的制度，但表现却大不一样。对于不同表现的最好解释是，其原因似乎不在于公民收入或教育上的差异，而在于公民品德上的差异，此种品德即普特南所说的"社会资本"——信任能力、参与愿望、正义感。

虽然普特南的个案研究一直引起争议〔9〕，但其理论的总体论点——公民品德与公民身份对于民主政治是重要而独立的要素——现在却得到了广泛的承认。自此以后，大量涉及公民品德与行为、公民身份及公民教育议题的著作应运而生。〔10〕

公民身份理论家的首要任务，是详细具体地说明繁荣民主制度所需要的公民品德有哪些。按照威廉姆·高尔斯顿（William Galston）有名的解释，负责任的公民应该具备四类公民品德：一是一般品德，包括勇气、守法、忠诚；二是社会品德，包括独立、思想开

---

〔7〕 这也许可以解释各国政府为何近来有兴趣提升公民身份（英国公民身份委员会的《鼓励公民身份》（Encouraging citizenship），1990；澳大利亚参议院的《经过修正的积极公民身份》（Active Citizenship Revisited），1991；加拿大参议院的《加拿大公民身份：共享责任》，（Canadian Citizenship：Sharing the Responsibility）1993）。有关当代政治哲学重新关注公民身份的更详细的讨论，见 Kymlicka and Norman 1994.

〔8〕 罗尔斯说社会"基本结构"是正义理论的主题（Rawls 1971：7－11）。

〔9〕 关于评论，参见 Sabetti 1996.

〔10〕 1994 年以前的资料，参见 "Kymlicka and Norman 1994" 中的文献目录和收于 "Beiner 1995" 中的论文。更近的著作，参见：Janoski 1998；Dagger 1997；Callan 1997；Van Gunsteren 1998a；Shafir 1998；Hutchings and Dannreuther 1998；Lister 1998.

明；三是经济品德，包括职业道德、约束自我满足的能力、对经济和技术变迁的适应能力；四是政治品德，包括关心和尊重他人权利的能力、提出适度要求的意愿、评价官员表现的能力、从事公共讨论的意愿（Galston 1991：221－4）。

其他作者提供了一份稍微不同的清单，然而在所有关于公民身份的文献中，高尔斯顿的解释最受关注。实在难以想像谁会真正反对这些素质的可取性。但当问及政府可能或应该如何行动才能促进这些品德时，难题就出现了。政府应如何确保公民形成如下品德：积极主动而非消极被动？面对不正义敢于批评而非顺从或漠然？负责而非贪婪或短视？宽容而非心存偏见或仇外？政府应该如何确保公民在政治共同体中有成员感而非疏离感和不满感？政府应如何确保公民相互认同并团结一致，而非相互冷淡或厌恶？

这就是真正的争议所在。也许正是因为这些原因，许多涉及公民身份的著作者在他们的理论所涉及的公共政策问题方面避免采取明确的立场。他们更注重描述可取的公民品德，而较少关注应该采取什么策略鼓励或强迫公民接受这些可取的品德和行为。因此，愤世嫉俗者也许会认为，涉及公民身份的许多作品终归是这样一句陈词滥调：如果社会中的人更友好更体贴人，社会就会更好。[11]

幸运的是，这种小心谨慎慢慢地消失了，而且我们现在看到对涉及公民身份理论的政策问题的讨论更多了。在如何促进公民身份这个问题上，政治理论家之间出现了一些重要分歧。尤其在种族和宗教团体对于促进公民身份的作用方面，政治理论家们看法各异。一些理论家说，最好的"公民身份学校"是公民社会中的自愿协会和组织，包括种族群体和宗教群体。对于这些组织，政府所能做的最好的事情是让这些组织自由发展。（见如 Glendon 1995；Walzer 1995）另一些人论证，由种族和宗教团体提供的那种社会化既可促进也能阻碍负责任的公民身份的形成，因此，为了补充和纠正在公民社会中所学的，需要在学校中实施强制性公民身份教育（见如 Callan 1997；Arneson and Shapiro 1996）。一些人甚至走得更远，主张政府必须主动干涉某些种族和宗教团体，以防他们传播反自由或非民主的态度和行为（见如 Okin 1997）。这些关于如何最有效促进民主公民身份的不同解释深刻影响了少数群体权利。

在如何最有效促进负责任的公民身份这一问题上的分歧，表明这些文献中还存在另一个趋势——即必需使公民身份理论适应现代多元化的现实。高尔斯顿清单上的大部分内容使人想起古希腊城邦或文艺复兴时期意大利城邦有关公民品德的讨论。而且有几个作者坦

---

〔11〕　这是在 Kymlicka and Norman 1994：369 中我们自己的刻薄结论。

率地认为，他们的确试图借助诸如亚里士多德、卢梭以及马基雅维利等思想家，以复新古典共和主义的政治思想传统（Oldfield 1990；Skinner 1992；Pocock 1992）。但人们日益认识到，一个巨大而多元化的现代社会所需的公民品德以及促进这些品德的恰当方法，可能不同于一个小而同质的城邦所需的品德和方法。公民身份的目标及其促进方法，必须考虑到种族和宗教多元化的程度和形式。

这一观念有助于解释人们为何更加关注高尔斯顿清单上的一个特殊品德：即参与公共讨论的必要性。民主制度下政府的决议应该通过自由公开的讨论，公开制定。一如古代世界的民主国家，现在也必须如此。但在多元化的现代社会，参加公共讨论的品德不仅仅是参与政治的意愿，也不是为了让大众知晓自己的观点。它还：

> 包括认真听取众多观点的意愿，而由于自由主义社会的多样性，这些观点中必将包括倾听者必定感到奇怪甚至可憎的观念。政治讨论的品德还包括坦诚易晓地表达自己观点的意愿，这种意愿是说服政治而非操纵或强迫政治的基础。（Galston 1991：227）

斯蒂芬·马克多（Stephen Macedo，1990）把这种品德称之为"公共合理性"（public resonableness）。自由主义制度下的公民必须为他们的政治要求给出**理由**，而不仅仅是陈述偏好或进行威胁。此外，所给的理由必须是"公共的"理由，比如说，可用来劝说不同种族或宗教团体的理由。在古希腊或 17 世纪新英格兰的一些城镇，诉诸传统或《圣经》可能就足够了。但现代多元化社会自由主义制度下的公民，必须要证明他们政治要求的正当性，而且措辞要与自由平等的公民身份相一致，以便同胞公民能理解接受。这就要求一丝不苟，努力把涉及私人信仰的信念与可纳入公共辩护的信念区别开来，并力求从人们所具有的不同的宗教信仰和文化背景去看问题。

公共合理性这一特殊观念明显是现代社会的产物，它试图把公共理性与宗教信仰和文化传统分开。在近来关于公民身份的文献中，这个观念之所以会突显出来，部分是因为人们开始承认现代社会在种族和宗教方面都是多样化的。但这个观念也反映了当代民主理论的一个重要变化，即从"以投票为中心的"（vote - centric）民主理论向"以对话为中心的"（talk - centric）民主理论的转变。[12]以投票为中心的理论把民主制度视为事先存在的确定不移的偏好与兴趣相互竞争的舞台，这种竞争通过公平的决议程序或合理的机制而

---

〔12〕 更详细的讨论见 Mansbridge 所撰第四章和 Williams 所撰第五章。

进行（例如多数人的投票）。但现在人们普遍认识到，这样一种民主观念不能实现民主合法性原则，因为投票的结果只能代表赢家而非共同的意志，而且种族文化或其他边缘化的少数群体在这种制度中可能永远被排除在现实权力之外。

为了克服以投票为中心方法的缺点，民主理论家日益关注先于投票的审议和舆论形成的过程。理论家已经把注意力从投票厅的情况转向了公民社会中公众审议的情况。如果少数群体要想在多数主义的制度中起到任何真正的影响，就必须通过参与形成公共舆论的途径来实现，而非通过赢得多数投票的方式。正如西蒙尼·钱伯斯（Simone Chambers）所言："发言权，而非投票权，才是授权的途径。"（Chambers 1998：17）因此，政治自由主义者、公民共和主义者、审议民主主义者等一大帮理论家都认定，在现代社会公共合理性是公民身份的关键问题之一。

但在此必须再次指出，在多元化社会，只有公共合理性不只是简单反映多数人群体的文化传统、语言及宗教，而是理解和包容社会中不同的种族和宗教群体时，发言权才会有效。从这方面来看，对公民品德和行为的新关注，尽管具有古典思想的渊源，却明显是现代社会实际情况和问题的产物。

三、需要整合多元公民身份的理论

至此，我们已经概述了两个争论的发展状况。在第一个争论中，人们日益认识到：不能因少数群体权利的要求本身不具正义性而拒斥这些要求，因为，这些要求，即使不是正义原则所必需的，也是与正义原则相一致的。在另一个争论中，大多数理论家都认可，社会的运行不仅取决于其制度或宪法的正义，还取决于其公民的品德、认同和行为，包括相互合作的能力、审议能力以及与不同的种族和宗教群体团结一致的能力。

显而易见，问题随之而来：上述两个论题是如何关联的？尤其是，少数群体权利如何影响民主公民的品德和行为？正如我们早先所指出的，人们常设想少数群体权利将对公民行为产生负面影响，或将抑制国家有效促进公民身份的能力。许多批评家担心少数群体权利会引起"种族属性政治化"（politicization of ethnicity），并担心在公共生活中强化种族属性的任何举措都会引起不和（见如 Glazer 1983：227）。而随着时光的流逝，它们会造成种族群体之间持续升温的竞争、不信任和敌对。据说，那些凸显种族身份的政策"就像金属腐蚀剂，会腐蚀掉把我们联为一个民族的纽带"（Ward 1991：598）。基于这一看法，自由主义的民主制度必须反对任何直接公开承认种族群体身份的少数群体权利或多元文化主义政策，以防种族身份政治化。

这种批评的强化版把少数群体权利看作走向南斯拉夫式内战的起点。更温和（也更合理）的版本则主张，尽管少数群体权利可能不会导致内战，也将损害公民履行其作为民主公民责任的能力，例如，削弱公民间的超越群体差异的交往、信任以及团结感的能力。因此，孤立地看，即使特殊的少数群体权利政策本身并非不正义，但强化种族属性的趋势却将损害负责任的公民规范和行为，因而降低国家的总体机能。

这种担忧有多少合理性？在何种程度上否认或限制不乏正当合理性的少数群体权利的要求，才显得合理？直到最近，许多少数群体权利的捍卫者消除了这种担忧，并表达了对公民身份呼求的怀疑。既然在历史上，许多种族多元、民族多元的国家都曾利用公民身份这一辞令作为促进占支配地位的民族群体利益的手段，这种怀疑就不难理解了。公民身份的话语很难成为解决多数群体与少数群体之间争端的中立机制，通常情况下，它所充当的都是掩护者的角色，在它的掩护下，多数群体可以推广其语言、制度，扩张其流动权和政治权力，而且这一切都是以牺牲少数群体的利益为代价的，并且以把看似"不忠诚"或"麻烦的"少数群体转化为"好公民"为托辞。

本卷中的几篇论文表明历史上确有（误）用公民身份话语论证同化或压迫少数群体正当性的情况。因此，当多数群体的成员以少数群体权利有损其"公民身份"感为由而反对这些权利时，许多少数群体遭到怀疑就没什么可奇怪的了。我们仍然认为，不能忽视少数群体权利对公民身份的影响。在多种族国家也存在与促进共同公民身份感有关的正当利益。多种族国家和单一种族的国家都需要民主公民的品德、行为及制度。多种族国家甚至**更**需要公共合理性、互相尊重、对政府的批评态度、宽容、参与政治的意愿、共商政治问题的论坛以及团结一致等。

以下这种担忧也十分合理，即也许是为了应对多数群体提出的僵化的公民身份观念，一些少数群体已提出认同和差异的观念，以便稍稍有利于促进或培养民主的公民身份及社会团结。一些群体的确试图通过采取脱离的方式抵制更大社会的公民身份。但是有些群体即使承认其成员为更大国家的公民，这种公民身份有时也会退而求助于另一种公民身份观念，认为成为公民就是被动地服从法律，以及不情愿地承认原来状况。[13]还有一种担忧，

---

〔13〕 阿米希人（Amish）和其他孤立主义宗教群体的辩护人常说他们是好公民，因为他们遵守法律，即使他们对更大社会的事务不感兴趣，并且也不关心他们自己作为好公民的身份。对这一观点——认为消极遵守法律即足以成为民主公民——的批评，参见 Arneson and Shapiro 1996；Spinner 1994.

认为各种少数群体权利会助长并牢固确立消极、内向、怨恨型的群体身份，而这种身份会抑制更广泛的政治合作、对话和团结。

这些担忧合情合理，值得认真思考。不过我们认为不能抽象地或通过不切实际的臆断来评价这种担忧，好像这纯粹是概念性的问题。我们更加需要通过仔细考察具体背景和案例研究，并根据对各种种族关系更深入的了解，来评价公民身份与种族多样性之间的潜在冲突。

四、在处理种族冲突这一更大背景中的种种公民身份

可以在关于种族冲突的文献中寻找解决多元社会公民身份问题的答案。虽然少数群体权利和公民身份之间的潜在张力尚未引起政治哲学家足够的注意，但这个问题已经成为从事种族冲突研究的社会科学家激烈讨论的焦点。[14] 这些研究大多都是历史性和描述性的：它们考察了民主和非民主制政府力图"处理"种族冲突的实际方法，并试图解释其成败的原因。因此，对于那些内部种族间处于紧张状态的国家而言，借助种族冲突理论这面透镜概览可供选择的解决策略是很有启发意义的。下面是约翰·麦格雷（John McGarry）和布伦丹·欧烈雷（Brendan O'Leary）的"处理种族冲突的宏观政治模型分类法"（taxonomy of the macro – poltical forms of ethnic conflict regulation）（McGarry and O'Leary 1993[15]：4 – 38）：

1. "消除差异法"
（1）种族灭绝
（2）强迫大量人口转移
（3）隔离与/或脱离
（4）同化。

---

〔14〕 这些讨论中**常被引证的章句**，参见 Horowitz 1985，还有 1978 年创刊的杂志《种族与人种研究》（Ethnic and Racial Studies）。

〔15〕 为了显示我们所接受的全部可选策略，我们改动了 McGarry 和 O'Leary 的方案，移出其 1（4）类中的"融合"项，用以构成另一类，即现在的 2（4）。实际上，他们会把我们列入最后一类的许多策略称为"管理种族冲突的微观策略模型"（1993：38 n. 2）。我们还删除了他们"管理差异法"中的一个，即"仲裁（第三方介入）法"，部分是因为这一方法看来更似一个步骤，通过它通向其他一种或多种具体方法。

2. "处理差异法"

（1）霸权统治

（2）区域自治（区划化与/或联邦化）

（3）非区域自治（结盟主义或权力共享）

（4）多元文化融合。

这一分类法有力地表明，世上存在许多被广泛使用的解决种族冲突的"方法"，但当代理论化的少数群体权利和民主的公民身份却将它们排除在外。例如，不用说，消除差异的头两个方法——种族灭绝和强迫大量人口迁移（或"种族清洗"）——在当代西方政治理论家中就没有捍卫者。不过，值得回忆的是，西方民主国家过去曾使用过强迫人口迁移的方法：例如，在对付原住人以便获取他们的土地和资源时，在协商解决巴尔干半岛各国、中欧、印度次大陆及其他各地的战争时，都使用过这一方法。

处理（与"消除"相对）差异的第一个方法，即霸权统治，也很少有捍卫者。统治阶级采取霸权统治，并非试图消除或消融少数群体的认同，"而只是为了使被统治群体所进行的任何公开争夺国家权力的暴力行动既'不可想象'又'行不通'"（McGarry and O'Leary 1993：23）。甚至在平等民主的公民身份这种正常的状态下，也有可能出现霸权统治。以北爱尔兰为例，麦格雷和欧烈雷指出，"在有两个或更多种族共同体的地方，在共同体成员不认可政权应该实行的基本制度和政策的地方，或在相关的种族共同体对于主要的政策偏好并不存在内部分裂的地方，'多数规则'就会成为霸权统治的工具"（McGarry and O'Leary 1993：25）。实际上，许多种族冲突理论家的确认为，在民主和非民主的多种族社会，这都是实现稳定的最常用的方法。（Lustick 1979；McGarry and O'Leary 1993：23）

这些处理种族冲突的方法之所以被排除在政治理论的范围之外，并非因为它们不普遍或不可行，而是因为西方政治理论家中无人会质疑它们的不正义性和不合法性。

然而，其余处理种族冲突方法的合理性也是一个值得考虑的问题。例如，消除差异法的第三个选项，即脱离，就成为近来讨论越来越多的主题，而且得到几位老牌自由主义理论家的强力辩护。[16]然而，即使为脱离权辩护的人也很少声称它将消除种族冲突。人们普遍认为，脱离不过是把种族冲突和少数群体权利问题推卸给新成立的国家，而且常常伴随极其残暴的后果（参见 Horowita 1997；Norman 1998）。因为全世界有 5000 至 8000 个种族文化群体，而仅有约 200 个国家，所以简单计算一下即可知，大多数国家（目前 90% 以

---

[16] 例如：Beran 1984；Nielsen 1993；Wellman 1995；Gauthier 1994；Philpott 1995.

上）必然不止一个种族群体，而且通常数目众多。这实际上意味着，无论脱离多么具有合理性，它都无法消除寻找其他处理种族冲突方法的必要性。即使允许脱离，新成立的国家通常还得采取其他方法（诸如同化、联邦主义或多元文化主义等方法）来处理种族差异问题。

关于同化——也就是消除差异法的最后一个选项——的合理性，也存在重大争议。麦格雷和欧烈雷认为："使用同化作为消除差异的方法，就是试图整合或同化相关的种族共同体，把他们纳入一种新的、超越性认同，以此消除国内的差异。"（McGarry and O'Leary 1993：17）要做到这样，或多或少都要带点儿强制性：强制性强时，同化主义的国家就会取缔企图促进或重塑少数群体认同的协会和出版物，或者强迫所有公民停止使用反映少数群体历史的姓氏；强制性弱时，同化主义的国家就会尊重公民个人的公民权，但是不会承认或支持少数群体的语言和文化，而是主张所有的公立学校、政府机构、街道标志和公共假日都必须反映占支配地位的语言和文化。在这两种情况下，目的都是为了随着时光的流逝强迫或规劝所有公民都把自己看作是具有单一、共同民族文化的成员，这种文化融合了先前所有的种族差异。

把同化和我们可称之为"多元文化整合"（multicultural integration）的方法区别开来很重要。两者都牵涉塑造一种新的、超越性的认同——公民身份的认同，或完整的、平等的国家成员身份。而且两者都试图把来自各种族背景的人们整合进共同的社会政治制度。然而，多元文化整合并不意图或期望消除亚群体之间的文化差异。它反倒承认种族文化认同对公民的重要性，认为这种认同将长期存在，并且在公共制度中得到认可和包容。他们希望来自不同背景的公民都能认可自我，并且在这些公共制度内感到自由自在。

同化和多元文化整合的相对价值仍是个存在争议的问题。确切无疑的是，在整个现代时期，人们几乎普遍反对实行更具强制性的同化，因为那些声名狼藉的独裁者和统治阶级取缔少数群体的语言和宗教，篡改历史，以图把少数群体同化为一个大民族。但在现代史上，即使最开明的政权也曾偏爱同化的方法。正如麦格雷和欧烈雷所说，同化"已成为一种官方的抱负，具有这种抱负的包括美国的民权运动领导者、南非的非洲民族国会、北爱尔兰主张统一的联合主义者，以及欧洲国家中那些致力于处理移民潮的民主左派"（1993：17）。同样，直到近十年来对多元文化主义的批评出现为止，在英美政治哲学家中，同化无疑也是普遍接受的观点。（虽然法国的政治哲学具有根深蒂固的共和主义传统，但它依然默认同化的方法。）

但正如我们前面所说过的，现今的大部分政治理论家——至少在英语国家中——都认为，对少数群体给予某种形式的承认和包容是正当的，至少在有些情况下是这样。结果，同化已不再是西方理论家所偏爱的方法。[17]因而，大部分研究这些问题的政治理论家，包括本卷的所有作者在内，更加关注上述分类表中处理差异法的后三种方法，即区域自治（如联邦主义）、非区域的权力共享（如结盟主义）以及多元文化整合，他们或关注其一，或关注更多。

这种现象表明了当代争论的一个重要特征。大部分民主国家历史上都曾采取过从强迫原住人迁移到霸权统治再到同化这样处理种族冲突的策略，在我们今天看来，这些策略在道德上是不具可辩性的。这些方法因其既不道德又不可行，而逐渐遭到拒斥，因此人们一直在寻找处理种族冲突的其他模式或范式。而最著名的三种替代性选择——联邦主义、结盟主义和多元文化整合——都包含少数群体权利这一重大要素。

研究种族冲突的许多学者都支持这三种方法中的一种或多种，并以此来证明在处理种族冲突方面已取得的成功。而且重要的是，一些民主国家具有数十年，甚至是数百年运用这些方法处理多样性的经验。但是，在研究种族冲突的文献中有多少少数群体权利的捍卫者就不得而知了。

一方面，规范的政治哲学家对于如何评价这些方法的成功可能会有不同的标准。在种族冲突的研究中，中心问题就是解释政府如何才能控制种族文化冲突，从而保持政治稳定。其目标在于避免暴力和不稳定。相反，政治哲学家可能不仅关心如何消除暴力，而且还关心社会实现正义原则、个人自由和审议民主的程度如何。[18]一个多种族的社会可以保持一种相对的稳定，但在塑造公民的品德和行为方面却可能表现得很差。政治哲学家想知道的是，貌似"成功"处理了种族多样性的方法是否会损害民主的公民身份所珍视的那些价值；在那些主要关注描述性问题，而非规范性问题的研究种族冲突的文献中，通常很难找到这方面的信息。

而且，少数群体如今所提出的许多主张都超越了联邦主义、结盟主义及多元文化整合这些传统做法。受新移民潮、全球交往、人权效应以及后殖民主义意识形态等诸多因素的影响，所有这些处理多样性的方法正在经历变化。实际上，大多数西方民主国家的种族关

---

〔17〕　当然，如果个体自愿选择同化，大部分理论家都认为他们应该具有这种自由。但很少有人会认为政府的目标就是鼓励人人都做这种选择，更少有人会认为政府应该采取政策迫使人人那样做。

〔18〕　这种区别在一定程度上是通过术语的使用来反映的。在种族冲突研究中，提到**处理**差异的方法是很自然的，好像多样性总是个令人遗憾的问题，它会威胁国家的稳定和统一。政治哲学家则可能会从少数群体权利和**尊重**多样性与差异的政策方面来谈及这个问题，在他们看来，这类政策是否会威胁共同的公民身份、正义的目标以及更大政治共同体的稳定，这是个悬而未决的问题。这当然也是本卷的引导性问题。

系都处在不断变化当中，因为旧假设和期望不断受到质疑和挑战。19 世纪旨在实现霸权统治和同化的政策也许已经过时了，19 世纪的联邦主义或结盟主义的方法也同样会过时。原住人、跨国移民、非洲裔美国人及其他群体的要求并不是这些传统的机制就能轻易满足的。

政治理论中大部分争论都与少数群体提出的这些新的、未经验证的要求有关。正是因为许多要求未经验证，并且一般国家的种族关系又是处于一种变动不居的状态，所以，存在一种担忧，而且诉诸于那些在历史上曾成功运用的保护少数群体权利的传统方法也无法消除这种担忧。例如，传统的保护措施和限制规则是否适用于新型的少数群体要求，这点还不太清楚。与较早期的少数群体要求不同，如今的这些要求奠基于一种更绝对主义的、排他性的及非协商性的认同观念，这种广为流行的观念加剧了上述担忧。据说，现代认同要求的潜在逻辑就是使得妥协、宽容及审议尤其难以达成。

因此，有人认为，少数群体如今所提出的各种权利要求可以把我们推上一个极其陡滑的斜坡。如果我们认可了某个少数群体对特殊权利的要求，那么，迫于他们的逻辑，我们将不得不承认这个群体所提出的越来越多的权利诉求；然后我们将被迫给予所有要求这些权利的其他群体同样的权利。这样我们就将陷入一个永无休止的循环之中，会有越来越多的群体提出越来越多的要求。

当然，这种对少数群体权利要求之逻辑的看法是否确切，还颇有争议［这是瓦尔德隆（Waldron）所撰第六章的中心论题之一］。但是只有对少数群体权利要求的道德基础和逻辑另做解释，才能缓解这种担忧。

这表明，在评价少数群体权利与公民身份之间的关系时，政治哲学家仍起关键作用。首先，考察少数群体权利的影响极其重要，不但要考察其对稳定的影响，而且还要考察对民主的公民规范的影响，因此需要用哲学研究来明晰公民身份相关的规范性标准。其次，许多少数群体权利要求都是相对新颖和未经检验的，因此需要用哲学研究来明确这些新要求的潜在逻辑，弄清它们在多大程度上会招致或引发讨厌的绝对主义或非协商的文化和认同观念。最后，如果在尊重少数群体合法的权利要求与促进向往的公民品德和行为之间存在什么冲突的话，那么，如何平衡这两种价值才是既适当又合乎道德的？

我们认真对待这些担忧，本卷的意旨就在尽可能系统地评价这些担忧。不过，我们认为不能抽象地评价这些担忧，似乎所有形式的少数群体权利对公民身份都会产生同样的影响。相反，正如我们已经论证过的，我们必须通过仔细考察具体的背景，来处理这些潜在的冲突。我们需要探讨，具体少数群体的具体权利如何影响公民的具体行为和品德。

　　为此，我们要求本卷所有的作者结合具体的政策背景，从理论上与规范性上来探讨多元文化社会中的公民身份。这些政策背景各异，包括加拿大的宗教教育、澳大利亚土著地权、后共产主义时代俄罗斯的联邦改革。但是所有政策都关注一个十分类似的挑战：在多元化社会，如何才能既表达出对多样性的尊重，同时又不损害或削弱公民的联结纽带和品德。通过考察并比较多种背景下的辩论，我们希望知道是否存在一种适合多种族国家的公民身份观念，这种公民身份观念能够包容种族文化的差异，同时又能维持并促进那些令民主国家繁荣昌盛所需要的种种品德、行为、制度及团结一致。

　　我们不打算总结本卷所有作者的研究结果。鉴于问题的复杂性和被研究政策的不同，无法以简单的归纳或结论的形式概括出结果。在《导论》剩下的部分，我们要做的是阐述产生这些比较具体争论的大背景。本卷各章分析了几个重要例子，这些例子都体现了公民身份与多样性之间的潜在冲突，但很明显，还有许多其他类似的例子，它们牵涉到不同国家不同种类的群体，这些群体提出了不同种类的少数群体权利的要求。因此，这些例子至少有助于我们大致了解更大范围内的公民身份与多样性的问题。为此，我们将介绍关于少数群体的种类及区别（第五部分），少数群体权利要求的种类（第六部分），以及可能受到少数群体权利威胁的公民身份的各个方面（第七部分）。这些分类将表明，在公民身份和多样性会发生冲突的事例中，本卷所讨论的例子实际上仅仅占一小部分。然而，这些分类也将表明，尽管本卷并未对所有这类事例进行全面考察，但我们认为它仍可以成为体现公民身份与多样性争论的代表性文本。

五、对少数群体种类的解释

　　为了弄清少数群体权利要求的潜在逻辑和社会意义，我们需要首先考虑国家中存在的少数群体的种类。不同群体在确立其在主流社会中的地位时面临着不同的问题，因而他们所要求的是不同种类的特殊包容。在对多元文化主义的学术研究和大众性讨论中一直存在一种混淆，即认为所有的文化群体为了同样的原因要求同样的权利。例如，许多批评家没有注意到，少数民族群体（national minority group）所要求的主要是来自中央政府的管理自己事务的自治权，而移民群体（immigrant group）想要的是可以使他们更易融入国家核心制度的措施。而且即使不同的少数群体真的要求类似的少数群体权利（比如代表权或承认权），他们的目的也截然不同。为此，除非我们对现代国家的种族文化群体的种类有一个更清晰的了解，否则，我们无法讨论不同的文化权利对公民身份的意义。

对于多样化的种族文化群体，没有一个统一的分类方法。然而，有些区分群体种类的方法很有意义，这些方法可以让我们了解大部分文化多元国家的政治群体分类情况。下面的清单就是对少数群体进行的粗略而初步的分类，但主要集中于本卷作者所讨论的各种种族文化共同体：

A. 少数民族

（a）无国家的民族（Stateless nations）

（b）原住人

B. 移民群体

（c）有公民身份或有权成为公民的

（d）无权成为公民的［"非公民定居者"（metics）］

（e）避难者

C. 宗教群体

（f）孤立主义者（islationaist）

（g）非孤立主义者（non‑islationist）

D. 自成一类的群体（Sui generis groups）

（h）非洲裔美国人

（i）罗姆人（Roma）（吉卜赛人）

（j）前苏联的俄罗斯人等等。

A."少数民族"。尽管"nation"这个词常用来指国家，我们还是遵从当代所有研究民族主义的学者，用它来指称一种特殊类型的共同体或社会，这个共同体可能有，也可能没有自己的国家。政治哲学家和社会科学家为"什么是民族"这个问题争论了一个多世纪，但我们不必在这里解决这场争论。[19] 人们常指出，无论以何种条件来界定民族特色，我们都可以举出不容置疑的例子，表明有的民族并不完全符合所有这些条件。例如，民族通常都有把自己与其他民族区别开来的共同语言，但德国和奥地利语言相同，却毫无疑问属于不同的民族；瑞士人尽管说着四种不同的"民族"语言，却拥有共同的民族身份。部分地由

---

［19］ 参见 Renan 1939，Miller 1995，Norman 1999.

于这一原因，许多学者遵循马克斯·韦伯的观点，把民族看作"情感共同体"（Weber 1948）。实际上，只要共同体自己把自己当做民族，他们就有资格成为民族。事实上，这些群体都是历史性共同体，或多或少具有完整的制度，拥有既定的领土或祖国，共享一种独特的语言和大众文化。就我们此处的目的而言，重要之点是，无论"什么是民族"这个问题的标准答案是什么，民族比国家多出数倍，而且实际上多数国家都包括一个以上的民族共同体。少数民族是与一个或更多较大（或更主流的）民族共享一个国家的民族共同体。[20]本卷的作者讨论两种不同的少数民族，我们称之为无国家的民族和原住人。

（a）"无国家的民族"，或者是这样的民族，他们无法形成以自己为多数人的国家，也不能在字面上以自己民族的名字来为国家命名，在世界各地都有这样的民族。他们发现自己由于种种原因而与其他民族共同生活在一个国家之中。他们也许在过去被更大的国家或帝国征服或吞并，也许是从一个帝国割让给另一个帝国，也许是通过王室联姻与另一个王国合并。还有少数这样的情况，多民族国家源于两个或两个以上的民族共同体或多或少的自愿协议，以形成互惠互利的联邦或联盟。不管少数民族是如何并入的，他们一般都谋求保持或加强政治上的自治权，要么通过彻底的脱离来实现自治，要么更常见的是通过某种方式获得区域自治权。他们通常用民族主义的方式进行动员，用"民族性"的语言去描述和捍卫这种自治要求。虽然民族主义的意识形态通常把完全的独立作为"正常的"或"自然的"目标，但对许多少数民族而言经济或人口方面的限制却使得这样的目标并不可行。而且，完全主权国家的历史理想，在跨国制度和经济的当今世界，正在日益过时。因此，人们对探求如联邦主义等其他形式的自治，兴趣日益高涨。在不同的程度上，关于包容无国家民族的讨论主要集中在第十、十一、十四和十五章，分别由列奥姆（Reaume）、库伦（Coulombe）、史密斯（Smith）和鲍勃克（Baubock）撰写。

（b）"原住人"也符合少数民族的标准，存在于各个（有人居住的）大陆。通常他们传统的土地被外来者侵占了，并且他们被强制性地或通过协议并入外来人所建立的国家。虽然别的少数民族梦想获得与民族国家一样的地位，即拥有与后者类似的经济、社会和文化的成就，但原住人通常所追求的却大不一样：他们要想有一定的能力以保持特定的传统生活方式和信仰，同时又按他们自己的条件参与到现代世界中来。除了实现这些目的所需要的自治，原住人一般还要求得到主流社会早就该给予他们的尊重和承认，以开始弥补他

---

[20]　在少数实例中，如在种族隔离时代的南非和今天的叙利亚，少数人共同体统治着多数人群体。关于少数民族或少数群体权利的大部分论述，同样适用于像这些例子中的被压迫的多数人群体。

们在数十年或数个世纪中作为二等公民（甚或非公民或奴隶）所蒙受的侮辱。在第十二和第十三章，莱威（Levy）和博罗斯（Borrows）通过澳大利亚、新西兰、北美、南非和其他地方的事例，探讨了平衡原住人自治结构使其可以有效参与到主流社会的制度中的最佳方法。

B. "移民群体"。种族文化多样性的又一个源泉是移民，也就是这样的群体，个人和家庭决定离开自己的祖国——通常也包括亲朋好友——转而迁移到另一个社会。做出这种决定通常是由于经济上的原因，虽然有时也由于政治上的原因——要移至更自由或更民主的国家。有必要区分开两类移民：那些有权成为公民的移民和那些无此权利的移民。我们把避难者作为具有特殊需要和动机的第三类移民，尽管在不同国家他们实际上可以归入上述两类移民中的一种。

（c）"有公民身份权利的移民"。这些是指这样的人：他们在移民政策的允许下移居他国，移民政策给予他们权利，他们有权在相对较短的一段时间之后（比如 3 至 5 年）仅按最少的条件（例如学习官方语言、对该国的历史和政治制度有所了解）即可成为该国公民。在美国、加拿大和澳大利亚这三个主要的"移民国家"，传统的移民管理政策就是这样。还有在英国、法国及尼德兰等前殖民大国，也多少允许大量被殖民的臣民获得公民身份。本卷关于移民群体的大部分讨论，只涉及具有公民身份或可得到公民身份的移民，以及那些要求移居家对其宗教、语言或文化差异给予特殊照顾的人。这些问题主要集中在由瓦尔德隆和莫都德（Modood）撰写的第六章和第七章，并且在其他很多章，在不同的背景中也有所讨论。

（d）"没有公民身份权的移民"。有些移民决不会拥有成为公民的机会，因为他们要么是非法入境（例如意大利的北非人），要么是作为学生或"外来打工者"入境但已经超过居留期限（如德国的土耳其人）。当这些人进入该国之时，他们就未被看做未来的公民甚至长期居民，而事实上如果他们要求成为永久居民或未来公民的话，他们根本就不会被允许进入。然而，尽管存在着官方规定，他们还是或长或短地永久定居了下来。原则上以及在一定现实意义上，如果他们被官方发现或被证实有罪的话，他们中的许多人都将面临被驱逐出境的危险。但他们在一些国家仍然形成了具有相当规模的社群，从事某种合法或非法的工作，并且也许还会结婚并组建家庭。迈克尔·沃尔泽（Michael Walzer）称这些群体为"非公民定居者"——原义是指那些被城邦排斥的长期居住者（Walzer 1983）。非公民定居者提出了不同于移民公民的挑战。他们面临着通向整合的重大障碍——法律的、政治的、经济的、社会的和心理的障碍，因此他们在主流社会中总是处于边缘地位。哪里存在此类边缘化社群，哪里就存在产生下等阶层的危险，这些下等阶层被永久剥夺了公民权、彼此疏远并以人种来界定。

（e）"避难者"。包括东欧、非洲、中亚在内的世界许多地方的移民，大部分都是寻求政治避难的难民，而非移民政策允许的自愿移民。这就引起了与多元文化整合的目标相关的重要问题，既然本卷没有任何一章直接讨论关于避难者的具体问题，我们就在《导论》里做些论述。

除了其他移民，西方民主国家当然还接受许多避难者。[21]但在西方，把避难者几乎完全当做移民对待的可能性一直存在。政府（和公众）希望避难者像移民一样，将永远定居下来并获得新国家的公民身份，而这种希望产生于实际需要。几乎完全接受避难者的一个原因是，西方民主国家的避难者多是来自遥远地方的少数人，且通常是以个人或家庭的方式迁移，而非一大群地迁移。因此，把他们整合进来较易，而把他们遣返原国则更难。然而，在东欧、中非、中亚及其他地方，避难者通常来自近处并大批进来，这就使得整合更难而成功遣返的可能性更大。鉴于这些原因，希望或鼓励避难者融入主流社会，而非单纯地提供安全的政治庇护直至他们原来的国家情况好转为止的做法是否合适，我们还不清楚。

大多数情况下，如果避难者在新国家呆了多年，该国就会成为他们新的家园。他们也许还会抱有返回原来国家的希望。但是如果他们在新国家呆得足够久，找了工作而且组建了家庭，他们很可能就不会离开。多数评论家承认，如果他们决定留下来，那么唯一可行且长远的解决办法，就是准许并鼓励他们融入主流社会。这是避免因非公民定居者被边缘化而引发不正义和冲突的唯一方法。采取这种政策不仅避免边缘化带来的危险，而且使国家最大限度地利用了难民的技术和教育资源，使他们为新国家做贡献，而不是人才外流。至于其他种族文化少数群体，赋予他们各种文化权利是有助于还是有碍于其融入共同的公民身份，这还是个悬而未决的问题，这个问题也是这整本书讨论的问题。

C. "宗教群体"。为了澄清有关特殊权利的问题，可以用许多方法来区分宗教群体。鉴于本卷所讨论的问题，区分开我们所谓的孤立主义和非孤立主义的宗教群体是明智的。

（f）"孤立主义的宗教群体"。虽然大多数移民愿意参与到主流社会中，但也有一些小的移民群体自愿把自己与主流社会分离开来，并且避免参与到政治和公民社会中。这种自愿边缘化的选择只可能对这样一些宗教团体有吸引力，他们的宗教信仰要求他们避免与现代世界的大量接触——如加拿大的哈德莱特人（Hutterites）、美国的阿米希人（Amish），

---

〔21〕 例如，加拿大每年接受数量大约相当于其总人口百分之一的移民，其中约有十分之一是避难者。

他们因其和平主义的宗教信仰而遭受迫害，为了逃避这种迫害，他们才从欧洲移居北美。哈德莱特人和阿米希人不在乎自己在主流社会和政体中所处的边缘化地位，因为他们认为其"世俗"机构是腐败的，并力图保持他们在原来国家原有的传统生活方式。实际上，他们要求获得可以不让小于 16 岁的孩子入学的权利，以保证孩子不会受到腐蚀。

斯宾纳－哈列维（Spinner－Halev）称这类群体的成员为"不完全公民"，因为他们自愿放弃民主公民的权利和责任。他们放弃选举权和担任公职的权利（以及社会福利权），但这样一来他们就也得回避帮助处理国家问题的公民责任。而且，他们通常以非自由的方式设置内部组织。为此，许多人认为，国家应该干涉这类群体，至少要确保他们的孩子有充分的机会去了解外面的世界。然而，在实践中，大多数民主国家却宽容这些群体，只要他们不伤害群体内外的人，并且只要其成员可以自由合法地离开群体。

（g）"非孤立主义的宗教群体"。孤立主义的宗教群体在西方十分罕见，更普遍的是这样的宗教共同体：其信仰既不同于大多数人的宗教，又不同于主流社会和国家制度的世俗信条。这些共同体的成员也许与多数群体共享同样的种族文化背景和公民身份，如北美许多典型的原教旨主义清教徒（fundamentalist Protestant）和虔诚的天主教徒［卡伦（Callan）和斯宾纳－哈列维所撰的第二、三章主要关注这些群体］。或者，他们的宗教也许实际上是其种族文化遗产的一部分，譬如，西欧的大部分穆斯林共同体（这些群体，尤其是英国的这些群体，是莫都德所撰章节讨论的中心）。总的说来，这些群体并不试图脱离主流社会，而是力图保护自己（或孩子）免受与其宗教信仰相矛盾的主流文化的束缚，对那些看似歧视他们的普遍规则，他们要求一定的豁免权。一个经典的例子就是锡克人（Sihks），他们要求对某种军警服装规则中帽子的规定具有豁免权，不是因为他们想退出主流社会，而是因为他们希望像其他人一样参与到核心制度中去，而又不必因强制性规则而违背其信仰。

D. "自成一类的群体"。就像任何一本关于种族冲突的参考书所表明的那样，世界上有一些种族文化群体，归入我们刚讨论过的任何一类，毫无疑问都不合适。吉卜赛人就是这样的群体，与少数民族不同，吉卜赛人处处是国家，又无处是国家；还有那些居住在退出苏联的国家中的俄罗斯移民，与典型的移民不同，他们决非为了在他国开始新生活而自愿离开他们自己的祖国。[22]不过，非洲裔美国人是本卷详细讨论的唯一自成一类的群体

---

〔22〕 关于吉卜赛人独特背景的出色讨论，参见 Gheorghe and Mirga 1997。关于"邻近国家"中的俄罗斯人的讨论，参见 Laitin 1998。两本书都在争论能否用"少数民族"这个术语来称呼这些群体。

［特别参见威廉斯（Williams）和曼斯布里吉（Mansbridge）所撰各章］。

（h）"非洲裔美国人"。[23]非洲裔美国人不符合自愿移民的模式，不仅因为他们是被强迫带到美国做黑奴，还因为他们被阻止（而非被鼓励）与主流文化的制度相融合（例如，通过种族隔离手段以及通过立法禁止种族通婚与禁止识字教育等手段）。他们也不符合少数民族的模式，因为美国并不是他们的传统家园，在其中他们无法成为多数群体，也不具有把自己与多数人区别开来的共同语言。他们源于不同的非洲文化，有不同的语言，且没有人企图把他们结合到一个共同的种族背景中。相反，即使源于同一文化（甚至是源于同一家庭）的人，一旦到了美国也通常被分散开来。此外，在获得解放之前，法律还禁止他们努力恢复他们自己的文化结构（例如，除教会之外的所有黑人社团都是非法的）。因此，尽管以"人种"（race）界定这种亚群体的做法更为普遍，非洲裔美国人的情况却是十分独特的。鉴于其独特的情况，人们广泛认识到，他们的要求也会具有独特性，对于他们的要求，既不能像对移民那样采取融合的策略，也不能像对少数民族那样让他们自治，尽管也许会从两者中吸取某些成分。

六、尊重差异性的方式

如我们所看到的，不同的群体有不同的历史、需要、志向和认同，这些差异往往会影响他们对国家提出的种种要求。当然，我们可以说这些群体都在致力于"认同的政治"、"差异的政治"或"承认的政治"。然而，如果我们旨在研究少数群体权利的要求如何影响民主公民的实践，我们就需要更细致的论述，帮助我们弄清这些要求的潜在本质和逻辑。

对文化权利分类的一个有帮助的分类表是由雅各布·莱威（Jacob Levy）（1997）做出的。他区分了自由主义民主国家的群体要求尊重其文化（或宗教）特色的八种文化权利。这些文化权利包括：（1）对不利或压制其文化习俗之法律的豁免权；（2）帮助少数群体做那些多数人（或优势群体）无需帮助即能干的事情；（3）少数民族和原住人共同体的自治权；（4）限制非成员的自由以保护少数群体文化的对外规则；（5）以驱逐和开除教

---

〔23〕 与正在讨论的其他群体的名称一样，这个名称也是成问题的。正被论及的这个群体是由被带到美国的非洲黑奴的后代组成的。因此，并不包括来自南非或北非的高加索移民。实际上，在许多情况下，包括现在，这个群体甚至并不包括新近的非洲移民，因为他们属于典型的移民群体。

籍来管理内部成员的对内规则；（6）在支配性的法律体系中吸收并实施传统或宗教的法律规范；（7）政府机构中少数群体或其成员的特殊代表权；（8）对主流社会中各种群体的价值、地位或生活方式的象征性的承认。（关于莱威的概括，参见 Levy 1997：25。所有这些尊重差异性的方法都被归入麦格雷和欧烈雷列举的处理差异的后三种方法，我们在前面第四部分提过）

我们将引用本卷所选文章中的事例和理由，对这些文化权利中的每一个都做简要描述。

（1）"对不利或压制其文化习俗之法律的豁免权"。正如莱威所解释的，"豁免权是一种个别实施的消极自由，只赋予某些宗教或文化群体的成员，因为对这种群体而言，遵守那些普遍而表面中立的法规就是一种特别的负担"（1997：25）。此类豁免权在西方民主国家历史悠久，犹太商人所拥有的星斯天闭市的特殊豁免权就是一个典型的例子。尽管豁免权不一定必然引发宗教信仰和习俗之间的冲突（例如，在西欧几个国家，虔诚的反对者也会引用世俗信条来反对服兵役），但大多数豁免权都会引发冲突。严格说来，通常通过强调信仰自由和宗教自由来为这些权利辩护，理由是（那些普遍性法规）强加在宗教义务与多数人不同的那些人肩上的不公平的负担。本卷对豁免权最详细的讨论在卡伦和斯宾纳－哈列维所撰各章，这些章讨论了是否应该允许宗教群体的父母不让其孩子学习公立学校某些课程的做法，斯宾纳－哈列维的方法是让他们在业余时间上公立学校，卡伦的方法是应该为宗教学校建立公共基金，至少在早期应该这样做。

（2）"帮助少数群体做那些多数人（或特权群体）无需帮助即能干的事情"。援助权也是大多数自由民主国家一个常见的特征。这种权利通常都是以处于特殊的不利地位因而要求平等对待为由而得到辩护，它们通常会被赋予那些具有心理或生理残疾的"非文化的"（non－cultural）群体，以及具有类似情况的文化群体——最具争议性的肯认行动政策（affirmative－action policies）就是这样的例子。本卷以平等和公民身份为理由捍卫了三种不同的援助权。正如我们刚指出的，卡伦就提出充分的理由来论证教区小学公共基金的正当性，他认为，如果公共基金只是世俗公立学校可得到，宗教共同体就受到了歧视。尽管他承认这有违公民教育应该在公共学校中实施的理念，他还是详细解释了这么做的理由，因为对某些宗教教育给予公共援助将是平衡公民身份与尊重平等的合理方法。列奥米（Reaume）关注了一种经典的援助方式：少数群体语言权。她特别探讨了在自由社会里在法庭中有目的的支持和尊重将少数群体语言作为官方语言的做法的重要意义，法庭是在公民权利的制度支柱之一。博罗（Borrow）论证了扩大澳大利亚原住人受教育机会的重要性，不仅是因为他们面临歧视和历史造成的不利处境，还因为这类政策将使他们更容易增强在主流共同体中的公民身份感。

（3）"少数民族和原住人的自治"。从许多方面来说，自治权都是少数群体的基本权利，它甚至包括从更大国家中脱离以免在其中成为少数群体这种要求。然而，本卷所考察的所有实例，都只涉及多元化国家内部的自治权要求。在每个例子中，自治权都以不同的方式得到辩护，例如：（a）声称自治的共同体，如原住人群体，历史上一直自治且从未放弃过自治权；（b）声称少数人群体受到多数人群蓄意的虐待，或者说其特殊需要和利益在主流政治共同体中受到误解或忽略；（c）认为一般而言，小的地方政府比遥远的中央政府更民主；（d）依据所谓的民族主义原则认为，文化和政治共同体应当是"恰当的"（回想 Gellner 1983 首页的说法）。在详细讨论自治的四章内容中，一个共同主题是：一旦我们考虑到正义和共同公民身份之间的相互冲突，仅仅以领土为基础的自治形式——诸如联邦主义和原住人自治保留地——是不够的。鲍勃克（Baubock）强调，需要把联邦自治和其他非领土的自治形式结合起来，包括文化权（比如少数群体语言权）和对传统个体权利正当合理的尊重。通过观察俄罗斯联邦最近的历史，史密斯（Smith）论述了种族不对等的联邦措施所引发的危险，这种措施明显给予一些少数民族比其他民族更多的政治自治权。莱威和博罗都谈到为原住人寻找更合适的自治方式所面临的困难，以及把自治和有助于参与到主流社会中的措施相结合的必要性。

（4）"限制非成员的自由以保护成员文化的外部规则"。民族国家可以通过限制非公民的自由，尤其是限制非定居者的自由的方式来保护他们的文化——比如强行限制移民或大众媒体的国外所有权等方式，对此，除了激进的世界主义者之外，无人会有争议。然而，如果民主国家内的一个文化群体要求限制非其群体成员的同胞公民的自由时，就会引起高度的争议。一般说来，人们认为少数群体文化中存在易受损害的要素，少数群体往往以此为名来论证保护少数群体权利的正当性，保护少数群体文化的正当性理由是：健全的文化背景是个体自治和自尊的必要条件。关于这类外部规则的例子，讨论最多的大概要属臭名昭著的魁北克语言法，这个法律规定，在魁北克这个具有一百多万不说法语的公民的省份，商业标志除了法语不准使用其他语言，另外还有其他规定。[24]皮埃尔·库隆布（Pierre Coulombe）把这个事例放在加拿大历史上的语言政策和语言权利这一更广大的背景

---

〔24〕 这道法律后来有所放松，只要法语显得更突出，可以同时使用其他语言。

中加以讨论。

（5）"以驱逐和开除教籍来管理内部成员的对内规则"。正如莱威所解释的：

> 管理共同体成员的许多规则和规范并没有上升为法律。存在一些关于成员行为方式须的期望，那些不以这些期望所要求的方式行事的人，就要受到这样的处罚——其他成员不再视其为成员。处罚还可以表现为其他种种形式，诸如众人的回避、开除教籍、家庭关系断绝、驱逐出社团等等。（Levy 1997：40）

有趣的是，这些规则如果是国家强加的，往往会显得明显不公正。例如，国家不可排除妇女对政府决策的制定权，但却允许天主教这样做，而且违抗这一原则的天主教教徒也许要遭受教堂非正式或正式但并非强制性的处罚。本卷讨论的大部分例子都与国家如何应对多样性的挑战相关，因而并没有直接涉及此类内部规则的问题。然而，人们日益认识到，这些内部处罚，即使是非正式的或非强制性的，仍然会对群体成员的自由和福利产生明显的影响。因此，国家有必要采取干预措施，保护脆弱的群体成员免受这些极具压制性的内部规则的伤害。萨哈色（Saharso）在第九章讨论了一个悲剧性事例，事例中国家试图保护荷兰的印度斯坦（Hindustani）妇女免受其内部文化规范的伤害，那些规范损害了她们行使基本自由权的能力。

（6）"在支配性的法律体系中吸收并实施传统或宗教的法律规范"。在单一的政治司法权内有两套或更多的法律体系运行并不必然造成冲突：加拿大和美国即如此——在这两个国家，前法国的殖民地魁北克和路易斯安那都保留了与主流社会公共法律并行的民法传统，英国、瑞典，当然还有欧盟也一样。然而，人们通常论证说，所有这些例子所涉及的法律体系，具有相似的起源和法律推理形式。对于更尖锐对立的二元或多元法律体系，情况并非总是如此：在主流法律体系中吸收立足于宗教的家庭法以及原住人的法律传统的情况就不一样。吸收少数群体法律体系与自治的要求密切相联，尤其与原住人的领土自治密切相关。在宗教分裂的社会，如奥特曼帝国或今日的以色列和印度，区别对待宗教共同体中的家庭法，可视为联合自治或多元文化宽容的合理形式。吸收宗教家庭法和原住人法律的这些例子，在分别由爱丽特·莎卡（Ayelet Shachar）和莱威所撰的第一和第十二章得到了详细的探讨。莎卡和莱威两人都赞同保护种族宗教和原住人群体的重要文化权的原则。但是他们也提出警告，如果传统法律体系被以错误的方式吸收进国家法律体系，对那些群体自身或其成员（尤其是妇女）就会有危险。

（7）"政府机构中少数群体或其成员的特殊代表权"。这种群体权利的历史和代议制政府本身一样悠久，在代议制政府中，所有的领土单位（territorial unit）在重要的政府机构、尤其是在决策机构中都享有代表席位，对这一点毫无争议。（实际上，在前民主政府中（pre-dated democratic government），贵族和宗教群体就要求有权与专制君主分享权力）文化或宗教群体或妇女在同样的政府机构中要求具有特殊的或保护性代表权反倒更易引起争议。尽管如此，对代表权的要求不可能会消失，因为正如我们在第二部分所述，"发言权"和"公共合理性"已经成为民主的公民身份争论的核心问题，而这些与代表权有着密不可分的联系。这些是威廉姆斯（Williams）和曼斯布里吉（Mansbridge）所撰各章关注的基本问题，他们认真考量了（根据正义和公民身份）把各种特殊代表权给予历史上处于不利地位的群体之得失。莫都德（Modood）所撰的那一章指出，在像英国这样的国家，采取某种形式的宗教联合代表（religious corporate representation）的做法，比采取预设的中立政策，实际上也许更有助于社会稳定和群体间的和谐。[25]

（8）"对主流共同体中各种群体的价值、地位或生活方式的象征性的承认"。这是个包罗万象的群体性要求，要在更大国家的机构、符号和政治文化中对此予以承认。包括"政体名称、国旗、军服、国歌、公共假日、识别文化群体的名称或学校和教材展现群体历史的方式"（Levy 1997：46）。如果一个控制着某省的少数民族把有利于它的不对等权力分配，理解为是因为它应超过"另一个省份"所以它应该得到这种特殊身份，那么甚至如联邦权力分配这样明显实用的问题也可表明象征的重要性。[26]此外，正如本卷几位作者所强调的，说一种承认具有象征性并不等于说它是多余的。实际上对一个群体而言，承认也许比上面所讨论过的其他较实质性的文化权更重要。就如莱威所阐释的那样：

> 从少数群体文化的角度而言，某政府办公室文化诠释者的缺席（也就是一种援助权）可能被视为一件麻烦之事，而把多数人的语言上升到官方地位，或拒绝把少数人

---

〔25〕 在讨论在国家机构中有效实施两种（或多种）官方语言政策的重要意义时，列欧姆和库隆布也直接论述了代表席位问题。在实践中，这种做法为少数语言群体成员代表提供了更多的机会，比如在公共服务领域和法庭上就是这样。他们论证说，这样做提高了公共审议的质量，且使政府机构对这些群体成员的控制看起来不那么生硬。

〔26〕 把更多的自治权赋予少数民族控制的亚单位，这种不对等联邦主义的象征价值，在加拿大的魁北克与西班牙的卡特兰民族主义者企图修订宪法的要求中显得很突出（参见 Requejo 1996）。俄罗斯的联邦主义也出现类似的问题，那里与少数民族联合的所谓的"种族共和国"，比被俄罗斯民族控制的地区拥有更大的权力（参见 Smith 1996）。

的语言上升到官方地位，可能被视为公开宣告有些群体不被视作国家成员。（Levy 1997：47）

是否给予象征性承认会给政治文化带来深刻而持续的影响，它会直接影响少数群体文化中公民的福利和自尊以及他们参与主流政治生活的热情。列欧姆和库隆布都讨论了给予少数群体语言以官方地位的强大影响，莫都德以对移民共同体，尤其是对具有不同宗教的共同体的承认为例，讨论了同一问题。

我们也应该记得，象征性的承认不仅是多数群体的成员承认与之共享一个国家的少数群体的特殊身份。它也要求多数群体的成员重新思考他们自己的群体身份及其与国家的关系。因此，英国人不仅要认识到英国现在包括大量的亚洲裔、非洲裔和加勒比裔（除了苏格兰人、威尔士人、北爱尔兰人和马恩岛人）公民，而且还要认识到这需要重新思考做英国人意味着什么——对于五十年前的祖父母们来说，这大概是难以想像的事情。现代英国人也许不得不比以前更加清晰地区分清楚种族意义上的英国人身份和公民意义上的英国人身份，并且不得不认识到，必须用一种共同居住在不列颠群岛的新移民和原居住者都可接受的方式来定义现在的"英国人"。

下面是多元文化整合计划的另外一半内容：所有个人和群体都为一个新的"超越的认同"而奋斗（这让人回想起麦格雷和欧烈雷使用的表达）；对于许多人而言，这种认同将与更古老的种族或宗教认同共存。这些主题在莫都德与沃遵所撰各章得到了最详尽的探讨。一个更具体的例子可以在威廉姆斯的讨论中找到。威廉姆斯讨论了多数人群体为何不能简单地把自己的观念强塞进"公共理性"，而必须体谅对立足于合理性观念的不同文化。

七、面对少数群体权利，对公民身份的担忧

编制了少数群体及其权利要求的清单，我们现在可以回到我们最初的问题：少数群体权利如何影响民主的公民身份？这并非一个简单的问题，因为谈论公民身份，尤其是用英语谈论，其所指可能极其广泛地包括了各种观念、概念和价值观。更重要的是，对公民身份的式微、分裂或削弱的讨论，可能表达的是一些相当明显的政治忧虑：从对限制个体权利的担忧到对脱离具体国家组织的担忧。正如我们所相信的那样，区分几种独特的少数群体权利和不同的少数群体是有益的，着手分析对公民身份的这些担忧显然是很必要的。

就个体层面而言，谈起个人的"公民身份"可以指三种不同的观念或现象：其一，作为一个合法公民的**地位**，这种地位主要决定于公民的、政治的和社会的等一大堆权利以及少量义务（例如守法、纳税、服兵役等）；其二，作为一个或更多政治共同体之成员的**认同**；这种认同一般是与其他更特殊的认同相对而言的，这些特殊认同往往立足于阶级、种族、民族、宗教、性别、职业、性偏好等等；其三，**行为或品德**，诸如上文第二部分讨论过的高尔斯顿所列举的四种品德。这三种观念在概念和经验上都有广泛的联系。显然，真正的公民权利应该既包括公民地位和认同，也应该包括他们可参与的政治和社会活动的范围。公民认同的形式将影响他们是否会以合乎道德地方式参与公民和政治活动。诸如此类，各种联系不一而足。同样，如果公民身份的这些方面中有任何一个受损的话，其他方面也可能会受到影响。

如果可以从地位、认同和行为这三个方面考虑公民身份，那么，就假定会受到各种文化权利所危害的公民身份而言，首先区分出各种对于公民身份损害的担忧应该是有益的。然而，在考虑这一系列"公民身份之担忧"之前，有必要提出公民身份的第四个观念，这一观念清晰地呈现在担忧多元文化主义和文化权的批评家的思想中。这是公民身份的一个理想或目标，但它不适用于个人，而适用于作为整体的政治共同体——这就是（d）"社会凝聚力"的理想，主要包括社会稳定、政治一体和公民和平。而所有这些对公民身份损害或分裂的担忧，可以归结为对这四者中的一个或多个观念的脆弱性的担忧：公民地位、公民认同、公民行为和公民凝聚力。

担忧丧失平等的公民地位

少数群体权利往往牵涉到某种区别对待的公民地位：它们授予某群体或其成员以其他群体或公民得不到的权利或机会。区别对待的地位何时变成了不平等的地位？"一直是这样"，一些人如是说，并且声称"区别对待的公民身份"（differentiated citizenship）这种观念本身就是自相矛盾的说法。据这些评论者说，公民身份就其定义来说，就是在法律上把人视为具有平等权利的个体，因此公民的基本权利就不能因人而异。人们有时认为，这就是民主的公民身份与封建的以及其他前现代观点之间的区别所在，后者是以宗教、种族或阶级身份来决定人的政治地位的。因此，"奠基于群体成员身份之权利或要求的社会组织，与立足于公民身份之社会的观念是截然对立的"（Porter 1987：128）。

然而，正如我们早先所论述的，我们相信，少数群体权利与公民身份的概念有内在冲突这一主张是不堪一击的。实际上，每一个现代民主国家都承认一些区别对待的群体公民身份（group - differentiated citizenship）。这种新发现的对少数群体权利的兴趣所带来的一个结果，就是激起了大量研究，这些研究发现，大多数西方民主国家都给予原住人、种族群体、族裔群体或种族宗教群体以多种特殊地位，或不对等的权利，或特殊群体豁免权。本卷的几篇文章披露了更多此类区别对待的公民身份事例，并指出在西方民主国家此类少数群体权利已经极其常见而普遍。正如比丘·帕瑞克（Bhikhu Parekh）所说，事实上公民身份"是个更倾向于区别对待而远非同质性的概念，这一点与政治理论家的预设大不一样"（Parekh 1990：702）。[27]

因此，区别对待的公民身份在概念上并非自相矛盾，更不缺乏普遍性。我们的问题是，区别对待的权利何时在公民地位中包含了真正的不利或污名化（stigmatization）（并非仅是差异）的因素？例如在尊重方面的不平等或在生活机会方面的不平等以及对政府政策的影响力方面的不平等。也就是说，区别对待的地位何时开始导致了一等公民和二等公民的产生？

到目前为止，我们所关注的是公民地位**本身**的危险，而重要的是，应该将平等的公民地位所引起的不平等、压迫和污名化的现实与对不平等地位的感觉（perception）区别开来。多数群体的成员经常抱怨少数群体的特殊权利致使其他人成为二等公民。如果这种感觉强烈而普遍，则会削弱共同的身份感和团结感。我们将在后面各小节讨论这些担忧。在此，我们关心的不是情绪或感觉，而是少数群体权利对平等的公民地位的实际影响。公民（无论是多数共同体的成员还是少数共同体中亚群体的成员）有**正当理由**认为某些少数群体权利致使他们成为二等公民吗？

本卷中的一些文章认为上述看法也许的确是事实。在一些实例中，导致这一威胁产生的内在原因就是某种特殊的少数群体权利政策。如莎卡解释说，允许由宗教共同体来支配家庭法的某些方面——诸如结婚和离婚规则——会对其内部的妇女权利产生意想不到的作用，而且其方式是与自由民主国家平等的公民身份规范明显冲突的。库隆布提出相似的理由，反对魁北克的语言法，这一法律曾经一度禁止商店橱窗使用英语。以英语为母语的权利倡导者声称，这一法律无异于对公民言论自由这一基本权利的限制（尽管法庭对此倾向于反对）。这两个例子表明，当保护少数群体所产生代价和利益被不公平地分配时，也就是说，当只有少数群体内的一个亚群体（如妇女）或特定的非成员（如魁北克讲英语的

---

〔27〕 那种认为公民身份应该由一系列共同权利来界定的主张，实际上是以下观点的变种，即认为正义应该由"漠视肤色"的制度和政策来界定，这两种观点具有同样的缺陷。

人）被要求承担文化重塑的大部分代价或所有代价，而其他人却坐享好处时，少数群体要求的文化承认权就会威胁到平等的公民地位。

在其他例子中，对平等的公民地位的威胁也许只是少数群体权利的一个意外结果。例如，曼斯布里吉就考虑到，组成有选择性的选区以确保更多的非洲裔美国人当选这一做法对民主公民身份的影响。她的担忧不在于这种做法完全不公平（远非如此），而在于有证据显示，对在这些选区之外的少数群体来说，这一政策毫无影响；因而，对选定群体的成员而言，此举虽旨在增加平等，却有可能同时减少政治平等。[28]

担心少数群体权利会对平等的公民身份造成威胁，这应该是主要的担忧。但没有理由认为所有少数群体权利之主张必然会引起这些威胁。相反，大多数少数群体权利的捍卫者主张，恰恰是对少数群体权利的否定给真正的平等造成更大的威胁。他们论证说，需要少数群体权利以防仍然存在的对种族文化少数群体的污名化，并弥补他们在主流社会所遭受的损失。本卷好几章为此提供了大量的证据。例如，法裔加拿大人，在 20 世纪 50 年代还是一个经济地位不利、政治代表不足的群体，而今天却在社会、经济和政治上与讲英语的加拿大人基本平等，在这种转变中，法裔加拿大人官方语言权利的巩固和讲法语的魁北克省牢固的自治权，无疑起到了重要作用。同样，群体代表的某些形式可能偶尔削弱一个群体的政治平等，但威廉姆斯和曼斯布里吉都主张，群体代表的其他形式对真正的平等至关重要。而且，正如莱威所指出的，在种族主义和帝国主义意识形态的指导下，原住人被征服，他们的自治权被剥夺，就历史上的这些事实而言，恢复原住人的自治权可被视为承认他们的平等地位和价值。在这些及其他方面，人们都可以认为，"对差异的宽容是真正的平等的本质"[29]，而绝非削弱平等的公民地位。

"担忧分裂或损害公民认同"

现在让我们转向文化权对公民身份第二方面的影响，即公民作为一个政治共同体的成员所享有的"认同"。对每个公民个体而言，这种认同总是与其他许多认同同时存在，那些认同如我们已指出过的，乃建立于阶级、职业、地区、种族、民族、宗教、性别、性取向、世代、母语、爱好等诸如此类的基础之上。因此，对每个个体而言，其重要性因人而

---

〔28〕 曼斯布里吉还关注这些特殊选区代表对政治责任的明显放松。如果她是对的，这就不是一个平等的公民地位削弱的问题，而是一个公民或政治品德的问题，我们马上就要转向这一问题。

〔29〕 这条短语摘自加拿大高等法院在解释它对加拿大宪法的平等条款的理解时所做的判断。参见 Andrews v. Law Society of British Columbia 1 SCR 143；〔1986〕56DLR（4th）1.

异。公民共和主义者（civic republicanism）认为公民身份认同是每个公民首要的和最高的认同，因而努力实现这种认同是公民共和主义政治的主要目标。但我们知道，对许多人而言，这绝非总是事实。如果强迫其选择某种认同，一些宗教信仰者宁愿逃离国家也不愿意放弃信仰。而且我们知道，甚至许多学者宁愿背井离乡去别国工作，并在那儿过上一辈子，也不愿为家乡的机会而放弃自己的专业。而且以下两种观点都是难以立足的：即人们决定优先考虑其差异的认同是一种政治过错，或者说应该允许国家采取高压手段使其公民都变成狂热的爱国主义者。

然而，这一切都未否认民主国家共同公民身份的重要性，尤其是国家那些具有不同的宗教认同与种族认同的群体的国家也都未否认。期望人们更加珍惜公民身份而非任何其他身份也许并不合理，但激励人们在公共领域，至少是对于广泛的问题进行辩论和采取行动时，首先要把自己当做公民，这是很重要的。如果一个从政者在议会中可以公开宣称他明知某项政策对国家有害，但因其可以使他自己发家致富而支持这一政策，并以此作为"证明"其可以不接受惩罚，那是显然是一个民主国家不健康的标志。如果政治领袖可以无顾忌地宣称他们支持的政策于国家有害，但于他们自己的种族群体有利，这更足以令人忧虑。[30]

人们可能提出疑问，树立稳固的公民身份认同与激励人们如负责任的公民那样去行动，这两者之间究竟有多密切的关系。例如，对于大部分美国人而言，将自己看作"美国人"似乎十分重要，至少像其他的社会认同一样重要。不过这种具有较强一致性的共享的政治认同，既未转化为"共同公民"之间高水平的团结一致，也未转化为高水平的政治参与。相反，对于大多数比利时人来说，成为"比利时人"似乎并不重要，因为他们反而更强调超越民族认同的"欧洲人"身份，或作为"弗兰芒人"（flemish）或"瓦龙人"（Walloons）的亚国民身份。然而，成为比利时人并非最重要的观念尚未从根本上破坏比利时人的福利国家和相对较高的政治参与性。公民身份认同和激励人们如公民那样行动，这两者之间也许并不如许多人所设想的那样关系密切。

然而，如果种族的、地方的或宗教的认同把共同的公民身份认同排挤在外，将难以维持一个良好的民主国家，这点显然确切无疑。许多批评家担心这种认同的碎片化可能是多元文化主义的结果。在莫都德所引用的一段中，沃特维克（Vertovec）说，多元文化主义

---

〔30〕 当然，根据正义来为有利于自己群体（比如美国印第安人或西班牙吉卜赛人）的政策辩护是完全可以接受的，也就是说，这一政策有助于纠正历史上的不正义。这是因为这类政策可以而且应该激发每个公民的正义感和公民团结感。

被理解为"一幅'马赛克'[31]式的社会图景，它由几个壁垒森严、各有其名、特质各异且不可融合的单质的少数群体文化所组成，而这些单质的少数群体文化又被拼凑到一个由具有相似特质的单质的多数群体文化所组成的背景中"（Vertovec 1995：5）。在这样的社会中，没有可以沟通或超越各种群体认同的共同公民身份认同，政治因而可能仅仅沦为多群体之间的一种**权宜之计**，这些群体之间几乎毫无宽容，更不用说相互合作。这里几乎不会出现繁荣的民主国家所需要的相互理解、协商、信任和团结一致。

少数群体权利何以可能造成这种情况？一方面，某些影响至为深远的文化权——尤其是那些关于少数民族和原住人自治及象征性承认的权利——直接牵涉到文化认同的合法化问题，而这些文化认同往往与共同的公民身份认同完全不同并且存在潜在的冲突。此外，在少数群体自治和扩大联邦自治的情形中，少数群体的领导人被授予机构设置权和司法权（例如控制教育），他们借此得以逐步巩固少数群体文化认同，而以牺牲全国性的公民认同为代价。毫无疑问，对于原住人自治的承认，以及为无国家民族而采取的——菲利普·雷斯尼克（Philip Resnick）称之为"多民族联邦主义"——措施都会引起这些结果（Resnick 1994）。

当然，许多少数群体，诸如移民群体或非洲裔美国人，很少要求少数民族梦寐以求的领土自治和承认。但即使是这样，"非民族的"少数群体所主张的文化权也会给共同的公民身份认同的纽带造成紧张。一种担忧是，旨在促进处境不利的少数群体更深入地参与社会的某些政策，例如赞助性行动计划，反将导致"种族属性政治化"（politicalization of ethnicity）。有人认为，自封的群体领导人想要动员群体成员请求或保持特殊对待，而做到这一点的最好方法，也许就是保持群体的脆弱感和受迫害感，以此强化群体认同；又是以牺牲主流公民身份认同为代价的。由此而产生的忧虑是，群体领导人将成功地"冻结"一种本质主义的认同，这种本质主义的认同会阻碍群体成员融入主流社会的公民身份认同，主流社会的公民身份认同并不以假设性的群体本质特征为基础。[32]

这些忧虑合情合理。但即使这样，也没有理由认定少数群体权利必然排挤共同的公民身份。少数群体权利是否导致这种结果取决于几个因素。例如，曼斯布里吉承认，她的建

---

[31] 指由许多五颜六色的玻璃片、碎石片等拼合成的图画或图案。——译者注。

[32] 例如，为了证明旨在增加非洲裔美国人在主流制度中的代表性而采取的肯认性措施的合理性，领导人也许会间接地诉诸于"本真性"黑人认同的观念或"本质性"黑人经验，并强调白人是多么难以理解（或描绘）这些经验。然而这种策略引起的意想不到或反常的结果，也许就是鼓励了以下观念，即认为参与到主流制度中就是"做白人"，或认为为了与他人合作就必须妥协或改变这种本真性黑人认同。

议是为了通过代表性主体来"映射"社会中的种族（及性别）的构成情况。她承认这种建议是为了预设和促进一种本质主义的群体认同观。但她坚持认为这种担忧可以通过强调具有"映射"作用的代表来得到缓解，这些代表是非本质主义的，或然的：在她看来，之所以需要群体代表，不是因为某些固定的群体具有一种永久的代表权，而是因为具有映射作用的代表可以在一定的条件下形成具有较高质量的民主协商（包括对群体认同或然性本质的协商）。她辩论说，少数群体权利是否会产生本质主义和排他性认同，至少部分取决于以什么样的理由来公开论证少数群体权利的正当性。

当然，即使公开论证少数群体权利正当性的理由避开了本质主义，但意外的结果还可能会巩固这样一幅社会图景，即一个"由壁垒森严、各有其名、特质各异且不可融合的单质的少数群体文化所凑成的'马赛克'"。然而这是个经验的问题，因此我们必须问：是否有经验的证据表明少数群体权利促成了僵化的本质主义认同？在英国，有人对这几个事例之一做过系统研究，莫都德那章讨论了研究结果。很少有人比莫都德更仔细地研究和追踪过当代英国种族和宗教认同的演化情况，他认为并没有足够的证据可以证明少数群体的认同会排挤共同的国家认同。研究表明，移民少数群体中存在众多复杂多变的认同，在各种认同中，对种族传统的自豪感和与日益增长的对英国人身份的认同感交织在一起。此外，有些证据表明，移民认同这种多变而包容的本质，不仅是多元文化政策的结果，而更是实施多元文化政策的原因。正是由于种族认同得到了公开的承认和支持，他们才有信心与他人开放地打交道；而那些其认同缺乏这种公开承认的群体，对他们的文化往往表现出更多的自卫性，且对文化交流的结果也表现出更多的担忧。[33]这再次表明，少数群体权利对认同的影响，不能做先验的推断，而需要实际的经验调查。

无论如何，认为少数群体权利将排挤共同公民身份认同的担忧，假设了一个前提，即这种共同的认同已经存在，或者如果不是因为少数群体权利的存在，它将存在。不过，在许多情况下，事实并非当然如此。少数群体的许多成员——无论是新移民还是被征服的少数民族——对他们所生活的国家不但不认同，反而感到疏远。对于遭受歧视或偏见因而感到不受欢迎的群体而言，尤为如此。给予这类群体以一定的少数群体权利不可能损害共同的公民身份感，因为根本就不存在这种共同的公民身份感。实际上，少数群体权利也许是鼓励被疏远的群体逐渐认同主流政治共同体的最好方法。正如库隆布、列欧姆、鲍勃克和莫都德所讨论的那样，拒绝给予这类少数群体以一定的承认和自治权，可能激起更大的怨

---

〔33〕 相同的论据也可以在加拿大的例子中找到，参见 Kymlicka 1998a, ch. 1.

恨和敌意，使他们更加疏远作为主流国家公民的身份。相比之下，给予他们少数群体权利可以让他们确认自己是主流社会的正式成员，他们的贡献将受到欢迎。因而在所有这些方面，少数群体权利都有可能加强，也有可能削弱共同的公民身份。

"担忧损害公民品德及其参与性"

在担忧公民认同的削弱和担忧公民将丧失民主公民的某些品德——如参与更广泛的公共协商的动机或能力——这两者之间，显然存在密切的联系。这令我们想到，分裂的公民身份与不良的公民品德和行为之间可能存在多种关系。

一个经典的例子是，有人担心允许为特定的宗教学校提供基金，将会破坏国家的学校制度，因为学校是进行公民身份教育最有效的阵地之一，在这里，孩子们学习怎样与来自不同宗教、种族背景和价值观的家庭的孩子一块玩耍和学习。卡伦和斯宾纳－哈列维两人都详细讨论了宗教教育权与促进审议民主所必须的公民品德之间的冲突。

这之所以会成为"经典"案例，其中一个原因就是，它把公民身份可能遭受的几种不同的威胁结合在一起。首先，宗教学校以牺牲共同的公民身份为代价优先认可独特的宗教认同，因此会暗中削弱孩子们成为公民的**动机**。第二，即使宗教学校积极地鼓励其学生认可主流社会的公民认同以及他们成为公民的动机，那些学校也会潜在地损害学生成为好公民的**能力**，因为学校的课程可能不教他们宽容的品德和公共合理性。第三，即使这些学校积极培养学生成为公民的动机和能力，它们也会破坏孩子成为公民的**机会**，既然所有的学生都享有同样的信仰，他们就没有必要或机会跳出宗教信徒的角色而接受公民角色。

正如卡伦和斯宾纳两人所指出的，重要的是，不要夸大这些危险的范围，也不要假定认为在任何设立公共基金的宗教学校都必然存在这些危险。但是这些担忧却有助于我们形成可以用来评价其他少数群体权利的标准：即在何种程度上少数群体权利会损害人们成为民主公民的动机、能力和机会？这个问题不仅在学校会产生，而且包括媒体、法庭、选举系统和审议机构等在内的许多其他机构也会产生。人们很容易就可以想出几种损害公民身份三个前提条件的少数群体权利。比如，有的少数群体权利使少数群体领导有权控制群体成员，使少数群体成员只能通过其领导与主流社会交往。有人对于合并宗教法律的建议表示担忧（莎卡的讨论），有人对于原住人自治权表示担扰（博罗斯的讨论）。在这些案例中，少数群体的成员也许不仅缺乏作为公民去参与的动机，而且缺乏机会参与可以共享的政治舞台。

然而，有趣的是，对于公民品德及其参与性的担忧，往往是由少数群体权利的**倡导者**

所提出的。他们主张，如果各种群体想要成为社会的正式成员，或想获得参与到社会中去的能力和机会，就必须特别关注他们的状况和需要。

例如，不认为自己是国家共同体或政治方案之组成部分的公民，将更难以相互信任、难以做出临时性的牺牲以及有事实根据的妥协，而这些信任、牺牲与妥协正是民主公民身份的基础。感觉疏离于主流民族认同的移民群体，也可能远离政治舞台。相反，当多数群体的认同不能采取办法让移民或其他文化少数群体在社会中产生正式成员的感觉，这些群体的成员就会经常有受羞辱感，并且多数群体也不会像对待自己的成员那样对待他们（想想许多国家对同性恋者的官方骚扰和不宽容，或德国对土耳其人的暴力攻击，或白人为主的许多城市中警察对黑人青年的过分"关注"）。

对损害公民身份的担忧也是一样。正如我们不能假定有一个先在的、会受到少数群体权利威胁的公民身份，我们也不应该设定事先存在高尚公民参与主流社会的动机、能力和机会。因此，一些少数群体权利绝对不会损害这类先在的条件，反而会有助于创造这些条件。

"担忧削弱社会凝聚和政治团结的纽带"

我们相信，在我们迄今为止所讨论过的大部分事例中，对于公民身份可能遭受的威胁的担忧是被夸大了。在大多数事例中，少数群体权利对公民身份的影响是复杂而模糊不清的，它既可巩固也可威胁民主的公民身份。似乎少数群体权利和公民身份之间是零和关系，似乎容纳差异性所取得的每一个好处都来自对公民身份的损害，在这种看法下，讨论显然无济于事。

但是有一种情况好像很适用这种零和方法，即那些具有一定领土并能退出主流社会的少数民族。如果对一个少数群体的大多数成员来说，其对本群体的文化认同感比对主流社会的公民认同感更强烈——如他们更加感到自己是苏格兰人而非英国人，或是卡特兰人而非西班牙人——那他们就会日益觉得必须有他们自己的国家，或至少是在独立国家中享有高度自治权。而且，正如我早就指出过的，少数群体民族主义者的目标，正是合法化或强化其民族独立感。自治权的赋予和联邦自治的扩大，给少数群体领导人以机构和司法权，使他们可以借此以牺牲国家公民身份认同为代价，而逐步巩固和加强少数群体的文化认同。至少在这一例子中，难道我们不可说少数群体权利直接威胁到公民身份的凝聚性吗？

正如我们从有关种族冲突的文献中所了解到的，甚至在民主国家，对这种威胁的最普通反映，就是拒绝给予少数民族会鼓励其发展他们自己认同的自治权和承认。然而，正如讨论这个问题的作者所表明的，对于导致少数民族加强或削弱其公民属性的机制，我们了解得还不全面。一方面，正如库隆布、列欧姆和鲍勃克都强调的那样，拒绝给予这类群体以一定的承认和自治权，通常可能激起少数民族成员更大的怨恨和敌意，使他们更加疏离于主流社会的公民身份。另外，库隆布强调，少数群体区域政府行使的自治权可以促成少数群体的民族主义运动，中央政府企图采取严厉措施促进的全国性公民身份会让少数民族感到威胁，也会促成少数群体的民族主义运动。最后，鲍勃克和史密斯两人都强调了此举的重要性，即保持承认、自治权与其他由联邦保证的个人权利及非领土群体权利之间的平衡。这一权利的"混合物"将降低不正义发生的可能性，并且当少数民族成员渐渐把中央和地方政府都视为其权利的担保人时，可以增强少数民族成员在主流社会中的公民身份感。

总之，无论我们关注的是公民的地位、认同、品德还是凝聚性，少数群体权利和公民身份之间的关系都比乍看时更加复杂。我们可以看到对公民身份所受的潜在影响的合情合理的担忧，但也可以看到相反的证据同样合情合理，它们表明一些少数群体权利确实可以巩固公民身份。因此，欲用任何过分笼统的概括来支持或反对少数群体权利对公民身份的影响，都是不可能的。

当然，这不是主张在评价少数群体权利时忽略或轻视公民身份的意义。重要的是，不仅要确认关于少数群体权利的特殊提议是否与正义相一致，还要确认它们是否将加强或损害民主的公民身份所需要的素质。对少数群体权力的辩护从以正义为基础转变为以公民身份为基础，这对扩展争论是有益而必要的。我们的主张就是，这种问题必须放在具体的背景中加以经验的考察，而不能以先验的推测或传闻的证据为基础先验地做出判断。

八、结论

通篇《导论》，我们都试图全面概述少数群体权利和公民身份的相互影响，以及少数群体权利对公民身份造成的种种潜在的（或明显的）威胁。也许我们所学到的主要教训就是，这个问题是极其复杂的。无人会满足于发生在 20 世纪 80 年代和 90 年代早期的那场"文化战争"所得出的华而不实的泛泛之论。少数群体权利的批评者再也不能声称少数群体权利必然冲突于公民身份的理想，少数群体权利的捍卫者也不能再声称对于公民身份和公民认同的关注，只是为了不合理地压制或消除烦人的少数群体。

那么，未来的出路何在？从原则上而言，**也许**可以设想一个研究计划，尽可能详尽地研究每一种群体所主张的每一种少数群体权利是如何影响每一既定政治文化中的公民身份的每个方面的。不必说，在本卷中我们的目的不是要对这些问题做出一种百科全书式的考察。不过，本卷各章涵盖了大量有关群体、权利和公民身份的观点，我们希望它们能成为讨论这些争论的范例，而不是对学科和知识传统的阐释。它们包含缜密的分析，而我们认为，在理论和实践相交学习的领域很需要这种缜密分析。

政治与群体差异：
对普适性公民观的批评*

艾利斯·马瑞恩·杨（Iris Mrion Young)[1]

成 庆 译 刘 擎 校

普适公民身份的观念是驱动现代政治生活的解放性动力。自资产阶级通过要求市民平等的政治权利来挑战贵族政治开始，妇女、工人、犹太人、黑人等群体都十分迫切地要求获得公民身份。现代政治理论主张，所有人拥有平等的道德价值，而被压迫者的社会运动对此极为重视，其意义在于使所有人都获得同等法律保护下的完整的公民身份。

每个人都拥有公民身份，而每个人作为公民而言是无差异的。现代政治思想一般假设，就公民身份而言，它的普适性超越了特殊性和差异性。不管公民之中是否存在社会或者群体的差异，也不管在公民社会的日常活动中，他们的财富、地位和权力是否不平等，公民身份使得每个人在政治公共空间内获得同样的政治地位。平等一般也被理解为无差别的，而普适公民身份的观念在众人拥有的公民身份范围之外拥有至少两种内涵：（a）普适性被定义成与特殊性相对的一般性；公民的共性是与他们的差异性相对的；（b）普适性意味着法律和规则对于所有人是一样的，而且它们所施行于每个人身上的也无差别；法律和规则无视个人和群体的差异性。

在19世纪和20世纪这些愤怒的、有时甚至血腥的政治斗争中，被排除在社会之外的弱势群体认为，赢得完全的公民身份——也就是平等的政治和公民权，将引导他们获得自由和平等。而在20世纪末的今天，当公民权利在自由资本主义社会被正式普及到所有群体时，一些群体仍然发现他们被看作二等公民。被压迫和边缘化群体的社会运动最近一直在质问，为何平等公民权的普及并没有导致社会的正义和平等。马克思主义者直截了当给

---

* 本文原载于 *Ethics*，Volume 99，Issue2（Jan.，1989）。

〔1〕 本文在翻译过程中得到刘擎老师的悉心指导，在此表示衷心感谢。文中的错误之处，当由译者自己负责。

出了这一问题的部分回答：那些主要决定个人和群体地位的社会行为是无政府主义和寡头式的；市民控制之下的经济生活不足以改变群体的不平等地位和待遇。我认为，这是对为什么公民身份没有消除压迫的一个重要而且正确的诊断。但是在本文中，我将以另一种更接近于现代思想中政治学和公民性意义上的理由来进行反思。

将"每个人都具有公民身份"的理念与公民身份的其他两种涵义——人人具有共同的生活，并作为公民被同等对待——作出假定性的联系，这本身就有问题。当代被压迫者的社会运动已经削弱了这种联系。这些社会运动积极与坦然地肯认群体的特殊性，以反对同化的理念。他们也质疑，正义是否总是意味着法律和政策应该强化对所有群体的平等对待。作为这些挑战的起点，差异公民身份（differentiated citizenship）的概念成为一个最好途径，来实现每个人被纳入完全的公民身份，并作为完全的公民进行社会参与。

在本文中我将论证，公民身份的普适性，在每个人都被包括和参与的意义上，与现代政治理念中其他两种普适性的涵义之间远非是相互支持的，而是存在着紧张。这两种普适性的涵义分别是，作为"一般性"（generality）而言的普适性，以及作为平等对待的普适性。首先，公民行为所表现或者创造出来的公意（general will），这一公意超越了群体联系、地位以及利益的特殊性，而它在实践中排除了那些被认为不能接受这个一般性立场的群体；这种表达为公意的公民观倾向于对公民强制以某种同质性。当代的公民复兴论者，就其坚持公意和共同生活的观点而言，他们含蓄地支持这种排斥和同质性。因此我认为，每个人被纳入而且参与的公共讨论和公共决策需要一套群体代表（group representation）的机制。其次，在群体之间存在着能力、文化、价值以及行为方式的差别，但某些群体却拥有特权。如果严格遵循一种平等对待的原则，将会使压迫或者弱势状态趋于固化。因此，每个人在社会和政治体制中被包括而且参与的目标有时需要考虑到群体差异（group differences）〔2〕的特殊权利（special rights），以此来瓦解造成压迫和弱势境地的根基。

一、作为普遍性的公民

许多当代的政治理论家认为资本主义的福利社会是去政治化的（depoliticized）。利益

---

〔2〕　Group Difference 在台湾译为族群差异，其内涵与大陆的语境有所不同，基于这一原因，我们将该词翻译成群体差异。——译者注

集团多元化使得政治过程私性化，将之付于幕后交易和自治的调节机构和群体。利益集团多元化使个人的利益和行为分散化，很难在人与人之间来决断问题和设置优先性。这种分散化和私有化的政治过程本质助长了强势利益集团的统治地位。[3]

为了回应这种政治过程的私有化，一些论者呼吁一个新的公共生活以及对公民道德的承诺。民主需要福利国家社会的公民们从私人性消费主义者的睡眠中苏醒过来，来挑战那些要求唯一统治权的专家们，他们通过达成集体决策的积极讨论来共同控制他们的生活和机构。[4]在参与性民主制度下，公民们发展和锻炼推理、讨论以及参加社会活动的能力，以免沦为沉默，他们走出自己的私人领域，尊敬地面对他人并向他们发言，而且还关注正义。一些人诉求公民美德来反对资本主义福利社会的政治私性化，他们为当代政治生活所想像的典范出自于像马基雅维利、卢梭等公民人文主义思想家。[5]

在这些社会的批评声中，我赞同一个观点，那就是利益集团的多元化是因为被私性化和分散化，而使得公司、军队以及其他的强大利益集团能够占据统治地位。因为如此，我认为民主过程需要将真正的公共讨论建制化。然而，对那些源于现代政治思想传统的市民公众理想不加批判地作为典范来接受，却有很多严重的问题。[6]这种以公意来体现公民公共领域的理想，认为公民拥有一种超越他们差异的立场和利益，事实上是在要求公民的同质性。以差异为由而对异己群体进行排斥的问题在本世纪之前已经被澄清了。而在我们这个时代，这种体现为共同意志的公众的普适主义理想所造成的排斥性后果将更加微妙，但仍然可以澄清。

---

〔3〕 Theodore Lowi 对利益集团自由主义私有化运作的经典分析仍然对于美国政治有针对性：参看 The End of Liberalism（New York：Norton，1969）. 更多相关分析请参看 Jurgen Habermas, *Legitimation Crisis*（Boston：Beacon，1973）；Claus Offe, *Contradicitions of the Welfare State*（Cambridge，Mass.：MIT Press，1984）；John Keane, *Public Democracy in Late Capitalism*（Cambridge，Mass.：MIT Press，1984）；Benjamin Baber, *Strong Democracy*（Berkeley：University of California Press，1984）.

〔4〕 最近对于美德以及这种民主的条件的杰出分析，参看 Philip Green, *Retrieving Democracy*（Totowa，N. J. . Rowman&Allanheld，1985）.

〔5〕 Baber 和 Keane 将卢梭对公民行为的理解看作是当代参与政治的典范，就如同 Carole Pateman 在她的经典著作所阐述的，*Participation and Democratic* Theory（Cambrideg：Cambridge University Press，1970）.（Pateman 的地位当然已经改变了）同样也参看 James Miller, *Rousseau：Dreamer of Democracy*（New Haven，Conn. Yale University Press，1984）.

〔6〕 许多赞美公民社会美德的人当然也在诉求着古代城邦政治的典范。最近的一个例子参看 Murray Bookchin, *The Rising of Urbanization and the Citzenship*（San Francisco：Sierra Club Books，1987）. 然而在本文中，我选择了将论断对象限制在现代政治思想的范围。古代希腊城邦的理念在现代和当代的讨论中是作为一个丢失的源头之迷而发挥作用的，是一个我们生于斯而希望回归于斯的天堂；因此，对古代希腊城邦的诉求经常在现代市民人文主义的观念中可以看到。

公民共和主义的传统与霍布斯或者洛克的个人主义契约论之间存在重要的紧张。自由主义式的个人主义将国家看作是调停冲突和协调行为的必要工具，因此个人拥有追逐他们私人目的的自由。而共和主义传统将自由和自主定位于公民在公共生活中的实际参与。通过参与公共讨论和集体决策，公民们能够超越他们特殊的私利性生活和对个人利益的追逐，而去接受一种赞同公益（public good）的普适观点。公民性是一种对人类生活的普适性表述；它是一个合理性和自由的领域，并且与特殊的需求、利益以及欲望的他治性领域相对立。

对于公民性的这一种理解，即将它界定为与特殊性相对的普遍性、与差异性相对的共同性，并完全不意味着要将完整的公民资格拓展到所有群体。的确，至少一些现代共和主义者的想法正好相反。当他们为了表现人性的普适遍而称赞公民美德时，他们有意识的将一些人排除在公民资格之外，其根据就是这些人不能接受这一普适性的观点，或者将他们纳入会产生分歧分裂公众。这种公益、公意以及共享的公众生活的理想导致了对同质性公民群体的紧迫要求。

女性主义者特别指出，市民公众与兄弟会之间的联系不只是隐喻性的。由男性建立的现代国家及其公共领域，以其来源于明确的男性经验的普适价值和规范而自诩：这些经验包括对于荣誉的军事化要求以及同志般的友情；独立行为者之间的互敬性竞争以及讨价还价；在冷静理性的非情绪化基调之中建构的话语。

一些评论家辩驳道，在赞美参与普适性公共领域的公民美德时，现代的男性表现出对性别差异的逃避，对他们不得不承认却又不能完全理解的另一种性别存在的逃避，以及对妇女因其本性所代表的道德特征的逃避。[7]因而公共领域的普适性与私性领域的个别性之间的对立，被等同于理智与情感之间的对立、男性与女性之间的对立。

中产阶级世界在理性与情感之间也设置了一个关于劳力的道德区分，将男性识别为理智，而女性则为情感、欲望和对身体的需求。赞美由男性美德与公民构成的公共领域——独立，普遍，不带情感的理性，而以造就一个家庭的私人领域来安置情感，感受以及身体

---

〔7〕 Hannah Pitkin 对公民社会的美德作了一个最为细致以及复杂的分析，以此作为通过阅读马基雅维利的文本而对性别差异进行的回避；参看 *Fortune Is a Woman*（Berkeley：University of California Press，1984）. Carole Pateman 的最近作品同样在这点上进行分析。参看 e. g.，Carole Pateman，*The Social Contract*（Stanford，Calif.：Stanford University Press，1988）. 同样参看 Nancy Hartsock，Money，Sex and Power（New York：Longman，1983）第 7 和第 8 章。

需求，并将其限制在这个私域之中。[8]公共的普适性依赖于将妇女排除在公共之外，她们必须对照顾私人领域负责，她们也缺乏一个好公民所要求的无感情的理性和独立性品质。

在卢梭的社会规划中，比如，他将妇女排除在公共领域之外，因为她们是情感、欲望以及身体的看守者。假如我们允许以诉诸欲望和身体需求来展开公共争论，那我们将会因为分裂其整体性而摧毁了公共协商的基础。即使在家庭的范围里，妇女们也应该受到统治。她们那危险和异类的性别特征必须保持其纯洁性，而且要被限制在婚姻之中。强制要求妇女的贞洁将得以使每个家庭成为一个分立的单位，从而防止出现无秩序状态或者混血私生子。妇女的贞洁反过来也可以制约男人们潜在的破坏性欲望冲动，使其在道德教育中得到调节。男性对女性的欲望本身对破坏和分裂普适性、公共理性领域存在着威胁，就如同瓦解公与私之间的纯粹区别一样。作为私域里需求、欲望以及情感的护卫者，妇女们必须确保男性的冲动不会颠覆掉理性的普适性。由女性照看的家庭生活之道德纯洁性，将会调节在企业和商业中等差异性领域中的占有性个人主义式的冲动，因为竞争性，就如同性别特征一样，不断威胁摧毁政体的统一性。[9]

值得注意的是，以一般性来构想公民的普适性在实践中不仅把妇女排除在外，同时也排斥其他群体。欧洲和美国的共和主义者们很少在助长排斥性的普适公民观中发现什么矛盾之处，因为每个人作为公民而言都同等的，这在实践中就被转化为要求公民必须相同。男性白人的中产阶级认为共和主义的德性——理性、克制和贞洁——不会屈服于激情和要求奢侈的欲望，并且因此可以将欲望和需求升华为对公益的关注。这意味着穷人和普通工人被排除在公民身份之外，因为他们太容易受需求的驱使，而不能接受一般性的观点。美

---

〔8〕 参看 Susan Okin, "Women and the Making of the Sentimental Family", *Philosophy and Public Affairs* 11 (1982)：65 - 88；同样参看 Linda Nicholson, *Gender and History: The Limits of Social Theory in the Age of Family* (New York: Columbia University Press, 1986).

〔9〕 卢梭对于对待妇女的分析，参看 Susan Okin, *Women in Western Political Thought* (Princeton, N. J.. Princeton University Press, 1978)；Lynda Lange, "Rousseau: Women and the General Will", 载于 *The Sexism of Social and Political Theory*, Lorenne M, G. Clark 与 Lynda Lange 主编 (Toronto: University of Toronto Press, 1979)；Jean Bethke Elshtain, *Public Man, Private Woman* (Princeton, N. J.. Princeton University Press, 1981), 第四章。Mary Dietz 对 Elshtain 的 "母系主义" 的角度在政治学上展开了一个机智的批评；但是她似乎也想诉求一个普适主义式的公民社会的观念，在这里，妇女将超越她们的特定关注而成为一般性的公民；参看 "Citizenship whith a Feminist Face: The Problem with Maternal Thinking", *Political Theory 13* (1985). On Rousseau on women, 同样参看 Joel Schwartz, *The Sexual Politics of Jean - Jacques Rousseau* (Chicago: University of Chicago Press, 1984).

国宪法的设计者们在这点上并不比他们的欧洲兄弟更讲究平等；他们有意限制劳动阶级进入公共领域的渠道，因为他们害怕这会摧毁对普遍利益（general interest）的承诺。

这些早期的美国共和主义者们对公民身份同质性的要求十分清楚，并且害怕群体差异将摧毁对普遍利益奉献的基础。这意味着前有黑人和印第安人，后有墨西哥人和中国人的存在，已经对美国造成了威胁，只有透过"同化"（assimilation）、"灭绝"（extermination）或"非人化"（dehumanization）才能阻止这个威胁。当然这三种方式的各种组合都曾被使用过，但是承认这些群体在公共空间里具有同等地位的选择从来未被考虑过。甚至共和主义之父——杰弗逊将美国领土范围内的棕色和黑色人种等同于野蛮本性和激情，正如他们害怕妇女们在家庭之外就是放荡和贪婪的一样。他们将道德、文明的共和生活定义为与落后的、未开化的欲望相对立，而将后者等同于妇女和非白人的特征。[10]类似的排斥性逻辑在欧洲也付诸实践，那里犹太人成为排斥的对象。[11]

这些共和主义者的排除行为并非是偶然性，也并未与这些理论家们所理解的关于普适公民的观点相矛盾。这是对"公"与"私"进行二分法的直接后果，其中"公"被定义为一个所有特殊性都被排除在外的一般性领域，而"私"则被定义成特殊的，一种情绪、感情以及对身体需求的领域。只要这个二分法还在，即便将先前那些被公民身份定义所排除在外的人——妇女，工人，犹太人，黑人，亚洲人，印第安人，墨西哥人——包括进来，也势必形成一种同质性的压力，在公域里压制群体差异，并且在实践中逼迫那些先前被排除在外的群体必须受到强势群体所制定的规范的评判。

那些批评者们呼吁新的公共生活，而且批评当代利益集团自由主义，并未试图将任何成年人或者群体排除在公民身份之外。他们是民主主义者，并且认为仅仅将所有的市民包括进来而且参与到政治生活中，才会导致明智和公平的决策、一个加强而不是抑制公民们的能力以及他们之间联系的政体。但是，这些参与式民主主义者所强调的一般性和共同性仍然对公民差异构成了压制的威胁。

这里我将重点关注本雅明·巴伯的文本，他在《强势民主》一书中对参与式民主的过程，建构了一个引人注目和具体的视野。巴伯认识到，我们需要一个包容性的民主公共空间，以防备有意或无意地对任何群体的排斥，虽然他并没有提供如何捍卫人人被容纳以

---

〔10〕 参看 Ronald Takaki, Iron Cages: Race and Culture in 19th Century America (New York: Knopf, 1979). Don Herzog 讨论了一些早期美国共和主义者的排除性偏见；参看 "Some Questions for Republicans," Political Theory 14 (1986): 473—93.

〔11〕 George Mosse, *Nationalism and Sexuality* (New York: Fertig, 1985).

及参与的建设性意见。他尖锐地驳斥一些当代理论家们，因为他们建构了一个把政治话语中的情感维度清除掉的模型。而巴伯并不会像 19 世纪的那些共和主义思想家一样，惧怕公众的一般性和理智会被欲望和身体摧毁掉。然而，他仍然坚持将公民公众定义为一般性的概念，从而与群体亲和，特殊性的需求和利益构成对立。他在公民及公民活动的公共领域与差异性的身份、角色、联系及利益之间作了明确的区分。公民身份绝不会耗尽人们的社会认同，但是它在强势民主中却对所有社会生活具有道德优先性。因此，巴伯的参与民主观仍然依赖于这种二元对立观念——将公益的公共领域与特殊利益和联系的私人领域置于对立。[12]

当巴伯认识到多数统治的程序和保卫少数人权利的必要性时，他断言"强势民主对每一种分裂都十分惋惜，而且将多数群体的存在看作是人们互惠互利已经失败的信号"。(p. 207)他认为一个公民社群"将其存在的特点归结为它的选民们都是一样的"（p 232），而且使得人们超越个人需求和愿望的秩序，认识到"我们都是道德性的个体，它的存在依赖于一个共同的秩序，而在这个秩序中，个人需求和愿望的秩序将进入一个所有人未来共同分享的视野之中"（p. 224）。这一共同视野不是自上而下强加给个体的，而是在对话和共同工作中塑造出来的。巴伯的这一共通性的规划，反而暴露出其潜在的偏见："就如同一个队的队员或者战争中的士兵一样，从事共同政治活动的人会感觉到他们没有从事共同的活动之前无法感觉到的人际联系。这一种人际连结强调共同的过程、共同的工作以及分享期盼一个社群成功的感情，而不是强调为成功的强势民主而服务的单一的目的和结局。"(p. 244)

实现普适性公民理念的企图，即公众被具体化为与特殊性相对立的一般性，与差异性相对立的同质性，将使得一些群体被排斥或处于不利之境地，即使他们拥有正式的平等公民身份。作为普适的公域观念与作为特殊的私域观念的同一性，使得同质性成为公共参与的前提要求。在行使他们的公民身份时，所有的认同来自超越所有特殊利益、角度和经验的无偏见和一般性的观点。

但是如此一种无偏见的一般性观点是一个神话。[13]人们是以自身处境中对社会关系和经验的感受为依据来考量公共事务的。不同的社会群体在社会关系上有着不同的需要、

---

〔12〕 Barber，第 8 和第 9 章，下文括号里中的引处均出自该书。

〔13〕 我曾在我的一篇论文中对此进行过详尽的描述，Iris Marion Young， "Impartiality and the Civic Public：Some Implications of Feminist Critiques of Moral and Political Theory"，*in Feminism as Critique*，S. Benhabib 和 D. Cornell 主编（Oxford：Polity Press，1987），pp. 56—76.

文化、历史、经验以及感受，而这些因素影响了他们对政策建议之意义和结果的解释以及进行政治思考的方式。这些政治的不同阐释不仅仅、甚至不是主要的利益差异和冲突的结果，因为即使各个群体寻求正义而不是追逐自我关注的目的时，他们对此也有着不同的解释。在一个某些群体拥有特权而其他群体被压迫的社会里，坚持作为公民应采取一般的观点只会加强特权，因为特权者的观点和利益易于支配公共领域，使得其他群体边缘化或者无法表达自己的意见。

巴伯主张负责的公民需要超越特殊的联系、承诺和需求，因为假如公共领域的成员们仅仅关注他们的私利的话，那么公共领域将无法运作。这里他将"多元性"（plurality）和私有化（privatization）严重混淆。他和其他人所批评的利益集团多元主义的确刺激了政治过程的自我主义和自我利益的关注，并使其建制化，党派为了稀缺资源和特权参与政治竞争，而这仅仅是为了将他们的收益最大化，并且他们不必聆听或者响应其他拥有自己观点之人的要求。利益集团讨价还价的过程和结果大多发生在私下；既不被公开，也不让那些受到决策潜在影响的人参与讨论。

为了私人收益而私下讨价还价意义上的私人性（privacy）与在任何大型社会里不同群体的经验、联系以及承诺的意义上的多元性是有区别的。人们既保持他们的群体认同以及他们基于群体特殊性经验影响的对社会活动的理解，同时在开放地聆听他人的要求而并不独独关心他们私利这个意义上，他们又是热心公益的，这两者同时发生是可能的。对于人们而言，为了讨论公共政策，有必要而且有可能的是与他们自己迫切的欲望和本能的反应保持一个必要的距离。然而，如此行事之时，不能要求公民们放弃他们特殊的联系、经验以及社会地位。就如我将在下一章讨论的，在公共讨论中，让不同群体都能发出声音，而不是只有一个群体做代表才会有利于在没有任何公平托词的情况下保持这种必要距离，而不是对公平寻求托词。

公共生活的"再政治化"（repoliticization）不应要求来创造那样一个划一性的公共领域：在其中公民只能搁置特殊群体的联系、历史以及需求而来讨论普适利益（general interest）或者公益（common good）。如此一种划一性的要求压制了但并不能消除差别，而且还趋向于将某些观点从公共空间中排除出去。[14] 我们需要的不是一般性意义上的普适性公民身份，而是一种群体差异的公民身份以及异质的公众（heterogeneous public）。在异质的公众中，差异被公开的承认，并被看作是不可化约的。这意味着，从某一个角度或者

---

〔14〕　关于女性主义和参与式民主，参看 Pateman.

历史出发的人是无法完全理解和吸纳其他基于不同群体的角度和历史之上的观点。然而，对共同决定社会政策的需要与愿望将有利于增进跨越这些差异之间的沟通。

二、作为群体代表的差异化公民

在简·曼斯布里奇（Jane Mansbridge）关于新英格兰地区的市政会议政府研究中，他讨论了妇女、黑人、工人阶级以及穷人，相对于白人、中产阶级职业人士及男性而言，为何参与较少，其利益也更缺乏代表。即使所有的公民都有参与决策过程的权利，但某些群体的经验和观点因各种缘故仍趋于沉默。白人中产阶级男性比其他人而言更容易获得权威，而且他们有更多的实践机会，因而口才很好；母亲和老人们经常发现他们要比其他人参与集会更加困难。[15]艾米·古特曼（Amy Gutmann）同样讨论了参与性民主的结构如何会导致弱势群体的沉默。她提供了社区控制学校的例子，在其中，不断增加的民主在很多城市里导致了日趋增多的种族隔离，因为拥有更多特权和善言健谈的白人有能力促进他们认识到的利益，从而压制了黑人在一个整合系统里寻求被平等对待的正当要求。[16]这些例子意味着，当参与民主结构将公民性用普适性和划一的方式来定义时，他们就有再造现存的群体压迫的趋势。

古特曼认为，民主化导致这样的压迫性后果意味着，必须在政治平等被建制化之前达成社会和经济的平等。我不能拒绝社会和经济平等的价值，但是我认为它们的获得依赖于日趋增长的政治平等，就如同政治平等也依赖于不断增长的社会与经济平等一样。假如我们要避免去追寻一个乌托邦式的怪圈，我们必须解决"民主悖论"的问题，这个悖论在于，社会权力使得某些公民比其他公民更为平等，而且这种公民的平等又使得一些人们成为更有权力的公民。这一问题的部分解决方案在于对被压迫群体代表权的明确认同提供制度化的手段。但在讨论这样一个解决方案的原则与实践之前，还是有必要对群体是什么以及何时群体受到压迫的问题稍著笔墨。

社会群体已经成为政治上重要的概念，因为近来的解放和左翼社会运动是围绕着群体认同而不单单是阶级或者经济利益来动员的。在许多事件中，这样的动员已经包括了对被

---

〔15〕 Jane Mansridge, *Beyond Adversarial Democracy*（New York：Basic Books，1980）.

〔16〕 Amy Gutmann, *Liberal Equality*（Cambridge：Cambridge University Press，1980）.

轻视和贬值的伦理或种族身份给予积极肯定。在妇女运动、同性恋运动或者老年运动之中，以年龄、性别、身体条件以及劳动力分工为基础的不同社会地位已经被接纳为政治动员中正面的群体认同。

我不会试图在这里定义社会群体，但是我将指出几个从其他集体中区分一个社会群体的标志。一个社会群体首先包括通过与他人之间的密切关系来彼此认同，而且通过它，别人也可以来辨别各自的身份。一个人特定的历史感、对于社会关系及个人可能性的理解、她或他的推理模式、价值以及表达方式，至少部分是由他或她的群体认同所建构的。许多群体的定义是来自于外界，由其他群体所标志或者刻板地划分。在此种情形下，被轻视的群体成员通常在他们受压迫的处境中找到他们的密切关系或类似之处。社会群体的概念必须与两个容易混淆的概念区分开来：聚合体（aggregate）与联合体（association）。

一个"聚合体"是根据一些属性将人群作很多的分类。人们能够根据任何数量的属性而聚集在一起，而所有这些属性都是任意的——眼睛的颜色，所开的车，所生活的街道。有时候，那些具备情绪和社会性特点的群体被解释为聚合体，就如人们根据肤色，生殖系统或者年岁的属性来进行的随意分类。然而，一个社会群体原本不是由一组共通属性来定义的，而是以人们所拥有的认同所定义。定义美国黑人作为一个社会群体的不是他们的肤色；例如，一些肤色稍浅的人也认同黑人的身份。尽管有时客观的属性对于区分一个或者其他人作为特定群体的成员来讲是一个必须的条件，但由某些人具有某种社会地位、该社会地位所产生的共同历史以及自我认同，才是界定某个群体之所以为该群体的根本原因。

政治和社会理论家越来越频繁的用"联合体"而不是聚合体来定义社会群体。一个联合体意味着一个自愿汇集在一起的集体——比如一个俱乐部、公司、政治党派、教会，或者大学、工会、游说议员的组织或者利益集团。个人主义的社会契约模式也许可以解释联合体，但无法用于社会群体。个人构成了联合体；而个人身份此前已经形成，他们聚集在一起建立联合体，制定规则、安排位置和办公室。

一旦一个人加入一个联合体，即使这种成员资格会根本影响其生活，他还是不能用定义联合体成员资格的方式来定义其个人的身份，例如纳瓦霍人。与联合体不同，群体的密切关系具有海德格尔所讲的"抛入"（thrownness）的特性：一个人发现，他作为一个群体成员所经验到的存在和关系早已存在了。因为一个人的认同关系到其他人如何辨识他或她，其他人是根据群体已经具有的特定属性、陈规以及规范来辩识他或她的，人们借此来塑造个人的认同。就群体归属的"抛入"特征而言，它并不意味人不能离开一个群体而进入一个新的群体。许多妇女在认同异性恋之后成为了同性恋者，任何活得够长的人都会变老。这些例子精细地描绘了抛入的特性，因为群体亲密关系的变化是作为个人认同的转变来经历的。

一个社会群体不应被理解为具有某组共通属性的实体，与此相对，群体的认同应以关系来理解。社会过程是通过创造联系性的差别、聚集的状态以及感情的维系来创造不同群体的，身在其中，人们可以感觉与他人的亲密关系。有时群体是以被轻视或者排斥作为他者，以及统治和压迫的对象来定义自身的。尽管亲密关系和分裂的社会过程定义了群体，但并没有给群体赋予一个实质性的认同，群体的成员并没有共同的本质。

作为社会关系的产物，群体是流动性的，它们会出现也可能消失。同性恋的实践已经在许多社会和历史阶段中存在了，但是男性同性恋的群体认同却仅仅存在于 20 世纪的西方社会。与其他群体产生互动时，群体认同仅仅在特定的环境下才成为突出的焦点。现代社会中的大部分人都拥有多重的群体认同，并且群体本身也不是离散的单元，每个群体的群体差异之间都有重合的地方。

我认为群体的差异化是现代社会中不可避免而且必要的过程，然而我们不必解决这一问题。我仅仅假设我们的社会现在是一个群体差异化的社会，并且这种形势还将持续下去。我们的政治问题在于某些群体具有特权而其他群体却受到压迫。

但什么是压迫呢？我曾经在另文中对压迫的概念给过一个比较完备的叙述。[17]简要而言，当下面一个或者多个条件发生在一个群体中的所有人或者大部分人身上，我们就可以称之为压迫：其一，他们工作或者精力的收益落入他人手中，而没有得到相应的回报（剥削）；其二，他们被排除参与主要的社会活动，这意味着社会对他们而言根本上只是个工作地点而已（边缘化）；其三，他们在他人的权威下生活和工作，而且拥有很少的工作自主性以及对他人的权威（无权）；其四，作为一个群体，他们同时又是保守陈规的，他们的经历和状态一般而言在社会里是不被人所知的，他们对自己经历的表达和对社会事件的观点几乎没有多少被聆听的机会（文化帝国主义）；其五，群体的成员们遭受着因群体仇恨和恐惧所激发的任意暴力和折磨。在今天的美国，至少下列的群体是通过一种或者多种方式被压迫的：妇女，黑人，印第安人，男女同性恋者，工人阶层，穷人，老人以及精神上或肉体上有残障的人。

或许在某个乌托邦的未来里，存在一个没有群体压迫及不利处境的社会。然而，我们不能一开始就假设一个完全正义的社会，并以此来引发出一套政治原则，我们必须从我们

---

[17] 参看 Iris Marion Young, "Five Faces of Oppression", Philosophical Forum (1988).

存在的一般历史及社会条件出发。这意味着我们发展参与民主理论的基础不该是假设一个没有差异的共通人性，而是认定我们社会存在着群体差异，并且某些群体实际上或潜在地受到压迫或处境不利（disadvantaged）。

因此，我主张下列几点原则：一个民主化的公共领域应该给身处其中的受压迫或处境不利的群体提供有效的代表权以及承认这些群体特殊声音和观点的机制。这样的群体代表权意味着制度化的机制和支撑三种行为的公共资源：一是成员们可以组织工会，以此在社会中获得集体授权的意义，以及对集体性经验和利益之反思性理解；二是一个群体对社会政策如何影响他们所进行的分析，他们自身也提出政策建议，在制度化的环境中，决策者被迫表示出他们会对这些观点进行考虑；三是对于直接影响一个群体的特殊政策拥有否决权，比如，妇女们的生殖权，或者印第安人保留地的使用问题。

特殊代表权仅仅只能给被压迫和处境不利的群体，因为特权群体已具备代表性了。因此这些原则在没有压迫的社会里并不适用。我并没有将这些原则仅仅看作是暂时性或者工具性的，因为我相信在现代这样复杂的社会里，群体差异既是不可避免的，也是必须的，并且哪里有群体差异，处境不利或者压迫总会有可能显现出来。因此一个社会应该始终赋予受压迫和处境不利的群体以代表权，而且让他们做好运用这一代表权的准备。这些考虑在我们的文本里是带有相当的学院化味道的，然而，我们生活在一个存在着高度群体压迫的社会里，完全消灭它的可能性非常渺茫。

拥有社会和经济特权的群体行动起来似乎拥有发言和被聆听的权利，别人也认可他们的这些权利。这样的群体拥有人力、财力和组织化的资源，使得他们能够在公共领域中发言和被聆听。享有特权的人通常不倾向保护与促进被压迫者的利益，部分原因是由于他们的社会地位使他们无法理解这些利益，而另一部分原因则是因为他们的特权在某种程度上依赖于他人持续被压迫的处境。所以，在公众讨论和公共决策必须明确被压迫群体的代表权，其最主要的理由就是减轻受压迫的状态。这个群体代表权也将特权者的预设与经验之特性暴露于公众。除非在社会关系和事务上接触到不同的观点，以及不同的价值和语言，否则大部份的人倾向于将自己的观点认作为普适性的。

理论家和政治家们赞美市民美德是因为通过公共参与人们会被号召起来超越自我关注的动机，而且承认他们互相依赖以及彼此的责任。负责任的公民不仅关注利益，还关注正义，他们承认每个人的利益和观点总是与其他人一样正当，并且每个人的需要和利益必须表达出来且让其他人听到，而这些人必须承认、尊重并讨论那些需要和利益。当这种责任被解释成是进入一般性视野的超越性时，普适性的问题就出现了。

我已经指出，将公民性定义为一般性，并不表示所有对社会事务的经验、需求与观点都有表达的机会且都能受到尊重。并非所有人都能采用一个一般性的观点，且在一般性观点之下，并非所有的经验与观点都能够被理解并且被考虑。社会群体的存在意味着人们拥有不同的（虽然未必排斥性的）历史、经验以及对于社会生活的不同观点，也意味着他们无法完全理解其他群体的经验。没有一个人可以宣称一般的利益，因为没有一个群体可以为另一个群体代言，当然也没有谁可以成为全体的代言人。因此，为了让所有的群体经验和社会观点能得到表达、被聆听以及被考虑，唯一的方式就是让他们在社会中拥有特殊的代表权。

群体代表权是促进民主化决策过程公平结果的最好方法。这一观点依赖于哈贝马斯的商谈伦理概念。在一个理解超越性规范真理的哲学缺席的时代，一项政策或决议是否公平，它的唯一基础是通过真正促进公众的需要和观点的自由表达来获得的。在关于商谈伦理的叙述中，哈贝马斯不适当地保留了对一个普适性的或者无偏见的观点的诉求，人们以此为据在社会中申诉自己的主张。商谈伦理并不仅仅是去联结一个假想的公共领域来使决策正当化，而是试图找到真正能促进决策过程之公正结果的实际条件。因此，商谈伦理应该促进所有个体在他们的特性中自由表达其具体需求的条件。[18] 我曾经说过，个体的生活，他们的需求和利益以及对他人需求和利益所持的观点，都是部分基于群体经验和认同之上的。所以，在某些群体被压抑表达和边缘化的社会情境里，对具体需求和利益的完备和自由的表达，需要他们在商议和决策过程中发出自己特殊的声音。

在民主程序中对差异性和特殊性的引入并不是鼓励狭隘的自我私利性表达；其实，群体代表权恰恰可以揭露隐藏在无偏见与一般利益面具之下的自利性动机。在一个民主化的社会里，社会的不平等能通过群体代表权来减轻，个人或群体不能轻率地确定他们需要什么；他们会说，因为公正要求或允许他们能拥有所需求之物。群体代表权给他们对自己需求或利益的表达提供机会，而无此权利，他们的声音往往不被聆听。同时，一个要求是否公平，或者是否仅仅是自我私利的表达，最好的测试就是让测试之人也必须面对其他人的意见，他们明确持有不同的（却未必是冲突的）经验、优先性选择以及需求。作为一个拥有社会特权的人，我并不愿意走出门去考虑社会正义的问题，除非我被迫去聆听那些可能会淹没我特权的声音。

---

〔18〕 Jurgen Harbermas, *Reason and the Rationalization of Society*（Boston：Beacon，1983），批评哈贝马斯在沟通行为概念上保留了过多的普适主义色彩，参看 Seyla Benhabib, *Critique*, *Norm and Utopia*（New York：Columbia University Press，1986）；以及 Young，"Impartiality and the Civic Public"。

群体代表权能在压迫和宰制性的社会情境里使公平得到最佳建制化。但是群体代表权也将讨论中的知识最大化，因而促进了实践性的智慧。群体差异不仅仅包括不同的需求、利益以及目标，更重要的是包括了不同的社会地位和理解社会事务和社会政策所依赖的不同经验。不同社会群体的成员可能会去了解社会关系结构的不同内容，以及对社会政策产生的潜在和实际的影响。因为他们的历史、特定的群体价值或者表达模式、他们与其他群体之间的关系、工作的方式等等，不同群体对于理解社会事务会有不同的途径，而这些不同的理解方式如果被表达出来而且被聆听，将有助于其他群体对这些事务的理解。

近年来的解放性社会运动已经发展出许多以异质公众为理念的政治实践，并且他们至少部分或者暂时地建立了这样的公众群体。一些政治组织、工会以及女权组织都为这些群体（如黑人，拉丁裔人，女性，男女同性恋以及残疾者或老人）建立了正式的委员会。假如没有这些组织，他们的观点可能被压制。这些组织经常在委员会议中安排会议发言的程序，在决策中设置会议代表，而且一些群体也要求在领导层中必须有特定群体的代表。在这些主张群体差异的社会运动影响下，民主党甚至在联邦和州的两个层次上都制定了赋予群体代表权的代表规则。

"彩虹联盟"的理念已经表达出拥有群体代表权形式的异质公众理念，尽管它的实现还远不能保障。传统的联盟形式都依据某个统一的公众观念，这一观念强调要超越各自差异的经验和关注。在传统联盟中，各式的群体在一起工作是因为他们都赞成以同样的方式让所有人受益和受影响，而且他们一般都同意，他们的不同视角差异、不同利益或者观点将不会显现在公开的陈述和联盟的行为之中。与其相对照，彩虹联盟中的每一个组成群体都肯定他人的存在，肯定他们在社会议题上的经验和视角的特殊性。[19]当然，在彩虹联盟之中，黑人并不轻易地容忍同性恋的参与，工运人士并不会勉强地与和平运动的前辈一起工作，他们中间也没有谁会不带父权作风而允许女权主义的参与。就理想而言，彩虹联盟肯定而且支持每个被压迫群体的存在或者他们所参与的社会运动，并且它所形成政治程序并不声称那种遮蔽差异的"普适性原则"，而是允许每个成员从各自经验的视角出发来分析经济和社会议题。这意味着每个群体在联结每个成员时又维护了自治性，而且给群体

---

〔19〕 Mel King 参与市长竞选组织展示了族群代表权进入实践层面的承诺，虽然这一承诺只是部分和间断的实现；参看 Radical America 17 双月刊第 6 号和 18 号，第 1 号（1984）. Sheila Collins 讨论了彩虹联盟的理念是如何挑战了传统美国政治的"熔炉"假设，并且她还显示了在国家层面的彩虹联盟机构和草根的社会运动的组织之间缺乏合作而使得 1984 年 Jackson 运动没有实现族群代表权；参看 *The Rainbow Challenge：The Jackson Campaign and the Future of U. S. Politics*（New York：Monthly Review Press，1986）.

代表权提供了决策机构和程序。

在当代政治学中，异质公众的理念是根据群体代表权的原则来实践的，但是它们仅仅存在于抵制多数政治的组织和运动中。然而在原则上，参与式民主所追求的是在所有民主决策的领域中都追求异质性的公众制度。除非等到群体压迫及处境不利都被消除的一天，否则，政治公共领域，包括民主化的职业场所与政府的决策机构，都应该包含那些受迫群体的特定代表，借助这些代表，那些群体可以在公众面前表达他们对社会议题的特定理解，以及行使以群体为基础的否决权。这种群体代表权的结构不应取代地区性或政党代表权的结构，而是应与它们并存。

我们需要创造性的想法和灵活性，来实施群体代表权在美国政治或特定机构（如工厂，办公室，大学，教会以及社会服务机构）中民主化公众的重建。这种重建并无模式可以遵循。例如，欧洲联合的民主机构典范并不能从它演化的情境中抽离出来，甚至就在它们自身之中，也无法以真正民主的样式来运作。有一些关于尼加拉瓜在妇女、智障群体、工人、农民以及学生中实行公开制度化的自我组织的报道，为我所宣讲的概念提供了一个比较近似的范例。[20]

群体代表权的原则要求为受压迫和处境不利的群体提供代表权的制度结构。但是哪些群体应该得到代表权？在美国的政策决策中，群体代表权显然的候选人是妇女，黑人，印第安人，老人，穷人，残障者，同性恋，说西班牙语的美国人，儿童以及非熟练工人。但是并没有必要在所有的政治环境和所有的政治决策中保证所有这些群体的特殊代表权利。代表权应该在下列情况下才应指派给这个群体：当某个群体的历史及社会处境能为某一议题提供一个特定的观点，当它的成员利益受到特别的影响、以及在没有这种代表权的情况下其认知与利益就不大可能获得表达的机会时。

在提议这样一个原则时，一个根本性的问题出现了，而这个问题无法以哲学性的讨论来解决。当实践这些原则时，公众必须被组织起来决定，哪些群体应该在决策过程中获得代表权。那么，以什么原则来决定这样一个"组织协议"（constitutional convention）的构成呢？谁将决定哪些群体应该获得代表权，而且这样的决议又是通过什么样的程序？程序或原则本身是无法形成政治的，因为政治始终是我们已经介入的一个过程；政治讨论的过程可能会诉诸这些原则，并且可能被公众接受来引导他们的行动。我所提出的这个群体代

---

〔20〕 参看 Gary Ruchwarger, *People in Power: Forging a Grassroots Democracy in Nicaragua* (Hadley, Mass.: Bergin & Garvey, 1985).

表权原则，是这些潜在讨论的一个部分，但是它不能取代讨论本身或者决定讨论的结果。

群体代表权的机制应该是什么样的？先前我曾表明，群体的自治组织是群体代表权原则的一个方面。群体的成员必须在民主的论坛中集合起来讨论议题，阐明群体的立场并上交提议。这一群体代表权的原则应该被理解为更大规模的关于民主决策过程规划的一部分。公共生活和决策过程应该被改造，以使所有的公民拥有更多的机会来参与到讨论和决策中。所有的公民应该进入邻近或者地区性的集会中参与讨论和决策。在这样一个比较有参与民主色彩的规划中，被压迫群体的成员也拥有可以行使自己群体代表权的集会。

有人或许会问，一种鼓励群体成立自治组织、促进决策过程中的群体代表权结构的异质公众理念，与我在前面所赞同的对于利益集团多元论的评判有什么样的区别？首先，在异质公众中，并非所有选择成立协会的群体都是有代表权的。只有拥有如下特性的群体，才应该在异质公众中获得特定的代表权：这些群体是被压迫的或处境不利，而且，其身份认同或地位与构成我们的社会或特定体制有着重要的关系。而在利益集团多元论的结构中，鲸的朋友，有色人种全国联合促进会，全国枪支协会以及全国反基因食品协会都拥有同等的地位，每个组织都在它们的资源和创造力所及的范围里参与竞争，影响政策制定者的决策。民主政治必须尽可能地扩大观点和利益的表达自由，但这并不等于说，所有群体的观点都要保证得到表达。

其次，在异质公众中，被代表的群体并不是通过特定的利益、目标以及特定的政治立场所界定的。社会群体包含着不同的身份与生活方式。这些成员们会因为他们共同利益而寻求在公共空间里的公开表达。然而，他们的社会地位会使他们对社会的所有方面都有独特的理解，在讨论社会议题时，他们往往会提出独特的观点。比如，许多印第安人认为，他们的传统宗教和与土地之间的关系使他们对环境问题持有一种特有与重要的认知。

最后，利益集团多元论的运作恰恰是预先阻碍了公共讨论以及决策。每一利益集团都在尽最大可能来促进其自身利益，并在追逐自己利益的时候，除了策略性的联盟或敌人之外，它们不需要考虑其他在政治角逐场上的集团的利益。利益集团多元论的规则是不需要将某个利益集团的利益正当化或者使它适合于社会正义。而一个异质公众之所以是一个"公众"，因为参与者在决策之前共同讨论某个议题，并由此产生他们确认的最佳或最公正的决定。

三、普适权利与特殊权利

普适公民身份的另一个问题在于它如今与以下目标发生内在紧张。这个目标就是要求所有群体都能完全参与并被纳入政治及社会制度之中，也就是法律与政策形式化的普适性。现代和当代的自由主义者认可下列基本原则：国家的规则与政策以及私人机构的规则，应该无视种族、性别及其他群体差异。国家与法律的公共领域应该恰当地用一般性的术语来表达它们的规则，而这些规则是从个人和群体的历史、需求以及制度中概括出来的，它承认所有人都是平等的，并且以相同的方式来对待所有的公民。

如果政治的意识形态和实践仍然因为某些群体与白人市民的先天差异，就无视他们的平等公民权，那么对于解放运动而言，坚持所有人具有同等的道德价值与平等公民身份就是非常重要的。在这一情形下，要求漠视群体差异的平等权利是抗击排斥与贬斥的唯一可取的方式。

但在今天，所有人具有同等的道德价值以及平等的公民权这一点已经成为社会的共识。今天所有群体（除了同性恋之外）几乎都获得了平等权利，然后群体间的不平等却仍然存在。在此种情况下，许多女性主义者、黑人解放运动者等群体，为了所有群体都能在这个社会的制度和权力位置、荣誉以及满足方面完全被容纳和参与，认为如果权利和规则以普适的观点来制定而无视种族、文化、性别、年龄、或能力的差异，会使得受压迫的情形持续下去而非减少。

当代那些寻求容纳被压迫和处境不利的群体的社会运动发现它们面临着一个"差异的两难"（dilemma of difference）。[21]一方面，他们必须不断否认在男女之间，白人与黑人之间，健全者与残疾人之间存在着本质上的差异，因为这种差异会使得下述观点正当化，即否定妇女、黑人或残疾人拥有其他人所拥有的机会，去自由行动或被某个机构或位置所接纳；而另一方面，他们发现有必要确认群体之间确实存在着差异。如果无视这些差异而运用严格的平等对待原则，尤其在竞争某个位置时，反而是不公平的，因为这些差异已经使那些群体在社会中置于不利的处境。例如，白人中产阶级作为一个群体，其社会化所造就的行为风格具有在职业性管理生涯中获得称赞的那种思路清晰、冷静以及有能力的权威形象。但是如果群体差异造成不利处境，那么公平似乎需要的是承认差异，而非忽视它。

尽管目前的法律在许多方面是无视群体差异的，但社会并非如此，某些群体仍然会被社会贴上"反常"和"他者"的标记。在日常的交往、想像以及决策中，人们仍然不断对妇女，黑人，拉丁裔人，同性恋，老人以及其他被标记的群体进行假设，而这种假设一直使得这些群体的被排斥和被回避得以正当化，使他们遭到的父权式和权威式的对待得以

---

〔21〕 Martha Minow, "Learning to Live with the Difference: Bilingual and Special Education", *Law and Contemporary Problems*, no, 48 (1985), pp. 157—211.

正当化。种族主义者，性别主义者，憎恶同性恋者，年龄歧视者们不断的行动以及相应的制度给那些群体造成特殊的环境，使得他们在发展自己的能力方面陷入不利，并且赋予他们以特定的经验和知识。最后，社会群体之间存在着文化差异——语言，生活方式，行为举止，价值以及对社会认知方面的差别，部分是由于他们被隔离以及排斥，部分是因为他们有着特殊的历史和传统。

对于那些致力于消除压迫的人而言，只有当将群体差异被看作反常或缺陷时，承认群体差异才会成为问题。这种看法预设了某些能力、需求、文化或认知方式才是"正常的"。我早先曾说明，那些具有支配地位的群体以他们特权使得自己的社会经验与观点被当作是无偏见和客观的。同样的，他们的特权又使得某些群体将他们以群体为基础的能力、价值以及认知方式指定为所有人都应该遵守的规范。女性主义者认为当代的大多数职业场所，尤其是最为炙手可热的部门，都预设了一套男性的生活节奏和行为方式，而女性只被期望去适应这一职业场所的预定规范而已。

在能力、价值以及行为或认知方面存在群体差异的地方，根据价值构成的规则来进行报酬的分配将加剧和延续不利处境。"平等对待"要求我们根据相同的标准去评价每一个人，但是事实上并没有所谓"中立的"行为标准。在某些群体享有特权而其他群体受到压迫的情况下，法律、政策与私人机构规则的制定倾向于对特权群体有利，因为这些标准是根据他们特定的经验所制定的。因此，在能力、社会化、价值以及认知和文化模式上存在着群体差异的情况下，只有关注这些差异才能使所有的群体参与并且容纳在政治与经济制度中。这意味着，与那种以无视差异的普适主义方式来陈述权利和规则[22]相反，一些群体在适当时候应该拥有特殊权利（special rights）。在接下论述中，我将回顾当代几次政策争论的情况，我认为在这些情况下，对被压迫和处境不利的群体给予特殊权利是适宜的。

怀孕权、产假权、哺乳母亲的特殊待遇以及老人的工作权的议题，在当今女性主义者中间具有高度的争议性。我不打算在这里厘清在法律理论中，这些具有概念挑战性和有趣的争论意味着什么。就如林达·克雷格（Linda Krieger）所言，职场中的孕妇和产妇的权

---

〔22〕 我使用"特殊权利"这个术语是和 Elizabeth Wolgast 的使用方法是差不多的，*Equality and the Rights of Women*（Ithaca，N. Y.. Cornell University Press，1980）。就如 Wolgast 一样，我试图分辨所有人拥有的这类普适权利与特殊情况下享有的这类特殊权利之间的区别。也就是说，在"特殊"仅仅意味着"特定"的地方，这个区别应该仅仅关涉到一般性的不同层面。不幸的是，"特殊权利"却开始承载了排除在外的蕴涵，也就是标示为特殊以及反常的。就如我在下面所断言的，目标并不是为了帮助人们成为"正常"的而进行补偿，而是要"去正常化"，因此在特定的情形下和抽象的不同层面里，人们才会获得"特殊"权利。

利为我们对性别平等的理解带来了范式的危机，因为在这些议题上运用平等对待的原则将会给妇女带来至少是暧昧的而最坏则是伤害性的结果。[23]

依我之见，在这一议题上使用平等对待的方法是不适当的，因为它要么意味着妇女在怀孕时没有请假的权利和职业的保障，要么意味着将这种保障纳入"无能力"（disability）这一性别中立性的范畴。这样的确认是不可接受的，因为怀孕和生育是正常妇女的正常状况，它们本身就被看作是社会性的必要工作，而且她们拥有独特及多样性的特点和需求。[24]将怀孕等同于无能力给这些过程赋予了"不健康"的负面含义。并且它暗示了，一位妇女拥有请假权和职业保障权利的主要或者唯一的原因是她生理上无法胜任工作，或者怀孕时和生育后恢复之前，她从事该项工作要更为困难。我所争辩的这些理由是重要，这些取决于妇女的个人状况，而另一个理由是，妇女应当拥有一段时间，来安排哺乳以及与自己孩子建立关系和日常习惯，如果她选择如此。

怀孕请假权的争论曾经十分激烈和广泛，因为不管是女性主义者还是非女性主义者都把生物性的性别差异看作是最为基础和不可消除的差别。当差别变成反常、耻辱以及不利处境的时候，这种印象可能会产生一种性别平等无法企及的恐惧感。我认为有必要强调生育绝不是会引发"同样与差别对待"议题的唯一情形。它甚至也不是会引发有关身体差异性议题的唯一情形。在前20年里，生理上以及精神上有缺陷的人们在获得特殊权利方面取得了显著的成功。这一例子说明，促进参与容纳的平等权需要考虑不同群体的不同需要。

另一个还未（或许将要被）在法律以及政策中广泛讨论的身体性差异的议题是年龄。越来越多的有工作意愿和能力的老人在我们社会中被边缘化，关于强制退休的问题也被越来越多地讨论。但这个讨论一直没有打破僵局，这是因为如果要认真对待所有有能力和意愿工作的人们之工作权利，势必要在失业严重的经济状况下对劳动力配置进行重大重组。仅仅因为年龄而强迫人们脱离他的工作是武断和不公平的。然而我认为，要求老年人与年

---

〔23〕 Linda J. Krieger, "Through a Glass Darkly: Paradigms of Equality and the Search for a Women's Jurisprudence", *Hypatia: A Journal of Feminist Philosophy* 2 (1987): 45—62. Deborah Rhode 在 "正义与性别"（原稿 第9章）中对女性注意法律理论中怀孕权争论的这一困境提供了极好的概要。

〔24〕 参看 Ann Scales, "Towards a Feminist Jurisprudence", *Indiana Law Journal* 56 (1980): 375—444. Christine Littleton 在怀孕与生育权的平等与差异对待问题上发生的女性主义论争上，提供了一个非常好的分析，在其他关于妇女的法律议题，参看 "Reconstructing Sexual Equality", *California Law Review 25* (1987): 1279—1337. Littleton 认为，就如我在以上所说的，只有强势男性族群定义的工作概念才会保证怀孕与生育不被看作是工作。

轻人以相同的条件去工作同样是不公平的。老年人应该拥有不同的工作权利。当他们达到一个特定的年龄，他们应该被允许退休而且获得退休金。假如他们希望继续工作，他们应该被允许以更灵活和兼职的日程安排，这和其他大多数工作者是不一样的。

所有这些关于职场里特殊权利的例子——怀孕与生育、生理残障以及年老——都有它们自己的情况和结构。但他们都在挑战着相同的范式——"正常、健全"的工作者以及"典型的工作状态"。在每个例子中，我们不应从享有差别待遇的工作者本身去解读对差别对待的要求，而应从他们与职场的结构与规范之间的互动去理解。即使在这些例子中，差异的根源并不是天生的、不可变更的、生理上的属性，而是在于身体与传统规则和实践之间的联系。在每个例子中，提出特殊权利的政治要求并不是为了补偿劣势——有些人可能会这样认为，而是为了积极肯定不同生活形式的特殊性。[25]

法律和政策所涉及的差异问题不仅仅是关于身体的，更是关于文化完整性（cultural integrity）与能见性的问题。这里所讲的文化，是指群体在特定的行为、性情或者意义方面的表征。文化差异包括语言，言谈风格或者逻辑，身体举止，姿态，社会实践，价值，社会群体特殊属性的社会化等等。就群体具有文化上的差异而言，在许多社会政策问题上的"平等对待"是不公正的，因为它否定了这些文化差异或使它们成为了累赘。在很多议题上，公平涉及到对文化差异及其后果的关注，但是我只简要讨论其中三个议题：平等就学就业法案（affirmative action），"同值同酬"（comparable worth），双语、双文化的教育与服务。

无论平等入学就业法案是否与名额限制有关，它的程序违反了平等对待的原则，因为它们在处理入学申请、工作以及晋升的资料时是明显考虑到种族或者性别的。这些政策通常都是靠一两种手段来捍卫的。优先考虑种族、性别的因素既被理解为是对那些过去受到歧视的群体的公平补偿，或是对那些由于被歧视和排斥的历史而导致目前处境不利的群体给予的补偿。[26]我并不想去讨论这两种差异对待的方式对于依据种族或性别的平等就学就业法案而言是否具有正当性。我想要补充是，我们可以将这个法案理解为对学校或者雇主所持评估标准所带有的文化偏见给予的补偿。这些评估的标准至少在一定程度上反映了

---

〔25〕 Littleton 认为差异应该被理解为不仅是特殊种类人群的特征，而且还应是他们与特定的制度结构进行的互动。Minow 表示过类似的观点，他说差异应该被理解为族群之间关系的一个功能，而不是仅仅着眼于特定族群的属性上。

〔26〕 这是许多关于"向后看"还是"向前看"观点讨论中的一个，参看 Bernard Boxill, *Blacks and Social Justice* (Totowa, N. J. . Rowman&Allanheld, 1984)，第 7 章。

强势群体——白人，盎格鲁裔或者男性——特定的生活和文化经验。而且，在一个群体差异化的社会里，真正中立化评估标准的发展是困难的或者说是不可能的，因为女性、黑人或者拉丁裔人的文化经验与优势群体的文化之间在很多方面都无法用一个标准进行通约。因而平等入学就业法案为一套文化属性的支配性地位进行了补偿。这个阐释对问题作出了不同的定位，强调这一法案部分解决了评估者及其标准所可能带有的偏见，而不仅仅是处境不利的群体的特定差异。

尽管同值同酬政策不是上述的差别对待问题，但同样要求在对女性主导职业的价值评估中挑战传统标准的文化偏见，并由此注重差异的因素。同值同酬方案所要求是，男性主导职业与女性主导职业，如果包含着同等程度的技术、难度和强度等等，那么就应该具有相同的工资结构。实行这些政策的关键当然在于设立一些比较这些职业的方法，而这些方法常常是不同的。大多数比较方案都会采用性别中立的标准来尽可能地缩小性别的差异。这些标准包括接受的教育、工作的速度（无论是否关涉符号的操纵）、决策等等。然后，有论者曾指出，这种对工作特性的标准化分类可能带有系统性的偏见，这种偏见往往掩盖了女性主导的职业所涉及的一些特定类型的工作任务。[27]许多女性主导职业包括了多种具有性别特点的工作，比如养育、缓和社会关系或者性的展示等，而这些特点往往被工作任务的观察所忽视。[28]因此，要对女性主导职业中的技巧和复杂性作出一个公平的评估，就要对这类职业的性别差别予以明确的关注，而不是使用无视性别的比较范畴。

最后，语言和文化的少数群体应该享有维护其语言和文化的权利，同时还要让他们得到公民身份的所有利益，如有价值的教育和职业机会。这一权利意味着政府和其他公共机构有义务积极地使用少数群体的语言来印制文本以及提供服务，而且在学校里提供双语提示。文化的同化不应该成为完全社会参与的一个条件，因为这种同化要求一个人转换他或她的身份认同感，如果这一点在群体的水平上实现，也就意味着这个群体的认同已经被改变或消失了。这一原则并不适用于社会中任何一个不认同多数人的语言或文化的个体上，而只适用于具有一定规模的少数语种或文化的群体，这些群体居住在特别的但未必是隔离

---

〔27〕 参看 R. W. Beatty 与 J. R. Beatty，"Some Problems with Contemporary Job Evaluation Systems"，与 Ronnie Steinberg，"A Want of Harmony: Perspectives on Wage Discrimination and Comparable Worth"，都收录于 *Comparable Worth and Wage Discrimination: Techniical Possibilities and Political Realities*，Helen Remick 编辑 (Philadelphia: Temple University Press, 1981); D. J. Treiman 和 H. I. Hartman 编辑，*Women, Work and Wages* (Washington, D. C,: National Academy Press, 1981), p. 81.

〔28〕 David Alexander, "Gendered Job Traits and Women's Occupations" (Ph. d. diss., University of Massachusetts, Department of Economics, 1987).

的社区中。在美国，针对文化少数群体的特殊权利至少运用在西班牙裔美国人和印第安人身上。

普适主义者认为，主张曾被隔离的群体具有被容纳的权利与主张这些群体具有要求差别对待的权利之间，存在着矛盾。如果是为了使参与和容纳成为才要求关涉差别的话，这里并没有矛盾。不同情形或者拥有不同生活方式的群体应该能够在公共机构中共同参与，而无需摆脱他们的本地认同而陷入不利境地。特殊权利的目标并非给予反常者一个特别的补偿，直到他们能达到正常的标准，而是透过显现存在于或应该存在于规则中的多元处境和需求，将机构制定规则的方式"去正常化"。

许多反对压迫和特权的人对于特殊权利的诉求持谨慎的态度，因为他们害怕这么做会重新恢复特殊的分类法，以至于对那些被贴上特殊标签的群体实行的排斥得以正当化，且使他们蒙上恶名。这种顾虑，尤其是被那些在法律和政策上反对确认性别差异的女性主义者表现出来。对我而言，这种顾虑是愚蠢的。

然而，此种顾虑是建立在一种传统的看法上，也就是将群体的差异等同于反常、污点与不平等。当代由受压迫群体所发动的社会运动，透过宣称一个群体之所以作为一个群体的认同，以及拒斥他人为他们所贴上的劣等或非人的标志，来主张群体差异的积极性意义。这些社会运动将差异本身的意义作为政治抗争的地盘，而不是用差异使排斥与附庸得以正当化。依我之见，为了削弱压迫和处境不利而支持关注群体差异的政策和规则是这一斗争的一部分。

对要求特殊权利的顾虑指向的是群体代表权原则以及在政策中考虑差异的连接问题。防止特殊权利被用来压迫或者排除其他群体的主要手段，是这些群体自己的自治组织和代表权。假如被压迫和处境不利的群体能够在群体中讨论他们所判断的什么样的程序和政策将会更好的促进社会和政治平等，而且能够找到让自己的判断成为公众所知晓的一套机制，那么注意差异的政策将不大可能反过来使他们自己受害。假如他们拥有制度化的对关涉自身的政策建议的否决权，那么上述危险大多数都会被减低。

在本文中，我区分了普适性的三种意义，而在讨论公民身份的普适性和公共领域时，这三种普适性通常会瓦解。当代的政治学是在所有人都被容纳以及参与公共生活与民主程序的意义下来推动公民身份的普适性的。但此种真正的普适公民身份之实现却受到下列信念的阻碍：首先是当人们行使他们的公民身份时，应该采取一个普适的观点，并且抛开那些源自于特定经验与社会地位的认知。而在法律和公共生活中的完全被容纳和参与同样也常常被另一信念所阻碍，即在以普适的观点制定法律与规则时，要以相同的方式应用于所有的公民。

在回应这些观点时，一些人提醒我，对理想的普适性公民身份的挑战是危险的，这会使理性规范的诉求陷入无根基之状态。他们所讲的规范理性包含了康德意义上的普适性：当一个人主张什么是好的或对的时候，他或她是在主张，每个人在原则上都能够自恰地要求这种主张，而且每个人都应该对此接受。这其实指的是普适性的第四种意义，是在认识论而非政治学意义上的普适涵义。或许我们有可能来质疑这种康德式的规范理性理论，但这与我所讨论的问题不同。我在这里所讲的是实质性的政治问题，而本文中的观点即不肯定也不排除这种质疑的可能性。无论如何我并不认为，挑战那种划一性公众的理想、那种认为规则总应具有普适性的主张，会颠覆我们作出理性的规范性判断的可能性。

文化多元主义与不完全公民身份[*]

杰夫·斯宾纳－哈列维（Jeff Spinner－Halev）

李丽红 译

　　有一种多元文化主义（multiculturalism）会严重地威胁公民身份，因为它想要创造一个由多种独特文化构成的社会。在这种多元文化社会中，人们并不关注公民身份，也不愿意使国家成为所有人的好去处；他们几乎不关心公共政策如何影响大多数人或者其公民同伴（fellow citizens）。甚至对他们而言，"公民同伴"这个词可能就意味着陌生人。他们拥有的是犹太人同伴、黑人同伴、穆斯林同伴或者锡克族同伴。然而，公民并不是他们的同伴。这些多元文化主义者可能会对国家感兴趣，只是因为这样做，他们可以说服国家给他们经济或者其他方面的支持，从而实现自己的目的。在群体成员身份优于公民身份的社会中，群体可以拥有正当的理由来保持其独特的认同。然而，这种强的（thick）多文化主义并不是多文化主义的最普遍形式。越典型的多元文化主义就越无害，而且具有讽刺意味的是，典型的多元文化主义只是弱的（thin）多元文化主义。典型多元文化主义都是有关少数群体（minority groups）成员强烈要求进入主流社会的。他们希望自己群体的历史也被承认为重要价值；他们希望在为国效忠时能够保留一些传统服饰；又或许他们希望能得到承认并且被选官员能够通过拜访他们和参加他们节日庆典的形式来承认他们这个共同体的存在。这些主张都是有关扩展公民身份的。尽管这种包容性的多元文化主义可能会损害某些人所理解的狭隘的公民身份观念，但是，被压缩的公民身份理念应该被扩展。

---

　　* 这篇文章是我1995—1996学年在普林斯顿大学人文价值中心跟随 L. S. 洛克菲勒做访问学者时所写的。非常感谢中心为我提供了思考和写作这篇文章的理想场所。1996年2月，这篇文章的早期版本曾经提交普林斯顿大学政治哲学研讨会，1996年4月在意大利佛罗伦萨曾提交欧洲大学协会关于多元文化主义、少数群体以及公民身份的研讨会。这两个地方的听众都提出了很有帮助的评论和问题。牛津大学出版的一篇匿名评论对我改进这篇文章也很有帮助。——原注
　　本文原题为"Cultural Pluralism and Partial Citizenship"，发表于 Christian Joppke and Steven Lucks（ed.）*Multicultural Questions*, Oxford University Press, 1999。——译者注

在这篇文章中，我探讨了多元文化主义和公民身份之间的关系。之所以这样做有两个原因：首先，对于多元文化主义的一个共同批评就是它将导致社会的巴尔干化（Balkanization）。如果我们从群体的角度来考虑我们自己，那么这种批评就是成立的。公民身份在分散的群体生活面前会变得孱弱。其次，政治理论家（特别是自由主义理论家，但也不是只有自由主义理论家这样）越来越热衷于讨论公民身份问题以及差异、多样性与多元文化主义的问题。在这里，我想把两个问题联系起来，我是通过回答下面这个问题来做到这一点的。这个问题就是：多元文化主义威胁公民身份吗？我认为，强的文化多元主义会威胁公民身份，而包容性多元文化主义通常会加强公民身份。然而，还存在第三种情况，这种多元文化主义由强的多元文化主义衍生而来，但并不会威胁公民身份。当那种保持着凝聚性认同的孤立性群体向国家所求甚少时，群体身份并不会威胁公民身份，而且这些群体的成员也不应该被认为是完全公民（full citizen）。在讨论完公民身份与包容性多元文化主义之后，我重点讨论了"不完全公民身份"（partial citizenship）的案例，因为它表明了以某种方式保持一种独特文化而又不伤害公民身份是何等的困难。接下来我阐述了为什么强的多元文化主义会威胁公民身份，同时我也讨论了为什么对包容性多元文化主义的反应会比多元文化主义对公民身份的危害还要强烈。结尾是一个简短的讨论，讨论了为什么公民身份如此重要。

对于多元文化主义的任何讨论都会遇到一个问题，那就是多元文化主义这个术语被广泛运用，以至于它可以包括很多不同的内容。在此，我只对两种群体感兴趣，一种群体想要通过与其他文化保持一定距离来保护其文化实践，另一种群体希望自己的文化实践被主流文化所接受。当前一种情况发生时，这种强的多元文化主义就可以被认为是文化多元主义（cultural pluralism）；当后一种情况发生时，这种包容性多元文化主义可以被看作社会多样性的一个方面。社会多样性一方面体现为人们所持有的信仰与教义的多元性，另一方面表现为人们具有不同的文化实践。人们并不想把这些文化实践作为进入主流社会的阻碍（我有时会把包容性多元文化主义称作多样性，尽管这两者并不同义）。这些实践都是与其他人共享的，当它们呈现为一种新的文化实践时，那些先前认可这些实践的人有时会放弃它们。一个多样化的社会具有各种各样的实践和信仰，这些都是主流文化、实践和信仰的组成部分，这些文化、实践和信仰在人们之间不断转移。[1]一个以文化多元为标志的

---

〔1〕 这个多样性的概念来自于 Jeff Spinner - Halev, 'Difference and Diversity in an Egalitarian Democracy', *Journal of Political Philosophy* 3/3（Sept. 1995）: 262. 在我的讨论中，我不会谈及那种要求和向往某种政治主权的群体。我认为像魁北克这样的群体应该从民族主义的角度，而不是多元文化主义的角度来考虑。

社会就是拥有许多文化群体的社会，这些文化群体不想与其他群体共享他们的文化实践。

像很多二分法一样，在文化多元主义与多样性之间存在一个中间地带。为了表明这个二分法事实上过于简单，在下面的阐述中，我会触及到一些中间地带的内容。但是这个二分法是非常有用的，因为它表明了多元文化主义什么时候会危及公民身份，什么时候会促进公民身份。

一、包容性多元文化主义

自由主义的公民身份

我认为公民身份有两个层次，第一个层次是法律要求，第二个层次是道德要求。第一个层次的公民身份坚持认为：所有公民在公共场合和大多数公民社会制度中都应该以一种非歧视的（non‐discriminatory）方式对待彼此，并且互不损害对方利益。在私人领域，歧视可以大量存在，但是人们必须互相宽容。这至少意味着，如果不是基于自我保护这样的理由，任何人都不可以伤害他人的身体。有时，第一个层次的公民身份也适用于非公民（non‐citizens）。公民尤其不该歧视非公民。在履行契约和接待客户的过程中，所有人都应该被平等对待，而不管他们的地位如何。这部分公民身份与普遍的人权观念有所重叠，即"任何人都不应该因其描述性特征而受到歧视"，但是，我想说非歧视原则只是公民身份的一部分，之所以这样说是有两方面的原因。首先，在美国（和欧洲部分国家）公民——妇女、工人、黑人——在为平等对待而斗争。其次，在某些情况下，非公民会受到歧视，而公民却不会。自由主义公民身份的法律要求赋予公民以一定的权利，例如选举权、工作权和向政府请愿的权利。而且，一些制度也会歧视非公民，如在就业、入学、政府规划等领域就存在这种情况。在所有领域中，对于非公民身份的歧视都是法律所不允许的。一个自由的政府可以决定让外籍居民具有选举权，但它不必那样做。[2]尽管法律一直声称反对歧视，但是法律却一直都在忽视这个问题。因为法律并不能够阻止人们进行歧视。自由主义者希望人们能够自愿遵循这些公民身份的法律条件。不幸的是，希望经常落

---

〔2〕 我也认为第一个层次的公民身份应该保障罗尔斯称之为基本善的东西——住房、食物等等——因为这一点对我这里的论述并不重要，所以我不谈及公民身份的这个方面。

空，因为要达到这些要求似乎相当困难。如果可以轻松地抑制歧视，那么我们社会中的种族主义和性别歧视就会比现在少很多。而且，如果一个国家想要成为自由的国家，那它必须具备这种公民身份观念。

公民身份的第二个要求是对公民的要求，与法律要求相反，这是对公民的一种道德要求，国家可以鼓励公民成为有道德的公民，但却不能从法律上要求他们这样做。如果公民之间可以互相商谈、愿意妥协并且愿意在实现自己私人利益的同时也愿意实现公共善，自由民主制度就会处于一种最佳状态。虽然要求公民只关注公共事务有点强人所难，但是如果所有的公民都只关心自己狭隘的个人利益，那么不公平的现象就会增多。如果公民都不愿意去考虑和追求共同善，那么政治将变成一场强者胜出的游戏。如果有机会消除不正义，公众有时必须愿意寻求共同善。

这就引出了自由社会中的公民美德问题：公民应该能够与他人合作，懂得在民主讨论中倾听的重要性，愿意去妥协，他们会认为至少自己偶尔应该关注一下政治世界，并且当他们与选出的官员接触时，不是为了找一份好工作，而是为了制定更好的政策。这些美德有助于公民建立一个更加正义的社会，并且有助于他们时刻监督政府，确保政府不会超出其职责界限。自从自由主义和民主制度相结合以来，这些美德变得更加重要。[3]社会制度可以用各种不同的方式来激励这些美德，但却难以进行强制。有些公民可能会回避这些美德，但如果大多数公民都这样做，这个国家就不会像现在这么自由。当然，社会也有可能会因某些公民回避这些美德而幸存乃至繁荣。

多元文化主义与世界主义

包容性多元文化主义可能是最普遍的多元文化主义形式，它所关注的是实现第二个层次的自由公民身份问题。这种形式的多元文化主义想把那些被社会文化原则排除在外的人包括进来。那些被排除在外的人希望能够作为完整而平等的公民参与民主讨论，他们希望被倾听，希望在社会生活、政治生活以及学校教育中得到公平对待。当被挤出主流社会的群体成员争辩其历史被教科书所忽略时，他们并不是想要保持独特的文化认同。他们想要的是希望自己的历史能够被加入到国家的历史叙事中。他们希望自己的历史也能成为国家

---

〔3〕 我解释了自从自由主义与民主制度结合以来的公民身份要求，见 Jeff Spinner, *The Boundaries of Citizenship: Race, Ethnicity and Nationality in the Liberal State* (Baltimore: Johns Hopkins University Press, 1994), 92 - 95. 也可见 Stephen Macedo, *Liberal Virtues: Citizenship, Virtue, and Community in Liberal Constitutionalism* (Oxford: Oxford University Press, 1990).

历史的组成部分。当黑人的历史、犹太人的历史以及意大利裔美国人的历史都能够在学校里讲授，并且把这些历史本作为美国历史的一部分时，这些历史就能被所有美国人宣称。到那时，不仅仅是黑人，而是所有的美国人都会被马丁·路德·金的精神所鼓舞。

同样，当马丁·路德·金纪念日成为国定假日时，它就会成为所有美国人庆祝的日子。这样一来，金就不只是一个黑人社会的特殊人物，而是成为一个要在课堂上学习并要进行全国性公开纪念的人物，因此他成为所有美国人心目中的特殊人物。这种形式的多元文化主义并不想颂扬文化差异，而是要改变现有的公民身份概念，想要在公民身份概念中把原来被排除的部分包括进来。它颂扬并肯定美国社会的多样性。这种改变了的公民身份最该关注的并不是公民身份的捍卫者，而是那些黑人共同体中成员，他们希望纪念金并希望在学校中讲授金的事迹。一旦马丁·路德·金成为所有美国人心目中的人物，黑人共同体将难以左右如何纪念与讲授马丁·路德·金。由于已设立为假期，我们看到的不再是只有黑人教堂庆祝马丁·路德·金日，而是白人教堂、犹太教会堂、公民组织以及政府部门都在庆祝马丁·路德·金日。对于公民身份和多样性而言，这可能是件好事，但对于保持社会中独特的文化边界而言，它的确没有多少帮助。[4]

其他形式的包容虽然没有这么温和，但是仍然可以算作弱的多元文化主义。当犹太人想在军队中戴圆顶小帽（便帽），或者加拿大锡克族骑警及学校中的锡克族教徒想要包头巾，他们想要的是保持某种独特的认同。我在这里之所以要说"某种"是因为他们并不是保持极其独特的认同。那些想要与非犹太人根本不同的犹太人不会参加美国军队，他们会呆在正统犹太教学校。同样，在军队中带着圆顶小帽或者包着头巾服役，是为了表明一种文化认同，表明他们的穿戴与（他的某些）同伴公民有所不同。多样性并不必然根除所有的文化差异，但是它所保护的基本都是共存于多样性中那些稍稍弱于相似性的差异。事实上，这种包容性的多元文化主义很像世界主义。当一个担任加拿大骑警的虔诚的锡克教徒在家吃着汉堡，周末去观看多伦多蓝鸟棒球比赛时，当他的孩子进入多伦多大学并在那里享受属于自己的世界主义生活方式时，他和他的家人就是过着一种世界主义的生活。这些公民身上既有锡克教徒的影子又有同伴公民的影子。有时，这种结合会造成某种冲突，但大多数的结合通常都不会有问题。

---

〔4〕 一位黑人部长向我抱怨：他在自己所在的城市中看到了犹太教教堂庆祝马丁·路德·金日的活动，而且这些活动往往会吸引大批观众，为此，他感到很气愤，因为他把金的生日视为应该由黑人来领导其庆祝活动的假日。但是，如果将其作为一个国定假日，那"所有权"就会延伸到整个政治共同体。

包容问题

当那些具有不同文化实践的人移民到一个新的国家，而这个国家具有他们所不熟悉的文化实践时，通常会出现包容问题。如，虔诚的穆斯林希望能在周五去清真寺祈祷。这和基督教徒希望能在周日祈祷以及犹太人希望能在周六祈祷没有什么不同，但是很多商业机构、政府部门以及学校都是周末休息而不是周五休息。工作日制度是一种偶然性的历史事件，所以没有原则性的理由去否定那些在工作日制度确立之后才引起人们注意的包容问题。

可以用方便来为工作日制度辩护，它确实适合西方民主社会中的大多数人，因为他们大多都是基督教徒（尽管一些地区的穆斯林比犹太人多），而且建立这种制度的初衷并不是要歧视穆斯林。但为什么意图是至关重要的呢？这一点还不是很清楚。有些法律的最初意图并不是为了适应社会的变化，比如有一种法律规定，工人一年内休假超过两周就要进行处罚，这种法律规定表达的可能是中立主义者的观点，最初是为了适用于所有工人。然而这样的法律很明显会处罚孕妇，因为她们在生育前后往往需要更多的休假时间。许多国家已经开始尝试包容孕妇，以使她们既能够生育又不会受到处罚。由于公民身份已经扩展，已不再局限于白人男性，那么，某些社会标准和法律也应该随之而改变以免产生不公平的歧视。

虔诚的穆斯林应该得到包容，因为在每周的祈祷日时间，只有穆斯林在工作，而基督徒和犹太教徒都不必这样做，这是不公平的。这种包容必须按照具体问题具体分析的原则来进行，然而，在进行包容时也需要一定的想像。虽然如此，包容也是需要限制的，甚至包容的理念就意味着一些人会被挑选出来在工作上给予优待，或者必定处于一种不利地位（如果老板看到别人的机会比你多，那么你晋升的机会就会很小）。对于那些在确立工作周和假日时，其观念没有被考虑（或胜出）的人来说，仍然会认为这种工作日和假期制度是一种负担。我认为没有什么很好方法可以解决这个问题。工作周制度很难平等地适用于每一个人。如果95%的人都想周末休假，而只有5%的人想周五休假，那么，许多商业和政府部门会按照大多数人的意愿来安排自己的活动。

我们也应该预计到这种包容可能是缓慢的、困难的，有时甚至是不可能的。对于许多工作而言，每个人必须在同一时间工作，而且在其他人都想工作时，不能包容那些认为自己可以休假的人。尽管如此，大多数时候包容还是可能的，尽管找出最好的方法去包容新文化和宗教活动通常需要花费很多时间。但是，包容不会伤害公民身份。包容可以在保持其独特实践和信仰的基础上，允许更多的人成为一等公民。

二、文化多元主义与不完全公民身份

部分多重，会按照大多数人的意愿构造，工作周和假日的确立内离开包容性多元文化主义通常会走向某种世界主义，使群体很难保持自己独特的文化认同。在一个平等自由的民主社会中，保持文化独特性的途径是分离，似乎宗教群体最喜欢这样做。不幸的是，许多涉及文化多样性和差异的话题都会跳过宗教群体，尽管正是这些群体才最具文化独特性。那些用明显重要的标志将自己和别人区分开来的群体最有可能保持一种独特的认同。与那些遵照传统而生活的人相比，那些坚信自己是按照上帝的意旨生活的人更不易作出妥协。在美国和加拿大，像阿米希人（Amish）、哈特派信徒（Hutterites）和正统犹太教徒（ultra – orthodox Jews）这样的群体是最具独特性的。虽然其他非宗教群体也在尽力保持自己的认同，我认为这些群体成功保持其独特认同的可能性较小，但也不是没有成功的可能。例如，阿米希人就比意大利裔美国人的生活方式更具独特性。

阿米希人、哈特派信徒和正统犹太教徒，遵照上帝的意旨，回避了社会中许多主流制度，他们不进入其他人就读的大学读书，不愿在大公司工作，也不愿在政府供职。他们不要求在学校中讲授他们的历史，也不希望其他人到自己的共同体来了解他们。本共同体的成员都要求遵守共同体的准则，否则，他们就会被避开和排斥。因此，这些群体的成员把他们所在的共同体视为首要的共同体就不足为怪了。他们不在乎自由公民身份的道德要求。他们对政治也不是很感兴趣，不愿多了解或思考有关政治的问题（我后面提到的某些正统的犹太教徒除外）。在民主讨论中做一个好的参与者也不能吸引他们。这就是文化多元主义的范例：具有难以与其他人共享的文化实践的独特文化共同体。

然而，当这些群体尽力不理会国家制度，而是在他们自己的共同体内过着简单的生活时，这并不损害公民身份。如果生活在孤立性共同体中的人们不理会自由公民身份的道德要求，并且也很少或几乎不提出公共要求，就没什么可担心的。当这种情况发生时，这些群体中的成员就是我所称的不完全公民（partial citizen）。[5]当这些群体中的成员不参与

---

〔5〕 关于这种观点的介绍，见 Spinner, *Boundaries*：ch. 5. See also Stephen Macedo, 'Liberal Civic Education：The Case of God v. John Rawls?,' *Ethics*, 105 （Apr. 1995）.

政治活动，不要求国家为其提供经济恩惠或基金来构建对自己有利的制度，不要求那些损害其他公民的事情，就不必把他们视为完全的社会成员。这些共同体必须为其成员提供经济机会，赡养老人，教育孩子，并提供令人满意的精神生活来丰富他们的业余生活。有些事情，如教育孩子的事情可能会对国家有所依赖。共同体与外部世界偶尔也会发生联系，通常是经济联系。这种共同体与国家和主流文化虽然不是完全分离，但在很大程度上是相分离的，比它与其他共同体之间的分离要大得多，也明显得多。如果大部分人都成为不完全公民时——当然这很难实现——就会引发担忧，但是，没有多少人可以避开现代社会制度。许多群体的成员出生在这个群体并非偶然。他们难以忘却儿时所学的很多关于如何成为一名共同体成员的记忆。不完全公民的数量难以变得很大。

我想运用不完全公民身份的观点来弄清孤立共同体中的成员与国家及其公民之间的模糊关系。不完全公民身份取决于一些条件：只要群体远离共同的国家生活，而且也尽力不在公共利益中索取一杯羹，社会就会承认他们几乎没有向国家和其他人提出要求。我不同意将不完全公民身份的观点直接写入法律，尽管它可能会产生这样的法律结果。相反，我将鼓励国家的政府官员在对待像阿米希人和哈特派信徒这样的群体时，应该与对待其他公民相区别，有时应该包容这些群体。在很大程度上，这种包容是以第二个层次的公民身份为基础的：国家根本不必担心向这些不完全公民灌输自由美德的问题。当然，并不是所有要求包容的诉求都应该得到承认，但只要这些包容诉求不违背第一层次的公民身份，只要群体成员和其他人一样缴税，并且不伤害其他人，他们就应该得到包容。

很多例子都可以表明包容不完全公民的可能性和限制。不完全公民可以在教育方面得到包容。他们当然应该教（或者让国家来教）自己的孩子一些基本技能，但他们不会教给孩子们那些我们希望未来公民所具有的批判思考的能力。阿米希人的交通工具是马和轻便马车，因此交通官员应该制定计划来包容他们缓慢的交通方式。但是，不完全公民不能因此而免于缴税。不完全公民受到国家的军事和警察方面的保护，并从空气与水的制度中以及其他公共物品中获益。因为所有的公民不管是不是不完全公民，都从公共物品中获益，因此，所有的人都应该为此买单。并且，不完全公民仍然在经济上和其他公民竞争，不应该给予他们不公平的经济上的优待，他们不能比其竞争者少交税。

与不完全公民需要交税一样，战争时期他们也应该作出贡献。如果他们拒绝参战，包容就意味着为他们应该为战争提供其他方面的服务。不能允许他们逃避所有的服务。除了要为公共物品买单，对包容的限制也很重要，这些限制可以使人们不愿成为不完全公民。要使成为不完全公民变得难以实现，否则公民身份会受到威胁。包容应该允许不完全公民在自己的共同体生活，但可以不在自己的国家生活，所以他们必须向所居国的权力机关责任。

不完全公民造就了多元文化社会。这些不完全公民具有完全不同的生活方式，有时说着完全不同的语言，穿着不同种类的服饰，偶尔会避开某些现代生活的便利之处，这些群体与我们有着明显的文化差异。尽管这些群体的成员从来不像好公民那样思考公共事务，但是，如果把他们视为不完全公民，我们就会看到，他们并不威胁公民身份。他们不参加选举，不为政府工作，也不参与政策争论。他们可以不思考公共事务，但因为他们没有提出公共要求，所以他们不必像好公民那样关注公共事务。

离开的权利

到如今，几乎每个人都知道阿米希人不想让他们的孩子进公立学校读书。因为他们的孩子不会选择成为宇航员或者是钢琴家，有人甚至声称，公立学校会戕害他们的孩子。这种观点认为，如果人们想要成为阿米希人，就应该选择这种生活方式；不应该为此而进行训练。然而，也存在相当数量离开阿米希共同体的人，表明阿米希人比许多人所认识的更加自治。[6]尽管如此，对阿米希人的担心也是正确的：没有人应该被强迫，或者接近强迫，去过一种特定的生活。如果他们愿意，出生在这些孤立共同体的人应该能够离开离开共同体。

我要详细阐述具有离开权利的哈特派信徒所面临的窘境。与阿米希人一样，哈特派信徒也是再洗礼派教徒（Anabaptist），他们为躲避迫害而逃离欧洲。大多数哈特派信徒生活在加拿大西部，他们以小型聚居区的方式生活，每个聚居区大约有一百多人。当聚居区变得太大，大约是150人时就一分为二，原来的聚居区要承担新聚居区二分之一的债务。每个人都尽其所能的工作，每个人的需求（以最低限度来界定）都得到关注。聚居区的一切都是公有的，那里绝对没有私有或个人财产，除非被悄悄保留下来。人们逐渐保存一些东西作为己用，例如衣服和一些个人财物，但这些东西并不归使用者所有。哈特派信徒都从事农业生产，由于他们努力工作并把大部分收入都再次投入到农用设备上，所以他们的聚居区通常都很富裕。他们并不把财富挥霍在奢侈品上，甚至不买那些大多数北美人所认为

---

〔6〕 艾米·古特曼（Amy Gutmann）认为阿米希人可能不得不进入公立学校，见 'Civic Education and Social Diversity'，*Ethics*，105（Apr. 1995）。然而，大约百分之二十的阿米希人离开了他们的共同体，这一数据显示出该共同体相当程度的自治。

的必需品，因为他们要过简单的生活。[7]节省下来的钱并不是要用于购买新的农用设备或厨房用具，而是用于帮助开辟新的聚居区。

这里的困难就是要有离开的经济手段，下面就用一个法庭案例来说明。在20世纪60年代早期，一个哈特派信徒聚居区的四个成员（兄弟四人）开始偏离这一信仰，因为他们改信上帝电台教会（Radio Church of God）。当这种转变十分明显时，哈特派信徒就竭尽全力向霍弗（Hofer）兄弟表明这样做是错误的。然而，霍弗兄弟非但没有任何悔改，而且不顾聚居区的许多规则，开始在聚居区内践行他们新信仰。哈特派信徒将兄弟四人驱逐出聚居区，霍弗兄弟遂向法院起诉，声称他们应该获得聚居区资产中属于自己的那部分财产。[8]

霍弗兄弟的观点十分明显：他们在聚居区里刻苦工作，只因他们改变了宗教信仰就变得身无分文且无家可归，这是不公平的。霍弗兄弟所在的聚居区有一项法律章程（所有的哈特派信徒聚居区都有这样的法律章程），这项法律规定被驱逐的成员无权索要聚居区的财产。然而，严格遵守法律的方法并不能奏效。[9]这个声称可以用劳动换取食物、衣服和住所，但不能换钱的法律文件很可能会产生强迫其成员的结果。成员可能会认为离开聚居区是不可能的，因为他不能带走任何钱或财物。由于没有任何财产，成员的选择受到极大限制。当离开共同体的选择被严重限制时，就应该关注自由主义，自由主义认为个人有权选择自己的生活。如果一份契约的内容是一个人要在他壮年时期（以及部分青年时期）努力工作，但没有工钱，那么，自由主义国家应该提防这样的契约。在自由主义国家，并不是所有的契约都合法。没有人愿意成为奴隶或者契约佣工（indentured servant）。虽然哈特派信徒既不是奴隶，也不是契约佣工，但他们放弃了作为共同体成员的重要权利。

如果每次有人离开时，共同体都必须给每个成员相应比例的财产，那哈特派信徒共同体就不能真正保持它的宗教理想了。如果每个离开的人都能分到一定比例的聚居区财产，那许多聚居区都会瓦解。因为聚居区很小，只要有一些成员的同时离开就会导致聚居区解

---

〔7〕 哈特派教徒没有自己的电视或收音机；每个聚居区有几辆汽车和卡车，这样成员需要时就可以进城。他们穿着简单的衣服，住在共同体建造的房屋中，在公共食堂中一起吃饭。他们很少进行长途旅行。在很大程度上，聚居区是自给自足的。虽然他们会购买一些他们不能自己制造的大型物品，但他们自己造房子和家具，自己织布，自己酿酒。

〔8〕 Hoferv. Hofer（1970）13 D. L. R.（3d）1（Supreme Court of Canada）.

〔9〕 虽然当聚居区与外界发生联系时，可以把它视为一个公司。比如，当遇到责任争议时，如果不把聚居区当作公司来看待，要求聚居区内的成员承担责任的人将不能得到任何赔偿。没有办法让聚居区的收入纳税。还会出现其他类似的问题，这就意味着聚居区与外部发生联系时，应该把它当作公司来看待。

散。在霍弗兄弟的案例中，如果从霍弗兄弟的角度来看（他们输掉了官司），这个案例揭示出以自由主义的个人主义财产观念为基础的宽容是有其适用范围的。那些持财产共有观念的群体就会认为在自由主义国家中生活是很不幸的。然而，不能强迫别人成为自由的公民，而且自由主义的宽容意味着国家应该允许人们以不同的方式生活。在他们成年后，没有人强迫霍弗兄弟在哈特派信徒共同体工作，他们可以在较年轻的时候离开，到聚居区外工作。

有人提出质疑：哈特派信徒是否真的了解他们可以离开聚居区？大多数时候他们当然可以。孤立性群体中的成员极少有人不了解外面的世界。现代文化的引诱非常强烈，并且非常难以抗拒。那些想要保护自己的孩子免受外界文化影响的行为极少取得成功。而且，由于各种原因，小群体要经常与外部世界进行交易。哈特派信徒经常到城里卖东西，买东西，去与其他哈特派信徒见面，有时也到酒吧里去喝酒。哈特派信徒从不给儿童施洗，直到他们成年后才给他们施洗，这意味着继续留在哈特派信徒共同体的决定必须是经过深思熟虑做出的。而且，虽然哈特派信徒的孩子要在聚居区里的学校上学，但上课的老师却可以是非哈特派信徒。在一周中的大部分时间里，老师都用十分世俗的观点来教这些哈特派信徒的孩子认识世界。

尽管存在这些外部影响，但是，让一个在聚居区内长大的的人拒绝成为哈特派信徒却十分困难，因为这样做意味着他要离开聚居区，也要离开他所钟爱的家庭和他所了解的世界。确实难以做到这样，但对于哈特派信徒的儿童而言，这并不是问题的关键。哈特派信徒的孩子很难改变父母为他们设定好的信仰。哈特派信徒（或者阿米希人）深刻影响其子女的事实并不会困扰自由主义者，他们的教育模式也不会，因为他们是由国家的老师进行教育的。有人可能会对哈特派宗教学校缺乏多样性提出异议，但是离他们最近的邻近学校也要乘坐长途汽车才能到达，这并不是一个很有吸引力的选择。

哈特教派的父母和其他父母一个关键不同是他们给予孩子的是一个僵化的选择。他们说，要么你们像我们一样生活，要么彻底远离我们的共同体。因为哈特派信徒用相当具体的方式规定了一个人生活的方式，如果选择成为哈特派信徒，个人就要放弃大部分个性。然而如果选择拒绝这种生活方式，那么人往往要断绝与共同体的所有联系。这确实是一个僵化的选择。

其他成功影响其子女的家庭很少给孩子如此僵化的选择。他们可能会影响孩子，但孩子长大以后，他们可以穿自己喜欢的衣服、每天吃自己想吃的东西、住他们想住的地方。他们可以决定看什么样的电影或者电视节目（不像哈特派信徒那样，他们可以选择看电影和看电视）。他们可以自己选择职业，并且可能会背离父母的期望。很少有家庭会像哈特派信徒一样给孩子们那样的选择。然而，僵化的选择也是选择。自由主义者可能会认为哈特派信徒给他们孩子的选择是一种令人不自在的选择，但自由主义者也没有理由认为，哈特派信徒应该给他们的孩子更多的选择。这样做会干涉哈特派信徒处理其内部事务的方式。只要他们没有对成员进行人身伤害或者阻止其成员离开共同体，自由主义者对哈特派信徒有任何异议都无济于事。

还有一个原因让自由主义者对像哈特派信徒这样的群体感到不快，那就是尽管哈特派信徒知道在他们聚居区外面还有一个世界，并且他们可以远观，偶尔也会近观这个世界，但他们通常都是这个世界的旁观者。哈特派信徒始终持有以下观念：他们不是多元群体的成员，他们的孩子和非哈特派信徒孩子的交往没有任何意义。在这里，自由主义者也不能做很多。如果父母想以一种庇护的方式养大孩子，自由主义国家并不能阻止他们这样做。如果家长不让孩子走出屋子，不教他们如何阅读和写作，就这样养大孩子以使他们不了解屋外的世界。确实有这样的情况，但这些并不只是用来描述哈特派信徒的。尽管他们的确以庇护的方式抚养孩子，但在自由主义国家中，许多父母也都是这样做的。

关于离开孤立性共同体的权利问题仍然在悬而未决。没有任何财产或是对外部世界如何运行的知识，离开共同体肯定是相当恐怖和令人畏惧的。[10]许多成员可能都会认为不能离开共同体。年长的成员可能会意识到加入哈特教派是一个错误决定，当他18岁时不应该做这样的决定。人们应该可以改变自己的决定。但是，由于没有任何财产，选择离开共同体就会受到极大的限制。由于在外面的世界会面临生存困难，所以一些成年的年轻人会接受共同体的洗礼，即使他们很想离开。为使人们能够比较轻松地从哈特教派走向外部世界，哈特派信徒应该为那些想要离开的人预留一小笔资金。这笔资金不能太多，不能成为离开共同体的诱因，因为如果那样，差不多等于是政府关闭了这个共同体。任何人都不能靠离开而变得富裕，但几千元却可以帮助那些愿意离开共同体的人。给那些选择离开的人一些钱，但这些钱并不是劳动补偿。尽管从18岁开始，哈特派信徒已经在聚居区里劳动了许多年，孩子们做家庭事务几乎也是毫无补偿，除了那些家长给孩子们提供的食物、住处以及衣服之外。

离开的资金允许成员的离开，意味着那些想离开的成员曾经选择成为聚居区的成员，

---

〔10〕 虽然哈特派信徒意识到了外部世界的存在，但这并不意味着他们具有很好驾驭外部世界的知识。如何找到过夜的地方？如何找工作？如何开银行账户？这些看似平常的事情是在外部世界生存的必备条件，而大多数哈特派信徒并不知道这些。

曾经想要长期留在聚居区。对于年长的成员而言，聚居区给他们提供的食物、衣服、住所就是对他们劳动的补偿，他们所获得的无形资产是对他们生活在这样一个不寻常的共同体所做的补偿。这些补偿可能不够（这要取决于成员的工作各类），但离开的自由需要用共同体的权利来平衡，共同体可以在自由的国家里保持一种差异的生活方式。哈特派信徒不会主动建立这笔资金，但是应该强迫他们这样做。

离开其他的孤立性群体也同样困难。但是阿米希共同体或者正统犹太教共同体变节者可以拥有自己的财物，所以离开这些共同体不会像离开哈特教派那样会产生严重的损害后果。他们可以事先为离开做准备，并且如果他们愿意可以攒够了钱再离开。哈特派信徒就不能这样做。当准备离开时仍会有两种担心。年轻人拥有的财产很少，对如何在外面世界生存知之甚少，并且没有多少工作技能。与阿米希人相比，哈特派信徒的情况与正统犹太人的情况更相似，他们也是农业生产中长大。有些正统犹太教的男孩熟知犹太教经文，但对其他的事情却知之甚少；第二个担心来自年长的成员，当他们想离开共同体时可能会面临以低价卖掉房子的压力，或者发现他们生意的顾客突然消失了。为了确保真的存在离开的权利，如果他们愿意，需要一些机构去帮助共同体中那些不完全公民离开共同体。通过提供法律咨询，或是对如何重新做生意提供意见的方式，这些机构（它们可以由政府来运作，但不必一定这样）能够帮助变节者离开他们的共同体。他们可以对年轻人进行就业培训或者帮助他们进入大学。这些机构也不能使离开的人变得富有，但能确保离开的权利真实地存在。就像一些国家帮助移民适应新环境一样，不完全公民（以及孤立性群体中的完全公民）要成为完全公民也需要帮助。虽然不完全公民不是移民，但这两者之间有相似之处。然而我们并不希望这些机构变得非常繁忙，因为离开家庭和共同体绝不是一个简单的决定。

尽管应该强迫哈特派信徒建立一个离开资金，但很少有其他群体可以去效仿。[11]在这里，我主要关注的不是哈特派信徒，而是离开的权利。除了那些使其成员完全与外部世界相隔离的群体之外，在是否追随父母的生活方式这个问题上，极少有自由主义者能够确保让所有人都能真正自主地做出选择。教育是大多数自由主义者所关注的领域，并且教育确实很重要（对我而言，它太重要了，我要在接下来的内容中讨论这个问题），但只要父母对孩子有重大影响并且私立学校持续存在，在使孩子变得自主这个问题上，教育能做的也只有这么多。

---

〔11〕 拥有公有财产的群体很少。有一个群体，那就是以色列的集体农场会给离开者一定的补偿。

不完全公民必须遵循自由公民身份的法律要求，第一个层次的公民身份也适用于他们，如果成员选择成为完全公民，他们必须允许其成员这么做。他们必须给予孩子一定程度的教育，如果他们自己愿意，他们能够离开共同体。这并不意味着必须讲授微积分课程和法语课程（公立学校讲授这类课程，自由主义者希望有大量的人来学习这些课程），而是意味着要教给孩子阅读以及数学和科学方面的基础知识。如果他们愿意，不完全公民共同体中的成员应该具备加入主流共同体，成为完全公民的基本技能。不完全公民也不能对孩子进行身体伤害。

离开孤立性群体的权利以及遵循第一个层次公民身份要求的需要表明不完全公民身份概念所具有的局限性。不完全公民并不是完全的"一个国家一个民族"，艾米·古德曼曾对这一观念提出过批判性的评论。[12]对多元文化社会中出现的那些看似困难的问题，不完全公民身份给出了部分答案。如何看待那些践行女性割礼的群体？或者如何看待那些即使其他方法会让孩子死亡，也尽力不让孩子接受正规药物治疗的群体？现在的问题并不是这些群体损害了公民身份，而是他们伤害了特定的公民（即使他们的公民身份是不完全的）。在这些情况下，解决的办法是显而易见的。在自由民主社会中，即使是以差异性或者宽容为由，也绝不允许对孩子进行身体伤害。这种伤害会给孩子的余生带来无谓的永久性痛苦。妇女可以选择切除阴蒂，成年人可以选择放弃正规的药物治疗。自由民主允许人们伤害自己，但不允许伤害他人，即使是自己的孩子。不需要遵守这些公民身份标准的是那些生活在非自由的专制共同体之中的人，那些共同体事实上真正践行一个国家一个民族。[13]

三、文化多元主义及其对公民身份的威胁

当群体想要保持他们像不完全公民一样的独特认同，但又希望政府能够帮助他们做到

---

〔12〕 见 Gutmann, 'Civic Education'：570.

〔13〕 在这里，我指的是美国和加拿大的原住民。最好把原住美国人以及加拿大最初的居民看作主权共同体。因为许多这样的共同体都是被白人所毁，而且主权问题是一个复杂的问题。在这样的共同体里，有的共同体规模很小，在不久的将来他们就会变得不能自给自足，其他的共同体太贫穷，需要得到美国和加拿大的帮助才能存活下去。对这些共同体而言，主权可能是一个恰当的目标，但实际的情况可能是，这个目标要等很多年才能实现。

这一点时，就会产生对公民身份的多元文化威胁。这也是文化多元主义与包容性多元文化主义之间的界线变得模糊的地方。一些群体对包容或公民身份并不是特别感兴趣。他们只想获得公民身份的某些好处，但却不想像公民一样行事。我前面曾经提到，不完全公民身份奠基于某种平衡。不完全公民提出较少的公共诉求，但不想从国家那里获取资源。然而一些群体提出较少的公共诉求，却想从国家那里获取尽可能多的资源。

这方面最近的例子就是克亚斯乔尔镇（Kiryas Joel）学区案。纽约州克亚斯乔尔镇的所有居民都是撒塔玛哈西德派（Satmar Hasidim）成员，这一教派是犹太教哈西德教派运动的一个分支。与所有的哈西德教徒一样，撒塔玛教徒以一种十分明确的方式将自己和世俗社会区分开来。他们看起来与众不同。男孩穿黑色的外套，黑色裤子和帽子，白色衬衫，还留着长长的侧卷发；女孩穿有长套袖的长裙子。已婚妇女都要剃光头发戴假发，有时戴帽子。他们之间说意第绪语（Yiddish），学习和祈祷用希伯莱语（Hebrew）。对大多数人来说，英语是他们的第三种语言。他们对流行的美国文化不感兴趣。他们很少看电视、听广播或者是看电影，他们读意第绪语的报纸。他们从不进入世俗的高等教育机构。共同体中的老师所做的大部分工作都是一些低技术的工作，或者所做的工作大都（并不总是）为了迎合共同体的需要。他们不在自己控制的共同体之外供职。他们只对虔诚的宗教生活感兴趣，在他们的领袖、拉比（rebbe）及其前辈的鼓舞下生活，生活的中心内容就是研究神圣的犹太教经文。

在很多方面，撒塔玛教徒看起来都像不完全公民。在较大程度上远离世俗世界，尽力保持自己独特的文化。与美国大多数撒塔玛儿童一样，克亚斯乔尔镇几乎所有的上学儿童都进入私立的犹太教学校学习，这也没什么稀奇。然而，有些孩子有残疾，因此，与正常的孩子相比，教这些孩子需要花费更多的钱。为了得到更多资金，撒塔玛教徒在共同体内专门为这些残疾孩子设立了一所学校，由公立学校的老师任教。然而，为了回应两所最高法院的裁定，政府撤走了这个学校的老师，并且告诉撒塔玛教徒，他们的孩子不得不到附近的世俗学校就读。[14]撒塔玛教徒最终拒绝这样做，但仍想得到政府的额外资金去教育那些有残疾的孩子。州政府的政策要求将较小的学区并入较大学区，因为维持（没有提到创立）较小学区的运转需要花费相对昂贵的费用。为了获得更多的资金，克亚斯乔尔镇不顾这一政策，说服纽约州的立法机构及州长马里奥·科莫（Mario Cuomo）为他们建立了

---

〔14〕Aguilar v. Felton, 473 US 402（1985）and School District of Grand Rapids v. Ball 473 US 373 (1985).

一个公立学校。学校最初只有差不多 50 人的全日制学生，大部分都来自克亚斯乔尔镇。最后学校发展到拥有 138 名全日制学生和 200 名半工半读的学生，有超过一半的学生来自共同体而不是克亚斯乔尔镇。[15] 这个学校并不是只招收克亚斯乔尔镇的残疾儿童，它是向所有撒塔玛教徒的残疾孩子开放的学校。然而这个学校却不是一个犹太教学校。学校的课程都是世俗的，并且共同体的拉比赋予孩子们一种特殊的豁免权，即对于那些男女学生都要学的课程，他们可以坐在一起学习。尽管对自由主义者而言，在公立学校中，男女学生在同一个教室共同学习世俗课程，是一件理所当然的事情，但对于撒塔玛教徒来说，这是及其重要的让步。美国最高法院以违宪为由在 1994 年关闭了这个学区。然而州立法机关为了能够重建这个学区而重新编写了法律。[16]

这套法律的优势在于它慷慨地支持了文化多元主义。这个学区的问题是它以公共支持和公共资金损害了公民身份。公立学校的部分目的就在于使不同背景的孩子能够在一起学习。异质的学校可以让不同的学生之间互相了解并且学习如何在一起相处。当孩子们学习这些事物时，就是在学习成为好公民。好公民的部分标准就是知道如何和别人一起工作，并且向不同文化的人学习。当好公民作为公民行事时，不是只考虑自己或者他们主要的群体（如果他们有的话）。相反，他们会考虑到那些受不同公共政策和法律影响的人，并且在争议的问题中表达立场时，他们会考虑到这些人的利益。他们会意识到其他人的利益，并且知道民主有时所要求的，就是这些不同利益之间的妥协。即使学校教育不足以培养出好公民，但却是一种有助于培养好公民的重要方式。

然而，撒塔玛教徒并不关注公民美德。他们担心让自己的孩子同那些与完全不同文化的孩子混杂在一起所产生的影响。家长不想送孩子去世俗学校，因为"让孩子离开自己的共同体，与那些与自己有着完全不同生活方式的生活在一起，（孩子）会遭受恐慌、畏惧及精神损害。"[17] 公民身份的观点所认为的撒塔玛教徒的孩子应该在公立学校就读的原因，正是撒塔玛教徒不愿意让他的孩子去就读那些学校的原因。

因为撒塔玛教徒想用公共资金来教育他们的孩子，而且只把他们的孩子当作撒塔玛教

---

[15]　Jerome R. Mintz, *Hasidic People: A Place in the New World* (Cambridge: Harvard University Press, 1992): 320, 324.

[16]　原来的法律把克亚斯乔尔镇视为一个单独的学区。新法律是用通用的语言所写，但是凑巧的是，只有一个镇符合新法律所列的所有"一般"标准，那就是克亚斯乔尔镇。这部新法已被纽约州法院废止。它也没有向最高法院上诉。

[17]　*Board of Education of Kiryas Joel v. Grumet*, 14 US 2490 (1994).

徒来教育，而非公民来教育，所以不能把他们当作不完全公民来看待。因为要求公共资金，撒塔玛教徒的孤立性开始被击碎。还有其他的原因也可以说明撒塔玛教徒不是不完全公民。尽管渴望孤立性，但他们仍然以各种方式获取公共资金。尽管有些撒塔玛教徒是非常富裕的商人，并且对他们的共同体也十分慷慨，但其他人还是非常贫穷，需要接受贫民粮票、居住在公共房屋中。[18]撒塔玛教徒也参加选举。正是因为他们参加选举，政治家才愿意倾听他们对特殊学区的渴望。撒塔玛教徒通常在集团里按照他们拉比的意愿进行选举（虽然并不总是这样），而且参与选举的人也很多。[19]他们的宗教信念使他们成为一股有潜力的政治力量，虽然在克亚斯乔尔镇，他们只是适度地关心政治。然而，由于他们对公共生活的参与十分有限，克亚斯乔尔镇的撒塔玛教徒要想成为不完全公民还是比较容易的。然而，如果他们选择这条路，那就不会出现要求用公共资金来资助他们学区的问题。

公共资金应该用于有关公共利益的事情上。促进公民身份就属于公共利益的范畴，也是由于这个原因，为撒塔玛教徒单独设立学区的计划失败了。虽然也有一些人声称，支持不同的生活方式也属于公共利益范畴。[20]这种观点有一点牵强附会。支持公民身份明显是符合公共利益的，**如果**不损害公民身份，也可以支持不同的生活方式。违背第一个层次公民身份的生活形式就不应该支持。如果自由社会只支持培养具有自由价值的自由公民的教育体系，那么就会损失某种形式的多元主义。撒塔玛教徒的案例表明公民身份与文化多元主义之间有时也会存在一种权衡。

当这种权衡出现，美国会选择支持公民身份，而不是多元文化主义。国家应该特别关注对公民身份的促进，不该偏离其职责而去做别的事情。虽然为撒塔玛教徒学校提供公共资金对公民身份的威胁只是轻微的，但是，在美国还有许多其他的群体，他们也想像撒塔玛教徒一样得到公共资金的支持。美国的问题是公共制度不断受到围攻，美国的私立学校不断增长，并且有许多学校都想得到公共资金。也可以在一定程度上，把这种公共生活的

〔18〕　布鲁克林（Brooklyn）有一些公共房屋，这些房屋是专门为撒塔玛教徒准备的。在这些房子中，每户有两个水槽，这样，撒塔玛教徒就可以保持他们严格的饮食习惯。有些公共房屋也具有"安息日电梯"，每个周六，这些电梯在每一层都会自动停下。这样一来，撒塔玛教徒就不会再为电梯停在特定的一屋而感到苦恼，那样会违背他们对安息日圣洁的解读。

〔19〕　撒塔玛教徒并不总是步调一致。有时共同体内部也会出现分歧，人们也会公然反对拉比。这发生在20世纪80年代中期，一个年长且令人尊敬的拉比去世之后。有些人并不喜欢新的拉比，并以各种方式反对他。随着时光的流逝，这种情况越来越少，虽然仍有一些人这样做。拉比的反对者最终会有两种选择。要么离开共同体，要么与拉比讲和。拉比的选举并不是每隔一段时间就举行。

〔20〕　关于这种主张，见 Avishai Margalit and Moshe Halbertal, 'Liberalism and the Right to Culture', *Social Research*, 61/3（Autumn 1994）.

不断私人化视为对公民身份的威胁。用于支持撒塔玛教徒特殊学区的原则同样也可以用于被其他要求公共资金支持的群体，这将极大地威胁公民身份和公共制度。往往是宗教群体想要公共资源来支持他们的教区学校，但并不是只有宗教群体有这样的要求。在一些公立学校流行讲授一种非洲中心主义（Afrocentricity）的课程，它声称"所有的科学、技术以及其他工程学的基础是创造力和知识，而非洲人是创造力和知识的源头"[21]。这种非洲中心主义的课程不仅讲授了许多谎言，而且它的目标只针对黑人孩子。正如撒塔玛教徒不应该有自己的公立学校一样，也不应该有这种非洲中心主义的课程。

可以肯定的是，宗教学校和各种私立学校在培养公民美德方面做出了一定的贡献。然而，一些私立学校对培养基督教徒或者是正统犹太教徒更感兴趣，而不是培养公民。而且，如果更多的公共资金流向私立学校，那么更多的公立学校将只剩下那些差生或者不太关心教育的家长的孩子。这样的学校几乎不会教给学生很多东西。

确保在学校中培养公民身份的最好办法就是限制私立学校使用公共资金。然而，在美国这种建议不会走得很远，也不仅仅是因为学校是私立的。19 世纪，新教徒曾经在公立学校中以坚持使用詹姆斯国王圣经的方式来与天主教徒划清界限；在 20 世纪时实行种族隔离的学校也对某些学生态度恶劣。很明显，这也是对公立学校处于相当糟糕状况的担心，但如果所有学生都不得不进入公立学校，那公立学校就会获得更多的支持，因为这样一来，会有更多的社会成分与他们有利害关系。到时，我们会看到有更多的精力都投入到改善公立学校。美国公立学校的历史也表明为持异议者留一条出路也是一个值得保留的重要选择。而且，这个选择也会形成一个更加多元化的社会。由于美国的学校都由地方政府管理，所以以集权化的方式来支持学校的同质性并不会引发太大的危险。而且，地方政府必定是世俗化的，而社会中大多数有活力的差异都是宗教性的。给予宗教群体管理自己学校的权利将意味着一种允许宗教多样性的自由主义的宽容。

危险的是，私立学校将会用力把自由社会拉向文化多元主义模式，并且不断减少对公共制度和公民身份的支持。如果这种情况发生，那么社会将会处于比目前更麻烦的不利状态中。有些私立学校会损害公民身份，有些不会。但是所有（好的）公立学校都会巩固公民身份。国家给予私立学校的支持越多，好的公立学校就会越来越少，我们拥有的私立学校越多，对公民身份的关注就会越少。这意味着可以设立私立学校，但国家不应该资助他

---

[21] Irving M. Klotz, 'Multicultural Perspectives in Science Education: One Prescription for Failure', *Phi Delta Kappa*, 75/3 (1993). 克劳斯对非洲中心主义的批判是致命的，这种批判一度非常流行，但它本身也具有极大的缺陷。

们。这同样也意味着国家不应该为那些只为特定群体设计和使用的公立学校提供资助。拒绝撒塔玛教徒设立自己的学区并不意味着撒塔玛教徒的生活方式不再持续下去；它仅仅意味着公共制度不能支持它。应该允许那些符合第一层次公民身份要求的非自由的生活方式存在于自由主义国家，但它们没有资格得到国家的资助。

四、对多元文化主义和文化权利的反应

我的讨论并不依赖于下面的观念：即人们具有文化权。人们确实具有文化权（很难想像如果没有这个权利人们将如何生存），但人们并不具有特殊的文化权，即使是自己的文化。如果一个群体想保护自己的文化，它的成员应该以一种孤立的方式生活，不能期望国家的支持。自由主义的宽容意味着如果他们这样做，他们可以过他们喜欢的生活，只要他们符合第一层次公民身份的要求。如果一个群体想生活在主流社会，有机会运用公共制度和公共资源，并且要提出公共要求，那它必须改变部分文化价值。那种认为人们具有特殊文化权的主张的问题在于，大多数这样的文化自身都有一些反自由民主的价值。使包容性多元文化主义生效并实现公民身份事上会使美国文化（以及其他文化）发生重大改变。包容性多元文化主义所主张的并不是要否定黑人、犹太人或者其带有连字符的美国人在其文化中生活的权利的观点。它所主张的是主流文化已经设置了排斥许多群体的障碍，而大多数这样的障碍都应该予以清除。如果这些障碍被清除了，那么主流文化和原来被排除的文化都将发生改变。事实上，正如主流社会的文化以这种排斥为基础一样，一些被排斥群体的文化之所以会兴起恰恰是因为他们的文化是被排除的。[22]

包容性多元文化主义改变社会文化的一种方式就是通过要求人们摆脱他们所认为的公民身份的特定形象，有时这是难以做到的。但是，公民身份的形象在过去已经发生了改变，它们可以再次改变。妇女现在就是西方民主社会的公民了。美籍黑人现在也是法律上的平等公民。然而，公民身份的改变以及其他改变花费了相当多的时间，而且也致使许多局外人为此大声疾呼。静态的公民身份形象对公民身份的威胁比大多数多元文化主义的威胁还要大。1880 年至 1920 年间美国发生了大规模的移民潮，许多为坚持排斥性公民身份而进行的斗争都发生在这个时期，不幸的是，如今，这种斗争在美国和欧洲再次上演。正

---

〔22〕 我在 Spinner‑Halev, 'Difference and Diversity' 中详细阐述了这个主张。

是这种对包容性多元文化主义——而不是多元文化主义本身——的反应威胁着公民身份。一些美国人希望法律上写着官员必需用英语来管理国家事务，或者想要保持学校课程不变，仍然采用 20 世纪 50 年代那些古老的、种族主义的、性别歧视的课程。法国政府已经决定不准穆斯林女孩在公立学校上学时带头巾，有些女孩不愿放弃自己的头巾，所以被拒绝接受公立学校的教育。通过拒绝包容这些穆斯林女孩，法国政府已经把许多女孩推向穆斯林共同体的怀抱，并且使她们也远离了完全的法国公民身份。英国政府按照全国性课程的标准资助了一些宗教学校，但是还没有穆斯林学校能够接受政府的资助。然而，我不知道英国政府是否给所有的宗教学校都提供资助，如果是的话，那它就应该为穆斯林学校提供资助。为这些学校提供资助可以促进公民身份，因为这意味着像对待其他公民一样平等地对待穆斯林。这也能够确保这些学校的学生能够学习到全国性的课程，而不是不仅仅以穆斯林的课程为中心。[23]

五、为什么要关注公民身份？

然而，自由主义者更加看重巩固差异性和包容性公民身份，而不是文化多元主义，这就引发了一个重要问题：为什么关心公民身份的程度要超过文化相对主义？人们能够理解这两者之间的平衡，并且认为保持不同文化的完整性——即使是不自由的文化——比加强公民身份重要。[24]在自由主义政治理论家那里，公民身份变得越来越重要，在过去的十几年里，他们再次发现了公民的重要性。我在这里想说的是，最近几年的讨论都论证了自由公民所具有的某些美德。[25]自由主义者所宣扬的美德并不是为了提高公民对国家的忠诚度，或者是对公共善的无私奉献，而是为鼓励人们更加明智地运用民主机制。因为在自

〔23〕 对穆斯林学校的一个担忧就是，许多学校都是男女不同校。这里的担忧就是这种男女分离的学校会增加穆斯林男性对其女儿的控制。然而，对于这种现象的反应是确保穆斯林女校能够讲授大量国家课程。这并不意味女校就地位低下。需要存在这种不平等，而不是假定它存在。

〔24〕 Chandran Kukathas, ‘Cultural Toleration’, in *Ethnicity and Group Rights*, ed. Will Kymlicka and Ian Shapiro（New York：New York University Press, 1996）.

〔25〕 Ronald Beiner, *Theorizing Citizenship*（Albany：SUNY, 1995）; Stephen Macedo, *Liberal Virtues：Citizenship, Virtue and Community in Liberal Constitutionalism*（Oxford：Oxford University Press, 1990）; Amy Gutmann, *Democratic Education*（Princeton：Princeton University Press, 1989）; William Galston, *Liberal Purposes：Goods, Virtues and Diversity in the Liberal State*（Cambridge：Cambridge University Press, 1991）.

由民主国家里，公民具有一定的力量，如果他们不以自由的方式运用那些力量，那么，经过一段时间，国家就会变得不自由，也可能变得不民主。并不是每一个公民都要具备让自由国家保持自由的所有自由主义美德——这也是为什么不自由的生活方式可以在自由的国家中存在的原因——但如果公民过于偏离自由原则，那么对自由国家未来的担心就开始了。

尽管如此，我仍不认为对于公民身份的支持应该必然多于文化多元主义。通常情况下，这可能是事实，但是也可能存在文化多元主义胜过公民身份的情况。在一个强烈支持公共制度的国家里，对于那些较小的文化共同体给予一些支持可能不会威胁公民身份。在一个国家中，如果其他公民并不认为撒塔玛教徒会把公共资金用于其共同体的私利，那么支持撒塔玛教徒的学区计划并不会威胁公民身份。也就是说，在古老的同质化的瑞典，说不定早已建立一个撒塔玛教徒共同体，而且也没有威胁公民身份。虽然瑞典不再具有支持撒塔玛教徒的义务，但他们可以这样做，而且不必有太多的担心。

然而，在具有大规模移民传统并且相当具有多样性的国家里，人们有时候对于公共制度的支持比较微弱，所以，支持公民身份变得重要。在一个多样化的社会里，人们不得不更加努力工作来了解对方，并且在政治上精诚合作。不能假定公民之间存在合作和信任，必须要加强这些美德。然而，对公民身份最具危险性的威胁之一可能来自财富和权力的不平等，当这种不平等与文化差异结合在一起，这一威胁有时就是致命的。在一种政治模式中，每个群体都努力从国家获得尽可能多的资源。当一些哈西德派犹太人想运用国家资源去帮助他们自己时，可以只把它视为由来已久的利益集团政治。然而，在这种形式的政治中，群体仅仅关注如何运用公共资源为群体私利服务，结果就是各个群体竞争争夺国家的资源，赢者就是那些最有政治力量的人。因为政治力量经常和财富紧密联系，这种模式通常会对富人和有权势的人有利，而使穷人受到伤害。[26]这种形式的政治并不是在多元文化主义的幌子下发生，而是经常发生。在认识到私益无疑在政治中占有一席之地的同时，我们也应该认识到如果私利成为政治中的唯一动力，那公民身份就会受到威胁。

这种政治是一种威胁公民身份的政治，因为它使富人和有权势的人从政府那里获得了他们想要的东西，而忽略了那些贫困的人，或者因为在这种政治里，当富人和有权势的人决定不再需要公共政府时，可以建立一个四周布满围墙的私有政府，只让符合适当身份的

---

〔26〕 财富和权力通常都是联系在一起的，但是撒塔玛教徒的例子表明，政治也可以取决于组织及其拉拢选票的能力；从这个角度看，财富虽然有所帮助，但不是必需的。

人进入。在那些围墙的外面，有时是白人，但通常都是黑人或者穆斯林。包容性多元文化主义为包容那些只因具有不同的文化实践而被排斥的群体而斗争的做法是正确的，而且这种做法完全可以促进公民身份。然而，包容和促进公民身份往往需要摆脱（或者减少）财富和权力的障碍。接受多元文化主义为多样性的一部分，将会允许更多人进到围墙里面，但穷人仍在墙外。然而，富有生机的公民身份应该可以使每个人都能与其邻居或者朋友一起建立围墙，当然也能确保每个围墙都有许多门。

多元文化主义对女性有害吗？*

苏珊·莫勒·欧金（Susan Moller Okin）

李丽红　付翠莲　译

　　直到过去几十年，少数群体——移民和土著居民——都特别期望能够融入多数文化。如今，这种同化主义的期望经常被认为是压迫性的，并且很多西方国家正在设法设计能更好地保持文化差异的新政策。政策的适当性应随环境背景而变化：比如像英国这样拥有既定教堂的国家，或者支持宗教教育的国家，就难以拒绝要求政府支持少数群体宗教学校的主张；像法国那样具有严格的世俗公共教育传统的国家，就会为能否在公共学校穿着少数群体的宗教服饰而发生争论。但是有一个问题是在各种背景下都会出现的，尽管在新近的争论中它并不那么引人注意，那就是：当少数群体的文化或宗教诉求与性别平等原则相冲突时，我们应该怎么做呢？性别平等原则至少是自由主义国家正式认可的（不管它们在实践中是如何违背这些原则的）。

　　例如，在20世纪80年代后期，法国就上演了一场激烈地公开争论，争论的焦点就是伊斯兰教（Magrbin）女孩能否佩戴传统的穆斯林头巾上学，这种头巾是穆斯林年轻女孩的盛装。世俗教育的忠实捍卫者与一些女权主义者和极右翼的民族主义分子联手反对这种做法；许多老左派支持多元文化主义者这种灵活的政策和对差异的尊重，他们认为反对者具有种族主义或者文化帝国主义倾向。然而在同一时间，公众却对一夫多妻制的问题保持沉默，对于很多法国阿拉伯人和非洲移民妇女来说，这一问题极其重要。

　　在20世纪80年代，法国政府默许男性移民把多位妻子带入本国，现在，巴黎有20多万家庭都是一夫多妻制。是性别平等所激发的冲动促使官方关注头巾事件，对这一观点

---

　　* 感谢伊丽莎白·博蒙特（Elizabeth Beaumont）对我的研究所提供的帮助及其对之前的草稿所发表的评论。——原注

　　本文原题为"Okin: Is multiculturalism bad for women?"发表在Joshua Cohen and Matthew Howard（ed.），*Is multiculturalism bad for women?* Princeton University Press, 1999. ——译者注

的任何怀疑都会被官方默许一夫多妻制政策的态度所推翻，无视这种做法强加给女性的负担以及有关文化群体的女性所发出的警告。[1]对于这个问题，在政治上没有有效的反对意见。但是曾有记者设法说服并最终采访了那些妻子，记者们发现了政府本该几年之前就应该了解的事情：身处一夫多妻制的女性认为在她们的非洲的本土国，一夫多妻制是不可避免的，也是勉强可以忍受的制度，而在法国，一夫多妻制却成为一种难以忍受的负担。过度拥挤的公寓和每个妻子私人空间的缺乏致使妻子之间，以及孩子之间产生了极大的敌对、忿恨，甚至是暴力。

具有二三十名成员的家庭致使福利国家负担加重，部分出于这方面的原因，法国政府最近已经决定只承认一位妻子的合法地位，其他婚姻全部无效。但是这对其他所有妻子和孩子来说将会发生什么呢？在长期忽视女性对一夫多妻制看法的情况下，政府现在好像要推卸其保护处于不利地位的妇女和儿童的责任，而他们所遭受的不利正是由于政府轻率的政策所致。

法国容纳一夫多妻制的做法表明女权主义和关注保护文化多样性的多元文化主义之间存在着深刻而日益加深的紧张关系。我认为我们——特别是我们当中的政治进步人士及反对各种压迫的那些人——过早地假定了女权主义和多元文化主义可以轻易地言归于好。相反，我认为它们之间有相当大的可能是处于一种紧张状态，更确切地说，是女权主义和多元文化主义者所主张的少数文化群体权利之间存在一种紧张关系。

用几句话来解释我论点中的术语和核心概念。我所说的"女权主义"是这样一种主张，即认为女性不应该因其性别而处于不利地位，她们应该被视为与男性具有同等的人类尊严，并且与男性具有相同的自由选择令人满意生活的机会。

"多元文化主义"比较难以界定。但在这里我主要关注的是一种在自由民主背景下提出的主张，即群体成员的个人权利以及特殊的**群体**权利或特权都不足以保护少数文化或少数生活方式。例如，在法国，一夫多妻制的婚姻形式明显属于群体权利，却不适合其他人。在其他案例中，少数群体要求的却是自治的权利，确保政治代表性的权利，或豁免于普遍适用的法律的权利。

这种群体权利的要求正在增长——从原住人，少数种族或者宗教群体以及以前的被殖民者（至少在后者移民到前殖民国时是这样）。有人说这些群体具有他们自己的"社会文化"——威尔·金里卡，这个当代文化群体权利最著名的捍卫者就这样认为——这种社会

---

[1] *International Herald Tribune*, 2 February 1996, News section.

文化可以为其成员提供"有意义的生活选项，包括社会的，教育的，宗教的，娱乐的，和经济生活，包括公共领域和私人领域"〔2〕。因为社会文化在成员的生活中具有如此普及而基础的作用，又因为这样的文化有灭绝的危险，因此，应该以特殊权利的形式来保护少数群体文化：在本质上，就是要赋予他们群体权利。

一些群体权利的倡导者甚至认为，如果少数群体的地位会危及少数文化的存续，即使"轻视少数群体成员在自由社会中的个人权利"〔3〕，也要赋予他们群体权利或特权。

其他一些人认为并不是所有的少数文化群体都应享有特殊权利，而是应该让那些不惜违背群体成员的个人自由来维护群体信仰的、不自由的群体拥有在自由社会中"任其自然发展的权利"〔4〕。这两种说法似乎与个人自由的基本自由价值观明显不符，因为群体的权利不应高于其成员的个人权利。因此，我并不阐述他们对女权主义提出的这些问题。〔5〕但是一些多元文化主义者大都把对群体权利的捍卫局限于内部自由的少数群体。〔6〕即使有这些限制，女权主义者——也就是说任何赞同男女道德平等的人——仍会对此持怀疑态度。因此，接下来我将讨论这个问题。

性别与文化

大多数的少数群体文化都有很多关于社会性别方面的观念和实践。那么，假如一种少数群体文化赞同男性以各种方式控制女性并助其一臂之力（即使是在家庭生活的私人领域，也采取非正式的方式控制女性）。再假如在两性之间有相当明显的性别权利不对等，一般而言，男性成员具有较多的权力，处于一种确定并表达群体信仰、实践和利益的地位。在这种情况下，群体权利有可能是反女权主义的，并且在许多时候，事实确实如此。这些群体权利实质上限制了那个文化中的女性像男性一样拥有相同人类尊严的能力，限制

---

〔2〕 Will Kymlicka, *Multicultural Citizenship: A Liberal Theory of Minority Rights* (Oxford: Oxford University Press, 1995), pp. 89, 76. 也可见 Kymlicka, *Liberalism, Community, and Culture* (Oxford: The Clarendon Press, 1989). 应当指出，金里卡本人并不赞成赋予自愿的移民以广泛或永久的群体权利。

〔3〕 Avishai Margalit and Moshe Halbertal, "*Liberalism and the Right to Culture*," *Social Research* 61, 3 (Fall, 1994): 491.

〔4〕 例如，Chandran Kukathas, "*Are There any Cultural Rights?*" *Political Theory* 20, 1 (1992): 105 – 139.

〔5〕 Okin, "*Feminism and Multiculturalism: Some Tensions*," *Ethics* (forthcoming 1998).

〔6〕 如，Kymlicka, *Liberalism, Community, and Culture and Multicultural Citizenship*, 尤其是第八章，金里卡并没有把群体内部自由这一要求适用于"少数民族"，但在这里我不想讨论他理论中的这方面内容。

了她们像男性一样自由选择生活的能力。

自由主义国家内的少数群体权利的倡导者还没充分阐述这种对群体权利的简要批评，至少有两个原因。首先，他们倾向于将文化群体视为一个整体——更多关注群体之间的差异而不是群体内部的差异。具体来说，他们很少或几乎没有认识到这样一个事实：即少数文化群体（或多或少）与其所生活的社会一样，也是性别化（gendered）的，在两性的权力与利益方面具有实质性的差异。其次，群体权利的倡导者没有或几乎没有注意到私人领域。一些最好的群体权利的自由主义捍卫者极力主张个人需要"一种他们自己的文化"，而且只有在这样的文化内，人们才能形成自尊心或者自尊感，或者才有能力决定哪种生活对他们而言是好生活。但这种论点通常忽视以下事实：文化群体要求其成员扮演不同的角色，并且人们的自我感觉和能力首先形成于家庭生活领域**并且**首先在家庭生活领域被传播开来。

当我们通过关注群体内部差异和私人领域来纠正这些缺陷时，文化和社会性别之间的两个特别重要的紧张关系立即显得不那么紧张了，这两种紧张关系都是前面的简要批评重点强调的。首先，大多数文化关注的焦点都集中在私人，性和生育等领域，这是文化实践和规则的主题。宗教或文化群体常常特别关注"属人法"（personal law），包括结婚，离婚，儿童监护以及家庭财产的分割、控制和继承等。[7]那么，一般说来，捍卫"文化实践"对女性的影响可能要比对男性的影响大得多，因为女性花费更多的时间和精力投入于保护和维持私人领域、家庭领域和生育领域的生活。显而易见，文化不是只关注家庭生活的安排，但是家庭生活的安排是当代大多数文化关注的主要内容。毕竟，家庭是大多数文化传统被实施、保留并传承给年轻一代的场所。反过来，对于那些能够参与并影响公众文化生活的人而言，家庭中责任和权力的分配就显得很重要，因为关于公共与私人生活的规则和制度都是在那里制定的。

其次，大多数文化都有一个让女性被男性控制的原则性目标。[8]例如，从古希腊和

---

[7]　见 Krit Singh, "Obstacles to Women's Rights in India," in *Human Rights of Women: National and International Perspectives*, ed. Rebecca J. Cook（Philadephia: University of Pennsylvania Press, 1994），pp. 375 - 396, 尤其是第 378 至 389 页。

[8]　在这里，我不想讨论这种男性偏见的根源问题。除非（跟随女权主义者 Dorothy Dinnerstein, Nancy Chodorow, Jessica Benjamin 以及之前的耶稣会会员人类学家 Walter Ong）说这与女性主要从事生儿育女有很大的关系。这也与父亲身份的不确定性有关，现在这种技术已经改观。如果这些因素是根源，那么，控制女性的文化偏见就不是人类生活中不可避免的事实，而是一种或然性的因素，女权主义者很有兴趣去改变这种因素。

罗马神话再到犹太教、基督教和伊斯兰教的教义，都在尝试论证控制女性并使女性处于从属地位的合理性。这些神话和教义包含以下一些内容：否定女性在生育中的作用，提升男性自己在生育中的权力；将女性的形象刻画为过于情绪化、不可信赖、邪恶，或在性方面比较危险；并拒不承认母亲处置自己孩子的权利。[9]想一想雅典娜（Athena），她来自于宙斯的头颅，以及罗穆卢斯（Romulus）和瑞摩斯（Remus）也不是由母亲养大的。再看亚当，他是上帝这个男性神的造物，然后上帝利用亚当身体的一部分创造了夏娃（至少根据圣经故事的两个版本之一所述是这样）。想想夏娃，是夏娃的弱点导致了亚当的堕落。在《创世纪》那些无限的"系谱"中，女性在繁衍后代过程中的主要作用完全被忽视，要么就是用文本来论证一夫多妻制的合理性，这种制度曾经在犹太教内部实行，如今仍然在伊斯兰世界的许多地区（虽然非法）实行，生活在美国一些地区的摩门教徒（Mormons）也实行一夫多妻制。再看看亚伯拉罕的故事，他在一神教发展过程中起到了关键性的转折作用。[10]上帝命令亚伯拉罕牺牲"他的"最深爱的儿子。亚伯拉罕直接就准备执行上帝的要求，根本没有告诉，也没有征求以撒母亲萨拉（Sarah）的意见。亚伯拉罕对上帝的绝对服从让他成为所有三种宗教的核心与基本信仰的典范。

虽然比较进步的、经过革新的犹太教，基督教及伊斯兰教教义强力追求控制女性（包括因男性难以控制自己的性冲动而指责和惩罚女性）的倾向已经有所减弱，但在比较正统的版本或基础性版本中，这种倾向仍然比较强烈。而且，这种倾向决不仅限于西方文化或是一神论文化。世界上的许多传统和文化，包括那些以前被征服或殖民的民族国家，当然也包括非洲，中东，拉丁美洲和亚洲，这些地区的大部分人民都具有明显的男权倾向。他们制订的社会化模式，礼仪，婚姻习俗，和其他文化习俗（包括财产所有权和资源控制体制）都会致使女性的性欲和生育能力在男性的控制之中。这些实践使许多女性不可能不依赖男性，无法选择成为独身主义者或女性同性恋者，也无法选择不生孩子。

有些习俗倍受争议，如阴蒂切除术（clitoridectomy）、童婚（the marriage of children）、强迫婚姻或一夫多妻制等，这些习俗的践行者明确认为这些习俗是控制女性的必要手段，并且公开承认是在男性的坚持下，这种风俗才得以持续。在接受纽约时报记者西莉亚·道格（Celia Dugger）的采访时，科特底瓦和多哥的阴蒂切除术从业者声称，这种实践"有

---

[9]　此处作者只插入了一个注释，但是没有给予具体解释。——译者注

[10]　见 Carol Delaney, *Abraham on Trial: Paternal Power and the Sacrifice of Children* (Princeton: Princeton University Press, forthcoming 1997). 注意，在《古兰经》（Qur'anic）的版本中，亚伯拉罕准备牺牲的不是以撒（Isaac），而是以实玛利（Ishmael）。

助于确保女孩婚前的贞操，通过将性欲降至为婚姻的义务来保证女孩婚后的忠贞"。就如一位实施切除手术的女性所言，"女性在生活中的作用就是照顾她的孩子，管理家务和煮饭。如果没被切除阴蒂，她可能会考虑她自己的性快乐。"[11]

在埃及，禁止切割女性生殖器官的一项法律最近被一个法院推翻，这种做法的支持者说它"可以控制一个女孩的性欲以使她更适宜于婚姻生活。"[12]而且，在这样的背景中，很多女性没有经济能力，除了婚姻，她们别无选择。一夫多妻制文化中的男性也乐于承认：这种做法符合他们的自身利益，是一种控制女性的手段。正如一位来自马里的法国移民在最近的采访中所说："当我的妻子生病，而我又没有其他的妻子，那谁来照顾我呢？……只有一个妻子会很麻烦。当有几个妻子时，她们会迫使自己要有礼貌并且行为端庄。如果她们行为不当，你就可以用再娶一个妻子来威胁她们"。而女性显然对一夫多妻制的看法非常不同。法国的非洲移民妇女就否认她们喜欢一夫多妻制，并且说不仅她们在这件事情上"没有选择"，而且她们在非洲的女性祖先也不喜欢一夫多妻制。[13]至于童婚或其他形式的强迫婚姻：这种做法显然不仅是一种控制女孩或年轻女性婚姻的方式，而且通过在丈夫与妻子之间形成显著的年龄差距，可以保证女孩在结婚时的纯洁并提升丈夫的权力。在拉丁美洲，东南亚农村地区和西非的部分地区，鼓励，甚至要求被强奸者与强奸犯结婚的做法已经司空见惯。有很多国家——包括拉丁美洲的 14 个国家——的法律规定，如果强奸犯与被强奸者结婚，或（在某种情况下）主动提议与被强奸者结婚的话，强奸犯在法律上可以免于处罚。显然，在这种文化背景下，强奸并没有首先被视为对女性的暴力攻击，而首先视为对女性家庭和家庭声誉的严重损害。通过与强奸者结婚，强奸犯能够帮助女性的家族恢复声誉并减少这家女儿的麻烦，因为她已是"损坏的货物"，是嫁不出去的。在秘鲁，这条野蛮的法律在 1991 年被进行了更坏的修订：在轮奸案中，如果同案被告中有一人主动提议与受害者结婚，那么所有强奸犯都可免罪（女权主义者正在为废除这项法律而斗争）。正如一个秘鲁出租车司机解释的那样："被强奸后，结婚是最正确且最合适的选择。被强奸的妇女是被使用过的东西。没有人想要她。至少这条法律可以让这个妇女找到一位丈夫。"[14]很难想像还有什么是比被迫与强奸自己的人结婚更糟糕的命运。但

---

〔11〕 *New York Times*, 5 October 1996, A4. 在这样的文化中，老年女性在使这一习俗持续存在上起了重要的作用，但这一问题极其复杂，这里不再讨论。

〔12〕 *New York Times*, 26 June 1997, A9.

〔13〕 *International Herald Tribune*, 2 February 1997, 新闻部分。

〔14〕 *New York Times*, 12 March 1997, A8.

是，在一些文化中确实存在更坏的命运，尤其是在巴基斯坦和中东的阿拉伯地区，在那里，那些被强奸并闹上法庭的女性，往往会相当频繁地被指控犯有穆斯林所唾弃的通奸罪或婚外性行为。法律允许鞭打或者监禁这样的女性，并且为了恢复家庭的声誉，文化群体会宽恕那种由亲戚杀死或者施压强迫被强奸的妇女自杀的做法。[15]

因此，很多以文化为基础的习俗都是为了控制女性并使她们屈服于男性的欲望和兴趣，特别是在性和生育方面。而且，文化"或"传统"与对女性的控制是如此紧密地联系在一起，它们几乎是等同的。新近有一篇关于也门山区的一个小型正统犹太教信徒聚居区的新闻报道，具有讽刺意味的是，这是一种女权主义的观点，报道的标题是"也门小型犹太人聚居区因混合传统而繁荣"。这个小型教派实行的是一夫多妻制，这篇报道援引了该教派一位年长领导人的话："我们是正统的犹太教信徒，非常热衷于我们的传统。如果我们去以色列，我们将不再拥有我们的女儿、妻子和姐妹"。他的一个儿子还补充说："我们看起来要像穆斯林，我们不允许我们的妇女露出她们的脸。"[16]因此，对女性的奴役几乎是"我们的传统"的代名词（只有对性别奴役视而不见才能解释这个标题；如果文章的标题是有关性别奴役以外的任何其他种类的奴役，那才是不可想象的）。

虽然世界上的所有文化过去都曾有过男权统治，但有些文化——虽然不是绝对的，但大多数时候都是西方自由主义文化——已经比其他文化更加彻底地远离了男权统治。当然，西方文化仍然存在多种形式的性别歧视。他们更加强调女性的美貌、苗条和年轻，强调男性的智力、技能和力量；他们更期望女性去做没有任何经济回报的家务事，而她们做的家务事远远超过一半，不管她们是否工作；部分由于这方面的原因，部分由于工作场所的歧视，女性比男性变穷的可能性更大；女性也更容易遭到大量来自男性的（非法的）侵犯，包括性侵犯。但是在更自由的文化里，女性同时也更容易得到和男性相同的受法律保护的自由和机会。另外，除了一些宗教原教旨主义者之外，这种文化中的大多数家庭都不会向他们的女儿传递以下观念：如女孩不如男孩有价值；女性的生活只限于家庭生活和对男性与孩子的服务；女性性别的积极价值只是结婚，为男性服务以及生育。正如我们已经看到的，这与世界上许多其他文化——包括那些移民到欧洲和北美的人原来所处的文化——中的女性地位有很大不同。

---

〔15〕 关于这种实践的相关讨论，见 Henry S. Richardson, *Practical Reasoning About Final Ends* (Cambridge: Cambridge University Press, 1994), especially pp. 240 – 43, 262 – 263, 282 – 284.

〔16〕 *Agence France Presse*, 18 May 1997, 国际新闻部分。

群体权利吗？

大多数文化都具有男权色彩，那么，很多（虽然不是全部）主张群体权利的少数群体都比周围的文化更具男权色彩。因此在自由主义国家中关于文化多样性和群体权利的文献中，呈现给我们的例子都极力鼓吹控制女性的文化的重要性，就没什么可大惊小怪的了。然而，虽然极力鼓吹，但是很少明确地表现出来。[17]

1986 年，有一篇关于各种移民群体和吉普赛妇女在当代英国的合法权利和基于文化的诉求的文章，在这篇文章中提到了女性的作用和地位问题，并认为这个问题是"文化冲突"的"一个非常明显的例证。"[18] 在这篇文章里，塞巴斯蒂安·内波尔特（Sebastian Poulter）讨论了这些群体的成员以文化差异为由要求予以特殊对待的问题。只有少数几个例子与性别无关：如，要求允许穆斯林学校的教师因周五下午的祷告而不来上课以及要求允许吉普赛人的孩子因其流动的生活方式而不必那么严格地接受学校教育。但是大多数的例子都与性别不平等有关：童婚、强迫婚姻、一夫多妻制和阴蒂切除术。几乎他讨论的所有合法案例都与女性的权利诉求有关，声称女性的个人权利被其所在文化群体的实践所删节和践踏。在政治哲学家埃米·古特曼（Amy Gutmann）最近所写的一篇名为"多文化主义对政治伦理的挑战"的文章中，大半例子都与性别问题有关：一夫多妻制，堕胎，性骚扰，阴蒂切除术和身闺制度（purdah）。[19] 这是关于亚民族多元文化问题的十分经典的代表作。而且，在国际舞台上也出现了同样的现象，女性人权往往因其与各种文化相矛盾而被国家的领导人或国家集团所拒绝。[20]

同样，在美国，涉及少数群体文化成员的刑事案件正在不断援引"文化辩护"（cultural defenses），而绝大多数的"文化辩护"都与性别有关，尤其是与男性对女性和孩子的

---

[17] 见，Bhikhu Parekh's "Minority Practices and Principles of Toleration," *International Migration Review* (April 1996)：251 – 284，在这篇文章中，他直接表达并批判了许多贬低女性地位的文化实践。

[18] Sebastian Poulter, "Ethnic Minority Customs, English Law, and Human Rights," *International and Comparative Law Quarterly* 36, 3（1987）：589 – 615.

[19] Amy Gutmann, "The Challenge of Multiculturalism in Political Ethics," *Philosophy and Public Affairs* 22, 3（Summer 1993）：171 – 204.

[20] Mahnaz Afkhami, ed., *Faith and Freedom*：*Women's Human Rights in the Muslim World*（Syracuse：Syracuse University Press, 1995）；Valentine M. Moghadam, ed., *Identity Politics and Women*：*Cultural Reassertions and Feminisms in International Perspective*（Boulder, Colo.：Westview Press, 1994）；Susan Moller Okin, "Culture, Religion, and Female Identity Formation"（未发表的手稿，1997）.

控制有关。[21]有时，文化辩护也被用来解释男性间的暴力行为或者是动物献祭的问题。然而，更常见的是这样一种主张，即在被告的文化群体里，女性并非具有平等的价值的人，而是处于从属地位，其首要功能（如果不是唯一功能的话）就是为男性提供性服务和从事家务劳动。这种文化辩护被成功地运用于四种类型的案件：（1）苗族男性的绑架和强奸案件。苗族男子声称，这是他们"抢婚"习俗的组成部分；（2）来自亚洲和中东国家的移民谋杀妻子的案件。移民的理由是他们的妻子通奸或者以奴役的方式对待丈夫；（3）杀死孩子的母亲自杀未遂的案件。这样的母亲声称她们的日本或中国背景使她们知道丈夫的不忠是使她们蒙羞的事，而她们的文化会宽恕这种母子自杀的行为；（4）存在于法国的阴蒂切除术案件。在美国还未出现，部分由于自1996年以来，阴蒂切除术被视为犯罪。在许多这样的案例中，有关被诉人或被告人文化背景的专家鉴定可以使被告人免于或从轻指控，或者是立基于文化来鉴定犯罪意图，亦或是明显的从轻处罚。新近的一个案件众所周知，来自伊拉克乡村的一个移民把他的两个女儿，一个十三岁，一个十四岁，分别嫁给了他的两个朋友，一个二十八岁，一个三十四岁。后来，当他的大女儿与她20岁的男朋友私奔时，她的父亲竟然动用警察来帮助他寻找。当警察找到她时，女孩的父亲被控犯有虐待儿童罪，两位丈夫和那个男朋友被控犯有强奸罪。那个伊拉克人的辩护就是——至少部分是——以他们文化中的婚姻惯例为基础的。[22]

正如这些例子所显示，被告并不总是男性，受害者也并非都是女性。纽约那个因妻子通奸而将妻子殴打致死的男性中国移民，加利福尼亚州那个因丈夫通奸而感蒙羞、遂溺死自己的孩子并试图自杀的女性日本移民，都依赖文化辩护而赢得了从轻指控（从谋杀罪指控转为轻一级的过失杀人罪指控）。看起来好像，文化辩护在第一案件中偏袒男性，而在第二个案件中偏袒女性。然而，事实上并不是这样。这两个案件都具有相同的性别偏见：女性（在第二个案例中还包括孩子）都是从属于男性的，女性既要为自己偏离一夫一妻制的行为负责任，又要为丈夫的这种做法而感到蒙羞。无论是谁不忠，妻子都得遭受痛苦：在第一个案件中，妻子因丈夫对其可耻的不忠行为感到忿怒而遭残忍杀害；在第二案件中，妻子因为丈夫的不忠行为而感到羞愧难当而杀死了自己和孩子。以上两个例子都再一次表明，这些文化辩护以各种表述方式表达了下面这种观念，即女性首先，也是最重要

---

〔21〕 对于这种现象的一个最好，也是最近的解释以及下面提及的例子的法律引文，见 Doriane Lambelet Coleman，"Individualizing Justice Through Multiculturalism: The Liberals' Dilemma," *Columbia Law Review* 96, 5（1996）: 1093－1167.

〔22〕 *New York Times*，2 December 1996，A6.

的，是男性的性奴隶，她婚前的贞操与婚后的忠诚是卓越的美德。

西方的大多数文化，在很大程度上是在女权主义者的敦促下，最近已做出实质性的努力来避免或者限制这种对虐待女性行径的宽恕。在人们的记忆中，谋杀妻子的美国男子如果用以下理由辩解，他们一般不会负全责，这个理由就是：由于妻子的不忠使他产生嫉妒，一怒之下杀害了妻子。同样是在不久以前，那些过去没有完全独身或在被强奸时没有奋力搏斗——即使这样做会使她们面临危险——的女性，通常都会备受指责。现在，情形已经有所变化，对保持现有进步的关注无疑已经转变为对文化辩护的怀疑。另一个担心是，这种辩护会过分关注少数群体文化的消极方面，从而会歪曲这种少数群体的文化观念。然而，可能应该首先关注的问题是，文化辩护不仅没有保护少数群体文化中的女性（有时是儿童）免受来自男性（有时是母亲）的暴力侵犯，而且还违背了法律面前人人平等的原则。[23]当一位女性来到美国（或者其他一些西方国家，基本上是自由主义的国家）时，为什么只因她来自具有较强男权色彩的文化，她就得在免受男性暴力侵犯方面得到比其他女性少的保护？许多来自少数群体文化的女性都提出抗议，表示这种双重标准也应该同样适用于她们的侵犯者。[24]

自由主义的辩护

尽管所有这些都可以成为文化实践具有控制和统治女性倾向的证据，但没有哪个多元文化群体权利的捍卫充分或直接阐述性别与文化之间的复杂联系或者是多文化主义与女权主义之间的冲突。威尔·金里卡（Will Kymlicka）的讨论是这方面的代表。

金里卡关于群体权利的论点是以个人权利为基础的，并且将特权和保护只限于内部自由的文化群体。作为约翰·罗尔斯的追随者，金里卡也强调自尊在一个人的生命中所具有的基本重要性。他认为，成为"丰富而安全的文化结构"[25]的成员并拥有自己的语言和历史是形成自尊的必要条件，也是人们做出选择的背景、培养其进行生活选择的能力。因此，少数群体文化之所以需要特殊的权利，就是因为如果不这样的话，他们的文化可能有灭绝的危险，而文化的灭绝可能会损害群体成员的自尊和自由。简而言之，特殊的权利立

---

[23] 见 Coleman, "Individualizing Justice Through Multiculturalism."

[24] 如，见 Nilda Rimonte, "A Question of Culture: Cultural Approval of Violence Against Women in the Asian - Pacific Community and the Cultural Defense," *Stanford Law Review* 43 (1991): 1311 - 1126.

[25] Kymlicka, *Liberalism, Community, and Culture*, p. 165.

足于把少数群体置于和多数平等的位置。

在金里卡的论述中，自由的价值发挥了重要作用。其结果是，除了少数几种具有弱点的文化之外，要求特殊权利的群体必须以自由原则来管理内部成员，既不通过施加内部限制来侵犯群体成员的基本自由，也不能以性别、种族或取向为由而歧视群体成员。[26] 这种要求对于以自由主义观点证明群体权利的正当性至关重要，因为"封闭的"或者有歧视的文化不能为自由主义所需的个人发展提供背景，这样的集体权利可能会导致自由主义社会内的亚文化压迫。正如金里卡说："抑制人们质疑其与生俱来的社会角色的能力可能会迫使他们处于不满意的生活状态，甚至是压迫性的生活状态。"[27]

正如金里卡所认识到的，这种内部自由的要求并不能证明群体权利的正当性，因为"所有政治和宗教派别中的原教旨主义者都认为最好的共同体只能认可他们的宗教实践、性取向及审美实践，并将其他的信仰都视为违法"。促进并支持这些文化"削弱了我们支持文化成员身份的理由，即它考虑到有意义的个人选择"[28]。但是，我前面提到的例子表明，在自由主义原则的论证下，能够主张群体权利的少数文化群体要比金里卡所认为的要少得多。虽然他们可能并不会把信仰或实践强加给其他人，虽然他们可能看起来会尊重女性的基本公民自由和政治自由，但是很多文化都不能像关心和尊重男性那样对待女性，允许她们享有同样的自由，特别是在私人领域。事实上从古至今，所有的文化或多或少都歧视女性并控制她们的自由，特别是宗教群体和那些依照过去的规则——古代文本或尊崇传统——来指导如何在当代世界生活的群体。有时更具男权色彩的少数群体文化存在于不那么男权的多数文化背景中；有时情况又恰恰相反。一旦我们认真考虑女性平等，在这两种情况下，那种文化男权色彩的程度及其想要减少男权色彩的意愿，会成为考虑群体权利正当性的关键因素。

显然，金里卡认为公开的歧视女性——剥夺她们的教育权、投票权或任职权——的文化不应得到特殊权力。[29] 但是性别歧视往往并不公开表现。在很多文化里，对女性的严格控制，通常是由私人领域中的权威来实施，要么是实际的或象征性的父亲来实施，要么是父亲与这种文化里的老年女性共谋来实施。在很多文化里，女性的基本公民权利和自由权是被正式保证的，但是家庭中对女性的歧视不仅严重限制她们的选择，而且严重地威胁

〔26〕 Kymlicka, *Liberalism*, *Community*, *and Culture*, pp. 168 – 72, 195 – 298.
〔27〕 Kymlicka, *Multicultural Citizenship*, p. 92.
〔28〕 Kymlicka, *Liberalism*, *Community*, *and Culture*, pp. 171 – 172.
〔29〕 Kymlicka, *Multicultural Citizenship*, pp. 153 – 165.

她们的幸福甚至她们的生活。[30]这样的性别歧视——无论严重的还是比较温和的——常常有极深的**文化**根源。

尽管金里卡正确地反对赋予那些公开践行歧视女性的少数文化以群体权利，然而，他对多文化主义的论证并没有表明他曾在别处承认的观点：即女性的从属地位往往是非正式和私人的，如果应用于私人领域，当今世界上的所有文化，包括少数群体或者多数群体的文化，几乎没有几种文化能够通过"无性别歧视"测试。[31]那些以自由主义观点来论证群体权利的人，需要解释这些存在于私人领域的、由文化所强化的歧视。在一种可行的文化里，为了实现自尊与自重，所需要的不仅仅是简单的成员身份。确切地说，为使一个人有能力"质疑自己与生俱来的社会角色"并使自己有能力选择所需要的生活，只有成员身份是远远不够的。至少我们看重的是，自重和自尊是在我们本文化内发展的。我们至少也同样看重质疑自己社会角色的能力是否是我们的文化灌输并加强我们的特定的社会角色。在某种程度上，少数群体的文化都具男权色彩，在这两种文化中，女孩的健康发展都处于危险境地。

是解决方案的组成部分吗？

因此，从女权主义者的观点来看，少数群体权利绝不是"解决方案的组成部分"。它们很可能会使问题恶化。当一个具有较强男权色彩的少数群体文化存在于一个不那么男权的多数文化中时，以自尊或自重为基础就不会产生如下争论，即该文化中的女性成员对该文化的保存至关重要。事实上，如果她们出生地的文化消逝（这样一来，其成员就要融入进周围那些具有较少性别歧视的文化中），或者，也是最合适的，促使这种文化进行自我改变以加强女性平等，那么，她们的状况可能会好很多，至少在某种程度上，这是多数文化所支持的观点。当然也要考虑到其他方面的因素，如，少数群体提到的是否是要求予以保护的不同语言，以及少数群体是否遭受到像种族歧视那样的偏见。但还需要考虑其他方面的重要因素，作为对抗文化严重限制女性选择或其他破坏她们幸福的证据。

上面所讨论的例子表明，如何以文化的方式认同对女性的压迫经常隐藏在私人或家庭

---

〔30〕 如，见 Amartya Sen, "More than One Hundred Million Women Are Missing," *New York Review of Books*, 20 December 1990.

〔31〕 Will Kymlicka, *Contemporary Political Philosophy*: *An Introduction* (Oxford: The Clarendon Press, 1990), pp. 239 – 262.

领域。在上述提及的伊拉克童婚案中，如果父亲自己没有请求政府帮忙，他女儿的困境就不会公开。当1996年国会通过一项判定阴蒂切除术为犯罪行为的法律时，许多美国医生都提出反对意见，认为这项法律是不正当的，因为切除阴蒂是有关私人的事情，就像有人说的："应当由医生、家人和孩子来判定。"[32]可以将这些或多或少虐待女性的特殊情况转变为公共或国家事务，然后才能进行保护性的干预。

因此很显然，许多私人领域中以文化为由歧视女性的情况都不可能在公共领域出现，因为在公共领域中，法庭能实施它的权利，政治理论家能给这种案例贴上非自由主义的标签，并因此认为这种行为是违背女性身心健康的不正当行为。建立群体权利来保护少数文化也许并不能使那一文化中的女性获得最大利益，即使它对男性是有益的。当我们运用自由主义的论据来论证群体权利时，特殊对待就必须要充分考虑到群体内部的不平等，尤其重要的是，要考虑到群体内部两性之间的不平等。因为这种不平等很可能不那么公开，也不那么容易识别。而且，回应少数文化群体的需要和要求的政策必须充分考虑到这类较弱群体成员的需要。既然少数文化群体权利必须要与自由主义的基本原则相一致，最终必须以促进这些群体成员的福祉为目标，那么，那种认为该群体自封的领导人——总是主要由群体中年纪较大的男性成员来担任——可以代表所有群体成员利益的观点就不具合理性。除非女性——更具体地说，是年轻女性，因为年龄较大的女性往往是践行性别不平等的帮凶——在有关群体权利的协商中具有充分的代表权，群体权利才是正当的，因为这些群体权利有可能损害、而不是促进女性的利益。

---

[32] *New York Times*, 12 October 1996, A6. 共公广播也表达过相同的观点。

第三部分：族裔性与文化权利

存在文化权利吗？[*]

钱德兰·库卡萨斯（Chandran Kukathas）

李丽红　译

一

> 我要提出的论题是如果存在什么道德权利的话，那么至少存在一种自然权利：即所有人生而自由平等的权利。
>
> ——H. L. 哈特（H. L. Hart）：“存在自然权利吗？”（Are There Any Natural Rights?）

至少从美国民权运动开始，许多人就开始注意到因种族或文化歧视和不平等所导致的危害，而且种族或文化少数群体（Ethnic or cultural minorities）遭受歧视与不平等的实践已经持续了如果不是几个世纪，也至少是几十年了。美国黑人与印第安人、加拿大的因纽特人（Inuit）、新西兰的毛利人（Maori）以及澳大利亚的土著居民（Aborigine）提出的条件，已经成为各种行政与司法动议的主题。西班牙的巴斯克人（Basques）、加拿大的法裔民族以及斯里兰卡的泰米尔人（Tamils）的政治诉求也越来越突出。然而，就在最近一段时期，有一个独特问题得到更多关注：即部分种族少数群体的文化繁荣（cultural health）

  * 十分感谢博林格林州立大学与托莱多大学法学院的听众，我是在那里公开宣讲这篇文章的。十分感谢理查德·马尔根、菲利浦·佩迪特、布朗·巴蒂、约翰·格雷、史蒂芬·莫西度、埃米利奥·帕切科以及罗伯特·顾狄恩，他们给了我很多意见和建议。特别要感谢威廉姆·梅利，他对这篇文章提出了批评以及中肯的建议。我还要感谢人文研究学院为我慷慨提供 F. 艾里罗·希尔奖学金进行资金支持。还要感谢博林格林大学社会哲学与政策研究中心为我撰写这篇文章提供了宽松的学院环境。——原注

  本文原题为 "Are there any cultural rights?" 发表在 *Political Theory*，Vol. 20 No. 1. February 1992 105 – 139——译者注

问题。主流社会对种族少数群体文化的完整性与持久性的影响越来越大，这个问题，如果还没有成为关注的焦点，至少已经成为讨论的重点。如今，文化完整性在某种程度上正是这些少数群体提出道德诉求与政治诉求的基础。尤其是那些被称为"土著居民"的群体，他们的文化被移民文化所覆盖，如玻利尼西亚的斐济人（Fijians）、新西兰的毛利人以及美国的印第安人，他们都不是简单地要求提高他们的经济条件，而是要求保护他们的文化实践。

这些情况的发生对政治理论而言并非毫无意义，对自由主义理论而言尤其如此。许多人已经开始以这种现代"种族复兴"的观点来质疑自由主义政治思想的适用性。有人认为一贯主张以个人主义观点看待社会的自由主义理论并不能处理这种群体忠诚以及文化主张。这种贬斥自由主义的思想在安东尼·史密斯的著作《种族的复兴》的导论中表现得尤其明显而有力：

> 消解种族、超越民族主义、文化国际化，这些曾经是每个国家的自由主义者以及理性主义者的梦想与期望，而事实上，在每个国家他们都是困惑而失望的……如今，世界主义的理想正在衰退，民族主义者的期望已经落空。如今，自由主义者与社会主义者一样，必须为民族国家而奋斗，必须为其种族文化而奋斗，或者这已经成为荒野里的主要呼声。[1]

之所以出现这种批评是因为大多数人都越来越确信这样一种观点：即个人放弃其独特的文化忠诚而追求普遍的人性是毫无前景的。因此，人们不得不接受这样一种结论，即"部族区分（tribal separateness）一直存在……人们并不想融入任何新的更大的人类秩序。长期以来熟知这一结论的一直是大多数民众，而不是历代人文主义学者精英以及那些以追求人类完善为目标的人"[2]。以这种观点看来，自由主义的问题就是它的个人主义致使其忽略共同体的利益，而共同体的利益要比自由主义者所认识的要重要得多。例如，弗农·万·达克（Vernon Van Dyke）在很多文章中都指出，"自由主义者强调的是排除了国家干预的个人主义，这就意味着自由主义从原则上并不能有效地处理种族共同体的权利与

---

〔1〕 Anthony D. Smith, *The Ethnic Revival* (Cambridge: Cambridge University Press, 1980), p. 1. 自由主义的希望被描述为"错觉"，寄希望于对"过去两个世纪的一个基本趋势的完全低估"。

〔2〕 Harold R. Isaacs, *Idols of the Tribe: Group Identity and Political Change* (New York: Harper & Row, 1975), p. 216.

地位问题。"〔3〕弗朗西斯·斯文森（Frances Svensson）也援引万·达克的观点，同样控诉"自由民主理论几乎无一例外地强调个人权利而忽视共同体的利益，这样一来个人诉求与各种共同体诉求之间就无法达到基本平衡。"〔4〕

自由主义的朋友也像其贬斥者一样表达了他们对于自由主义的存疑态度。如，约翰·格雷（John Gray）就指出，自由主义思想犯了一个致命的错误，即自由主义没有把人当作"锡克人（Sikhs）或波兰人，巴勒斯坦人或以色列人，黑人或盎格鲁·撒克逊人的白种新教徒来看待，而只是把所有人都称作人，都看作是权利持有人的代码，毫无疑问，这个人也是性别中立的。"〔5〕实际上，他接着指出："支撑自由主义现代性的神话，也是全球进步、基本权利以及普世文明的神话，然而，到了20世纪最后十年，此时的知识分子与政治环境已经使这个神话难以维济，它不能再次成为有用的虚构。"〔6〕对格雷而言，这就意味着我们应该放弃自由主义，应该转而寻找其他更适合的理论方式。

威尔·金里卡（Will Kymlicka）在他的重要学术著作《自由主义、社群与文化》一书中提出稍有不同的看法。金里卡也承认自由主义"正如通常解释的那样……并没有对我们的文化成员身份（cultural membership）给予单独的重视，因此，它要求的是公民身份（citizenship）的平等权利，而不是以文化少数群体的存在为前提的文化权利。"〔7〕然而，他建议重新解读自由主义传统，以表明尊重少数群体的权利与自由主义所主张的自由平等实际上是相契合的。他指出，"应该重新思考战后自由主义这一老生常谈的理论，因为它并没有如实地反映争议所在，也没有如实地反映自由主义传统本身。"〔8〕

我将在这篇文章中探讨以上学者的观点。我认为，虽然关注少数群体的文化繁荣是正

〔3〕 Vernon Ran Dyke, "The Individual, the State, and Ethnic Communities in Political Theory," *World Politics* 29 (April 1977): pp. 343 – 369. at p. 344. 也可以参见 "Justice as Fairness: For Groups?" *American Political Science Review* 69 (June 1975): pp, 607 –14; "Collective Entities and Moral Rights: Problems in Liberal Thought," *Journal of Politics* 44 (1982): pp. 21 – 24; *Human Rights, Ethnicity, and Discrimination* (Westport and London: Greenwood, 1985).

〔4〕 Frances Svensson, "Liberal Democracy and Group Rights: The Legacy of Individualism and Its Impact on American Indian Tribes," *Political Studies* 27 (1979): pp. 421 –438, at p. 438.

〔5〕 John Gray, "Mill's and Other Liberalisms" in his *Liberalisms: Essays in Political Philosophy* (London and New York: Routledge, 1989), pp. 217 –238, at p. 234.

〔6〕 同上，第 235 页。

〔7〕 Will Kymilicka, *Liberalism, Community, and Culture* (Oxford: Oxford University Press, 1989), p. 152.

〔8〕 同上，第 211 页。"赋予独特的文化共同体成员以特殊权利的政府仍然会把他们当作个体来对待；这种权利的存在恰恰反映了他们是如何被当作个体来看待的。"

确的，但是，这并不能成为我们放弃、修改或重新解释自由主义的充分理由。自由主义并非毫不关心少数人的诉求，而是把它置于中心地位。自由主义十分强调个人权利或个人自由并不意味着它敌视共同体利益，它要做的是防止多数人的权力凌驾于少数人之上。因此，根本不需要寻找其他理论来替代自由主义或者放弃在自由主义理论中处于核心地位的个人主义。我们需要做的是重申个人自由或个人权利的重要性，并且对文化少数群体拥有集体权利的观点提出质疑。

然而，应该强调指出的是，我的观点并不意味着群体或文化共同体并不具有利益、特定的人群实际上不能合法地申诉委屈，合法地申诉委屈是正义题中的应有之义。我在这里想表达的并不是群体权利不重要，而是我认为根本不必把群体权利从主张个人权利的自由主义语言中分离出来并单独论证它的正当性。

为了论证我的观点，我将在下一部分中为自由主义观点辩护，并对那些挑战其个人主义前提的观点进行批判。在第三部分我将对那些要求通过考虑文化诉求来改变自由主义理论的观点做出回应，第四部分将探讨文化少数群体在自由社会中的地位问题。在最终明确阐述这篇文章的结论之前，我会在第五部分回顾各种重要的反对自由主义的观点。

二

众所周知，自由主义政治理论认为好社会就是不受任何特定的共同目的或目标所支配的社会，好社会只是提供权利、自由或责任的框架，在这个框架中，人们可以自由地追求他们各种各样的目的，个人独立完成或协作完成均可。好社会是以权利原则为指导的法治社会。这些权利原则是正义原则，它并不预设任何一种独特的生活方式为正确的或最好的。虽然自由主义并不怀疑好生活值得追求，但它强调不能强迫他人接受任何独特的好生活理念。自由主义对于现代社会中的宗教以及道德传统多样性的态度，是尽可能的宽容各种不同的生活方式。

那些主张自然权利、原始契约或功利计算的自由主义思想家为自由主义对待多元生活方式的态度提供各种各样的论证和辩护。虽然这些观点五花八门，但是在核心内容上他们是相同的。[9]首先，自由主义理论是**个人主义的**，它假定个人在道德上优先于任何社会

---

〔9〕 在接下来的阐述中，我援引了约翰·格雷在《自由主义》中的观点。Liberalism（Milton Keynes：Open University Press，1985）p. x.

集体的诉求；其次，自由主义是**平等主义的**，因为它赋予所有人"相同的道德地位，并且认为不同的法律或政治秩序与人的道德价值无关；第三，自由主义是**普遍主义的**，因为它断言人类道德的一致性并把特殊的历史联系与文化形成看作次要的。

这些极具特性的自由主义假设，尤其是第一点和第三点，长期以来一直是共同体主义（Communitarian）阵营批判的重点所在。这些批评者得出结论，不能接受自由主义的个人主义前提，因为人是社会的动物，任何个人概念都要以社会或共同体为前提。然而，现在出现了一种更加独特的反对个人主义的观点，这种观点认为，群体可以成为个人与国家之间的中介，因此应该予以特殊的道德承认。弗农·万·达克特别强调这种观点，他指出"现代自由主义政治理论家只把目光聚焦在个人与国家之间的关系之上，好像根本不存在群体这个重要的中间状态一样。"[10]他认为从约翰·普拉蒙纳兹（John Plamenatz）到约翰·罗尔斯，再到卡罗尔·帕特曼（Carole Pateman）、汉娜·皮特金（Hanna Pitkin）的现代理论家都忽视了群体的存在。[11]万·达克指出，在许多国家中，赋予各种各样的族群以一定的"权利"已经成为一种政治事实，他认为"在接受个人是权利与义务的承载者这一原则的同时，还应接受另外一个同等重要的原则，即种族共同体的利益也是权利与义务的承载者。"[12]他还给出许多理由来说明共同体原则的重要性，他的论述值得一提。

万·达克认为，强调个人以及平等对待的重要性很容易使人认为除了防止种族歧视以外，提及人种差异就是错误的，同时也容易使人无视群体差异（blindness to group difference）并倾向于认为社会应该是完全同质化的。[13]如果群体差异得到承认并且共同体也被承认为权利与义务的承载者，那么，形成一种能够真实反映现实世界问题的理论的机会就会更大。这样的理论会对集体的感情与群体的忠诚给予更多的关注。[14]这样一来，那些处于"非主导地位"的共同体的命运就会完全不同，共同体成员的心理健康状况都也会完全不同。然而，个人主义"与通常强调的个人价值结合在一起就会对文化共同体产生破坏作用，而不会对多数人或多数文化产生影响。"[15]如果种族共同体被接受为权利与义

---

〔10〕　Van Dyke, "The Individual, the State" p. 361.

〔11〕　同上，第 363 - 364 页。也可参见罗尔斯的"作为公平的正义"。

〔12〕　同上，第 363 页。

〔13〕　同上。

〔14〕　同上，第 364 页。

〔15〕　同上，第 365 页。

务的承载者，那么，采取"肯认行动"（affirmative action）来弥补那些遭受歧视的共同体的损失，就会变得容易些。这将为"一些具体实践提供一个更加令人满意的理论基础"[16]。例如，在威斯康星州阿米希人旧令（Old Order Amish）案例中，最高法院赋予阿米希人共同体以独特的权利，即阿米希人可以只让小孩接受八年的公共学校教育，这种权利是以首先保障宗教自由为依据的。阿米希人赢得了他们共同体的生存权，但是他们的胜利并没有触及这样一个理论假设，即"非宗教种族共同体并没有相应的权利"。[17]万·达克得出结论认为，在原则上，赋予种族共同体的地位和权利还应该延伸到少数群体所应得的正义。这样做有益于和平，因为正义是和平的条件之一。[18]

所有这些论述所表达的观点并未贬低个人权利理念，这一点应该公平地予以强调。万·达克所强调的内容都是为了确保"共同体保护自身的权利"[19]不被忽视。他认为许多个人权利都可以被理解为来源于共同体自我保护的权利。例如，个人的表达自由可以解释为一个语言共同体保持其语言的权利。但是，这种认为个人权利可以穷尽所有权利的做法并不能论证共同体利益的合理性，尤其是不能为共同体自决做辩护。这种观点会认为共同体需要的是同化，而不是解放，而且这种观点也会认为永久的共同体是不可接受的。[20]

和其他人一样，万·达克正确地指出，自由主义理论强调个人诉求的优先性，而把共同体的诉求置于次要地位。但是，次要地位并不是忽视不计。现在需要指出的是，自由主义理论具有充分的理由来提升个人的重要性，但它不能走得太远，不能蔑视共同体利益，共同体的利益是不能化约为个人利益的。这就是我在这一部分接下来要阐述的。然而，现在应该予以澄清的是，在阐述我的观点过程中，事实上我不仅绝对在为自由主义理论辩护，而且我还发展出一种独特的自由主义理论。

与通常人们所认为的不同，自由主义理论并不始于这样的理论假设，即世界是由孤立的、原子式的个人所组成（即使是最具个人主义特色的理论家，如霍布斯，也是从特定群

---

〔16〕 同上，第 366 页。

〔17〕 同上，第 367 页。

〔18〕 同上，第 368 页。

〔19〕 同上，第 369 页。

〔20〕 "因此，受人文关怀的影响，自由主义者不得不对他们采取某种形式的特殊保护，可能是建立特殊保留区，不让其他人进入。但是，这与自由主义的教义是大相径庭的，自由主义主张的即使不是同化，至少也是整合。永久的共同体主义是不能接受的。" Vernon Van Dyke, "Collective Entities and Moral Rights," p. 29.

体的行动或社会利益——主要是 17 世纪 40 年代的战争中形成的各种敌对派系——中提出他的政治理论的)。个人总是会成为群体或联合体的成员，这些群体或联合体不仅会影响他们的行为，也会塑造他们的忠诚感和认同感。任何自由主义理论家都没有理由否认这一点。然而，必须要予以否认的是将基本道德诉求依附于这种群体属性的主张以及必须以这些特殊诉求为基础来建立政治联合体的主张。

之所以要拒斥这种把群体诉求作为道德与政治解决（political settlement）基础的观点，主要是因为群体并不是在道德与政治领域固定不变的实体。群体会随着政治与制定环境的变化而不断的形成与瓦解。群体或文化共同体不能先于或独立于法律与政治制度而存在，而是由这些制度来塑造。[21]正如唐纳德·霍罗威茨（Donald Horowitz）所指出的那样，"种族身份不是静态的，它会随着环境的变化而变化"。[22]

这种观点的重要性不必进行过多的强调。有些学者，如安东尼·史密斯这样的自由主义批判者就坚决主张"族裔的'天然性'"并批判了近年来出现的学术观点，即以"民族与民族主义是独特的现代现象"为理论前提，并认为"没有什么'天生'或与生俱来的民族忠诚与民族特征"的观点。[23]然而霍罗威茨的著作十分清晰地表明这种批评是错误的。群体身份能够随着一些"相互影响的特性"，如文化、边界、冲突以及冲突的政策结果等变量而发生变化。[24]族群身份具有情境特点（contextual character）：群体的边界"会随着政治情境的变化而发生改变"。[25]

例如，在前印度的马德拉斯市（Madras），泰卢固人（Telugu）的内部分裂并不是什么重要的事情。然而，讲泰卢固语的群体刚从马德拉斯分离出来，泰卢固亚群体马上就成为政治实体了。同样，许多种族群体都是在亚洲与非洲殖民时期亚群体合并的结果。比如，马来西亚的马来人群体就是殖民主义者在松散的村庄与地区建立特殊区域后而成为"独特"群体的；更多的相同经历也发生在尼日利亚的伊博人（Ibo）以及菲律宾的摩洛族人（Moro）身上。霍罗威茨指出："有些这样的群体事实上是殖民统治者与传教士'人

---

〔21〕 有必要很好地区分一下像美国的印第安人或新西兰的毛利人这样的文化群体，从某种程度上来讲，在欧洲政治制度在他们的领土内建立之前，这些人就以文化群体的形式存在。这种区分在文章中还会有更进一步的阐述。

〔22〕 Donald L. Horowitz, *Ethnic Groups in Conflict*（Berkeley：University of California Press，1985）p. 589.

〔23〕 Smith, *The Ethnic Revival*, p. 85.

〔24〕 Horowitz, *Ethnic Groups in Conflict*, p. 73；也可参见第二章各处。

〔25〕 同上，第 66 页。

为'创造的结果，这些殖民统治者与传教士使这些人慢慢融合成为一个统一的种族实体。他们通过把遇到的人进行分类的方式使他们达成一种完美的合并。"[26]当然，并不是只有殖民主义塑造了这些身份。比如马来人，尽管事实上他们中的大多数是来自于像苏门答腊、苏拉威西（Sulawesi）、婆罗洲（Borneo）、爪哇以及马来西亚，但是他们之所以能够形成极具凝聚力的认同，部分是因为中国移民的出现。[27]然而重要的仍然是：群体构成是环境影响的结果，在这些环境影响因素中，政治制度因素最重要。

这并不是说文化不重要，而是说它不是最基本的，即使它是群体身份的组成部分。合法的权利本身就具有重要的决定性作用。在20世纪60年代末的阿萨姆邦（Assam），孟加拉穆斯林发现宣称将阿萨姆语作为他们的语言是大有好处的，因为这样他们就可以作为本土人而合法获得保留土地的权利。[28]正如霍罗威茨所评论的那样："文化在塑造种族群体方面意义重大，它不仅是身份形成的必备条件，更重要的是，它为群体身份提供了主要（post facto）内容。"[29]

现在，从群体形成的原因并不能得出群体利益不合法的结论。但是，这些原因指出了，试图寻找一种政治制度来支持这些群体利益的做法是不恰当的。群体利益通常只是在特定的历史环境中存在，或者是以特定的形式在特定的政治制度中存在，它并不是某种自然权利。没理由把特定的政治安排视为不能改变，更没有理由把特定的利益视为固定不变。因此，自由主义政治理论的典型出发点就是假定多元化利益的存在，这些利益之间如果不是冲突的，往往也是相互竞争的，自由主义要问的就是通过什么样的原则来评判这些相互竞争的利益，或者怎样才能调和这些相互竞争的利益。但是自由主义认识到很多种利益，无论是文化利益还是其他利益，都可以提出理由充分的权利诉求，自由主义理论想从不将忠诚归属于特定利益的角度推导出政治规则，无论这种特定的利益是过去的，现在的，还是将来的。

因为这个原因，自由主义理论是从个人主义的角度出发，而不是从群体、文化或共同体的角度来考察基本政治问题的。这些群体之所以重要只是因为它们是个人幸福的必要条件而已。如果共同体或文化群体并未使个人的生活发生任何改变，那么，集体的存在就没

---

[26] 同上，第66－67页。

[27] 同上，第68页。也可参见 Alfred P. Rubin, *The International Personality of the Malay Peninsula：A Study of the International Law of Imperialism*（Kuala Lumpur：Penerbit Universiti Malaya, 1974）。

[28] Horowitz, *Ethnic Groups in Conflict*, p. 195.

[29] 同上，第69页。

有什么重要性可言。[30]所有这些并不意味着"个人"是抽象的。如果没有抽象的利益存在，个人也不会存在。但是利益之所以**重要**仅仅是因为它是个人的利益。因此，虽然群体、文化或共同体可能具有一些不能化约为个人利益的特征或本质，但是，它们的道德诉求只有被真实的个体生命所承载的时候，这些道德诉求才有意义，现在是这样，将来也是这样。[31]自由主义政治理论奠基于这样一个假设：虽然利益是通过群体、文化共同体或者其他这样的集体来表现的，但是最终，只有当利益影响到真实的个人时，这些利益才是有意义的。

所以，群体或共同体不会因某些自然优先性而具有特殊的道德优先性。它们是易变的历史形成物，是个人的联合体，如何对群体诉求进行道德评价尚无定论。而且任何道德评价最终必须认真考虑真实的个人是如何受到影响或可能会受到何种影响，而不是抽象的群体利益。以文化共同体的利益或要求为基础来评价和选择政治制度或者设立合法权利的做法不可接受。因为那些制度与权利将会对个人决定归属于何种文化共同体产生深远的影响。群体可能会产生特权，然而特权也可以产生群体。历史的优先性并没有赋予一个共同体持续存在的权利，即使这可能是其他合法权利的来源，在后面我还会提到这个问题。

上面最后一句话绝对会立即受到文化权利捍卫者的质疑，他们会提出如下的反对意见：如果要建立制度或合法权利，为什么不选择那些保守并能保护现存文化共同体的政策与法律呢？假如法律与制度的选择事实上会改变群体的构成，难道没有一项法律是为了保护个人赖以生存的文化共同体而颁布的吗？毕竟，这种共同体的分裂与瓦解会带来社会的混乱与反常，无论是对群体还是对个人而言，这都不是什么好事。所以，就有了一个很好的承认群体权利的理由：即防止外敌入侵来决定他们的命运。

然而，这种情况并不像看起来那么简单明了，主要是与文化群体的易变本质有着很大关系。在承认这一点的过程中，重要的是要指出不仅群体的构成是随着时间而不断发生变化的，而且大多数群体在任何一个特定的时刻也不是均一同质的。在文化共同体内部可能

---

〔30〕 更多为这种个人主义观点辩护的观点，可以参见 Chandran Kukathas and Philip Petit, *Rawls: A Theory of Justice and its Critics* (Oxford: Polity Press, 1990) pp. 12 – 16. 关于相反的观点，见 Charles Taylor, "Irreducibly Social Goods," in *Rationality, Individualism and Public Policy*, edited by Geoffrey Brennan and Cliff Walsh (Canberra: Australian National University, 1990) pp. 45 – 63; but see the reply by Robert E. Goodin, "Irreducibly Social Goods: Comment 1," pp. 64 – 79.

〔31〕 我并没有极力断言只有群体中的个体生活才能被考虑。

也会存在重大的利益分歧与利益冲突。这些内部分歧可能呈现两种形式：大共同体内部各亚群体之间的分歧以及具有完全不同利益的精英与大众之间的分歧。例如，在像尼日利亚的约鲁巴人（Yoruba）、赞比亚的洛齐人（Lozi）、扎伊尔的巴刚果人（Bakongo）、安哥拉人以及布拉扎维的刚果人的经历中可以看到亚群体之间的利益分歧。每个这样的群体都是由具有重要区别的亚群体组成，许多亚群体彼此之间都处于一种争斗状态。只有在反抗殖民统治的时候，他们的领导人才会尽力使亚群体之间的差异最小化，会使用标准语言，并采取其他的办法来整合各亚群体的利益，以此增强他们的政治力量。虽然许多这样的同化运动都取得了巨大的成功，但是亚群体认同仍然存在，而且在许多情况下，亚群体之间的冲突仍在持续。[32]

然而，更重要的群体之间的利益冲突是大众与精英之间的冲突。在现代化进程中，这种文化群体内部的冲突表现得更加明显。在这种情况下，精英具有"与现代性相关的独特利益：好工作、城市礼仪、能进入的学校、旅行以及威望"。[33]毫无疑问，有时候精英可以运用他们的优势来进一步实现他们的目标，有时候他们也可以操纵种族情绪来实现他们的野心。[34]然而，在其他情况下，问题会变得很复杂。澳大利亚共和国政府建立的国家原住民协商委员会（National Aboriginal Consultative Committee）的原住民代表经常受到其同胞的质疑，怀疑他们接受了"白人"的恩惠，即使他们是无辜的。[35]从某种意义上讲，这是无知的产物——在许多情况下，原住民并不理解他们的"代表"为他们的利益而达成的协议。而且让这些无知的人理解避免被"淹没"的难度也并非易事。[36]然而，这些情况有时也揭示出精英利益与作为群体成员的大众利益之间所存在的真正差距。

如此一来，文化少数群体就会在寻求自决与保持其文化完整性之间进退维谷。在大社会中寻求自决就要取得政治权力，这意味着开始卷入国家的政治过程。少数文化群体的精英必然固定不变地是由来自其他少数群体或主流社会并受过教育的人来担任。但是在这个

[32] 关于这一点，见 Horowitz, *Ethnic Groups in Conflict*, p. 71.
[33] 同上，第101页。彼特笑称在非洲有两种最危险的部落，一种是瓦本茨人（Wabenzi）即，那些开梅赛德斯的人，另一种是宾土人（Bintu），即那些已经去过欧洲和美洲的人，他指出在这里并没有明显的利益差异。
[34] 同上，第225页。更多的阐述见第五章。
[35] 见 Judith Wright, *We Call for a Treaty* (Sydney：Collins/Fontana, 1985), pp. 292–299.
[36] 这是一个资历较高的原住民公务员查尔斯·帕金斯（Charles Perkins）的抱怨，这是他对原住民指责他工作效率低下的回应，见 Scott Bennett, *Aborigines and Political Power* (Sydney：Allen & Unwin, 1989), p. 103.

过程中，少数精英的利益开始更进一步地从他们的文化共同体转移。然而，如果他们的文化共同体本身遭遇变化，那么保持其文化完整性的前景将不容乐观。

当然，文化共同体与其精英可能会具有象征群体尊严的共同利益。如果两者都能从集体的自尊中获得利益，那么，大众可能会欢迎那些能够给他们带来更多财富或更高地位的精英。事实上，一个马来人的领袖已经使优先对待的政策合理化，他指出，虽然利益在马来精英之间的分配是不成比例的，但是，了解马来群体成功的大众却乐得接受一个能给他们带来更多好处的领袖，而不是只为自己谋福利的领袖。[37]然而，虽然事实上种族群体之间"地位的分配是冲突的真正目标，也是最合理的目标"[38]，但是这一目标的实现却会加剧共同体内部的分歧。事实上，可以说大众可能对工作机会以及经济进步更感兴趣，而已经充分享有物质利益的精英们却对有象征意义的传统主义更感兴趣。[39]

以自由主义的观点来看，文化群体这种分化的本质使文化权利更加不可能。文化群体不是毫无差别的整体，而是由各种具有不同利益目标的个体联合而成的。所以，在这些少数群体内部就会出现他者，即更小的少数群体。把更大的文化群体看作文化权利的承载者就是对现存结构的确认，就会有利于现存的多数人。长此以往，这些文化群体内部的少数人可能就会形成与其他人的利益完全不同的联合，他们会认为自己的利益从某种程度上受制于作为文化权利承载者的较大共同体的利益。更重要的是，它限制了群体内部由少数人改造文化共同体的机会，无论是直接改造、还是通过与外部群体的相互作用来改造。自由主义理论所关注的就是避免产生多数或永久少数。

提及这些是为了表明并不是整个文化共同体都希望或愿意不惜代价地保持其文化完整性。通常情况下，共同体内部的个人或小群体希望利用这些机会，这些机会对共同体特征的改变会产生意想不到结果。因此，虽然原住民精英已经指出赋予原住民群体土地权利就应该让原住民共同体永久保留那些土地，但是，一些原住民个人却认为原住民共同体应该

---

〔37〕 "面对少数富有的马来人的存在，至少穷人可以说他们的命运并不完全是为富有的非马来人服务。以种族自负的观点来看，这种自负倾向仍然很强烈，马来大亨不合时宜的存在是最本质的问题。"Mahathir bin Mohamad, *The Malay Dilemma* (Kuala Lumpur: Federal Publications, 1981), p. 44. 也可见 Thomas Sowell, *Preferential Policies: A International Perspective* (New York: Morrow, 1990), pp. 48 – 51.

〔38〕 Horowitz, *Ethnic Groups in Conflict*, p. 226.

〔39〕 我把这种观点归功于理查德·摩尔根，他认为在新西兰，城市化的毛利人可能会成为精英利益的例证。

可以把土地作为经济财产自由地进行买卖。[40]这时，在整体的文化共同体利益——至少群体内的精英是这样认为的——与群体内部个体成员的利益之间就存在一个不可否认的冲突。自由主义理论并没有将作为整体的文化共同体的利益置于优先地位，即便它是占多数的，因为少数人的利益不能被忽视。

最终，自由主义认为文化共同体更像私人联合体或者用一个稍有不同的比喻——文化共同体更像是选民多数群体。两者都是多数因素的产物，而且任何一个都不必持久存在，即便它们能够做到持久存在。然而，有持久存在的可能性并不能证明他们所表达的利益是正当的。

这里要提出的一个重要反对意见是这种个人主义的观点从根本上来讲是同化主义（assimilationist）的观点，这种同化主义的观点对于少数文化来讲具有破坏作用，因为它忽视了他们所需要的特殊保护。万·达克就强烈主张对自由主义进行这样的批判，他的观点很值得进行详细阐述。他认为，自由主义学说如果不是同化主义的，至少也是整合主义的（integrationist），而且它也认为永久的共同体主义不可接受。问题是，永久的共同体主义可能实际上正是像"原住民"这样的群体所真正向往的。[41]然而，自由主义的"意识形态"却倾向于"打破保留地，摧毁部落关系，让印第安人在自由主义的家园中定居，把他们并入国家生活，不把他们当作民族、部落或集合体来看待，而把他们当作个体公民来看待"，尽管事实是"许多印第安人并不想被整合进主流社会"。[42]万·达克还引用了那些制定长跑计划（Longest Walk）（1978）的印第安人的观点来表明："我们如何确信美国政府只是想让我们按照我们的生活方式来生活？……我们拥有以我们自己的方式教育子女的权利……我们拥有人之为人的权利，这些权利与生俱来……今天我们要争取的就是以群体的方式生存。"[43]

所有这些都使万·达克确定无疑地认为个人主义的观点"有利于多数群体的成员"，

〔40〕 一个原住民商人因此而抱怨道："土地是用来安抚生活在大城市中的非原住民的良心的。但是原住民根本不能自由地使用土地，因为统治者认为黑人不善于对自己的行为负责。例如，原住民不能出售、租赁或交易他们的土地，因此也不会出现把土地作为经济财产的行动。Bob Liddle，"Aborigines Are Australian too，"in *A Treaty with the Aborigines*，edited by Ken Baker（Melbourne：Institute for Public Affairs，1998），p. 14.

〔41〕 Van Dyke，"Collective Entities"，p. 29.

〔42〕 同上，第 29 页。内部引用来自于一个印第安事务委员会，转引自 Frances Svensson，*The Ethnics in American Politics：American Indians*（Minneapolis：Burgess，1973），p. 73.

〔43〕 同上，第 29 页。内部引用来自 Congressional Record，July 27，1978，H7458.

多数群体的成员很容易与那些有影响有权力的人建立友好关系，并且"容易获得各种精英人物的大力支持"[44]。（他补充认为，这些从少数群体中增选出来的精英人物并不能成为"代表"，因为他们已经放弃了他们的文化身份[45]）而且，个人主义"往往与个人价值混在一起"，这会对少数文化造成损害，因为学校可能会促进主流文化而破坏其他文化。少数群体成员会发现他的文化是被贬斥的："整体的态度是对群体的存在以及群体成员的自尊进行攻击。这就是压迫，而且可能也是剥削。"[46]

但是这种观点是错误的，无论是对自由主义观点的概括，还是对自由主义主张的评价都是错误的。为什么自由主义应该迫切要求文化的同化与整合、为什么说自由主义认为共同体主义是不可接受的，这都是没有任何理由的。从自由主义的观点来看，也没有证据表明自由主义主张摧毁部落共同体而强迫印第安人进入国家生活的主流。这并不是说没有持这种观点的自由主义思想家，有的自由主义思想家可能会运用这种观点来证明这种紧张关系的存在，但是没理由认为任何自由主义者都必须赞同这种观点。相反，以自由主义的观点来看，有理由同意印第安人"让我们按照我们的生活方式生活"的要求。由此而引出的正是自由主义的基本观点，而不会引出群体权利的诉求。

从自由主义的观点来看，印第安人希望按照他们自己文化共同体的实践来生活已经得到尊重，并不是因为文化具有被保护的权利，而是因为个人可以自由结社、自由加入共同体并按照那些共同体的要求生活。由此得出的推论就是个人也可以自由地离开共同体。如果存在什么基本权利的话，那么，至少有一种权利至关重要：即如果个人不愿再在共同体中生活时，他或她具有选择离开共同体或联合体的权利。那么，就可以这样来看待文化共同体：共同体是个人的联合体，个人具有依照自己的意愿来过共同体生活的自由，这种自由是最基本的，也是最重要的。

这种观点看起来特别强调文化共同体自愿结合的本质。从某种程度上讲就是如此，但只是在很小的程度上是这样。在很大程度上多数文化共同体并不是自愿结合的。成员身份通常是一出生就决定了的，它并不是有意选择的结果，而且在许多情况下，那些出生于共同体之外的人并没有选择进入共同体的权利——正如我们所看到的，即便在环境适合群体重新定义成员身份与群体认同的边界时也是如此。文化共同体可被视为自愿结合的联合体。在某种程度上，共同体成员承认共同体的合法地位，也承认共同体所具有的权威。这

---

[44]　Van Dyke, "The Individual, the State", p. 365.

[45]　同上，第 365 页。

[46]　同上。

种承认的必要条件就是共同体成员选择不离开。当然，从严格的意义上来讲，如果没有个人所拥有的重要的反对共同体的权利，即自由离开的权利，那么，这种承认就是没有意义的。自由离开的权利必须是个人的基本权利；它也是唯一的基本权利，所有其他的权利不是由这种权利演生出来的就是由共同体赋予的。[47]

这种个人权利的观点给予文化共同体以很大的权威。它并不给那些想成为独特共同体的群体施加任何要求。它决不要求这些共同体要极大地"同化"甚至是"整合"进现代主流社会。它决不要求这些共同体必须成为自由主义社会，事实上它们完全可以是非自由主义社会。因此没有任何理由认为通过诸如把他们驱赶出自己的土地或迫使他们重新定居的方式来破坏这些文化共同体的做法，是正当的。主流社会没有权利对这些文化群体提出独特的教育标准与教育体系，主流社会也没有权利迫使这些文化共同体来促进主流文化。如果文化共同体的成员希望继续按其信仰生活，外部共同体没有权利阻止这些成员行使他们的权利。

然而与此同时，这种观点并没有给文化共同体任何基本权利。共同体权威的基础并不是什么保持文化持久性的权利，而是要得到其成员的默许。成员具有不可剥夺的离开共同体并与共同体断决关系的权利。这种权利要比它刚出现时更有效，因为它意味着在许多情况下，文化共同体中的个人都可以自由地离开，**一起离开或与其他人联合**，并在改变联合体条件的情况下重构共同体。如果没有其成员的大力支持或归属，文化共同体就会消亡，然而共同体内部存在的对其文化原则孤立而零星的不满可能仍会存在。

如此看来，这种自由主义的个人主义立场想在个人的权利诉求与共同体的利益之间寻求一种平衡。它承认文化群体的存在，但是否认这些文化群体具有任何"自然"的意义，它把文化群体看作是由于历史或环境的因素而形成的个人联合体。正因为如此，共同体可以具有一定的利益，但这并不等同于共同体所有成员的利益。共同体的易变性反映了它的本质，即它是具有不同利益的个体相结合的产物。共同体的利益与群体中独特个人的利益可能会相互冲突。这里所列举的自由主义的个人主义观点，通过把群体的道德基础置于具有其文化归属的个体的默许，否定了群体具有任何自我保存或永久存在权利的观点。不管怎样，通过把结社权作为基本权利，自由主义给予群体以相当大的权力，否认了其他人进

---

〔47〕 作为主流社会成员，个体也可以拥有很多权利。有些权利可以由个体来行使，虽然他生活在社会中的文化共同体内；其他的权利是如果不离开其文化共同体，个体就无法行使的权利。例如，如果婚姻自主权是主流社会认可的而不是其宗教共同体认可的，那么一个人就不能自由地与心爱的人结婚，除非她选择离开其宗教共同体。这个问题后面还会进行更深入的阐释。

行干预的权利，不论是以自由主义的名义、还是以其他什么道德理论的名义。

但是，这种理论会遭到众多的反对，这些反对来自于文化权利的捍卫者、自由主义者以及认为需要限制或谨慎表达自由主义观点的人。我将在下面的内容中考察那些比较突出的批判。

三

这里要详细阐述的批判观点主要来自两个方向：一是有人认为文化得到的承认太少；二是有人认为文化得到的承认太多。我们不得不去面对这些批判。幸运的是，这两种批判都出现在威尔·金里卡最近的著作《自由主义、社群与文化》当中，在这部著作当中，他探讨了对文化成员身份给予较多关注的一种自由主义版本。所以，我想通过分析金里卡在其著作中提出的主张来回应这两种批评。

自由主义者把文化少数群体的集体权利视为理论上不连贯、实践中相当危险的观点，在金里卡看来，是错误的。[48]以他的观点来看，在不破坏自由主义的个人主义前提下，自由主义可以也应该包括文化权利的观点，这里所说的个人主义前提就是我们前面所讨论过的。[49]他认为，正确看待这个问题的方法并不是关注个人权利与群体权利之间的冲突，或者是"尊重个人"与"尊重群体"之间的冲突。真正的冲突，也是不会引发困境的冲突，是两种尊重个人的方式之间的冲突。个人可以作为一个独特文化共同体的成员而受到尊重，"在这种情况下，我们必须承认他们为了保护其文化而提出权利诉求的合法性"。个人还可以作为政治共同体的公民而受到尊重，"我们必须承认他们因平等的公民身份而提出权利诉求的重要性"。[50]公民身份的要求与文化成员身份的要求可以向不同的方向拉伸，因为"差异的公民身份权（differential citizenship rights）可以用来保护文化共同体，使他们可以不必接受他们不想要的整合"[51]。对金里卡而言，解决这种困境的办法并不在于拒绝自由主义，而是要调和少数人的权利与"自由平等"，从而为差异的（文化）

---

〔48〕 Kymlicka, *Liberalism*, p. 144.

〔49〕 因此，金里卡自己在第 162 页提出的问题是："我们如何在自由主义的框架内来论证少数人权利的正当性，假如自由主义的道德本体论只承认个人，谁应该被平等对待？"

〔50〕 同上，第 151 页。

〔51〕 同上，第 151 – 152 页。

权利提供一种个人主义的证明。[52]而且这就意味着表明"文化共同体的成员身份可以成为分配利益与责任的相关标准，而这些正是自由主义正义理论所关注的。"[53]

为了表明这一点，金里卡有效地设置了一种情况，即认为文化在自由主义理论中得到的承认太少。当然，他希望给予文化共同体的保护远远超出了我们提及的自由主义理论所能提供的保护。所以他为文化权利进行辩护的两种考虑是值得仔细考察的。第一种考虑是文化与文化成员身份的价值。金里卡认为，文化是重要的，因为可供我们选择的范围是由我们的文化传统决定的。众多的例子表明，正是在文化当中，我们知道了什么样的生活方式才是可能实现的，我们也是"通过把自己置于一定的文化叙事当中来决定怎样引导我们的生活，或者通过采用那些我们认为值得追求的角色来引导我们的生活，当然这些角色可能也包括我们被教化去扮演的角色。"[54]因此，文化结构是重要的，因为他们提供了"选择的背景"。[55]支持文化成员身份的基本原因就是"它允许我们进行有意义的个人选择"。[56]自由主义应该关注文化结构的命运，因为"只有在丰富而安全的文化结构当中，人们才会以一种有效的方式意识到可供他们选择的选项，才能理智地去考察这些选项的价值"。[57]因此，关注文化结构"与自由主义所关注的能力与自由判断我们生活计划价值的内容是契合的，而不是冲突的"。[58]

金里卡为文化权利进行辩护的第二个考虑就是自由平等。他认为，像因纽特人这样的文化少数群体处于一种不利的地位，因为他们"会面临不平等，这种不平等是其生活环境或天赋所致，而不是他们的选择或野心所致"。[59]他们的文化共同体通常会遭到来自共同体外的人们所做决策的破坏。与文化多数群体比起来，文化少数群体处于一种不平等的环境，金里卡认为对于所有这样的少数群体成员而言，这都是不争的事实。因此，"所有的因纽特人都面临着相同的环境不平等"。[60]他的结论是"只有我们认为处于不利地位的集体权利是正当的，我们才能区分出合法的原住民权利与那些为了特殊的目标与实践而诉诸

---

[52]　同上，第 164 页。"至少当他们不再被视为与自由主义相冲突的，而被视为自由主义政治实践的基本组成部分时，原住民的权利是可靠的。"

[53]　kymlicka, Liberclism, P. 162.

[54]　同上，第 165 页。

[55]　同上，第 178 页。

[56]　同上，第 197 页。

[57]　同上，第 165 页。

[58]　同上，第 167 页。

[59]　同上，第 190 页。

[60]　同上，第 240 页。

于种族、宗教、阶级或性别来获得特殊地位不合法主张。"[61]

虽然金里卡的观点也是自由主义的个人主义观点，但是他的立场与我们前面所提到的自由主义立场是完全不同的。虽然我通过把文化共同体描述为具有合法基础的个人自由联合体来尝试着去降低对群体权利的关注，但是，金里卡仍然希望强调群体利益并把群体利益以自由主义所关注的选择与平等为基础。就像万·达克一样，他这样做也是出于对种族少数群体，特别是"原住民"群体的境况的关注。然而，无论是以自由主义的观点来看还是以那些关注文化少数群体利益的人的观点来看，他的理论都是站不住脚的。

问题就出在他想为文化权利辩护，而做到这一点需要给出与自由主义理论一致的理论基础。金里卡的理论基础是个人**自治**（autonomy）的基本重要性。文化权利保护个人自治。之所以这样是为了保障文化环境的稳定性，在稳定的文化环境中个体才能做出意义的选择。不幸的是，许多文化并没有把重要性放在选择上。这种理念在 J. S. 密尔自由主义的追随者中相当流行。正如金里卡自己所指出的那样，"对密尔而言，人们选择其目的的条件十分重要：这些条件决定着人们是否会接受教育，决定着人们在文化社会化过程中修正其目的的可能性。"[62]然而，许多文化，包括那些"原住民"所指称的文化都没有把重点放在**个人**自由选择其目的上。通常情况下，个人与其利益要服从共同体的利益。而且个人可能也愿意毫不挑剔地接受文化群体的长期实践。批判的反思在他们的好生活概念中没有任何地位。

例如，我们可以考查一下肯尼思·马多克（Kenneth Maddock）对澳大利亚原住民社会情况的阐述：

> 以安德森的自由观点来看，我们不得不说原住民社会从传统上就是充满奴性的，或者说原住民社会并不是能够产生卑躬屈膝与独立自主态度的社会。如今，反对与批评的缺乏并不能用缺乏不平等或剥夺公民权来解释。看起来必须要从原著民接受一种乌托邦式的社会概念中来寻求解释，这种乌托式的社会概念意味着秩序已经安排好妥当，所有能做的就是遵循这种秩序。这种关于事物如何发展的反历史主义观点与创造性的分离直接相关，而这完全是人类的权力、传统、忠诚等愿望使然。当这种理念开始生根，而且开始的过程是全力保障它们会开始生根，所有的反对与批评都

---

[61] 同上，第 241 页。
[62] Kymliuca, Liberalism, 第 19 页。见 J. S. Mill, *On Liberty in Utilitarianism*; *On Liberty*; *Essay on Bentham*, edited with an Introduction by Mary Warnock（London: Fontana, 1985），chap. 3.

将消失。[63]

在这里，我们看到了秩序与服从的价值通过宗教仪式反复灌输，伴随而来的就是创造性的丧失，从而缺乏对个人追求的本质进行批判性反思。如果这些实践可以在主流社会中继续存在，那么它的正当性就不在于对保持选择背景重要性的强调。如果认为选择与批判性反思具有重要的价值，那它所要求的是文化干预，而不是文化保护。如果我们鄙视文化干预，那就停止将选择作为重要价值来考虑。

通过把选择作为批判的重点，金里卡使自己走了文化干预的歧途。这一点在他回应由斯文森（Svensson）提出的普韦布洛印第安人（Pueblo Indians）的问题时已经有所揭示。[64]普韦布洛印第安村庄的某些成员转信基督教，当他们选择退出一定的公共活动却要求继续享有他们在共同体中的资源"份额"时，问题就会出现。结果就是那些违反了普韦布洛宗教原则的变节者会遭到放逐并且会被剥夺他们在公共资源中的份额。为了反对这种对待，那些转信基督教的人会诉诸"印第安权利法案"（Indian Bill of Rights）（第二章，被加入1968年的民权法案）来寻求宗教保护。其他印第安人反对把印第安权利法案运用于普韦布洛，他们认为这是对他们宗教传统的破坏，因为宗教是共同体生活不可分割的一部分。金里卡对此的反应是："对宗教自由的限制不能论证少数群体权利的正当性"，因为首先，"被视为一种回应的文化成员身份并不存在不平等，"其次，"普韦布洛保留区的每个成员在那个共同体中生活的能力并没有因允许新教徒表达他们的宗教信仰而受到任何威胁。"[65]像斯文森这样的学者纷纷抱怨在普韦布洛"违反宗教原则被视为对整个共同体生存巨大威胁"[66]，金里卡认为支持这种主张的真正原因是多数人对持不同政见者的厌恶之情。在这点上，他把这种抱怨和德沃林伯爵（Lord Devilin）的主张进行类比，后者认为接受同性恋就意味着破坏英国共同体。金里卡认为，像德沃林这样的人所犯的错误就是把共同体**特征**的改变看作对共同体的**破坏**。

金里卡为他的观点所提供的理论基础十分明确："如果目的是确保每个人都能在自己

---

〔63〕 Kenneth Maddock, *The Australian Aborigines: A Portrait of Their Society* (Ringwood: Penguin, 1972), pp. 193–194. 开头提到的约翰·安德森对于自由的阐述认为共同体中的自由是通过其统治秩序遭受反对以及对其统治理念批判的程度来衡量的，共同体的奴性是通过政治反对派被压制的程度来衡量的。马多克在第192–193页对这个问题进行了讨论。

〔64〕 Svensson, "Liberal Democracy", pp. 430–434.

〔65〕 Kymlicka, *Liberalism*, p. 196.

〔66〕 Svensson, "Liberal Democracy", p. 434.

的文化共同体内平等的追求他们所选择的生活，那么，限制宗教自由绝不会促进这一目的的实现。"[67]他对神权政治的终结不持任何疑问，普韦布洛的每一个多数群体成员仍将具有"极强的运用与解释自己文化经验的能力"，而且"支持文化共同体的不宽容特征会削弱我们不得不支持文化成员身份的原因——文化成员身份可以让我们进行有意义的个人选择"。[68]

然而，重要的问题是为什么要把"有意义的个人选择"作为支持文化成员身份的理论基础呢？尤其是这种价值并不被我们所谈论的文化群体所承认。除了普韦布洛印第安村庄，许多文化少数群体都不把个人自治或选择看作最高的价值。从某种意义上讲，为了抵御入侵与剥削，他们不得不为维护其文化的统一性而奋斗，他们不断主张其共同体生活方式的独立性以及保护其文化认同（identity）的重要性。[69]如果主张文化共同体应将个人选择作为更高的价值，那么，主流社会就可以责令少数文化群体必须成为更加自由的群体。

金里卡并不否认这个结论，他认为"一旦我们认识到安全的文化选择环境的重要性，每个国家的自由主义者所面临的任务就是以一定的方式，在不损害共同体文化的情况下，实现文化共同体的自由化"[70]。然而，在那些寻求保持少数共同体群体认同或文化统一性的人看来，这种观点必定是难以接受的。首先，他们可能会这样提出反对意见，即休谟说过，根本不能以他们并不认可的标准来评判社会，这种做法过于简单。[71]然而，更重要的是他们一定会反对提升个人选择的地位，而且他们也认为，在"不损害共同体文化"的前提下将其文化"自由化"的过程并没有把他们的文化置于重要的位置。如果他们的文化不是自由的，如果他们的文化不推崇个性或个人选择，那么，自由化之说就不可避免地会对他们的文化产生破坏作用。文化并不是唱歌跳舞与宗教仪式这么简单，文化也不是

---

〔67〕 Kymlicka, *Liberalism*, p. 196.

〔68〕 同上，第 196 – 197 页。

〔69〕 我已经在澳大利亚原住民的案例中讨论过文化认同的重要性。见 *Without Opression or Disputation: Aboriginal Identity and the Origins and Growth of the Protest Movement of the 1960s* (Canberra: B. A. Honors thesis, Department of History, Australian National University, 1978)

〔70〕 Kymlicka, *Liberalism*, p. 170. 金里卡在 170 页写道"帮助文化群体走向更加自由的社会"在 171 页写道为了促进"长期的完全自由"。

〔71〕 "如果以人们所不知的标准来衡量，并不存在既单纯或合理，而又令人讨厌或荒谬的态度。尤其是如果你使用一点艺术或口才来强调某些环境而弱化另外一些环境的时候，更能达到你的目的。"David Hume, "A Dialogue", in Hume, *Enquiries Concerning Human Understanding and Concerning The Principles of Morals*, edited by L. A. Selley-Bigge, revised by P. H. Niddith (Oxford: Clarendon, 1975), p. 330.

个人选择的框架与背景。文化是个体在长期生活过程中相互联合的产物，文化塑造着个人追求，赋予个人生活以意义，这种生活可能把个人选择或自主看得一钱不值。想要按照个人选择的理念重塑文化才是问题的核心所在。

而且，为什么应该允许以文化来干预现存的文化实践？这一点也十分不明确。即使文化干预的结果并不是解构文化，而"仅仅是"重塑它的"特征"。也正如前面引用的美国印第安人的例子所表明的那样，许多文化共同体要争取的就是不要去打扰他们。[72]他们也希望尽可能地重塑其文化共同体，只是要以他们自己的方式去实现。如果因为主流文化赋予少数群体以"权利"而引起共同体中某些成员的不满而导致共同体特征的改变，那么，这种改变并不是共同体对其所面临的新环境的反应，而是主流社会干预少数群体内部事务所致。

虽然所有这些争论都可以用来反对金里卡的观点，但必须记住的是，这些争论并不意味文化共同体可以与主流社会隔绝。正如埃利奥特（T. S. Eliot）所指出的那样，认为只需"用心经营地方'文化'的观点是一种错觉，在简化意义上，所有别致的、无害的以及与政治相分离的事物都可以称为文化，如语言、文学、地方艺术与习惯都是文化"。[73]主流文化与少数文化之间必定会订立一些政治契约，而且双方都发生改变也是不可避免的。这里的问题是要建立一些原则来说明少数文化在主流社会中具有何种地位，而不是要寻找一定的方式来隔绝少数文化以防他们发生改变。

反对金里卡的主要论据在于他对那些寻求文化权利的少数文化群体地位的阐述，他的理论基础本身就会对许多文化共同体产生损害，尤其对于那些在实践中并不遵循自由主义宽容原则以及自主理念的群体而言，损害更大。假如少数文化群体能够改变他们的生活方式，就给他们提供保护。最终，只有埃利奥特所说的"简化意义上"的文化才能得到保护。因此，以少数文化群体利益的辩护者的观点来看，金里卡的观点不能不说是有缺憾的。

但是，以自由主义者的观点来看，他的立场也是不适当的。他想以自由平等为基础赋予少数文化群体以差异的权利，这一愿望有问题的。他的论点是文化少数群体是处于不利

---

〔72〕 为了公平起见，必须要指出是金里卡也不认为有任何理由经常去干预他们的实践，也就是由文化共同体事务法院去处理。他指出在普韦布洛案例中，争议可能会通过部落法院而得到很好地解决，"如果普韦布洛人都同意这样做的话"见，Kymlicka, *Liberalism*, p. 197. 然而，这种同意究竟意味着什么可能需要要进一步的解释。

〔73〕 T. S. Eliot, Notes Towards the Definition of Culture（London：Faber, 1962），p. 93.

地位的，因为他们所面临的不平等是环境的结果而不是选择的结果，就像因纽特人那样，所有的少数文化的成员都要面临相同的环境不平等，而主流文化的成员却不会这样。然而，他的论点的两个部分都有很大的问题。首先，没有理由认为只有少数群体面临非选择性的平等。比如，任何一个生来身体或大脑就有缺陷的人都可以提出这个问题，而这却与他们的文化无关，就像有许多人生来就十分贫穷一样。如果存在赋予少数文化群体以特殊权利的理由的话，缺乏控制环境的能力确实不能成为理由之一。

第二，所有少数群体成员都面临着**相同的**环境不平等的观点也是很荒谬的。即使澳大利亚原住民的总体生活水平或平均水平处于社会的最低层（如果我们用从婴儿死亡率到犯罪率这样的社会指标来考察的话），仍然有许多原住民（即使不是很多）要比大多数澳大利亚人过得好一些，他们比较富有、受过良好的教育以及具有一定的权力。所以，为什么不给那些处于不利地位的澳大利亚人相同的权利呢？再次证明，特殊的文化权利是不合时宜的。

如果这两种经验式的主张是金里卡主张文化权利的基础，那么，以自由主义平等对待的观点来看，这种主张有着严重的问题。

综上所述，金里卡的理论赋予文化少数群体的承认看起来既太多又太少。之所以说赋予文化少数群体以太多的承认是因为自由平等并不认可特殊权利，而之所以说赋予文化少数群体以太少的承认是因为把选择与自主看作自由主义的基本追求忽视了那些并不把个人选择自由作为主要价值的文化共同体的利益。如果是这样，那它并不能对在这里详细阐述的自由主义个人主义提出严峻的挑战。

四

此时，批判金里卡或其他主张文化权利的自由主义思想家没有很好地尊重少数文化群体看起来也没什么大惊小怪，因为我在这篇文章中提出的理论坚持认为文化并不应该受到特殊的保护，并不存在什么文化权利。因此，值得重申的是我在这篇文章中的观点并不是贬低少数群体的利益，而是认为根本不必为了证明少数群体利益的正当性而放弃或改变自由主义理论。也正是在这种反对的基础上，以文化少数群体与自由主义两种观点来看，金里卡的理论是有问题的并且不适宜。现在需要仔细探讨的问题是这种自由主义的观点是什么，以它是如何看待主流社会中的文化少数群体的地位的。

从对金里卡理论的批评中我们应该能够清楚地了解到，自由主义者在这里所提的个人主义与其他形式的个人主义是完全不同的。它始于一种相对无害的共同假设，即道德评价是个人主义的，从这个意义上讲，它最终要表明的是具体的个人生活如何受到影响。"它是个人主义的，它关注的是有意识的人的生活的好与坏，痛苦与兴旺，因此，个人的幸福是道德的重中之重。"〔74〕但是，并不像包括金里卡在内的其他自由主义者那样，这种自由主义**并不**对人类繁荣的合法形式进行严格的限制。它并不认为人类繁荣要求个体具有自主性或能够在对选择进行批判反思的基础上具有选择他或她的生活方式的能力。相反，它认为，当我们评价一种生活方式是否合法时，最重要是看个体是否默认加入这种生活方式。

这些前提有些严格。这可能比劳伦·洛马斯基（Loren Lomasky）的理论前提还要严格，他在论证自己的自由主义基本权利概念时所选择的理论前提是：将个人理念作为追求目标。〔75〕洛马斯基批评那种以个人自治理念来论证自由权利的观点，他的理由很充分：为自主性辩护通常会忽视具体实践与生活方式。〔76〕也是由于这个原因，他认为最重要的也是最应该得到认可的是：个人才是追求目标。目标不能被选择，"一个人所追求的目标可能是不明确的，它不是经过有意协商而最后决定的结果。它可能是在不经意间，在人的举手投足之间积累而成的"。〔77〕不管怎样，目标的追求是"部分的"。"制定一个长远规划，让自己的行为符合这个规划，然而通过这个规划的实现与否来评判一个人的成功与失败：脱离一个人所最珍视的目标，这些肯定令人难以置信。"因此，洛马斯基坚持认为，"个人目标给他提供了一个**个人**（personal）价值选择标准，使他能够按照这一标准来行动。他的主要目标与持久目的为他自己所承认的行动提供了原因。"〔78〕

但是，即使把个人的目标追求作为主要本质，也会排除部分人类实践，因为有些文化并不认为**个人**目标可以成为各种价值的标准。让我们再次考查马多克对澳大利亚原住民社会的描绘：

如果我们把人类文化看作人类的创造物，那么，我们就会得出这样的结论，即在

〔74〕 Kymlicka, *Liberalism*, p. 242.

〔75〕 Loren Lomasky, Persons, Rights, and the Moral Community（Oxford：Oxford University Press, 1987）.

〔76〕 同上，第 248－250 页。

〔77〕 同上，第 42 页。

〔78〕 同上，第 27－28 页。

原住民中存在一种深刻的抵制态度，他们并不信任自己的文化成就。他们的生活计划从梦想时代就被权力所压制，或者有时会在这些权力的干预下有所改变，正如一个人与另一个人在梦中交流新歌或习俗一样。原住民声称信任只能忠诚于传统，或者如他们指出的那样，信任是为了"追逐梦想"。唯有权力才被认为是人类的创造物，人类只能被动接受这一不明确的礼物。就像人类会否定他们真正具有创造性一样，他们也可以说他们的文化是其他什么东西创造的，而不是人创造的。成为人就是为了繁衍后代。[79]

在这样的社会中，个体并不是目标的追求者；虽然他们可能会展现他们的追求，但是他们并不认为自己拥有个人目标。[80]尽管如此，还是有足够的原因去尊重他们的生活方式，这种生活方式是他们选择加入的，也是他们仅知的生活方式。

看起来这里提出的理论承认了那些在具体实践中并不遵循个人主义原则的文化共同体，或者不承认个人目标有效性的文化共同体的合法性。然而，与此同时自由主义理论并不认可强迫或强制任何个人进入文化共同体的做法。任何人都不能**被要求**接受一种独特的生活方式。因此，正如经常发生的那样，如果特定文化共同体的某些成员与主流社会订立契约希望放弃他们古老的生活方式，他们应该能够自由地去这样做，而且他们原来生活的文化共同体的反对是不被认可的。在这种情况下，文化少数群体中的少数人就会得到一定的保护。另一方面，如果成员不想离开他们的共同体而且要求主流社会，而不是他们的共同体来承认他们的权利，在这种情况下，他们的要求是不被认可的。首先予以承认的是个人进入共同体或离开共同体的自由。在由个人组成的共同体实践中，接受结社合法性的大多数人都必须接受持不同政见者的观点。

这种观点的运用很值得以更加具体的术语表达清楚。比如，在万·达克提出的威斯康星州旧规阿米希人的案例就意味着他们拥有按照他们的传统生活方式生活的权利。他们拥有不让其子女接受多于八年公共学校教育的权利并不是基于宪法第一修正案对于宗教自由的保障，而是基于结社自由的原则才具有这项权利的。（实际上，阿米希父母负有送其子女进公共学校的义务已经完全成为有争议的问题。）

---

[79]　Maddock, The Australian Aborigines, p. 129.

[80]　在这里，我并不确定洛马斯基希望将目标作为个人选择标准的强烈程度。在他著作的其他地方好像表明任何追求的显示都可以看作是这种目标存在的证据。比如，在第45页，他写道所有"构成可了解的生活的由动机推动的行为模式……都可以看作目标"。如果是这样，我们之间产生分歧的可能性会小些。

同样的结论也可以从吉普赛儿童的案例中得到。1944 年不列颠教育法令第 39 章规定，父母不能定期送其子女上学是犯罪行为，但不包括那些没有固定住所的吉普赛儿童。因为他们的父母会因工作的季节性而不断迁移，所以这些儿童只要能上满半个学期的课程就可以了。但是因为按吉普赛人的习惯，他们并不推崇学校教育，他们认为以他们自己的方式对孩子进行非正式的引导也能很好地教育方式，因此只有很少的吉普赛儿童接受过正规的基础教育。然而，在我看来，他们的结社自由与按自己的方式生活的自由是允许这种做法存在的。塞巴斯蒂安·保尔特（Sebastian Poulter）认为，由于"如今，许多吉普赛儿童被剥夺了接受各种教育的权利，而接受教育才可以使他们像成人一样理性地选择生活方式"，因此，有理由按教育法令来判处那些父母有罪并且应该压制和拒斥"这种独特而有害的吉普赛传统与文化"。[81]没有理由认为吉普赛父母应该通过公共教育为其子女提供一种"理性选择"生活方式的机会，而其他父母不该为其子女提供成为吉普赛人的机会。

普韦布洛印第安人村落的例子表明如果共同体不允许一些个体成员转变为新教基督徒，那么，那些个体就不得不在服从共同体的意愿与停止成为共同体成员之间做出抉择。当然，他们可能会在普韦布洛内部寻求一定的转变，而不会诉诸任何外部权威。作为美国社会的成员，他们具有宗教自由，而作为普韦布洛人，他们则不具有宗教自由。在个别穆斯林否定除了真主安拉之外没有其他上帝以及认为穆罕默德是上帝的使者的例子中，情形也大体相同。作为一名自由主义社会的公民，他具有言论自由；然而作为一名穆斯林，他就没有权利去质疑伊斯兰教的基本教义，也没有权利否定《可兰经》就是上帝本质的一部分，也就是说，包括那些对形而上学的教条进行批判的木塔兹拉。[82]因此个人必须要在成为穆斯林共同体成员与保护其言论自由权利之间做出抉择。共同体有权放逐那些拒绝遵守其教义的成员，然而它没有权利对他们处以更重的处罚。[83]

正像这些例子所表明的，自由主义在这里所提出的观点已经赋予共同体以相当可观的权力，这些权力要比其赋予构成共同体的个体的权力要大得多。尽管从个人主义的理论前

---

〔81〕 Sebastian Poulter, "Ethnic Minority Customs, English Law and Human Rights," International and Comparative Law Quarterly, 36（1987）: pp. 589－615, at pp. 600－601.

〔82〕 木塔拉兹是十八世纪的一个阿拉伯穆斯林学派，"在希腊思想的影响下发展起来的哲学派别，他们背叛了阿拉伯穆斯林保守派的观点，对真主的本质及其创造物提出挑战。对其他穆斯林而言，穆罕默德与可兰经就是伊斯兰教的中心，这并需要任何理由。见 Ira M. Lapidus, A History of Islamic Societies（Cambridge: Cambridge University Press, 1988）, p. 107 and pp. 105－108.

〔83〕 当然不能处以死刑，正如一些穆斯林已经在萨尔曼·拉什迪（Salman Rushdie）的案例中已经提出的那样。

提出发，但是已经得出了一些具有较强"共同体主义"意味的结论。毫无疑问，共同体是重要的，虽然给予他们一定的承认是重要的，但是还不至于必须否定它的个人主义前提。然而，为了做到这一点，结社的基本自由就成为最重要的，它的地位必须高于那些在自由主义传统中处于核心地位的其他自由，如言论自由或信仰自由。否则，"非自由的"共同体就不能永久存续。

最后一种观点更加犀利地表明了我在这里要维护的是一种什么样的自由主义理论。在这种自由主义理论看来，自由的社会不一定必须由自由的共同体构成。用罗尔斯的话来讲，如果社会是"社会联合体的社会联合体"〔84〕，那么，不必所有的社会联合体都是自由的社会联合体。然而，至关重要的是，每个共同体都应具有一定的独立性与统一性，也就是说这些共同体事实上都是**那些个体**的社会联合，而不是社会对于一定群体的简单分类。因为每个社会联合体都有一定整合措施，因此，它必须**在一定程度上**不影响主流自由主义社会的价值。

然而，如何界定这个"一定程度上"却是十分重要的。没有任何一个文化共同体能够做到完全不触及主流社会的政治制度以及所有的法律与道德原则。（罗伯特·诺齐克的乌托邦概念的弱点之一就是它认为完全独立的共同体可以不受其他社会联合体或社会影响〔85〕）。因为种种原因，大多数文化共同体都会受到主流社会的深刻影响。最重要的原因就是社会承认个体离开其共同体的自由这一事实。一旦个人具有离开的自由，那么，他的共同体的本质已经发生了改变，在正式权利来源于具体机会的情况下，尤其如此。

新西兰毛利人的例子就表明了这种观点。正如理查德·摩尔根（Richard Mulgan）所解释的那样，毛利人社会在与欧洲人订立契约之前是一个十分注重非个人主义文化的社会。群体以及群体的福利就是主要价值，个体的认同完全出于群体，他们只是群体的一部分，他们是为了群体的利益而奋斗的。为了使共同体变得更好而让个体服从共同体或令其为共同体牺牲都是正当的。然而在今天，伴随着许多毛利人生活在远离其部落环境的城市，毛利人社会这种注重集体的取向有取减轻。实际上，毛利人身份几乎已经完全成为个人选择的事了。这种变化的原因就是离开共同体的可能性。一个前契约毛利人可能从未想过离开部落或村庄，但是现在情况就完全不同了。正像摩尔根所说："一旦不受惩罚的离开成为实践而继续留在共同体内成为深思熟虑的决定，那么，个人与群体之间的道德平衡不可避免地指向了个人。全部忠诚于群体以及使个人的行为与目标淹没在共同体之中的情

---

〔84〕 John Rawls, *A Theory of Justice* (Oxford: Oxford University Press, 1971), pp. 527 –530.
〔85〕 见 Robert Nozick, *Anarchy, State and Utopia* (Oxford: Blackwell, 1974), part 3.

况再也不会出现。"[86]

在我所辩护的理论中，虽然文化共同体可能会保护自己不受主流社会的入侵，但是他们不能采取任何行动来加强群体忠诚。因此，在承认离开的权利时，他们也必须遵守禁奴的自由主义准则[87]，不能对个体进行身体强迫。而且，他们也不能做自由主义所禁止的那些"残酷的、非人道的以及不光彩的对待"[88]。违反这些规定的文化群体将会消失，因为那些持不同政见的成员会强制执行他们的权利来反对共同体。

无论文化共同体多么竭尽全力地远离主流社会，它都会受到主流社会一定程度的影响，他们的生活方式都会受到外部的影响。即使是那些在地理上与主流社会相分离并相距遥远的文化共同体也可能会受到外部环境因素的影响。例如，在这种情况下，他们将不能援引自由结社的权利来为他们所受的伤害进行起诉。这就再次证明，外部社会与环境会对共同体内部的实践产生影响，使其发生一些根本性的改变。

事实上，从某种意义上讲，如果文化共同体选择与主流社会紧密共处的话，那它受到主流社会的影响会更加深刻。比如，一个选择定居于英国中部的印第安移民共同体（无论这种选择是个别的还是集体的）可能会被允许保持一定的印第安人习惯或实践，但是他们要服从立法规定，也就是说，他们只能在家里保持这些习惯与实践。就这方面而言，共同体内对共同体的统治持不同意见的成员会以法律为武器公开提出挑战。这也会影响到共同体对婚姻契约的理解以及子女对其父母应尽义务的理解。

到现在为止，用结社自由以及离开共同体的权利来解释少数文化共同体权利诉求的观点可能已经基本表述清楚了。虽然先前这种观点被表述为提供完全正式保障的自由，但是这种观点还是具有一些明显的具体要点。因此，没有建构文化权利也同样可以解释文化少数群体在自由主义社会秩序中的合法权利诉求。然而，在强调这个结论之前，必须考查一些犹存的担忧，而且对于作为这一理论背景的社会，我还想再多说几句。

五

对于这种自由主义观点的质疑与保留仍会一如既往的从两个方向出现。首先是那些认为

---

[86] Richard Mulgan, *Maori*, *Pakeha and Democracy* (Auckland: Oxford University Press, 1989), p. 64.

[87] 这将包括"自愿奴隶"。关于个人为什么不能把自己卖身为奴的原因，见 Thomas W. Pogge, *Realizing Rawls* (Ithaca and London: Cornell University Press, 1989) pp. 48 – 50.

[88] 见 Poulter, "Ethnic Minority Customs," p. 602. 关于这个概念的讨论已经通过欧洲条约第三款以及国际公民权与政治权利公约第七款而影响到英国的立法。

文化共同体的利益获得太少承认的人，其次是那些认为文化共同体的利益获得太多承认的人。

像万·达克这样的学者可以提出许多理由来抱怨自由主义理论对群体重视的太少。有两种主张值得重视；一是认为自由主义没有承认群体自决的主张，二是认为没有赋予群体以一定的特权，群体就不能以此来保护他们的认同。万·达克认为自决是十分重要的，"是群体权利的道德本质"。[89]最初他为这种观点提供的辩护是，"需要的存在表明要有一种权利（在有限的范围内）去满足这种需要，或者说凡是善的观念就有其应用的领域"。[90]他所提供的辩护并不充分，没有解释需要是如何运用于权利的。但是万·达克提出了两种其他的考虑：首先是有时候只有"通过分配相关的群体权利的形式，个人的利益才能得到最好的满足，或者说只有个人利益能得到满足，而自决权的情况就是如此"。[91]历史表明，当我们面对"自由而开放的个人与那些十分先进的人进行竞争时，像原住民这样的群体并不能有效地保护他们的利益"。[92]其次，他认为作为一种经验的事实，许多社会，包括像联合国教科文组织与联合国这样的国际社会机构都承认自决权或保持其文化的权利。[93]这只是提供了一种群体或集体自决权的概念背景。除非我们认为存在群体权利，否则大部分现代实践就不能得到有力的证明。

对于这种观点，我有许多话要说。首先，也是最普遍的，我们不得不承认要使集体自决成为可能，还存在相当多的限制因素。一旦文化之间的联系、贸易以及其他形式的社会交往发展起来，共同体要保持其生活方式就变得十分困难。[94]正如理查德·摩尔根已经指出的那样，一旦个人可以不受处罚地离开共同体成为可能，那么平衡就会发生改变，而且有些实践将永远不能恢复。许多文化少数群体都发现，要在众多外来文化之中保持其生活方式是很困难的，这是不争的事实，但是几乎没有理由认为赋予这些群体一定的群体权利，就能从根本上改变这种状况。

其次，即使自决是可能的，群体也并不总是联合的。正好我们在前面所指出的那样，

<hr>

[89]　Van Dyke, "The Individual, the State", p. 360.

[90]　同上，也可见 p. 350.

[91]　Van Dyke, "Collective Entities", p. 26.

[92]　同上，第 28 – 29 页。

[93]　同上，第 27 页。

[94]　卡尔·波普尔在阐述"开放社会"发展及部落主义崩溃时也讨论过这种观点。见 *The Open Society and Its Enemies. Volume 1: The Spell of Plato* (London: Routledge & Kegan Paul, 1977), Chap. 10. esp. pp. 176 – 177. 也可见 F. A. Hayek, *The Fatal Coceit: The Errors of Socialism*, edited by W. W. Bartley Ⅲ (London: Routledge, 1989), esp. chap. 3.

只有在文化入侵之后（不论是被移民入侵还是被殖民者入侵），共同体认同才能形成与获得。集体自决的意愿在许多情况下都是精英为了统一那些分散的群体而打造出来的，而这些分散的群体往往并不主张集体认同。因此，在前殖民时代，毛利人并不是具有单一认同的群体，在一个较大的部落中有许多不同种类的亚部落。[95] 在欧洲人定居那里之后，他们才开始意识到共同认同。然而，即使是这样，毛利人认同的重要性还是相当模糊的，因为经过几代异族联姻，许多人已经不能确定他属于哪个群体。许多其他文化的情况也与毛利人的情况大体相同，自决是有问题的，因为就其应该努力的方向而言，群体内部就会有相当大的分歧。

第三，我们应该常记于心的是，给予任何群体以自决权都不是给这个群体自己决定自己命运的权力。正如唐纳德·霍罗威茨（Donald Horowitz）指出的那样，"鼓励一些群体去决定他们的未来可能也意味着允许他们决定其他人的未来。"[96] 如果权力是以这种方式发展的，在这样做时应该十分谨慎，一方面是因为这可能会对主流社会的和平与稳定造成负面影响，同时也是因为这也会对所谓获得自决权力的共同体内部那些较小的文化群体产生严重的后果。当那些自称为原住民少数的群体也被包括在内的时候，后一种担忧尤其重要。像霍罗威茨表明的那样，政治权力的转移会把冲突从多数人推向亚群体。[97] 结果就是亚群体之间的分歧将不断加剧。虽然这可能会有利于主流社会，因为它不用再去面对种族对抗的冲击，但是，这会对那些相对比较脆弱的种族共同体产生极大的破坏作用。撒利希人（Salish）渔猎共同体就是一个明显但悲惨的例子。[98]

---

[95]　见 Mulgan，*Maori*，*Pakeha and Democracy*，p. 12.

[96]　Howrowiz，*Ethnic Group in Conflict*，p. 591.

[97]　"在领土比较集中的群体中，这种转移可能有效，不是因为它提供了'自决'，而是一旦权力被转移，就很难决定自我是谁。" Horowitz，*Ethnic Groups in Conflict*，p. 617.

[98]　撒利希人希望通过法律程序来保护他们的传统文化，赢得特殊权利就能使他们继续从事传统的渔猎实践。事实上，法院往往会承认他们渔猎实践的文化重要性并以契约权利为基础为他们提供更多的渔猎机会。但是这一决定的执行加剧了撒利希人内部河岸渔民与海岸渔民之间的分歧，虽然迄今为止这一分歧还不太严重。这种不统一就使那个文化共同体在一定程度上出现新的不平等、诉讼增多甚至出现部落之间的公开对抗。关于这种观点见 Michael R. Anderson，"Law and the Protection of Cultural Communities：The Case of Native American Fishing Rights，" *Law and Policy* 9（April 1987）：pp. 125 - 142. 安德森审慎的结论是下面这些因素解释了撒利希人"传统文化共同体的衰落"："最重要的是……以前就存在于其他部落的文化分歧，这种文化分歧就会使参加条约的渔民以完全不同的方式去扩大他们的渔猎权利。虽然以法律术语规定他们在条约权利面前平等，但是，撒希利人是文化多元的，从前是这样，现在也是这样：传统渔民与资本主义的海岸渔民具有完全不同的世界观与价值观。具有文化差异的群体通过增强差异性的方式来扩大权利机会的做法可能并不奇怪。"

这又把我们带到了第四点：万·达克的反对意见，即除非我们认为存在群体权利，否则许多现代实践都不能得到有效证明。在这里他牢记这样一个事实，即许多政治组织与国际实践都对群体予以承认。比如，从 1943 年的《国家公约》到始于 1975 年至 1976 年的国内战争，黎巴嫩形成了一种要求内部种族联合的选举体系，"反对效忠的结晶化，主张穆斯林与基督徒之间的拱型联合"。[99] 这是通过承认与制度化种族群体的诉求而实现的。例如，所有的主要职位都要保留：为马龙（Maronites）派信徒保留总统职位，为逊尼派教徒（Suunis）保留首相职位，为什叶派教徒（Shiites）保留议长职位等等。以自由主义的观点来看，应该反对万·达克，这种实践都是不能被接受的。

必须要做一些初始的考查：这种调整和包容种族冲突的做法通常并不会取得成功；毕竟，黎巴嫩的情况只是取得了有限的成功。无论如何，有时候我们有充足的理由认为在设计政治制度的时候应该考虑到社会的种族或文化构成。然而，没有理由认为这样做就会与自由主义理论不相符，至少从孟德斯鸠开始，就已经认识到制度服从社会秩序本质的重要性。虽然尊重个人权利或自由这样的指导性原则还得坚持，但是，从某种意义上讲，什么样的制度机制是保护个人权利，维护社会秩序稳定的必备条件却是另外一个问题。比如，如何选择选举体制就受众多因素的影响，会因这些因素的不同而做出不同的选择，从主流社会的政治制度结构到人口的地理集中因素以及国家的政治历史都会成为影响因素。

当建构或解构制度机制时，一个需要考虑的因素就是政治组织内群体的权力问题。一个忽视少数群体权力的政治结构就会面临一定的危险，这种危险可以从少数群体的不满演变为要求分裂，甚至可能导致内战，我们应该对斯里兰卡出现的情况铭记于心。同样的，一个不在意多数人群体权力的政治结构也同样会产生不愉快的结果。然而，没有必要诉诸于群体权利来论证设计机制来应对或临时执行政治权力的正当性。

认识到这一点十分重要，即在论证支持某种生活方式的制度机制的正当性时，群体权利实际上毫无用处。因为要使这种机制获得成功，重要的是能够及时改变政治秩序的群体构成并能够依照他们的实际权力来调整特定群体的正式权力（黎巴嫩解体的原因之一就是由不同的出生率产生的人口结构的变化导致权力平衡的改变，使一些群体感觉制度机制没

[99] Howrowiz, *Ethnic Group in Conflict*, p. 633.

有反映他们的正式身份〔100〕)。如果群体被认可具有作为群体的权利，那么，就难以证明因政治授权的范围与影响不同而不同的政治机制的合理性。如此看来，强调个人权利与自由的观点要好得多，虽然它不得不承认要以包容（并提防）群体权力的方式来设计制度，而且这些群体异想天开地想要以群体权力来保护他们的自由。〔101〕

迄今为止，给予群体权利以更多承认的反对意见已经处理完毕。然而，另一方面的反对意见又出现了，这种观点认为即使这里所捍卫的个人主义观点也太过重视文化少数群体的利益。保尔特（Poulter）在讨论对移民文化的宽容时把持有这种观点的人主要关心的问题表达得很清楚。他写道："很明显，文化宽容不能成为'移民群体内部压迫与不正义的保护伞'，也不能过度地损害与危及使英国成为一体的英国价值的'社会与文化核心'。"〔102〕这里清晰地表明了这样一种观点，即少数文化共同体必须服从主流社会的道德与正义标准，之所以这样首先是为了少数共同体内部的正义，其次为了社会整体的稳定与统一。这篇文章所主张的观点会面临支持少数文化共同体内部不正义的危险的吗？它会不会在一定程度上破坏社会整体的稳定呢？

如果正义就是给每个人所应得的，那第一个问题的答案就在于什么才是一个人应得的。问题是，不同文化共同体具有不同的个人应得概念，而且在许多情况下，这些概念并不看重自由主义正义概念所看重的自由与平等。那么不得不承认的是，被自由主义标准认为是正义的，可能在某些文化共同体中就被认为是不正义的：信仰自由可能不被尊重；妇女可能要把自己封闭起来；个人的表达自由可能会被严重限制。

然而必须牢记于心的是，"不正义"的可能性与程度受两种因素的影响。第一个因素是文化原则与实践的可接受程度部分取决于文化共同体独立于主流社会的程度。像印第安或原住民部落这样的共同体，他们在地理上与主流社会距离遥远而且联系甚少，他们就可以按照不太尊重个人的方式很好地生活。而那些很好地整合进主流社会的文化共同体想这

---

〔100〕 关于这点见 John P. Entelis, "'How Could Something So Right Go So Wrong? The Collapse of Lebanon's Ethnoconfessional Democracy'," in *A Way Prepared: Essays on Islamic Culture in Honor of Richard Bayly Winder*, edited by Farhad Kazemi and R. D. McChesney (New York and London: New York University Press, 1988), pp. 21 – 40.

〔101〕 可能我们正是应该以这种方式来处理那些基于过去的不正义而主张权利的原住民与印第安人共同体所面临的一些问题。解决的办法不是承认他们的群体权利，而是应该详细审查讨去曾遭受不正义对待的特定历史共同体的资格。一旦他们的主张具备有效性（而且我未谈及过去的不正义是如何建立的或者应该以什么原则来对待），我们就可以把制度机制的问题转变为满足合法诉求与纠正不正义的问题。

〔102〕 Poulter, *Ethnic Minority Customs*, p. 593.

样做却并不容易，因为他们的成员也受主流社会法律与政治秩序的保护。比如，他们可能已经被牢牢束缚在那个秩序之上，不仅因为他们的公民身份这一事实，也因为在那里有他们的财产、交易以及可利用的公共服务。这就使这些文化共同体保护不同的正义标准变得十分困难，不仅因为共同体成员（尤其是年轻一代）可能会拒绝共同体的规定而认可主流社会的标准，而且也因为个人不能很方便地改变他们的文化效忠。我们不能选择成为只有在战争时期才能做到的教友派信徒（Quakers）。

举一个实际的例子，来自印度次大陆而在大不列颠定居的人没有权利强制新娘接受非自愿的包办婚姻。1973 年的婚姻诉讼法第 12 章规定，"强制"发生的婚姻是无效的，而且 1982 年 Hirani 诉 Hirani 的案例建立了这样的规定，强迫他人接受非自愿的婚姻可能会遭到社会放逐。[103] 移民共同体有权尽量按照他们的方式生活，但是没有权利要求主流社会把他们的规则强加于每个人。[104]

影响"不正义"的可能性与程度的第二个因素是坚持个人结社与退出自由的原则。如果一个人继续生活在共同体中并按（主流社会所认为的）不正义的方式生活，她可以自由地离开，那么，我们关注的不正义就消失了。然而，这里最重要的是，个体享受这种实质性离开自由的程度有多少。正如上一部分的结尾所表明的那样，个人离开共同体的自由是带有相当多具体痛苦的自由。然而，有些条件可以使这种自由成为可能，而且这些条件应该在结论中予以明确阐述，因为它们可以在一定程度上表明了什么样的社会与政治秩序才是我的理论所支持的。

使这种离开共同体的实质性自由成为可能的最重要条件就是要存在可以随时欢迎那些离开其共同体的人加入其中的主流社会。比如，由以血缘关系为基础的部落共同体构成的社会就不会使离开的自由成为可靠的选择：个人将不得不在遵从村庄与无法可依（而又孤独寂寞）的荒野之间做出抉择。只有在主流社会像市场一样存在，在这里个人具有相当大的独立性并且韦伯所说的社会封闭的极大减小成为可能的情况下，离开的自由才是可靠的。

而且更重要的是，主流社会不得不是坚持结社自由原则的社会，而且在自由主义所主张的其他自由不被尊重的情况下，结社自由也是不可能被坚持的。这表明主流社会本身就是能够体现自由主义政治文化的必要条件。

---

[103] 同 102 注，pp. 599 – 600.

[104] 当然，共同体能够继续放逐那些持不同政见者。要防止那些因剥夺爱、情感或社会接受而产生压迫与不正义是不大可能的。

少数文化的权利：回应库卡萨斯[*]

威尔·金里卡（Will Kymlicka）

李丽红 译

钱德兰·库卡萨斯（Chandran Kukathas）以一种明确而具有独创性的方法来阐释少数文化的权利问题，并将这种方法与我在《自由主义、社群与文化》[1]这本书中采用的方法进行了对比。在书中，我指出特殊权利与自由主义所追求的个人自治是一致的（比如，我们具有形成与修正我们生活计划的道德能力）。[2]我们形成与修正善概念的能力与我们的文化身份紧密联系，因为个人选择的背景就是选择范围，它是通过我们的语言与文化传承下来的。决定如何过我们的生活首先就是探寻使我们的文化行之有效的可能性。然而，如果一些少数文化想为其成员提供这种背景，他们可能需要特殊权利来保护其成员，使之免受多数文化的经济或政治决策的影响。比如，对于那些与语言和文化有关的决策，他们应该具有一票否决权，而且可能还需要限制移民向他们的家园流动。法裔加拿大人（French Canadian）以及加拿大、美国与澳大利亚的土著居民都拥有这种权利。类似的情形在世界其他地方数不胜数。[3]

乍看起来，这些特殊权利好像是一种歧视，因为他们以族裔属性的不同来分配个人权利与政治权利，但是，他们实际上与自由主义的平等原则是一致的。实际上，罗尔斯与德沃金也主张这样的观点，即正义需要去除或弥补不应得或"具有道德任意性"的不利，特

---

* 本文原题为"The rights of minority cultures：Reply to Kukathas"发表在 *Political Theory*，Vol. 20 No. 1. February 1992，pp. 140 – 146. ——译者注

〔1〕 Will Kymilicka，*Liberalism*，*Community*，*and Culture*（Oxford：Oxford University Press，1989）.

〔2〕 见 John Rawls，"Kantian Constructivism in Moral Theory：The Dewey Lectures，" *Journal of Philosophy* 77（1980）：第544页至545页是关于我们具有更高层次的利益的观点，即我们具有形成与修正我们善观念的道德权力。

〔3〕 关于世界范围内的少数权利主张的调查，见 Jav Sigler，*Minority Rights：A Comparative Analysis*（Westport：Greenwood，1983）.

别是当这种不利"深入而普遍地存在并且与生俱来的时候，尤当如此"〔4〕。要是没有这些特殊权利的话，少数文化的成员就不能像多数文化的成员那样按照自己的语言与文化来生活。我认为，这种深入而道德任意的不利就像种族与阶级不平等一样，是自由主义者更应该担忧的。

对库卡萨斯而言，我的理论"无论是从少数文化的观点来看还是从自由主义的观点来看都是不充分的"（第124页）*。自由主义之所以会拒斥我的理论是因为我所主张的不利并不足以证明特殊对待的正当性，而文化少数会拒斥我的理论是因为他们并不像自由主义那样关注个人自治。对库卡萨斯的观点作出总结性评论之前，我将依次考查这两种反对意见。

就库卡萨斯的两种反对意见而言，第一种并没有什么建树，实际上是十分混乱的。他的反对的理由是，即在文化成员身份与不利的环境之间只是一种不完全的联系。他正确地指出，不是只有少数文化成员才面临不应得的不平等，也不是所有的少数文化成员都面临着相同的不平等。比如，虽然大多数澳大利亚土著居民都是处于不利地位的，但是也存在贫穷或残疾的澳大利亚白人，也存在少数生活富裕的土著居民。因此，库卡萨斯总结道："看起来没有必要赋予特殊的文化权利。"正如他指出的，要赋予澳大利亚土著居民特殊权利，为什么不给所有处于不利地位的澳大利亚人以"相同的权利"呢？（第123页）

但是这并没有切中主题。我们不能赋予每个处于不利地位的澳大利亚人以相同的权利是因为他们遭受的是不同**种类**的不利，所以要求的是不同**种类**的权利。例如，许多国家都给残疾人提供交通、保健以及教育补助，因为这些政策可以帮助纠正他们特定的不利（比如他们身体上的残疾）。同样的，许多国家给那些易受伤害的少数文化成员提供语言权利与政治自治权，因为这些政策可以帮助纠正他们特定的不利（比如他们的文化脆弱性）。我们是用不同的权利去弥补不同的不利。为土著居民提供交通补助并不能帮助他们实现平等，就像语言政策的一票否决权并不能帮助一个白种澳大利亚残疾人实现平等一样。我不确定库卡萨斯所说的给其他澳大利亚人与土著居民"相同的权利"究竟是什么意思，我也不知道这些相同的权利怎样去弥补完全不同种类的不利。

在第一层面，我同意所有的澳大利亚人都应具有"相同的权利"，尤其是他们应该能

---

〔4〕 Rawls, *A Theory of Justice* (London: Oxford University Press, 1971) p. 96.

＊ 这里的页码是库卡萨斯的文章"Are there any cultural rights?"英文原文的页码，下同。——译者注

够尽可能地按照自己的语言与文化来生活与工作。[5]但是，想要达到这个目标就需要为少数文化成员提供各种形式的特殊地位。需要以特殊权利来确保他们都能像多数文化成员一样能按照自己的文化生活与工作，防止多数文化的决定损害他们共同体的生存能力。

库卡萨斯的第二个反对意见更加有趣。他认为文化少数群体对于促进其自治的少数人权利体系并不兴趣。事实上少数人会抵制这种体系，因为这可能意味着他们共同体的内部结构要以自由民主及个人自由原则来构建。比如，普韦布洛的印第安人村庄的部落政府就歧视那些拒斥共同体传统宗教的部落成员。同样，一些少数文化在教育的提供上歧视女孩。这些措施并不能保护共同体免遭主流社会的决定。相反，它们限制了共同体内部成员修正传统实践的自由。正是在这个意义上，库卡萨斯正确地指出它们与任何呼求自治的少数人权利体系都不相符。

这使我们看到**自由主义**的少数人权利概念的一个基本方面。自由主义理论可以接受少数文化针对主流共同体的特殊权利，以此来保证二者之间环境的平等。但是，它却不接受文化共同体针对其内部成员的特殊权利（除了极端的情况）。[6]前者保护了少数文化群体成员的自治，后者却限制了它。自由主义认为个人有权自己决定哪些文化遗产值得传承。自由主义也支持这样的观点（可能自由主义就是由这样的观点界定的）：即当共同体成员认为共同体的某些传统实践不再值得拥护时，个人应该有权并有能力质疑它，并尽可能地修正这些传统实践。限制宗教自由或否定女孩的教育权利都与这些自由主义原则不相符，实际上也是违背了自由主义想要保护文化成员身份的一个原因，即文化共同体中的成员身份意味着能够在知情后自由选择自己的生活。因此，自由主义的少数人权利概念将会谴责少数文化的某些传统实践，就像自由主义在历史上曾经通过谴责多数文化的传统实践来支

---

〔5〕 存在很多限定条件，如少数文化的规模，群体融入主流社会的自愿程度等等。把自愿移民与少数文化区分开来尤其重要。见我的文章 "Liberalism and the Politicization of Ethnicity," *Canadian Journal of Law and Jurisprudence*, 4, no. 2 (1991). 有了这些条件，我们在自己的文化中生活与工作的利益就不会出现合法地强制性个人权利的问题。然而，这却是值得以其他方式予以保护的基本利益。特别是当这种利益遭受威胁的时候，可以通过承认少数权利的方式来保护它。

〔6〕 关于群体对应其个体成员的集体主张与群体对应社会其他成员的集体主张之间的差异性讨论见 Denise Reaume, "Individuals, Group, and Rights to Public Goods," University of Toronto: Law Journal 38, no. 1 (1988) 17. 里尤姆（Reaume）称前者为"集体权利"，后者为"群体权利"。当需要保护共同体免于解体时（这是一个临时的条件），对于共同体内部成员个体自由的限制可能是正当的。少数文化内部的性别歧视或宗教歧视的主张者通常声称这些限制是保护文化免于解体的必备条件。但是这种主张几乎没有任何证据支持。当然，同样正确的是，保守主义者认为除非继续实施歧视非传统实践的做法，否则多数文化将解体。[比如，德夫林伯爵（Lord Devlin）就认为歧视同性恋是保持英国免于解体的基本条件]。

持自己的改革一样。

因此，自由主义的少数人权利概念所认可的是少数文化针对主流社会的特殊权利，而不是针对其内部成员的特殊权利。库卡萨斯自己的观点从本质上来讲正好恰恰相反。他并不认为少数文化具有针对主流社会的特殊权利。然而，他认为文化群体具有高于其成员的巨大权力，包括限制他们的言论自由与结社自由的权利，或者在提供服务时区别对待。实际上，只要个体成员具有离开共同体的权利，文化少数就拥有高于其成员的无限权力（第133页）。

毫无疑问，那些非自由的少数文化可能更愿意接受库卡萨斯的观点。然而，奇怪的是，库卡萨斯认为自由的少数文化也会接受他的主张。虽然他的观点不包括任何尊重自治的原则，但他坚持认为他的理论也是自由主义的，因为他的理论"并不认同强制加入共同体或对共同体内的个体成员实施强制的做法"（第125页）。但是这种理由太牵强，并不能说明他的理论是独特的自由主义理论。保守主义者、社会主义者或共同体主义者也很少会接受强制加入共同体的做法。自由主义与其对手的区别并不是它禁止奴役、残暴或不人道的对待（第128页），也不是它能够以某种形式宽容群体差异。所有这些品质都可以在奥斯曼帝国的"粟粒"（millet）体系中找到，这个体系使犹太人、基督徒以及穆斯林共同体共同存在，并且和平共存了大约几个世纪，每个共同体都以自己的形式保持着自治。虽然粟粒体系通常被认为是人道的而且宽容群体差异，但它并不是一个自由的社会，因为它并不宽容每个共同体中的个人不满。因此，它实际上是一个十分保守、神权政治以及家长制的社会，与从洛克到康德再到密尔与罗尔斯的自由主义者所认可的个人自由理念是完全对立的。[7]

库卡萨斯后来又加上了一点，即个人必须具有离开共同体的"实质性"权利（第133页），并且他承认这种权利意味着"个人与群体之间的道德平衡不可避免地指向了个人"。（第128页，对理查德·摩尔根观点的引用）。他认为，离开的威胁将赋予个体质疑共同体权威的根本能力。但是，他的观点十分古怪，是什么赋予个体这种实质性的离开权力呢？他说如果被剥夺了识字、教育或学习外部世界的自由，人们就具有离开共同体的实质性自由，**只要存在一个能供他们进入的开放的市场社会**（第134页）。换句话说，一个人的离

---

〔7〕 关于粟粒体系的讨论，见 *Christians and Jews in the Ottoman Empire*：*The Functioning of A Plural Society*，edited by Benjamin Braude and Bernard Lewis（New York：Holmers & Meir, 1982）。我考查了宽容群体差异的粟粒体系与宽容个人歧见的自由主义体系之间的差异。见 "Two Modes of Tolerance," in Analyze and Kritik。（Forthcoming, 1992）

开自由取决于他可能进入的社会的开放程度，而不管他所在的共同体有多么的封闭。看起来库卡萨斯认为那些被否定了教育自由（可能是因为她是女性）以及被否定了结社权或与文化共同体之外的人对话权的人，假如她能进入一个市场社会的话，就具有了离开的实质性自由。我认为大多数自由主义者都会认为她并不具有这种具体的离开自由，因为她缺少做出有意义选择的前提条件，因此，以自由主义者的观点来看，任何赋予文化共同体的权利大于其个体成员权利的少数人权利体系都存在着严重的缺陷。

刚才我已经表明任何不赋予少数文化成员以实质性公民权利的理论都具有严重缺陷而且与自由主义理论相去甚远。而库卡萨斯声称在许多现存的少数文化中，我的理论因此而"走上了干预的歧途"（第121页）。例如，他认为我把自由主义政体强加给普韦布洛印第安人并强迫他们尊重宗教自由。

但是他这样做合并了两个独特的问题：第一，自由主义应该如何看待文化成员身份的意义以及怎样规定少数文化才与自由主义原则保持一致？第二，自由主义应该把自己的观点强加给那些并不接受自由主义原则的共同体吗？第一个问题是识别自由主义少数人权利理论的问题，第二个问题是自由主义理论的强加问题。我的目标是第一个问题，也就是识别一种正当的自由主义少数人权利概念。要回答自由主义的强加问题，还有许多工作要做。一旦我们已经建立了恰当的自由主义关于少数人权利的概念，我们就能确定它与各种少数文化愿望之间的一致性程度，或者相异的程度。一旦我们确定了分歧的本质，那么我们就会面对是否应该为了促进我们的自由概念而进行干涉的问题。这依然需要取决于许多因素，包括共同体内部歧视的严重程度、共同体内的分歧程度、任何条约义务的存在以及提出干涉的本质等等。比如，强制施加的自由主义与为自由主义改革提供各种激励的自由主义之间就存在很大的差异。因此，强加自由主义少数人权利理论的问题至少在三个层面与识别自由主义理论的问题不同。

在大多数情况下，几乎没有多少领域是可以合法进行干预的。我们可以认为，多数文化与少数文化之间的关系取决于和平谈判而不是强制。这就意味着需要寻找一些达成共识的基础。最具保证的基础就是基本原则的共识。但是如果两种文化没有共享的基本原则而且也不能劝说一方去接受另一方的原则时，他们只好诉诸于其他的共识基础，比如暂时妥协。因此，在少数文化非自由的情况下，达成共识的结果可能与库卡萨斯所倡导的安排十分相似。但是这是一种妥协，而不是自由主义原则的实例化。因此，文化群体内部的自由主义者将通过理性或案例来寻求促进他们的自由主义原则，而文化群体外部的自由主义者也会为那些试图使共同体自由化的行为助上一臂之力。

透视这个议题十分重要。如何处理非自由文化的问题并不只是在少数文化背景中出现。毕竟，文化的自由性与其规模并没有多大的关系。非洲与东欧的一些少数文化比多数文化还自由。存在非自由的少数文化〔8〕，但是也存在非自由的多数文化以及非自由的同质化民族国家。在所有这些情况里，非自由文化群体内外的自由主义者都面临着如何合法地促进其自由理念的问题。适合于这些情况的答案也可能同样适用于少数文化。

我的目标不是确定如何解决两种文化或两个国家解决基本原则的分歧，而是弄清楚自由主义的基本原则是什么。多数当代的自由主义思想家，包括库卡萨斯，都认为自由社会的公民，在自由主义正义原则的动员下，不会赋予其文化成员身份以政治意义。我认为，这种观点是错误的，而且自由主义的正义原则与少数文化所主张的某种形式的特殊地位是一致的，也是其所要求的。当然，某些少数文化的成员会拒绝自由主义。在这种情况下，比较自由的多数文化成员将不得不与少数文化成员坐在一起共商共同生活的大计。自由主义者没有权利把他们的观点强加于其他人。但他们有权，实际也是责任，识别出他们的观点究竟是什么。文化之间的关系应该由对话来决定。但是如果自由主义哲学家想为这种对话出点力，就要清楚地阐述自由主义的自由平等原则。这并不是走向干预之路的第一步，而是开始对话的第一步。

〔8〕　不要假定少数文化是非自由的，这一点十分重要。一些少数文化表现出对自由主义的敌视主要是因为自由主义拒斥了少数权利与文化保护的主张。如果我们考查这些文化真正对待其成员的方式，就保护公民自由与宽容异己而言，他们与多数文化一样自由。比如，加拿大魁北克人的情况就是事实。他们想要保护他们的文化，并需要基于语言和移民的特殊权利来实现，但是他们想要寻求保护的文化是以自由主义原则建构的。如果自由主义者不再反对魁北克人要求特殊地位的合法主张，那么，人们在魁北克民族主义者那里经常听到的反对自由主义的言论可能就会少得多。

再论文化权利：反驳金里卡*

钱德兰·库卡萨斯（Chandran Kukathas）

李丽红　译

在"存在文化权利吗？"这篇文章中，我对金里卡为群体权利辩护的理论提出了两种反对意见，金里卡对此进行了回应，并对我的观点提出了更加深入的批评。在这篇反驳文章中，我想再次与金里卡探讨这个问题。这样做是想为我关于文化少数群体文化权利的观点进行辩护。

金里卡首先回应的是我的第一个反对意见，即以自由平等的观点来看，他的理论是有缺陷的。我反对以自由平等为基础赋予文化少数群体以特殊的文化权利，因为金里卡假定所有文化少数群体成员都面临相同的不平等，这种假定是错误的。我已经指出，如果要把权利赋予那些处于不利地位的人，那么不管其群体成员身份如何，他们就都应具有这种权利。但是对金里卡而言，这并不是问题的重点。他认为我们不能赋予所有具有不利地位的人以相同的权利，因为他们所遭受的是不同种类的不利，所以他们要求的也是不同种类的权利：我们应该用不同的权利去弥补不同的不利（第141页）。残疾人可以通过得到特殊的保健权来实现平等，而土著居民可以要求特殊的语言权来实现平等。金里卡说他不大明白赋予所有澳大利亚人与土著居民"相同的权利"究竟是什么意思，也不知道这些相同的权利怎样去克服"完全不同种类的不利"（第141页）。

我认为金里卡并没有很好地理解我的观点。我关注的是群体权利不能从自由平等的立场得到成功论证，其原因是群体不是由平等的个人构成的，而且不是群体内的所有成员（在一些相关的方面）都比群体外的人不平等。把群体当作一个整体来对待，并且认为群体成员与群体外的人相比，在资源的拥有上处于"不太平等"的地位，从某种意义上讲，

　　* 本文原题为"Cultural Rights Again：A Rejionder to Kymlicka"发表于 *Political Theory*，Vol. 20 No. 4. February，1992，pp. 674 – 680. ——译者注

这是违背自由平等原则的，因为某些群体成员事实上比那些群体之外的人拥有更多的资源。正是因为群体的本质就是具有不同才能的个体相互联合的产物，群体成员身份并不固定并且处于一种流动的状态，所以我认为自由主义的平等主义通常支持的是个人平等而不是群体平等，是个人权利而不是群体权利。我们赋予个人而不是赋予群体以权利，因为我们寻求保护的是个人利益，而不是群体利益；如果我们关注平等，那也应该是个体之间的平等，而不是群体之间的平等，而且我们要赋予所有的个人以"相同的"权利。

我并不是想说服金里卡改变他的观点——即用不同的权利去弥补不同的不利的观点——转而接受我的观点。问题是以他的方式来探讨他所说的权利**种类**，是十分困难的。这里所讨论的权利都可以称为"基本"权利或"基础"权利。基本权利可以包括宗教宽容权，福利权，政治参与权，甚至各种"基本善"的权利。当然，在这些权利中哪些是真正的基本权利？在这个问题上理论家们可能会产生不同的看法——自由至上主义者甚至认为根本就不存在福利权——但是，他们一致认为如果存在基本权利，那么所有的人就都应该拥有。从这些基本权利可以"派生"特殊权利：宗教宽容权可能意味着佛教徒信仰佛教的权利；在某些制度背景下，福利权可能意味着单身父母享受收入支持的权利；或者盲人接受导盲犬引导的权利以及收入低于特定水平时接受住房补助的权利。但是，因此而认为不同的群体具有不同种类的基本权利：即佛教徒具有信仰佛教的权利，或者盲人具有目盲的权利，或者单身父母具有单亲父母身份的权利，这是一种误导。这些人都具有相同的基本权利，只是在不同的制度安排下会以不同的形式赋予。我认可自由平等，它表明所有个人都应该具有相同的基本权利，不该允许部分群体具有其他人不能共享的基本权利。有些人可能会拥有一些其他人不能具有的"派生"权利——如只有盲人才能要求津贴，而目明者不能要求——但是，所有人都应该具有相同的基本权利。

如果金里卡认为文化少数群体具有不同的基本权利，我认为这是不能从自由平等的观点得到论证的。然而，他可能并不这样认为，而是认为文化少数群体具有独特的"派生"权利。少数人所具有的是文化权利，而这种文化权利派生于人人都拥有的更广泛的权利（如界定众多好生活所需要的基本善的权利）。如果他们的基本权利得到支持，他们就会要求这些独特的派生权利。然而，这些派生的权利只有在原则上能够适用于处于相同环境的所有个体时，它们才能得到自由平等的认可。如果所有个体都有权生活在适宜的文化环境中，那么自由平等就不能只认可某些人具有这种权利而其他人则不具有。如果自由平等应该支持原住居民要求文化支持的主张，那它就不能拒绝越南移民要求文化支持的权利。然而金里卡却想将土著居民与越南移民的权利主张区分开来。他指出，"将自愿的移民与少数文化的情形区分开来是十分重要的"。（第146页，注释5）但我的观点是不违背自由平等原则是不能做到这一点的。

这并不是说没有其他的理由可以把土著居民的特殊要求区分出来。比如，土著居民过去经历的不公正对待就可以成为要求补偿的理由。但是，这可能也与自由平等相冲突。如果有人希望像金里卡那样把论证的重点放在自由平等上，那群体权利的正当性必定十分脆弱。

金里卡第二个回应的是我的第二个反对意见，即把少数文化的权利与自治理念联系在一起是错误的。以他的观点来看，自由主义理论必须支持一些更加有力的原则，而不只是简单地拒绝强制融入或对文化共同体中的任何个人实施强迫。而且，"以自由主义的观点来看，任何不依照少数文化成员的实质性公民权利行事的理论都存在严重缺陷"（第144页）。从这个角度看，我只赋予这些成员离开的权利的观点确实存在问题，因为这种观点没有赋予共同体内部的个人更多的实质性自由；它赋予共同体更多凌驾于个人之上的权力，而这是自由主义者所不能接受的。事实上，金里卡认为我赋予个人以离开共同体的实质性权利的观点很"奇怪"，因为我认为"即使他们已经被剥夺了识字、受教育以及学习外部世界的自由，**只要具有一个开放的市场社会供他们进入**"（第143页，金里卡的强调），他们就仍拥有这种实质性自由。

分歧的焦点是我们拥有不同的自由主义观点。但是在直接转到这个问题之前，我想纠正一种错误的印象，即我认为可供少数文化成员进入的市场社会能够有效地确保共同体成员具有离开的实质性自由。我并没有这样说。首先，我认为存在一个可供进入的共同体是使离开的自由得以持久的必备条件，但我并没说这是**充分**条件。（我是说这是"使离开的自由成为可能的最重要的条件"（第134页），但这并不是**唯一**的条件）。其次，我并不认为主流社会必须是市场社会，我所说的是主流社会从本质上不能是亲密共同体网络（如建立在血族关系基础上的部落网络）。在这种情况下，我认为，主流社会应该不得不"**十分类似于市场社会**"（第134页），它是否必定是市场社会的问题是开放的，因为我关注的只是指出使离开的自由具有价值的必要条件是不存在社会封闭。

金里卡认为被剥夺了受教育以及与联系外部世界权利的个人并不具有离开其共同体的实质性自由，"因为她缺乏做出有意义选择的前提条件"（第143页），为了回应这个观点，我还想多说几句。首先，我想表明，如果强制阻止个人不与共同体之外的人发生联系，那么，这可以看作是对离开自由的违背，也是我所倡导的理论所不认可的。然而，如果阻止个人不与共同体之外的人发生联系的原因，是这样做的代价是被共同体拒绝，那就是另外一回事了，虽然群体能够用来否定联系机会的实际权力可能会很大。阿米什人的"逃避"实践或者比较极端的情况，即"放逐"那些违背共同体规则的人的实践就是后一种"阻止"的例子。只有后一种"否定"联系权的情况才是我的理论所认可的。

不论怎样，仍然存在反对的意见，即认为那些被忽视的人——也就是那些被剥夺了某种受教育权利的人——不能自由地做出离开共同体的有意义选择。有两种方式可能会产生因忽视限制选择的情况。首先，没有受过教育的人可能会因为他或她不确切知道能进行选择而被忽视。比如，一个只会讲 Pitjanjajara 语的人，可能不会选择离开原住民共同体而加入讲英语的澳大利亚人社会的行动。他们不是完全不可能这样做，而是这样做的代价与风险很高。第二，没有受过教育的人可能会因为他或她不知道还有另外一个可行的选择，即选择离开并进入另外一个社会而被忽视。[1]

在第一种情况下，认为个人不能做出有意义选择的观点可能是不正确的。问题是这个选择代价太大或风险太高。一个人**能够**冒着风险做出有意义的选择，即使这个风险是把人置于不极其不确定的情形之中。

然而，在第二种情况下，具有离开权利的个人不能做出有意义的留下还是离开的选择却是很可能的。如果是这样，这种意义也是不确定的。如果一个人对于共同体的生活方式已经完全适应并固化，那离开共同体的想法就是不可思议的，从这个意义上看，这个人就"不能"离开共同体。比如，许多穆斯林和基督徒都完全归属于他们各自的信仰，并且已经不去注意其他的信仰，那么改变其信仰或质疑其基本信仰的想法根本不在他们的意识之中。然而，如果一个人关注的是个人按其喜好的方式生活的自由，这是否会引起反对还并不明确。

不管怎样，金里卡正确地指出某些个人并不愿意享有这种离开的自由因为离开共同体的代价太大。但是他认为我反对这种观点却是错误的。我并不认为个人有能力以离开为威胁而质疑共同体的权威。我在原文中曾经清楚地指出，如果以推崇特殊自由与平等的自由主义观念作评判的话，许多共同体都可能存在不正义（第 133 页）。我认为离开的权利只起到"调节"这种"不正义"的可能性与程度的作用（第 134 页）。

在这里，我的论点是：我们面临着一种基本冲突，这种冲突是两种不能调和愿望之间

---

〔1〕 这种情况并不是假定的或不合情理的。在 20 世纪 50 年代早期，社会科学家就开始对印第安村庄进行全面的民意调查，想以此确定有多少人了解已经在 1947 年被终止的英国法则。当他们发现大多数村民并不知道英国人已经到达的时候，这项调查被放弃了。见 William Manchester, *The Last Lion：Winston Spencer Churchill. Visions of Golry* 1874 – 1932（London：Sphere Books，1990），p. 699.

的矛盾。一种愿望是不论我们如何看待他们的价值，让文化共同体单独处理自己事务；而另一种愿望就是维护个人的利益与诉求，这些个人因其共同体缺少某些价值而处于不利地位。不幸的是，一个人不能同时选择两条路。我认为金里卡并没有认识到这一点，因为他没有看到支持少数文化**共同体**生存权利的愿望与赋予共同体**个体**成员"实质性公民权利"（第 144 页）的愿望之间的冲突。我认为赋予个体成员这些"公民权利"会干预共同体（比如普韦布洛印第安村的例子）。我也接受为了拒绝这种干预而认可一些可能不正义或不自由实践的做法。

金里卡否认他已经走了干预的歧途，并认为我把两个独特的问题混杂在一起，第一个是以自由主义原则尊重少数人权利的问题，第二个是能否把自由主义原则强加于这些少数人的问题。他说他现在关注的是清楚地阐述"自由主义基本原则"的问题而不是文化群体或国家之间原则差异解决方法的问题。他并没想强加自由主义原则；如果少数文化群体拒斥自由主义，多数人就不得不"与少数文化群体成员坐在一起共商共同生活的大计"（第 145 页）。

我并不认为我把这两个问题混杂在一起，相反，在我看来，金里卡把两个需要探讨的不同问题看成了一个，而且他所探讨的只是第一个问题，这样一来他的真正立场变得很不明确。只是单纯阐述基本原则而无法把这些原则运用于实践，并且认为把这些原则运用于实践属于另外的问题，这一观点看起来如果不是完全不合情理，至少也是十分奇怪的。罗伯特·诺齐克的政治理论否定个人具有福利权，批评这种观点的人，认为在诺齐克体制下，除了自己（微薄的）收入与救济金之外，穷人将不再具有要求通过法律保护而主张社会资源的道德权利。诺齐克不能声称不要在这个意义上来反对他的理论，因为他并不关注他的原则是否应该被支持。如果他不准备接受其理论的实践含义，他就应该放弃这个理论。这也同样适用于金里卡。如果他认为自由主义要求的是所有个人都应被赋予实质性公民权利，那么，他就应该接受支持这些公民权利可能产生的代价，这个代价就是，如果共同体违反这些公民权利就应该被推翻。

金里卡并不愿意接受这个代价，而且有时好像要放弃他自己的理论了。比如，虽然他认为普韦布洛印第安共同体内的宗教异议者有权让社会包容他，但是他却否认最高法院有权"终止或加强普韦布洛共同体的宗教权利"，如果要在普韦布洛争得同意，他宁可把这个权力赋予部落法院。[2]应该指出的是，只有在否定了持异议者向最高法院上诉的权利

---

〔2〕 Liberalism, *Community and Culture* (Oxford：Clarendon, 1989), p. 197.

的前提下，使他们不再向最高法院请求支持这些实质性"权利"，这种情况才能实现。然而我并不明白，这与金里卡所关注的赋予少数文化成员实质性公民权利是如何统一起来的。

有时，金里卡好像也承认尊重文化差异与支持特定的个人权利这两种主张之间存在着深刻的冲突。他指出在加拿大，虽然一些原住民群体反对对原住民自治的外部批评，而另一些原住民群体（如原住民妇女群体）则支持这种批评。正是在这个问题上，当这些群体之间不能达成共识并存在利益冲突的时候，才是理论或系列原则发挥作用的时候。但也是在这个问题上，金里卡脱离了他的理论，他认为自己并没有"看到任何处理这个问题的明确模式"〔3〕，而且"我们的直觉受到不同方向的推动"。〔4〕然而，在这里，做出一个选择是可能的。其中一个可以做的选择就是像自由主义所主张的那样，使某些公民权利具有一定的优先性，这也是金里卡常常提起的。拥有这些优先权利的个人**具有强有力的道德要求**或"王牌"，即任何其他考虑都无效。另外一个选择（也是我倾向的选择）就是只把联合（或解散）的权利置于最高的位置并且把与联合有关的事务交由我们所讨论的共同体去处理。毫无疑问，在实践领域中问题会"层出不穷"，因为根本就不存在不伤害某些利益的解决方法。但是没理由不在哲学原则上划清界线。

金里卡的观点与我的观点具有明显的差别。这种差异源于我们认可的是两种不同的自由主义观点。我认为，金里卡所认可的自由主义社会是以平等和个人自治的理想为主导的，是自康德到密尔再到罗尔斯都普遍支持的观点。另外一种自由主义社会是不同生活方式可以共存的社会，即使有些生活方式可能并不以自由与自治为其主要价值。这种区分可以表现得更加清晰，即第二种观点并不认为自由的社会必须是由（或多或少）"自由的"的共同体构成。我支持第二种观点，因为我把自由主义看作为多元主义与社会冲突等**政治**问题提供解决的理论，而不是一种整全性的道德理想。〔5〕这并不是说这种自由主义没有道德基础，只是说它的道德基础不是个人自治。我希望在另外的场合继续深入探讨这一道德基础。

---

〔3〕 同注释2，第197页。

〔4〕 同注释2，第199页。

〔5〕 在这个问题上，我认同的是 Charels Larmore 在 *Patterns of Moral Complexity*（Cambridge：Cambrige University Press，1987）中所表达的观点，而不是 Stephen Macedo 在 *Liberal Virtues：Citizenship, Virtue and Community in Liberal Constitutionalism*（Oxford：Oxford University Press，1990）中所表达的观点。

第四部分：多元文化主义与自由主义

多元文化主义对政治伦理的挑战[*]

艾米·古德曼（Amy Gutmann）

李丽红 译

多元文化主义引发了各种激烈的政治争议。其中一个最基本的争议就是在多元文化背景下如何实现社会正义。虽然不同文化群体的成员可能持有相同的正义标准，但是他们仍然可能采取不正义的行为，也许是因为仇恨或不信任他人，或者是因为他们认为正义并不如文化的稳定性重要。与如何在多元文化背景下实现社会正义的问题不同，多元文化主义还提出了一个更重要、更具本质性的挑战。在许多政治争议中，正义标准本身似乎就处在争论之中，这些冲突的正义标准往往与不同的文化有关。本文集中探讨的就是多元文化主义在政治伦理领域提出的一个本质性挑战：如何看待这些由不同文化群体提出的看似冲突的社会正义标准？

这里所说的多元文化主义主要是指包含多种文化的社会或世界，在某些重要的方面，这些不同的文化之间会相互影响。这里所说的文化是一种规模比家庭大的人类共同体，与人们认识事物、处理事物及思考事物的方式直接相关。[1]这种规定性定义有一定的好处，

---

* 我曾向哈佛伦理与职业计划五周年会议（the fifth-anniversary conference of Harvard's Program in Ethics and Professions）提交过这篇文章的早期版本及删节版本。许多人对我的报告提出过建设性意见，这些意见对我反思自己的观点大有裨益。十分感谢 Mickael Waler 对这篇文章的草稿所做的回应，同时也感谢给予我帮助并为这篇文章书写评论人，他们是 Lawrence Blum、Julia Driver、Ezekiel Emanuel、Peter Euben、Samuel Freeman、Jeremy Goldman、George Kateb、Michael McPherson、Helen Nissenbaum、Susan Okin、Amelie Rorty、Nancy Rosenblum、John Tomasi、Dennis Thompson、Paul Weithman、Stuart White, and the Editors of *Philosophy & Public Affairs*. ——原注

本文原题为 "The Challenge of Multiculturalism in Political Ethics"，发表于 *Philosophy and Public Affairs*, Vol. 22, No. 3. (Summer, 1993), pp. 171 – 206. ——译者注

[1] Jeremy Waldron, "Muti-culturalism and Melange," *Working Group on Multicultural Education*, p. 10. 文化不仅是一系列行为方式，也是一系列社会标准，这些社会标准能够随着时间的推移而变化。见 R. A. LeVine, "Properties of Culture: An Ethnographic View," in R. A. Schweder and R. A. LeVine, *Culture theory: Essays on Mind, Self, and Emotion* (New York: Cambridge University Press, 1984), p. 67. Clifford Geertz 指出文化也是"控制机械主义"，见 "The Impact of the Culture on the Concept of Man," in *The Interpretation of Cultures* (New York: Basic Books, 1973), p. 44.

它使多元文化主义的道德问题处于开放状态，没有进行明确论证。多元文化主义不能以好或坏来定义。

在这篇文章中，我主要探讨多元文化主义对社会正义提出的基本挑战，在对这个挑战的回应中，我主要评价三种重要的回应：文化相对主义（cultural relativism）的回应、政治相对主义（political relativism）的回应以及完备性普遍主义（comprehensive universalism）的回应〔2〕，然后，我将提出一个更具合理性的回应，我把它称之为协商普遍主义（deliberative universalism）。多元文化主义提出的挑战是：具有不同道德标准的文化会在社会正义问题上做出相互冲突的判断。举个明显的例子，有些文化认为一夫多妻制是正义的，而其他一些文化却认为一夫多妻制不正义，政府应该严加禁止。从人们在制度正义性的判断上所产生的冲突来看，这是一种与文化差异有关的冲突，难道我们不应该重新考虑什么才是正义所要求的吗？

一、文化相对主义的回应

假如你认为你的社会只承认一夫一妻制婚姻制度的做法是正义的，那么，你就会发现一夫多妻制的婚姻制度被其他一些文化所承认，而不是你自己的文化。你自己的文化背景使你比较倾向于认可政府对于同时与多于一个人结婚的做法所进行的禁止。在你基本的道德倾向形成很久以后，你就会认识到，某些其他文化群体的成员会认为一夫多妻制正义，禁止一夫多妻制不正义，就像你认为国家保障一夫一妻制正义，禁止一夫一妻制不正义一样。如果你已经认为国家强制实施一夫一妻制是正义的，那你还有理由去反思这种已经形成的道德信仰吗？如果通过了解穆斯林的身闺制度（purdah），以及包括强制妇女头戴面纱在内的穆斯林性别隔离实践，我已经认可了性别隔离的正义性，那我还应该反思我所信仰的两性结合吗？

假定正义的标准与特定的文化理解（cultural understanding）有关，比如，每一种社会

---

〔2〕 我想以一种公平而熟知的方式来分别阐述这些立场，我将引证一些哲学家的观点来阐述这几个方面的立场，虽然可能不完全匹配。能否将 Michael Walzer 的 *Spheres of Justice* 看作对文化相对主义的捍卫，能否将 Stuart Hampshire 的 *Innocence and Experience* 看作对政治相对主义的支持，能否将 John Rawls 的 *A Theory of Justice* 看作完备性普遍主义的代表，这些都不是这篇文章要处理的问题。这三部著作内容丰富而复杂，不能简单归类。

善（social good）的文化意义就是影响该社会善正义分配的内容。如果这样理解，文化相对主义就对下列观点提出了挑战：某些被不同文化群体所认可的看似冲突的实践——如强制一夫一制与一夫多妻制，两性结合与身闺制度——事实上已经引发道德冲突，并呼吁人们对其进行反思，批判其中的一种实践，或两种都批判。如果正义是相对于特定的文化理解而言的，那么，一夫多妻制对于我的文化而言就是不正义的，而对那些对婚姻责任与血族关系的理解与我们完全不同的其他文化而言却是正义的。当我们把对社会正义的观点适用于我们的文化时，这些观点正义与否取决于我们对它的文化理解。适用于其他文化成员的社会正义观点必须以他们的社会理解来判断，而不是以我们的理解来判断。我们应该问的不是像一夫多妻制和身闺制这样的实践是否符合我们必须接受的道德标准，我们应该问的是在那些通行这些实践的地方，这些实践是不是得到一些文化群体的理解与认可。没有理由认为我们在自己的文化理论与实践中习得的道德原则也可以同样适用于其他文化，他们对诸如血族关系与性别关系这样的社会善的理解与我们极不相同。

文化相对主义声称，我们应该问的问题并不是我们在（国家强制的）一夫一妻制和（国家允许的）一夫多妻制之间，在两性结合与身闺制之间，在宗教宽容与躲避之间，应该选择什么，而应该问的是：具有共同文化的人们是如何选择的，具有共同文化意味着这些人对血族关系、爱情、教育、工作、保健以及神的恩典等问题具有共同的具体理解。对于文化相对主义而言，社会正义就是依据文化意义来分配社会善。

现代文化必须变成什么样才能使文化相对主义的分配原则生效呢？每一种文化都必须具有一系列的社会理解，以这些社会理解来管理该文化善的分配。因为每一种善，如血族关系、性别关系、保健或教育等都需要一种内部的社会理解来管理这些善的分配。[3]意义可以随着时间的流逝而发生变化，但是在任何一个既定时间内，在任何一种既定文化中，我们必须能够为每一种善设置一种相对的意义。如果任何既定的善具有了多重意义，那么，这种文化就不再认可这种既定的意义，文化相对主义就需要重新处理这些多重而又相互竞争的意义，这个问题我还会提到。

首先，我想询问现代文化在这里究竟是什么。能够公平检验文化相对主义的就是现代

---

〔3〕 内部的社会理解可能允许人们在各种选项中进行选择，如可以在一夫多妻制与一夫一妻制之间进行选择。如果同意人们在一夫多妻制与一夫一妻制之间自由选择，那么，这就是一种单一的社会理解。如果，另一方面，有些人认为国家应该实行一夫一妻制，而另一些人认为应该实行一夫多妻制（和一夫一妻制），那么，社会理解就是分开的。为了讲得通，文化相对主义要求的是社会理解的单一性，而不是社会实践的单一性。

文化，现代文化能够满足这个内部同意的标准。在对这些文化的详细历史阐述中，即使是那些看起来几乎相同的阐述也包含对这些重要的社会善的不同理解。就以摩门教（Mormonism）为例，批评家哈罗德·布鲁姆（Harold Bloom）认为摩门教是一种内部同质的共同体文化的典型，其实，摩门教"追求独特希望、梦想与解释，是一种信仰与行为的总系统。"[4]

对摩门教这样一个典型的非多元主义文化所进行的细节性历史考查让我们明白了什么？自从19世纪40年代以来，自从约瑟夫·史密斯（Joseph Smith）提出有责任把一夫多妻制作为"有史以来最神圣而重要的教义"以来，摩门教已经对一夫多妻制的合法性提出异议。[5]历史阐述表明，在一夫多妻制被美国宣布为不合法以前的很长段时期内，即使是在"一夫多妻责任"（polygamous duty）被广泛实施的时期，也就是在1856年至1857年间，在摩门教内部，对于这一实践的合法性问题也是存在分歧的。[6]摩门教男人与女人的证词也可以成为很好地证据，它表明十九世纪的摩门教徒在对一夫多妻制问题上具有不同的看法。姐妹妯娌（sister-wivies）贝基·雅各布森（Becky Jacobson）与萨蒂·雅各布森（Sadie Jacobson）所表达的对于一夫多妻制的看法完全可以代表十九世纪摩门教对于这一问题的态度。贝基认为她"十分高兴能成为一夫多妻制的践行者"，而萨蒂则说"如果这世界上有人认为一夫多妻制不是一场考验，那他就错了。上帝说他要考验世人"。[7]还有一些珍贵的有启发意义的阐述，如摩门教长者娶第二个妻子的事例。第一个妻子警告这个摩门教长者如果他把第二个妻子迎进前门，她就从后门出走。当另外一个来自南犹他州的长者强迫他接受第二个妻子时，这个摩门教长者还是很犹豫，不知该怎么面对他的第一个妻子，"最终，他告诉第一个妻子他已经表明要与另外一个女子结婚，看在神的份上她必须同意。"第二天早晨，他的第一个妻子声明，她也要表明她"会杀掉任何想成为他第二个妻子的女人"。他仍然是一夫一妻。[8]

---

[4] Harold Bloom, *The American Religion: The Emergence of the Post-Christian Nation* (New York: Simon and Schuster, 1992) p. 91.

[5] Richard S. Van Wagoner, *Mormon Polygamy: A History* (Salt Lake City: Signature Books, 1986), p. iii.

[6] 同上，第六章至第七章。在这个时期内，多达百分之四十的摩门家庭都是一夫多妻制的。虽然一些一夫一妻的摩门教徒可能已经接受一夫多妻制为合法的婚姻选择，但是其他人并不这样认为。

[7] 同上，第93-94页。

[8] 同上，第97页。最初的阐述见 Kimball Young, *Isn't One Wife Enough? The Story of Mormon Polygamy* (New York: Henry Holt, 1954), p. 123.

1890 年，在最高法院对雷诺诉美利坚合众国的案例（Reynolds v. United States）〔9〕做出赞成国家禁止一夫多妻制判决之后的十二年，摩门教会正式撤诉并禁止一夫多妻制，也是以教义为依据的。然而今天，尽管存在众多的反对压力，大约仍有 30000 摩门人，也就是所谓的摩门教原教旨主义者依然信奉一夫多妻制并身体力行。也不能简单地以阶级界线来区别一夫多妻制的实践。如今一些摩门教职业女性声称一夫多妻制是"使妇女拥有职业与子女的理想方式。正如我所看到的，如果这种生活方式不存在，那就要发明一种方式来容纳职业女性。"伊丽莎白·约瑟夫（Elizabeth Joseph）是一个律师，也是亚里克斯·约瑟夫（Alex Joseph）的九个妻子之一，她认为，"一夫多妻制是很好的女权主义"。亚里克斯·约瑟夫的理由都是宗教的，他认为"除了丹尼尔以外，《旧约》的每个作者都是一夫多妻制主义者。如果你想拿到电气工程的学位，就必须学点工程方面的知识。如果你想理解圣经，必须接受圣经作者的生活方式。"〔10〕上述这些观点都不能代表那些摩门教徒对于血族关系的理解，因为无论是现在还是在摩门人重要的历史进程中，任何一种单一的社会理解都不能体现摩门教对这些问题的理解，尽管事实上摩门教长期以来一直被外人视为非多元主义的一元文化。

人们通常会用一系列主导性社会理解（dominant social understandings）来划分不同的文化。在大多数历史时期中，对于婚姻制度的独特理解主导着摩门文化并促成了摩门人的文化认同。在单一文化当中产生的对善的多元化理解使问题具有一定的不确定性，面对这一问题，文化相对主义者可能就会以主导性理解为准则来决定是实行一夫多妻制还是在一夫多妻制与一夫一妻制之间做选择，当摩门教会认可并且主流社会中的摩门教徒都同意之后，1890 年以后国家就开始实行一夫一妻制。当伊斯兰权威强制要求妇女罩面纱时，大多数妇女就必须罩面纱，当权威主义者或占支配地位的人同意摘下面纱的时候，人们才能自由决定戴不戴面纱。即使主导性理解被广泛接受，这种理解也会成为社会中最有影响力的（占支配地位）群体的标准，这些群体主导着社会化与教育，也塑造着社会理解。有人可能会说，主流群体文化的典型特征就是权威性，它不仅流行而且被广泛认可为正义的理解，因为这些理解是以该文化的社会理解的面貌出现的。

虽然预设一种单一的共同文化理解是错误的，但是依赖于主导性理解也十分危险。危险并不如我们熟知的那样，主导性理解就是一个或多个占据主导地位群体的标准，危险是

---

〔9〕 98 U. S. 145（1878）.

〔10〕 *New York Times*, Tuesday, April 9, 1991, p. A22

我们很少认识到主导性理解不是占据主导地位群体的标准，而我们通常有理由认为它是（即使我们不能证明这一点）。我们所知的每一种文化都会包含权力意义与体系上的差异，人种、阶级、性别或种族都会对主导性理解产生影响。主导性理解的危险在任何这样的文化中都存在，即使我们不能确定这些差异是否可以阐述主导性理解。如果文化相对主义以主导性理解为准则，就会存在把主导性群体的社会理解作为正义标准的危险，而且在这个过程中就会含蓄地否定正义能够作为评判主导性理解的标准。

还有一个与之极其相关并且也更为基本的问题，即社会批判在文化相对主义框架中的道德地位问题。正义的主导性理解由批判性标准构成，要保护其治下每一个人的幸福。强势群体的道德诉求，不管其内容如何，并不能因其主导性地位而成为具有正当性的社会理解。让我们看一个曾经在许多文化中都占据主导地位的社会理解，即妇女的地位存在于家庭之中，而不是公共领域，因为妇女天生就不适合公共生活，却很适合家庭生活，很容易在相夫教子的家庭生活中得到满足。文化相对主义者认为这种社会理解可以凭借其主导性地位而具有正义性（即使认为妇女不适合公共生活的主张是完全错误的），虽然理解的内容之间会产生一定的张力，但妇女的地位在于家庭是因为她天生的社会功能所致，而不是因为男人（或大多数男人与女人）真正相信妇女的地位在家庭中。在这里，文化相对主义者能够避免任何逻辑上的矛盾，因为他们规定只有经过社会同意的才是正义的，这种社会同意以社会理解为基础，即使社会理解完全错误。然而，为了避免陷入内部矛盾，文化相对主义却走向了唯我主义（solipsism）。事实上，社会同意的正当性只是同意本身，为什么认为除了社会同意之外就没有其他的标准？原因可能是合理性。比如，在这个例子里，人们是凭经验来认定上述社会理解是以男性利益为主的亦或是明显的谬误。通过揭示社会同意是合理亦或谬误的理由，来质疑他们所主张的分配正义的原则。

社会理解可以成为分配原则的基础，它包括对于公正分配劳动、爱、血缘关系、金钱、公民身份以及教育等方面的理解，这些社会理解通常会质疑下面的主张，即应该由占主导地位的社会理解说得算，因为它占主导地位。对于那些不仅占据主导地位而且被文化共同体所有成员都真正认可的社会理解，也同样存在这个问题。在缺乏分歧的情况下，问题会变得难以察觉，当然也就更加难以解决。完全赞成奴隶制的社会同意，假设存在这种情况的话，并不能论证奴隶制存在的正当性。用于论证奴隶制正当性的社会理解既包含对人类本质的阐述也包括对奴隶制好处的阐述，这两种不同的阐述不论成败都与社会同意无关。如果文化相对主义承认存在与社会同意无关的评判社会正义的标准，那么，他们就放弃了文化相对主义的独特前提。（他们可能仍然认为正当性必须依赖于某些社会理解，但是这种主张与一种更加宽泛、更具道德良心的相对主义相冲突，我将在第六部分讨论这个问题。）

我们也有理由怀疑是否存在完全认可奴隶制的社会同意。因为社会同意并不代表文化共同体中所有成员都认可它，而且主导性理解并不能决定正义，文化相对主义并没有履行解决多元文化冲突的承诺。通常情况下，文化相对主义根本不认为文化之间存在这种道德冲突，更别说去解决它了。

二、政治相对主义的回应

从某种程度上讲，政治相对主义更有前景，因为它直接面对存在于文化内部与文化之间的异议。根据政治相对主义的观点，如果一个社会提供一定的制度机制来表达与评判其内部在社会意义方面的异议，并且制定可供选择的分配方案，且这些方案是那些机制发挥作用的结果，那么这个社会就实现了社会正义。政治相对主义对多元文化冲突的回应与文化相对主义的回应完全不同，前者更具正当性。

政治相对主义与文化相对主义存在三个方面的不同，这三方面结合在一起更好地回应了多元文化的冲突。首先，政治相对主义假定不同文化会在社会善的意义上会存在分歧。其次，它指定一个政治共同体，而不是一个单一文化群体，作为决定分配正义的核心。某些有关正义问题的社会同意是实现所有人幸福的必需条件，而且在政治共同体内找到一种达成共识的方式也是替代道德无政府状态的最好实践。第三，政治相对主义认为政体内各种诸如税收与收入分配的不同的分配标准都是正当的，因为这些标准都是公共讨论、谈判以及评论等合法政治过程的结果。某些程序正义的形式，包括对争议进行讨论、谈判以及评论的形式，至少要多说几句：程序正义鼓励人们就不同的利益进行讨论与谈判并达成一个更容易接受的解决问题方法，而不是将现有的立场进行刻板地结合。

这种和平解决争议的程序机制成为人类幸福的一个基本条件。人们需要正义的政治程序来和平地解决社会冲突并友好地生活在一起。但是，正义的政治程序并不足以证明政策的正当性，通过正义的程序制定出的政策可能与人类幸福的条件相冲突，而这些条件是体面而有尊严生活的必备条件。[11]政治相对主义强调了社会正义的必要条件，但是单单正

---

〔11〕 Stuart Hampshire, *Innocence and Experience* (Cambridge, Mass: Harvard University Press, 1989), pp. 32 – 33.

义的程序本身并不能完全承担政治相对主义的道德重担。

首先考查一下政治相对主义是否提供了一个充分标准来决定什么才算正义的政治程序。政治相对主义认为我们应该在每个政治共同体中寻找正义的程序所需的共同社会理解。但是即使在十分同质的政治共同体内，人们也会在程序正义的要求上发生分歧，之所以会这样大多是因为人们在对善的社会意义的理解上存在分歧。关于美国社会中堕胎问题的政治争论可能就是最明显的例子之一，即使这里存在一个司法与法律程序都认可的宽泛的社会同意，人们也会在什么才是正义的司法与法律程序这个问题上也会存在分歧。应该由陪审团或法官来决定某些案例吗？如何选择陪审团与法官？谁应该在司法中被代表？如何选择立法者？对这些问题以及其他一些问题的回答取决于人们对程序正义的不同理解。

政治相对主义能够提出除了社会同意之外的其他理由来论证政治程序的正当性吗？政治程序的本质，尤其是它倡导认真考虑决策者之间不同观点的能力，可以成为其正当性的有力证据。但是这个证据并不是政治相对主义意义上的相对性，它依赖于对正义程序的具体阐述，而这并不是所有的社会成员都认可的。

再考查一下两种特殊的程序正义机制，民主程序与分裂。这两种机制都能避免依赖主导性社会理解所产生的危险。民主往往会成为解决多元文化冲突最普遍的程序方式，但是为什么民主程序在道德上比其他不民主的方式更具优先性，更能成为解决具体争议的方式呢？社会同意通常并不是通过民主程序而达成的，但社会同意往往仍被合理地举荐为对缺乏共识的最好回应。[12]就具体的分歧而言，民主并不可靠，但是具体的分歧往往会进入民主的协商程序，而且通过讨论、谈判与妥协，民主协商会改变现存的分歧。民主程序并不是简单地汇总与反映现存的分歧。一些更加官僚化的决定形式，比如多数决定，可能会更加乐于接受真实体现现有分歧的相对主义标准，而程序正义却不要求也不允许这种真实体现的存在。

现在，假定在政治共同体中存在一种通过民主程序而达成的同意。民主程序的结果仍然不足以决定多元文化冲突的结果是正义的，至少在那些如个人自由或得体的生活标准这样的基本人类善危如累卵的情况下是如此。与其他政治程序一样，民主程序也是不完美的，在民主过程中，许多正义的事务都处于危险之中，而且这一点也得到了广泛认可。在一个人种、种族以及宗教存在冲突的民主社会中，多数人决定的程序可能会否定少数群体

---

〔12〕 见 Brian Barry, "Is Democracy Special?" in *Democracy and Power: Essays in Political Theory*, vol. I (Oxford: Clarendon Press, 1991), pp. 24 – 60.

的个人安全，基本自由以及得体的生活标准。没有任何程序能够使否定这些善与其他人类基本尊严成为正当。在所有不完美的程序中，民主程序可能是能够暂时解决众多冲突的最好方式。民主程序可以赋予大多数结果以一定的合法性。但是，只要民主不决定正义，政治相对主义就不能仅仅依赖民主程序来化解多元文化冲突，并把它当作最正义的解决办法。

同样道理，通过分裂的办法来解决也会使我们超越政治相对主义。分裂的办法假定了一种关于分裂条件的同意，而这种同意几乎不能存在。[13]如果处于战争中的文化群体能够就是否分裂以及如何分裂达成同意的话，前南斯拉夫的问题可能更容易解决。但是，存在这种同意吗？作为解决相互冲突的社会理解的方法，分裂的方法在道德上仍然是不完善的。不完善的原因与民主程序相同，即使程序是正义的，但如果产生了使社会成员陷入贫困这样的实质性结果，那它也是不正义的。

因为多数（如果不是所有的）政治程序都是不完美的，而且不能保证结果正义，政治相对主义需要提出一个既能评价结果又能评价程序的标准。通过不完善的程序而做出的判决是不道德的判决。程序的目的在于获得公正的判决，但政治相对主义却不能保证这一点。[14]人们可以合理的反抗他们有理由认为不公正的判决，即使是依照公正的程序做出的审判。最近发生在洛杉矶西米谷（Simi Valley）警官被控殴打罗德尼·金（Rodney King）的审判就是这方面的例子。在这个案例中，陪审团的构成以及审判的结果都受到公正性的质疑，虽然陪审团和法官都认为他们是通过公正的程序做出的判决。再看一个案例，也是发生在美国通过公正程序审判文化冲突的案例，即威斯康星州诉育德尔的案例（Wisconsin v. Yoder）。乔纳斯·育德尔（Jonas Yoder）的宗教信仰与威斯康星州阿米希（Amish）共同体其他成员的宗教信仰是冲突的，他的信仰不仅与威斯康星州的法律相冲突，而且也与所有美国人所认可的共同信仰相冲突，对所有美国儿童而言，接受强制性中等教育是一种基本善，而育德尔却不这样认为。政治相对主义无法解释为什么仍然可以合理地质疑通过正义的审判过程而得出的结果，即为什么这个结果对育德尔而言是不公正的，虽然审判的过程是公正的，为什么我们可以批判地质疑那些被共同体大多数成员所认可的实践的正义性。

---

〔13〕 关于以普遍主义观点解释分裂道德的阐述，见 Allen Buchanan, *Secession: The Morality of Political Divorce from Fort Sumter to Lithuania and Quebec.* (Boulder: Westview Press, 1991)

〔14〕 这个关于程序正义不完善性的阐述来自 John Rawls, *A Theory of Justice* (Cambridge, Mass: Harvard University Press, 1971), pp. 83－88.

对政治相对主义的这些批评支持了一种最弱意义的普遍主义版本（a minimalist version of universalism）：

（1）几乎所有的文化与政治共同体都会在像血缘关系、保健与教育等这样的社会善的意义上产生分歧。

（2）正义的政治程序是解决这些分歧的一种基本人类善（human good），没有这一正义的政治程序，人们就不能很好地生活在一起。

（3）还存在一些其他与程序不直接相关的基本人类善，如免于奴役、折磨与穷困的自由，否定或违反这些基本人类善也是不正义的。

（4）即使正义的政治程序也不能（或不必要）证明否定其他的人类基本善的行为是正当的。

我对政治相对主义的批评表明，可以承认某些普遍的善，包括程序上的普遍善与具体的普遍善。但是与完备性普遍主义相比，这种承认并不多大作为，它无法将所有相同的具体正义原则运用于每个政治共同体，而不论这个政治共同体本身如何理解正义原则。

政治相对主义的长处在于它认识到社会意义方面的分歧应该通过公共讨论、谈判以及裁定来解决。它的弱点在于除了社会同意之外，它没有提出评判程序与结果正义性的其他标准。

三、相对主义与个人认同（personal identity）的关系

通过诉诸个人认同的本质，可能会间接地论证文化相对主义与政治相对主义对于具体正义标准的沉默。一些相对主义者认为个人认同产生于有凝聚力的共同体，并不只是受共同体的影响，而且对各自共同体的认同正是产生多元文化冲突的真正原因。[15]在互相对立的共同体中，其成员支持的是各自的群体认同所表达的立场，对那些在争论中"失败"的人而言，这种结果是认同的丧失，是对他们身份的伤害，因此也是一种严重的不正义。

这种观点认为个人认同产生于有凝聚力的共同体，要在这些共同体成员之间达成政治妥协必然会引起他们认同的丧失，文化相对主义或政治相对主义支持这些关于认同的主张吗？让我们假定政治妥协会改变共同体成员的认同。不能把认同的改变与认同的"丧失"

---

[15] 我对于批判立场的描述来自南希·罗森布鲁姆（Nancy Rosenblum）1992 年 8 月 27 日的信件。

相混淆，也不能将认同的改变界定为不正义。[16]魁北克人（Quebecois）与因纽特人（Inuits）的认同会随着时间的推移而不断变化，在一定程度上这是对政治妥协的回应，但是，他们丧失自己的认同了吗？意外改变一个人的认同并不构成不正义。我们需要更多地了解改变的原因与内容。不管我们考查的是什么群体，无论是塞尔维亚人还是克罗地亚人，巴勒斯坦难民还是约旦河西岸的正统犹太人定居者，阿米希人还是非阿米希美国人，我们都不认为政治妥协本身会产生认同的丧失或构成不正义。

假设我们可以接受这种因某些群体冲突而丧失认同的主张，也不能因此而限制我们对多元文化冲突的理解，文化冲突不是仅仅包括丧失认同或改变认同两种结果。大多数多元文化冲突内部并不是完全同质的，彼此的文化认同也不是恒久不变的。内部同质只是表面现象，事实并非如此（对于旁观者而言更是如此），而且认同与政治要求之间的联系往往十分薄弱。让我们看一下魁北克人要求只以法语进行公共签名的案例。[17]即使这个要求没有得到满足，魁北克人既不会丧失他们的认同，也不会改变他们的认同，冲突依然是多元文化的冲突。在这个冲突中，关于社会正义的冲突观点与不同的文化与政治立场有关，即使文化群体内部不是完全同质或者不具有与其认同紧密联系的道德立场。[18]

任何一个政治共同体都是由多种道德标准混合而成，都存在各种各样的文化成员身份，几乎所有个体都可以运用这种现代文化的混杂性。萨尔曼·拉什迪（Salman Rushdie）的文化认同正如他极力强调的那样，从内容上并没有什么特殊之外，"我生来就是印度人，我不仅是印度人，我还是孟买人……我的写作与思想都深受印度神话与穆斯林态度的影响……既不是孟买文化也不是西方文化……我的观点是：穆斯林文化对我而言十分重要，但它并不是形成我的认同的唯一因素。"[19]这种情形对许多人都适用：不是只有一种文化形成了个人认同，而是许多种文化共同作用的结果。并不是所有的人都像拉什迪那样受多

---

[16] 威尔·金里卡认为在基本人类善（或人类基本善）中有一种善是拥有可以作为"选择背景"的文化共同体。这并不能得出文化共同体不想改变是不正义的。见 *Liberalism, Community and Culture*（Oxford：Oxford University Press，1989）pp. 162－178. 也可见 Waldron，"Multi-culturalism and Melange，"以及 John O. Tomasi，"Liberalism and Community，"没出版的原稿。

[17] 另外一种观点，见 Charles Taylor，*Multiculturalism and "The Politics of Recognition，"* ed. Amy Gutmann（Princeton：Princeton University Press，1992），pp. 51－61.

[18] 承认群体内部的不同质性有助于保护那些持不同政见者，使他们不再保持沉默并向往一个同质的群体认同。

[19] Salman Rushdie，"In Good Faith，"in *Imaginary Homelands：Essays and Criticism* 1981－1991（London：Penguin Books，1991），p. 404. 以拉什迪的例子为基础的世界主义的辩护，见 Waldron，"Multi-culturalism and Melange."

元文化的影响，但是，不仅是西方知识分子或精英，大多数人的认同都是多种文化影响的结果。不仅社会是多元文化的，而且人也是多元文化的。[20]

将人是多元文化的主张与世界主义者的观点区分开来十分重要，世界主义者认为大多数人共享一种相同的混合文化，这种混合文化将每个人都同化进世界主义文化。多元文化认同与占主导地位的文化影响完全不同，这种差异是体系上的，有时甚至是可预料的。尽管如此，不仅像拉什迪这样的世俗知识分子是多元文化的，而且实践中的穆斯林、犹太教徒、基督徒、佛教徒以及印度教徒也是多元文化的。他们的认同受各种因素的影响，这些因素包括宗教、种族、地域文化、民族文化等。即使在正统穆斯林、犹太教、基督教、佛教以及印度教中，我们（与他们）只能感受到那些占据主导地位且差异明显的影响。

批评者可能会问：如今的世界不是丰富多彩的吗？这种多样性在很大程度上不正是因为生活在这个世界中的许多人都不倡导多元所致的吗？不重视那些正统观念而只重视多元文化认同的做法不是有失偏颇吗？正是这些正统观念在实践中使多元文化并存成为可能，虽然它们在理论上反对多元文化主义。[21]多元文化义并不直接或间接依赖于这些文化正统观念，如果人们要从原则上反对多元文化认同，那么不管它的内容如何，他们都会反对。我前面提到的一个小例子就是证据，即使在具有正统观念的宗教文化群体内部也存在理解上的分化，许多人的认同，包括这些文化的成员，都是多元文化的认同。与世界主义不同，多元文化主义既不威胁宗教性，也不依赖宗教性。成为认同文化多元的人与具有强烈而独特的宗教认同并不冲突。有人认为一元文化的正统观念是独特文化持久存在的必要条件，这种观点把一元文化的正统观念与文化属性对这种正统观念的影响混淆起来，而且认为对这样的正统观念而言，文化属性的影响比证明其正当性的历史证据还要重要。

大多数现代人都是文化多元的人，但并不因此而得出对他们的社会正义观就是世界主义的或自由主义的。对比一下文化相对主义观点，他们认为可以从一种单一的文化成员身份推导出一个人的正义标准。文化群体内部对于正义的看法是多元的而且大多数现代人不只是一种文化的成员，如果允许的话，他们都能接受多元文化认同。由于这些及其他一

---

〔20〕 我把这个公式归功于 Dennis Thompson，这个公式包含现代认同的两种特征：（1）多元文化内容，以及（2）多元文化内容的多样化排列适用于大多数人。这并不是说任何人的认同都完全由一种或更多的文化所构成。人类是他们自己个人认同的创造者，但是人类是通过他们与文化背景的关系来创造自己的认同的。可以参照 Iris Marion Young, *Justice and the Politics of Difference* (Princeton：Princeton University Press，1990)。

〔21〕 这种反对意见是 Ezekiel J. Emanuel 在给我的回信中提出的。

些（后面将讨论的）原因，一个人的正义标准并不能由一种文化赋予。

正义标准也不能由政治共同体的成员身份来决定，虽然从某种意义上讲，这两者之间的联系很紧密。政治共同体的正义标准指引着我们的生活，为我们设置道德标准的外部界限，使我们能够付诸实践。这些外部界限会对我们认同的道德标准产生一种有力的间接影响。当政治共同体成功实现社会化时，这些界限就会被社会成员广泛接受并成为他们道德认同不可分割的一部分（但不是唯一的部分）。美国人比伊朗人更容易认同宗教宽容原则。但是我们的道德标准不能出自我们的政治成员身份，除非是在或然意义上。作为美国公民，我的认同不必包括市场自由原则，而苏联公民（或古巴公民）却不得不认同社会主义经济原则。

文化与政治认同既不像头发的颜色那样与生俱来，也不像高超的烹饪方法那样可以选择。人们选择、解释以及评价叙事、历史以及习惯是为了更好地理解各种文化。他们也解释和评价他们政治共同体的制度、法律、实践以及程序。我们道德反映的范围还包括服从、批判、改革、公民不服从、自我放逐以及革命。所有这些都是人类对于文化认同以及政治认同潜在的道德反应。文化与政治相对主义在承认这些独特的人类能力方面，在使那些长期经受社会不正义的人实现他们的自我意识方面，几乎没留多少余地。

比如，一些非裔美国人并不把自己认同为美国人。[22]这种拒绝美国认同的做法看起来可能比较荒谬，但至少从非裔美国人在美国所遭受的社会不正义来看，确实可以得出这样的结论。[23] W. E. B. 杜波伊斯（Du Bois）认为分化的认同同样植根于对基本不正义的敏锐理解：

人可以感觉到他的两面性，即他既是一个美国人，又是一个黑人；在他黑色的身体里有两个灵魂，两种思想，两种不能调和的冲动，两种敌对的理念，他在顽固地使自己成为一体，免得被撕成碎片。

美国黑人的历史就是这个冲突的历史，这种冲突长期存在使他获得人的自我意识，将双重的自我融化成一个更好更真实的自我。在这个融合过程中，他希望他的两面性都不丧失。他不想成为非洲化的美国人，因为美国人有太多的东西可以教给世界以及非洲。他也

---

〔22〕 见 *New York Times*, January, 15, 1986. 引自 Andrew Hacker, *Two Nations: Black and White, Separate, Hostile, and Unequal* (New York: Scribners, 1992), P. 34.

〔23〕 拒斥任何美国认同都可能是荒谬的，因为美国公民在美国出生，在美国长大，这是无法否认的客观事实。由政治认同引发的更加宽泛意义上的悖论，见 William E. Connolly, Identity/Difference: Democratic Negotiations of Political Paradox (Ithaca: Cornell University Press, 1991) pp. 92–94.

不想漂白他的黑人血统而成为一个白种美国人，因为他知道黑人血统也是世界的一个组成部分。他只是希望成为一个既具黑人特征又具美国人特征的人，既不会遭到同伴的讨厌与唾弃，又不会因其肤色的原因而失去众多的机会。[24]

是否所有杜波伊斯时代的非裔美国人或者我们这个时代的非裔美国人都承认这种痛苦的分化认同？这个问题并不在我们讨论的范围之内。这种分化的认同与他们的经验有关，在他自己的社会中机会的大门总是因为他的肤色而关闭，或者向他们敞开的机会远远少于其他人。

历史可以见证这些人所遭受的社会不正义，而且世代相传，这也有助于解释为什么在许多非裔美国人中都存在这样的观念，即被迫在成为黑人还是成为美国人之间做出抉择的观念。不对他们所遭受的不正义赋予这种意义的话，非裔美国人的认同在形式上（而不是在内容上）就会等同于那些爱尔兰裔美国人、韩裔美国人、犹太裔美国人以及许多其他带有连字符号的美国人的认同。

因为在过去的时间里持续存在的非裔美国人所遭受的社会不正义，非裔美国人认同的意义并不是令人不舒服的连字符（正如非裔美国人的名字所暗示的那样），而是可以引发分化（非洲人与美国人）或分离主义（看似荒谬的非美国人）。非裔美国人认同的分化并不像文化相对主义者所总结的那样，只是一种保守的个别文化。非裔美国人认同在这个案例和在其他许多案例一样，它是社会不正义的警告信号。持续存在并大范围存在的社会不正义在非裔美国人之间引发的分离认同要比其他案例更加严重。如果在这个国家中存在着分离、对抗且不平等的两个民族，一个是黑人，一个是白人，那么，白人与黑人文化之间的差异本身就构成了一个非常不充分的解释。这种不充分性本身并不是麻烦，因为几乎所有的解释（包括社会不正义）都是不完善的。但是文化相对主义认为认同由文化决定并且文化是认同的充分解释，这样一来文化相对主义就以一种特别麻烦的方式把我们带入了歧途：使种族与经济不正义成为必需品。

因为人与社会一样，都是文化多元的，没人能够不考虑认同的问题，除非他愿意接受一个强加的认同。即使是那样，我们还是要在多种相互作用，通常是相互竞争的文化认同中找出我们自己的文化认同，除了创造一个能使我们生活更有意义的认同之外，没有一个更好的认同作为替代。而且，使我们的生活更有意义通常要考虑社会正义，社会正义出现在群体之中、家庭之中、朋友之间、邻里之间、同学之间、同事之间、工人之间、公民之间，我们的部分生活是与他们共享的，是他们把不同的文化（以及个人的）观点传达给

---

[24] W. E. B. Du Bois, *The Souls of Black Folk* [1993]（New York: Premier Edition, 1961），p. 17.

我们。

　　不像文化相对主义那样，政治相对主义承认这种可能性，但是它并不去探究道德标准与认同之间的关系意味什么。比如，一个认为自己比较宽容的人可能比较希望在追求自由主义程序正义的社会中生活。但是这种认同既不是构成一个人道德认同的必要条件，也不是充分条件。并不是所有的人都认同其政治共同体的程序原则，那些认同程序原则的人可能也会认同那些与程序结果相冲突的具体原则。

　　政治相对主义正确地认识到具有不同文化认同及具有冲突的道德立场的人们之间也可以进行讨论、谈判以及判决。这种承认意味着多元文化争议各方可以坚持具体的道德标准，因为政治相对主义所认可的程序正义并无替代物。当我们面对冲突的标准时，为了解决具体的分歧，通过一定的程序达成社会同意，这种做法符合，而不是替代，我们所信奉并反思的道德标准。

　　我希望通过这种观点来表明文化相对主义对人类文化以及认同的经验性假设是错误的，因此，它所声称的反映以及尊重人类文化多样性的主张也是错误的。任何一个尊重人类自我反映能力的人都会对规范的文化相对主义假设感到困惑。政治相对主义指出一个更有前景的方向，它承认不能简单地从我们的政治成员身份推导出我们的道德标准。恰恰相反，通常是我们的社会正义观指引着我们文化意义与政治认同。但是同文化相对主义一样，政治相对主义也没有留出足够的空间来承认独特的人类能力，因为创造性认同以及经过道德反思的认同不能被简化为对任何既定公共认同的反思或推导。

四、相对主义的挑战

　　到目前为止我所批判的并不是相对主义本身，我批判的是文化相对主义，它提出正义与共同的社会善的意义有关，我还批判了政治相对主义，它提出正义与共同认可的程序标准有关。然而相对主义提出的一个基本挑战仍然存在：即在哪里可以找到一个独立于任何文化或政治共同体的阿基米德支点？通过这个支点可以证明不考虑局部文化理解的做法是正当的。

　　如果存在这样一个阿基米德支点，没有人能够找得到它，也没有令人信服的理由让人相信人类可以找到它。但是这种言论并不能论证文化相对主义或政治相对主义的观点。从文化之外找一个"外来的"标准，这并不是替代文化群体或政治共同体所共有的排他性的社会意义的唯一选择。很多人，从亚里士多德到契约论者，都把正义看作一种实践理性，人们评判文化与政治共同体的道德理解时就使用它，并把它认同为（而不是接受为）道德约束或将它作为他们认同中固有不变的方面。

现有的社会理解可能会在评判的起点上发生冲突，比如正统犹太教（orthodox Judaism）不让妇女参加米茨沃特（mitzvoth）（这是神圣的事业，包括对犹太法典的研究）的观点与上帝按照他自己的样子创造了男人和女人的观点之间就存在冲突，尽管正统犹太教的律法也可以合理解释后一种观点。[25]评价标准的冲突可能来自于共同的社会理解，就像这个例子表明的那样，妇女也可以与男人一样共同参与研究犹太法典的米茨沃特，因为男人与女人都是按上帝的形象创造出来的。但是社会理解之间的冲突也可以促使人们设想出新的比已经接受的或重新组合的社会理解更好的原则性理解来解决冲突。（毕竟，已接受的理解曾经也是新构想出来的。）

道德标准是存在于社会理解中还是孕育在对社会理解的批判中？道德标准不会来自外界，也不能独立于所有的文化与政治理解。道德标准将受到社会理解与社会教训的反作用及实践的影响。没有哪个我们所熟悉的文化或政治共同体可以给出很好的理由来要求其成员拒绝下面的原则，即保护无辜的人，使他们不被奴役、折磨、杀害、营养不良、监禁、无家可归或遭受不寻常的身体痛苦与疾病，没有哪个我们熟悉的共同体曾拒绝这个原则。正如斯图雅特·汉普夏（Stuart Hampshire）所说的那样，不考虑文化认可，这些条件可以极大地避免邪恶。[26]迈克尔·沃尔泽（Michael Walzer）很好地抓住了汉普夏的思想核心，主要体现在他对一个晚间新闻短片的反应，这个短片刻画了从1989年后期开始人们在布拉格街道游行的情景，这些人传递的口号很简单，就是"真理"与"正义"：

当我看到这个画面，我立即了解这个口号意味着什么，其他看到这个画面的人也立即就知道了。无非是：我也承认与认可游行者所捍卫的价值，这也是几乎所有其他人也一样捍卫的价值……游行者共同认可一个我完全不熟悉的文化；他们的经历是我从来都没有经历过的。然而，我仍然能够舒服地走在他们中间。我能够传递相同的口号。[27]

沃尔泽认为，这种做法对每个人都正义，因为就像公正地实施法律所表明的真理一

---

[25]　参照 Maimonides, "Laws Concerning the Study of the Torah," chap. 1：13，以及 Ketuboth 7b–8a.

[26]　Hampshire, *Innocence and Experience*.

[27]　Michael Walzer, "Moral Minimalism," in *From the Twilight of Probability：Ethics and Politics*, eds. William R. Shea and Antonio Spadafora（Canton, Mass.：Science History Publications, 1992）p. 3.

样，从这个意义上讲，有些道德标准可以普遍适用于所有人类社会。〔28〕

　　一个始终如一的文化相对主义者可能会进行争辩，他会说只是因为每一种独特文化以其独特的社会理解为基础反复重申这些原则，才使它们具有了普遍性。但是，在做出这个普遍主义的结论之前，没有哪个文化相对主义者真正考查过每个独特文化的社会理解。任何想要通过详细调查社会理解来弄明白纳粹政策是否不正义的人，为了改变伯纳德·威廉姆斯（Bernard Williams）的警句，必定会了解很多关于纳粹政策不正义性的思想。〔29〕除此之外，文化相对主义的标准也不能支持考查者最坚定的道德信念。纳粹德国所钟爱的主导性理解是最骇人的种族歧视，这一结论令人信服，而下面的结论却是不可思议的，即纳粹政策因此是正义的。纳粹对于种族非歧视（nondiscrimination）的拒绝在道德上是不合理的。对那些被纳粹统治的人以及成千上万被纳粹灭绝的人而言，纳粹政策不可能是正义的。而且，纳粹关于雅利安人（Aryan）优越性的经验性主张显而易见是错误的，根本不必质疑。

　　要是文化相对主义者成功地表明每个单一的现代文化事实上接受的是相同的基本正义原则又怎样呢？那么，他必须声明这些原则的普遍性纯属巧合，否则就必须承认因为人性的某些基本特征，严格的说是因为人性跨文化的特征，使这些道德考虑不是超越于特殊文化之外，就是内在于每种文化之中。不同的文化可以运用不同的概念来表述屠杀、欺骗、折磨以及其他形式的压迫是不正义的。也可以援引各种正当的理由来谴责这样的实践。但是，当"一种道德不允许谈及（屠杀、欺骗、折磨等不正义），而且道德的实践者也不对其他人的痛苦与压迫做出回应时"，我们就该抛弃文化相对主义与政治相对主义，我们应该同意沃尔泽的主张，这"是一种有缺陷的道德。"〔30〕文化相对主义与政治相对主义很少考虑这种具有道德缺陷的情况。其他理论充分考虑了这一点的。在解释种族歧视的不正义时我运用了契约论者的观点——受种族歧视政策影响的人们会在道德的激励下理智地拒绝它——但是也存在其他一些同样基于跨文化的原因而支持相同的普遍主义标准的道德观点。

　　因为不能关注所有这些观点，我只考查上面谈到的契约论主义者的正义观，以此表明普遍主义的标准与某种道德良善的相对主义之间具有一定的兼容性。假定正义由某些原则与程序构成，这些原则和程序不会被那些寻求正义原则与程序来指导其社会生活的人们合

---

〔28〕　同注释27。

〔29〕　Bernard Williams, "Persons, Character and Morality," in *Moral Luck* (Cambridge: Cambridge University Press, 1981), p. 18.

〔30〕　Walzer, "Moral Minimalism", p. 9.

理地拒绝。[31]以我前面提到的宽泛与道德良善的意义来看，这种契约论主义者的概念是相对主义的观点，即人们所拒绝的原则与程序是相对于他们全部的道德理解与经验理解而言的，人们拒绝这些原则的理由是：它们不适合任何群体。现在假定社会正义的合理性要满足三个条件：（1）论证必须假定一种道德观点，而不是一种审慎的或利己主义的观点；（2）相关的经验主张与逻辑推论必须在原则是开放的，可以接受最权威研究方法的质疑；（3）即使经验论据与逻辑推论不太恰当，前提也不能完全不合情。[32]这三个标准中的每一个都包含一些相对性因素，这些相对性因素主要体现在如何理解道德观点、最权威的研究方法以及看似合理的前提，但是没有哪个标准与独特的（文化或政治）共同体有关或经得起批判性审查。

依靠合理性并不能将社会正义的内容简化为任何现实的具体同意或程序性同意。与任何其他要求实质正义或程序正义的诉求一样，社会同意与既定程序的结果也同样应该接受批判性审查。如果美国的贫困工人（working poor）可以合理拒绝现有的、不能为其提供充分健康保护的保健分配制度，那么，即使这个制度符合主流社会关于保健的社会意义并且也是通过合法的政治程序而制定的，这个制度也是不正义的。这种观点既不依靠独立于所有文化之外的阿基米德支点，也不要求忠实体现社会分歧，而是依靠人们的实践理性，这种实践理性存在于受道德激励而关注正义标准的人们之间。有很多人持这种观点，上面的例子只是其中的一个典型。

对于相对主义对普遍主义所提出的共同挑战，即在对一种文化进行评判时，除了站在另外一种特定的文化道德立场去评判之外，我们无处可站，现在，我们可以这样来回答：当我们进行道德评判时，假如我们不能站在任何文化之外，也不必站在一个文化之内或仅站在一个独特的文化之内。我们可以支持人类基本的利益、尊严或道德理性，而不管其处于什么文化之中，现在，我们要竭尽全力理解的是人类的利益是什么，人类的尊严是什么，以及道德理性的要求是什么。

在多种文化环境中提出普遍主义批评的典型代表就是马丁·路德·金在反对越南战争时所持的立场。金以一种适用于所有人的道德观点发表演讲："我们所有人都应该受效忠与忠诚的约束，这种忠诚应该比对民族主义的忠诚更加宽泛而深入，应该超越我们自己民

---

[31] 对"不合理的拒绝"标准的论证，见 T. M. Scanlon, "Contracturalism and Utilitarianism," in *Utilitarianism and Beyond* (Cambridge University Press, 1982), pp. 103 – 29, especially p. 118.

[32] 这些合理性标准都是提纲挈领。更详细地阐述，见 Amy Gutmann and Dennis Thompson, "Moral Conflict and Political consensus," *Ethics* 101 (1990): 70 – 72.

族所定义的目标与立场。我们应该代表所有的弱者、沉默者、那些为民族而牺牲的人以及被称之为敌人的人讲话，因为没有任何人类文件表明这些人不是我们的兄弟。"[33]金并没有站在美国文化之外，因为普遍主义的宗教主张是美国文化的组成部分，他也没有只站在美国（犹太基督教）文化的立场去演讲，因为这些言论也是许多（也可能是全部）其他文化的成员所熟悉并愿意接受的。像金这样的道德批评也必定来自某种观点，但它并不是对普遍主义的挑战，而是一个自明之理。更重要的是，认为道德批判来自于哪个（文化或政治）共同体内部，就只能向属于那个共同体的人陈述，这种推论是不合逻辑的。普遍主义的存在取决于它为归属于不同文化群体的人们提供行为合理性的可能性，而道德批判来自于特定文化的观点并不能破坏这种可能性。

在实践中，普遍主义非常适合我们对于国家的任意逮捕和有计划的欺骗所进行的批判。[34]我们并不会，也不需要，对每个政体说："如果你们认可我们所具有的特殊社会理解，那你们就应该结束对无辜人的任意逮捕，如果你们不认可我们的特殊社会理解，你们就不用结束任意逮捕。"我们只承认一些跨越现代文化多样性的基本人类善，并支持一些道德标准，而这些道德标准至少在我们所知的人类世界中是普遍存在的。[35]

五、完备性普遍主义的回应

如果我们拒斥文化相对主义与政治相对主义，那么应该由什么来替代呢？作为对多元文化主义挑战的回应，我想要推荐一种道德普遍主义，但它并不是人们通常所理解的普遍主义形式。道德普遍主义证明了一系列适用于所有文化的具体正义原则的正当性，虽然这些具体原则在不同的情况下会产生不同的结果。完备性普遍主义依赖于一系列适用于所有现代文化的原则。协商普遍主义既依赖于普遍性原则，又依赖于通过公共协商来应对关于

---

〔33〕 Martin Luther King, Jr., "A Time to Break Silence," in *A Testament of Hope: The Essential Writings of Martin Luther King*, ed. James Melvin Washington (New York: Harper& Row, 1986), p. 234.

〔34〕 这些原则就是沃尔泽所说的"共同的、百花齐放的正义"（"Moral Minimalism," p. 4）。Hampshire 把普遍的核心称作"基本的、程序正义"，但是对于反对政治欺骗与饥饿的保护并不是基本的程序性善。见 Innocence and Experience，尤其是第72页至78页。

〔35〕 用"在我们所知的人类世界中"来修饰普遍主义可以使我们认识到普遍主义不必向所有可能的世界提出主张，而只是向那些把个体自由及政治自由作为基本善的世界提出我们的主张。相应地，我们认为那些不把个体与政治自由视为基本善的世界就不是人类世界，而是由其他物种居住的世界。

社会正义的基本冲突，这些冲突也是有待于理性予以解决的冲突。我们已经阐述了拒斥文化相对主义与政治相对主义的理由，现在我想表明的是：协商普遍主义能够比完备性普遍主义更好地应对多元文化主义的挑战。

既然开始踏上道德普遍主义之路，为什么要在距离适用于所有人而且不考虑人的文化属性的完备性正义原则只有一步之遥的地方停下来呢？完备性普遍主义向多元文化主义在政治伦理领域制造的任何原则性差异都提出了这种挑战。如果滥杀无辜与任意逮捕无论在什么地方发生都是不正当的，那么，为什么不能把这样的逻辑也适用于社会正义呢？包括关于堕胎合法化，废止死刑、胎儿组织研究以及商业性质的代母怀孕等。〔36〕假如它们无论在什么地方发生都是正当的（或不正当的），那么，为什么不能处处都这样？

普遍主义的政治道德不能成为完备性理论，因为在实践中它无法实现。理性必须要接纳那种即使我们竭尽全力，仅仅依靠道德理解也不能解决冲突的情况，从而认识到尊重存在于社会正义事务中的合理道德差异的正当性。完备性普遍主义的问题并不如人们共同认为的那样，即跨文化的完备性正义原则会压制文化差异，使每个社会都具有相同的特征，使立法无法形成原则性决策，从而使政治自由成为一种托辞。完备性普遍主义可以回应这里的每一种指控，完备性正义原则甚至可以在不同的环境中产生不同的结果。基本自由的优先性也可以支持多样的个人与群体目标。任何可以信赖的机会与经济分配原则都会对于收入、财富、保健、教育及其他善的分配提出不同分配方案，这些分配方案的差异取决于一个社会的经济发展水平、激励机制及内部需要的分配。只要完备性普遍主义包括政治自由原则，就将道德决策权交给政府官员，他们把完备性原则适用到特定的情况中并做出政策决定（比如，关于执政期限的决策）。

完备性普遍主义的主要问题并不在于它将一系列具体原则强加于所有社会，而在于它忽视了一些道德冲突的情况，在这些情况下，没有什么具体的标准可以具有垄断性的合理性或正当性。在某些情况下，人们会具有相互冲突但又合乎理性的信仰（比如对于胎儿的地位的看法），而且即使竭尽全力，我们的道德理解也无法解决这些冲突。在另外一些情

---

〔36〕 为了避免误解，值得强调指出的是，我并不是在完备性与非完备性道德理论之间做区分，而是在完备性与非完备性正义理论之间做区分。约翰·罗尔斯用完备性这个术语来指称完备性的道德（或权利）理论，而不是指称那种其具体原则对社会正义而言具有完备性的理论。在罗尔斯看来，就道德而言，也可能是就正义而言，《正义论》并不是一个完备性学说。参见 *A theory of Justice*, pp. 201 and 356 – 362；以及 "Justice as Fairness: Political not Metaphysical," *Philosophy & Public Affairs* 14, no. 3 （Summer 1985）：223 – 251；以及 *Political Liberalism* （New York: Columbia University Press, 1993）。

况下，如死刑，也存在着不相上下的道德考虑，不同的人会以冲突的方式得出他们认为合理的看法，可能是因为他们的文化使他们会对某种考虑给予更多的关注。在这些情况下，虽然许多理解可能都是不合理的，但我们在道德合理性上所做的努力表明没有哪种社会正义所要求的具体理解是唯一合理，或者明显正确的。对于诸如堕胎、死刑、胎儿组织研究、代理生育合约以及强制性一夫一妻制这样的议题，我们之所以会提出相互冲突的解决办法，部分是因为我们的文化所形成的信仰及倾向本身——至少在当下——是相互冲突的。

不能将基本道德分歧与道德怀疑主义相混淆，或者因此拒斥任何普遍正义原则。承认基本道德分歧的存在并不排除（也不限制）可能存在一种现在还不为我们所知但却可以正确解决这些冲突的办法。基本道德分歧与那些不能合理拒斥的普遍原则可以共存。任何我们所知的社会正义都没有理由证明滥杀无辜、任意逮捕、有计划的欺骗及其他共同的政治实践具有正当性。这也同样适用于那些我们不太熟悉的实践，如阴蒂切除术（clitoridectomy）（女性割礼）。虽然遭到穆斯林当局及两届苏丹政权的反对，苏丹一个村庄里的妇女却仍支持女性割礼，这一事实的存在使情况变得复杂起来，它并不像人们想像的那样应该反对女性割礼，尤其是在读完详细的手术过程描述之后。[37]虽然如此，对于那些并未在知情的情况下表示同意的儿童而言，这些手术会深刻地，而且是不可逆转地，影响到她们未来的性体验。正如典型实践所表明的那样，阴蒂切除术应该被看作一种折磨，即使像那个苏丹共同体那样，大多数男人和女人都支持这样做，阴蒂切除术在道德上也不具有正当性（人们应该去做什么来改变不正义的实践，这是一个另外一个伦理议题；干预通常不能被证明为正当，即使在面对不正义的情况下也是如此[38]）。协商普遍主义沿着完备性普遍主义的道路继续前行：许多社会正义事务，包括一些最紧迫的道德冲突，即使是在面对多元文化（及其他）差异的情况下，我们当下也能够理性地予以解决。

但是在许多其他具体的社会正义议题中，我们通过相关考虑（relevant consideration）而理性解决冲突的努力仍会使我们认识到基本道德分歧的存在。基本道德分歧是两种或更多种通盘考虑（all-things-considered）立场之间的冲突，这与我们当前通过相关考虑来理

---

〔37〕 关于观察员所提供的令人毛骨悚然的手术过程描述以及女性割礼在该文化内部的意义的分析报告，见 Janice Brody，"Womb as Oasis: The Symbolic Context of Pharaonic Circumcision in Rural Northern Sudan," *American Ethnologist* 9（1982）: pp. 682 – 698.

〔38〕 关于正当干预的更多议题的精彩概述，见 Will Kymilcka，"The Rights of Minority Cultures: Reply to Kukathas," *Political Theory* 20（1992）: pp. 144 – 145.

性解决的做法是矛盾的。[39] 关于合法堕胎的冲突就是这种分歧的典型。许多人认为一个五个月大的胎儿并不只是一个预成的人类，而且是像一个五个月大的婴儿一样是一个发育完全的人。现在，堕胎冲突中的许多问题都可以通过理性争论而得以解决，但反对者与赞成者仍然会在胎儿的发育阶段的认识上产生基本冲突。任何一方都不需诉诸如赋灵（ensoulment）这样不能被另一方认可的神学观点。双方都支持一些不能被合理拒绝的基本道德原则：他们都认为除了正当防卫之外，不能滥杀无辜，妇女应该拥有身体自由，除非这种自由会引发对别人的无辜伤害。但是因为理性并不能化解我们对于胎儿的冲突信仰，即使我们不考虑所有糟糕的争论，赞成者与反对者对于合法堕胎的正义性也会得到完全不同的结论。这就是一种关于社会正义的基本道德分歧，这种分歧挫败了完备性普遍主义的挑战。

与堕胎一样，关于死刑、胎儿组织研究、代理生育契约以及其他一些议题的冲突也可能成为关于社会正义的基本道德分歧，就像通过声称个体有权自主决定其命运而产生的关于宗教信仰的冲突一样，这种分歧不会在政治议事日程中消失。比如，就堕胎而言，一个合理的观点是堕胎是对一个个体的直接伤害，事实上是一个人被另一个人杀害。像堕胎这样的争议表明个体的选择自由并不能在文化内部或所有文化之间成为一种在道德上必须予以接受的解决办法，这样的争议使协商普遍主义对政治伦理中的多元文化主义挑战的回应比完备性普遍主义做出的回应更具可辩性。

六、协商普遍主义的回应

协商普遍主义与完备性普遍主义不同，它明确承认有些社会正义冲突现在不能（或可能）通过一些完备的、具有普遍正当性的具体标准而得到解决。这些冲突可以在尊重这些合理差异的基础上，通过真正的相互协商而得到更好的表达与暂时解决。

与我们前面已经讨论过的其他对于道德冲突的回应相比，在决策方法以及具体的正义原则方面，协商普遍主义的主张更具可辩性。文化相对主义所主张的解决办法是人们接受

---

〔39〕 我们通常不知道当前冲突不可调和的具体原因，是因为我们现在缺乏潜在的相关信息，还是因为充足的理性（可以在一日之内化解冲突），亦或是因为形而上的原因使冲突极其不可调和。协调普遍主义不要求我们了解或规定这些冲突在当下不可调和的具体原因。我们需要了解的就是在我们现在寻找独特的合理解决某些重要的政治道德冲突时，至少存在一定的认识局限。

主导性社会理解的统治。但是正如我们已经看到的那样，这种解决办法认可了文化暴政，而且把太多的道德确定性归因于文化。政治相对主义认识到面对道德冲突时文化价值的不确定性，但是它将道德冲突的程序性解决方案与正义的充分条件相混淆，而且在那些可以解决的道德冲突中，政治相对主义没有区分出哪些是通过相关考虑而合理解决的，哪些不是。相反，完备性普遍主义把太多的道德确定性归因于当下的理性，在这样做的过程中错误地假定所有主要的道德冲突在当下都可以通过理性而得到永久解决。但是如果理性在这些情况下承认其自身的局限性，并告诉我们它不能马上解决堕胎冲突与其他的基本道德冲突时，我们该怎么办呢？

以堕胎是否合法为范例。正如罗杰·沃特海姆（Roger Wertheimer）所指出的那样，合法堕胎的争议"本身并未表达任何倾向（赞成还是反对），必须表达倾向的正是我们。"[40]通过整理所有的糟糕争论，我们仍会指明冲突的方向，因为我们在胎儿是否为人类生命的信仰上存在分歧。传统自由主义的解决办法是国家赋予人们以自由，只要不危及其他人，人们可以按照自己的期望生活，但对于堕胎及许多其他争议而言，这种办法并不能奏效，这是因为一个经常被忽视的原因：争论中的一方可以十分合理地认为自由主义的解决办法是在认可对于另外一个无辜生命的直接伤害。以宗教宽容的形式寻求解决办法也是没用的，因为这种主张奠基于有争议的前提，即胎儿不是人类生命或者说不是一个宪法意义上的人。

沃特海姆指出，这种对于堕胎合法性的自由主义争论始于这样的道德前提，即政府不能限制自由，除非能证明它们的限制是合乎理性的。他正确地指出，在堕胎的案例中，任何一方都不比另外一方更合乎理性，从而得出政府因此不能限制妇女堕胎自由的结论。只有接受胎儿也是生命的观点，这种争论才能起效，从而解决争论所引发的问题。以那些（理性地）认为胎儿是人类生命的观点来看，堕胎合法化就是允许妇女终结其他人的生命，这绝对是对那些人的自由的限制。[41]只有通过把有待证实的关键性假设当作已经成立，承认胎儿也是生命的前提下，才能产生出自由主义的答案。

完备性普遍主义不能胜任像堕胎这样的社会正义事项。它要么提出一个独特的没有正当理由的具体解决办法，声称我们的理性具有太多的道德决定性，要么拒绝在两个或更多

---

〔40〕 Roger Wertheimer, "Understanding the Abortion Argument," Philosophy & Public Affairs 1, no. 1 (Fall 1971)：85，重印于 The Rights and Wrongs of Abortion, ed. Marshall Cohen et al. （Princeton：Princeton University Press，1974），p. 41.

〔41〕 Gutmann and Thompson, "Moral Confilict and Political Consensus," p. 73.

相互冲突的合理解决办法之间做出选择，因而不再具有完备性。在这些情况下，对于一种基本道德冲突的最好反映就是精心设计协商集会，在众多合理的观点之间进行真正的协商。让具有相互冲突的合理观点的人们互相交换意见是接受因各种原因而产生的争议的一种比较公平的方式。这种方式尊重所有合理的观点，它并没有假定这种基本道德冲突的暂时性解决办法的依据或结果是政治中立的。鉴于别人对他们现有观点提出的无法争辩的异议，相互尊重的人们随时准备改变主意，这样一来，他们就有更多的机会集体发现一种现在还未发现的解决办法。即使没有这样的发现，尊重争议与相互妥协也可以超越那些合理而冲突的立场而达成广泛共识，因为相互尊重倡导一种道德分歧的节约，在不可调和的立场之间寻求一个具体的集中点。[42]

协商普遍主义为了防备基本道德冲突而倡导的协商并不是完全投机的。它直指决策的做出，对于那些当下理性自身不能解决的争议，必须形成一种至少是暂时性的解决办法。在这些争议中，这种协商替代了由一系列完备性具体正义原则提出的解决办法。相对于理性观点而言，协商的结果是暂时的，也是有缺陷的，因为在像堕胎这样的争议中，成功协商的结果反映了对于一系列冲突的合理争议、信仰以及观点的考虑，在争论中没有任何一方能够具有垄断地位。此时此刻，（合理范围内的）协商暂时解决了基本道德冲突，但并不是必然一劳永逸地解决。

协商有时也可能增加政治中的道德冲突。因为协商开放了以前被封闭的讨论平台，确保人们可以进入协商论坛，允许所有合理的议题进入政治决策议程。[43]这种面向所有合理的人与观点的政治开放性通常是一种道德优势，即使它特别不受执政党欢迎。协商鼓励那些带有冲突观点的人们去彼此理解对方的观点，可以减少他们之间的道德分歧，并能寻求共同基础，它始于开放政治，但范围仅限于那些受较少进行协商的政治（less delibera-tive politics）所限的一系列合理分歧。虽然协商的目的不是同意，而是正义，但是没有协商与相互尊重合理差异的平台，协商的目的很难达到，而且共同基础很容易被理性的人们所忽视或贬低，因为理性本身或理性的人本身几乎不能使我们关注其他人的合理但冲突的观点。人们通常都必定把我们拉向他们的观点。

协商普遍主义认识到，协商虽然对于社会正义而言是必需的，但却不是充分的。社会

---

〔42〕　我把这种最宽泛的合理共识的观点归功于 Stuart White。关于相互尊重的含义与好处，见 Gutmann and Thompson，"Moral Conflict and Political Consensus," pp. 76 – 88. 相关的阐述还可见 David Miller，"Deliberative Democracy and Social Choice," Political Studies 40 (1992)：pp. 60 – 63.

〔43〕　我十分感谢 David Wilkins 所提出的问题，这些问题帮我厘清了这一段所讨论的争议。

正义也是由确保基本人类幸福所必需的具体原则所构成。除了这些具体原则，还有协商本身所需的社会正义条件。在某些人购买或操纵其他人的意志，或者运用政治制度使其意志独立于协商过程的社会当中，就不能通过协商来做出政治决定。因为协商的起效在某种意义上就是邀请人们参与讨论，在这里合理的立场被充分考虑，最好的状态是问题的所有方面都得到暴露，某些背景条件必须得以坚持。虽然这篇文章中没有更多的篇幅来详细阐述这些条件，但重要的是协商不仅补充具体的正义原则，而且预设一些具体的原则与程序要求。[44]

因此，协商普遍主义由下列两部分构成：（1）一系列具体的正义原则，这些正义原则是不能被无理拒绝的或者是协商所必需的；（2）一系列程序性原则，这些程序性原则支持关于基本道德冲突的实际协商，这些基本道德冲突是那些在当下理性不能予以解决的，具有适当权威和责任的决策者可以运用这些程序性原则通过协商过程而形成暂时的正义结果。这种具体原则与程序原则的结合使协商普遍主义显得与众不同，特别适合关于社会正义的决策。因为关于社会正义的决策支配着其他人的生活，对于那些其生活受这些决策支配的人而言，这些决策必须是正义的。当基于社会正义的分歧可以通过理性来解决，但还没有找到解决的办法时，协商可以增加找到这种解决方法的机会。当基于社会正义的分歧不能通过理性来解决时（即使它可以拒斥糟糕的争论以及不合理的解决方法），实际的协商也可以形成一个比其他方案都好的暂时性正义决策。万一出现基本道德冲突，受这一决策支配的人们不能期望这个决策确定无疑的正确，但他们可以期望有约束力的公共决策通过协商做出，由那些具有适当权威且负责任的决策者依据尊重合理差异，争议相互妥协的原则来做出。

相对主义者可能会提出质疑：社会正义事务合理与否并不能独立于社会理解。我也认同这种质疑。但是，在某种意义上，合理性也可以具有相对意义，这与协商普遍主义的主张是一致的。例如，如果我说拒绝奴隶制是合理的，那么我就是以社会正义事务的合理性为前提的，当有些主张与公众更容易获取的诸如个人自由这样的人类幸福相冲突时，社会

---

[44] 例如，J. Roger, *On Democracy*（New York：Penguin, 1983）中所捍卫的那些具体原则，或者 Robert Dahl, *Democracy and Its Critics*（New Haven：Yale University Press, 1989）, pp. 167－173. 因此，作为区分于哲学的正义理性，协商普遍主义不是"仅有的一种讨论原则"，协商的必要性也不是依赖于真正的协商。这就是协商普遍主义与哈贝玛斯的道德话语相背离的两个方面。见 Jurgen Habermas, *Moral Consciousness and Communicative Action*（Cambridge, Mass.：M. I. T. Press, 1991）, p. 94. Samuel Freeman 引起我对这些差异的注意。

正义事务的合理性就不包括那些在原则上不接受任何方法质询的主张，如以排他性的神圣启示为基础的上帝意志。虽然这样理解合理性不具有文化特性（它也存在于更大范围的宗教文化与世俗文化当中），但是它的正当性取决于当社会正义事务处于争议状态时它重视人类幸福的能力。这种能力是广泛的，可能是普遍的。

还有另外一个可能直接指向协商普遍主义合理性的相对主义的担忧。基本道德分歧可以随着时间而发生改变。现在可以通过协商来解决，因为他们是基本道德分歧，但今天看起来合乎理性的协商解决办法，可能某一天只能通过理性来解决，而且会暴露出这种办法的不正义性。假如从现在开始一百年，关于堕胎合法与否的道德争议会遭到毫无道理的拒绝，就像我们今天反对奴隶制一样。对作为一种做出道德决策的方法及正义标准的协商普遍主义而言，这种可能性告诉我们什么呢？

这种挑战并没有破坏协商普遍主义的方法或具体标准，而是帮助我们澄清了它的道德地位。只要理性不是解决关于堕胎合法性争议的唯一办法，协商普遍主义就是暂时解决问题的最正义方法，这种方法（依据我们理性在当下的局限性）认识到，任何公共的解决办法都具有道德暂时性的特点，当前，这种方法是解决矛盾的最好办法，虽然它不是一劳永逸的。设想一个时间，那时我们认识到对于任何人而言，赞成堕胎还是反对堕胎都是毫无道理的。那时协商普遍主义才能证明适用于堕胎的一系列具体标准的正当性。而不是现在就能证明这些标准的合理性，协商普遍主义认为协商是暂时解决基本道德冲突的一个必要组成部分，而且也是规避我们政治道德局限性的最好方式。通过聆听与回应那些与我们自己的思维方式完全不同的合理争论，我们可以对政治道德有更多的认识。在回应那些与我们存在基本分歧的原则性立场的过程中，我们关于政治道德，如堕胎，的道德争论已经得到改进。

协商不仅可以要求人们确认自己所持立场的道德地位，也承认那些与其存在分歧的合理立场所具有的道德地位。[45] 可以替代协商的其他处理关于社会正义的基本道德冲突方式都具有较少的道德性或具有较多的权威性，要么是推定的文化同意，非协商的程序，要么是政治交易或暴力的威胁。对于受道德驱使的人们而言，拒绝接受不通过协商而达成的解决基本道德冲突的办法是合理的。当还不存在具有普遍正当性的解决办法时，存在基本分歧的人们可能坚持认为，作为社会正义事务，完全可以通过一个协商的决策程序充分照顾到所有冲突的观点。

---

[45] 关于处理基本道德分歧的原则的更全面的阐述与论证，见 Gutmann and Thompson, "Moral Conflict and Political Consensus," pp. 76 – 88.

在不同的社会中，协商可能会产生出不同的结果，而且是不正义的结果，这不仅是因为客观环境是不同的，而且因为人们具有根本冲突的信仰（比如，对于胎儿的道德地位或者潜在生命与自由的相对价值）是完全合理的，这些信仰是受其不同的文化认同的强烈影响的，即使不是完全由其决定。因此，在美国与在爱尔兰一样，对于堕胎的争议，社会正义不会要求相同的解决办法。但是这两个社会都要求通过协商来暂时解决道德观点的合理差异，并要求在协商中必须相互尊重。

关于堕胎争议的一些解决办法仍然会受到道德标准跨文化适应性的批判。比如，最近有人援引爱尔兰的法律来阻止一个被强暴的十四岁女孩离开爱尔兰去旅游从而获得堕胎机会。认真看一下反对堕胎一方的看法，他们认为是胎儿也是发育完全的人类，即使在非自愿怀孕的情况下他们也支持一种有限的合法堕胎权。国家强迫一名被强暴的妇女去维持一个她非自愿怀有的人类生命，这种行为违反了个人的基本自由〔46〕，爱尔兰法律可能也会在另外一方面受到质疑：为了保护一种有争议的权利（胎儿的生命权），它否认了那名妇女并无争议的一种基本权利（旅游权）。当我们在对基本自由的认识上存在基本道德分歧时，所有的基本自由都会陷入困境。虽然最高法院坚持维护爱尔兰限制性堕胎法律不让女孩堕胎的做法是不明智的，这些法律规定，即使由于强奸而怀孕，堕胎也是违法的，这些法律以胎儿是发育完全的人类这一合理信仰为基础认定堕胎是不正义的，但是，爱尔兰最高法院赞同那个 14 岁女孩去英国旅游从而使她获得堕胎机会的做法却是明智的。因此我们可以认识到，合法解决基本道德冲突具有多元性，它以尊重合理道德分歧为基础，没有忽视某些正义基本原则的普遍有效性，无论人们的文化如何，这些正义基本原则都是毫无理由予以拒绝的。

在许多有关社会正义的事务上，多元文化主义都要求协商。它对协商也大有裨益。通过那些我们所尊重的分歧，尤其是同那些与我们具有不同文化认同的人们进行讨论，使我们对于多方争议（如堕胎合法性）的道德理解会更进一步。通过面对那些同样具有合理性的反对观点，我们当中那些以前没有充分考虑自己观点的人都修正了自己对于堕胎问题的判断，这种改变可能并不激烈，但却意义重大。当我们认真考虑那些信仰多配偶制（包括一夫多妻制与一妻多夫制）的人们所提出的反对强制一夫一妻制的情况时，同样的事情也可能发生在我们社会中。可能我们会得出结论认为国家强制实行一夫一妻制是被迫的，

---

〔46〕 Judith Jarvis Thomson, "A Defense of Abortion," Philosophy & Public Affairs 1, no. 1 (Fall 1971): 47 – 66, 重印于 The Rights and Wrongs of Abortion, ed. Marshall Cohen et al., pp. 3 – 22.

也可能不是这样，但只有我们真正听取了那些认为多配偶制具有合法性并倡导实行多配偶制的人的意见，我们的评判结果才会更具正当性。

在把一个社会正义议题中具有完全不同观点的人们聚集起来，然后要求他们在做出具有公共正当性的决策之间仔细协商方面取得进展的例子是人类胚胎移植研究小组（Human Fetal Transplantation Panel）。[47]这个小组既包括赞成堕胎的人也包括反对堕胎的人。这个小组在 1988 年 12 月出版了他们的研究报告，该报告得到了大多数人的认可。这个报告为胎儿器官移植的药物实践所引发的政治争议提供了极其必需的实例，虽然还在实验阶段，但新近已经表明在治疗帕金森病方面还是大有希望的。研究小组推荐了一种支持研究包括胎儿器官移植在内的合理政策，但禁止出卖或事先捐赠胎儿器官。谁能说研究小组的政策推荐与完备性普遍主义所要求的是相同的内容？我们不能说没有理解那些生活受这些决策影响的人们的竞争性考虑的重要意义，没有像研究小组这样的协商平台来协助，就不会达成社会理解。我们完全有信心认为的是研究小组协商所做出的决定是合乎理性的，到目前为止是暂时正义的，因为它完全是在尊重我们社会中多样化的道德观点的基础上做出的。[48]

还有一些至少由于文化多元化程度不够而导致协商过程失败的反面例子。最近陪审团对罗尼德·金的案例中四个洛杉矶警官的审判中一再强调，当社会正义事务利害攸关的时候，审议者的多元文化主义通常必不可少地有助于协商。在讨论妇女与非裔美国人事务的参议院司法委员会的组成问题上也可能会发生相同的事情。[49]

司法委员会就克拉伦斯·托玛斯（Clarence Thomas）法官性骚扰事件举行了听证会，在国内的协商几乎是完全失败，而在国外取得了部分成功，原因也与多元文化协商的功效有关，不过是具有讽刺意味的国际扭曲。[50]听证会几乎被普遍批判为无助于协商，无论是对托玛斯作为最高法院陪审法官的资格问题还是对于更广泛意义上的性骚扰问题都是如此。听证会的国际反映是反对，事实上通常是嘲笑，不仅是听证会的非协商本质，还有美国人对于性骚扰的敏感性。任何地方都没有像法国人批判的尖锐而自信。法国男人认为

---

〔47〕 十分感谢 Kenneth Ryan 博士在讨论中提供的关于研究小组的信息。

〔48〕 社会中许多合理的道德观点分歧都不能归因于文化差异。有些只是个人判断的差异。协商普遍主义中的案例并不仅于多元文化冲突。协商与相互尊重的好处适用于所有关于社会正义事务的合理冲突。

〔49〕 这并不是说简单构成的陪审团不能做出正义的裁决，而是说（其他事情也是一样）一个包括非裔美国人在内的陪审团增加了进行协商的几率，从而可以增加做出公正裁决的几率。

〔50〕 民主协商在国内失败的更多评论，见 Race-ing Justice, En-gendering Power, ed. Toni Morrison（New York：Pantheon Books, 1992）.

"丑闻如果不是清教主义的表现，肯定也是伪善的表现"。最近的法国民意调查显示，法国妇女对某些形式的性骚扰也不像美国妇女那样敏感。民意调查要求人们对于一系列假定的情形做出反应。其中的一种情形就是一位男性经理建议一位女性职员周末与其讨论该女性员工的晋升问题。百分之四十五的女性与百分之五十一的男性并不认为这是性骚扰。更奇怪的是，"百分之二十的女性被访者认为如果在工作面试中让其脱掉衣服并不是性骚扰。"[51]

然而，托玛斯案例中的国际公共性却激起了"法国的第一次关于运用权力或地位来获取性服务的（持久的公共）讨论。调查显示至少五分之一的法国人认为他们已经成为了性骚扰的牺牲品"。这个公共讨论促使法国内阁通过了一个新法案，"国会迅速接受了提案，在工作场所实施性骚扰是要予以处罚的犯罪行为，处以 12 个月以内的监禁并处以 360 至 3600 元的罚金。"[52]如果没有对于协商普遍主义所倡导的对于主流文化社会正义观的批判，法国男人与女人都会更容易使他们曾经神圣化的性骚扰传统永远存续下去。

七、结论

文化相对主义认为社会正义是任何特定文化所认为的正义，政治相对主义认为社会正义由合法程序的结果来决定，完备性普遍主义认为社会正义由一系列具体的适用于所有人，而不论其文化的特殊性的完备性道德观点组成，协商普遍主义替代了所有这些观点。协商普遍主义认为存在一系列非完备性的具体原则，那是一些没有理由拒绝的原则，也是就基本道德冲突进行协商时的必备条件，还包括一系列程序性原则，这些程序性原则可以支持就基本道德冲突，包括（但并不是所有）多元文化冲突而进行的协商。[53]

文化相对主义批判普遍主义将道德等同于世界语。但是协商普遍主义只将道德等同于一种普遍语法。协商普遍主义不仅为有创造力的、新型的尊重个人权利的社会正义留出足够空间，而且要求在面对基本道德分歧时予以公共考虑。没有协商，社会就不能正义的解决其关于社会正义的基本道德冲突。没有协商，作为一种依靠经验的事务，社会也不能维

---

〔51〕 New York Times, May, 3, 1992, p. 9.

〔52〕 同上。

〔53〕 正如我们所看到的那样，并不是所有的多元文化冲突都是基本道德冲突。有些是可以通过理性解决的，因此是受没理由拒绝的具体原则所管辖。

护普遍的人权。

  对于协商普遍主义，我还有很多话要说，但在这里我已经说的足够多，我希望人们因此能够对于政治伦理领域内的多元文化主义的挑战，或者更具普遍意义的基本道德冲突有很多的思考，这一挑战往往会被人们所忽略。协商普遍主义指出了远离文化两极化从而走向与普遍尊重人类生命、自由与机会相一致的多元文化的可能性。

自由主义与多元文化主义*

——冷漠的政治

钱德兰·库卡萨斯 (Chandran Kukathas)

李丽红　译

> 我不是他的子民，也不是这地方的人。因为有事到此，使我有机会冷眼旁观这里的一切；我看见维也纳教化废弛，政令失修，各项罪恶虽然在法律上都有处罚的明文，可是因为当局的纵容姑息，严厉的法律反而像是牙科郎中门口挂起的一串碎牙，只能让人指点当笑话。
>
> ——莎士比亚[1]

> 臣民最大的自由就在于法律的沉默。
>
> ——霍布斯[2]

一

在现代社会，尤其是在现代西方自由民主社会，文化多样性不仅对政府的政策制定者提出了挑战，也对哲学家提出了挑战，因为哲学家关注的是如何让具有不同生活方式的人在原则上能够生活在一起。之所以说社会制度遭受严重的挑战，是因为不同文化群体的成员要求得到"承认"（recognition）。他们不仅仅是要求（公正地）分享社会成果，更重要

---

* 本文原题为 Liberalism and Multiculturalism: The Politics of Indifference，发表于 *Political Theory*, Vol. 26, No. 5. (Oct., 1998), pp. 686 – 699. ——译者注

　[1] *Mecisure for Mecisure*, act 5, scene I, lines 3, 14 – 20.

　[2] Thornas Hobbes, *Leviathan*, ed. Richard Tuck (Cambridge: Cambridge University Press, 1991), ch. 21: "Of the Liberty of Subjects," 152.

的是，他们要求社会承认他们的独特认同，作为社会中独特文化共同体成员所具有的认同。有时候，这种承认的要求所具有的持久性和强烈性迫使我们不得不作出让步，必须承认他们的要求。然而，在自由主义社会，这样做立即就会出现两种要求之间的冲突：一方面，个人的尊严必须予以承认（通过尊重某些基本权利）；另一方面，个人所归属的群体或文化共同体的要求也要得到承认。像查尔斯·泰勒（Charles Taylor）这样的哲学家就是从这个角度去认识问题的，他也认为没有一个简单的方法可以解决这个冲突。更复杂也更微妙的是，对于承认的政治所提出的问题，必须要给出答案；而且这个答案必须要认识到：需要一些便于公共协商的制度，同时也需要一种开放而宽容的态度。

然而，我在这里想要讨论的并不是一个复杂的问题。或者至少在哲学话语中，它不是一个复杂的问题。多元文化主义并没有对自由主义——也可以说是自由主义的"政治伦理"——提出什么难题。这并不是说它没有给政治提出任何难题；但政治并不是哲学，我在这里所关注的是哲学问题。

之所以说多元文化主义没有给自由主义提出什么哲学难题，是因为自由主义的忠告是：抵制承认的要求。政治家已经发现，这个忠告难以遵从，因为本质性要求除了强制以外并无其他内容（尤其在选举的时候）。但是，哲学家——也包括许多公开的自由主义者——也已经认识到这一忠告难以遵从，可能是因为这个忠告意味着在使这个世界变得更美好这个方面，他们并不能有更大的作为。不管怎样，在这里我要说这就是自由主义所倡导的。从某种意义上讲，自由主义倡导的就是什么也不要做。然而，什么也不做却最难以做到。我将用余下的篇幅来解释什么也不做的含义，为什么应该什么也不做；虽然我不能详细解释如何做到什么也不做，我想原因会变得十分明显。

为了完成这个任务，在下一部分我将从考查泰勒的分析开始，他在一篇名为"承认的政治"的文章中讨论了当代多元文化主义的困境。然后，我将通过反对承认来为反对多元文化主义提供论据。这样一来，我会自己提出一种积极的自由主义观点：自由主义就是捍卫众所周知的自由主义中立性原则的观点。在完成这些任务的过程中，我不想把这种观点与自由主义国家对号入座。我将在更全面考察自由主义与多元文化主义之间关系的基础上进行总结，以此来表明为什么它们之间的关系并不像人们想像的那么复杂，那么麻烦。

二

在"承认的政治"这篇文章当中，泰勒指出，各种文化群体提出的各种社会承认要求之所以能在当代引发关于多元文化主义的争论，就是因为争论的议题不是简单的物质财富，而是参与社会生活的认同。在现代社会，"认同的形成只能通过公开的对话，而不是预先制定的社会条款。这种认识使得平等承认的政治日益成为重要的中心议题〔3〕。"平等承认不仅是适当的，而且还是必需的："为他人设计一种低劣和卑贱的形象，而这种形象又被后者所内化，就会构成实实在在的扭曲和压迫。"〔4〕

承认的政治第一种表达方式就是要求平等的权利与资格。泰勒所说的"普遍尊严的政治"强调公民的平等尊严，反对把公民分为一等公民和二等公民。平等权利的要求往往会延伸为对更普遍的社会不平等的批判，因为即使拥有了地位平等的权利，穷人依然不能摆脱成为二等公民的命运。平等尊严要求物质的平等。然而，在这种普遍尊严之外，产生了差异的政治。差异的政治也要求普遍的承认。但是，泰勒认为，这里所说的承认却意味着不同的内容。"就平等尊严的政治而言，它所确认的原则普遍地意指同样的东西，就像一只装有权利和豁免权的同等大小的篮子；就差异的政治而言，要求我们给以承认的是这个个人或群体独特的尊严，是我们与所有其他人相区别的独特性。"〔5〕当代政治往往忽视这种独特性，或者将这种独特性同化进占主导地位的主流社会。

如此一来，这两种政治之间的冲突就出现了，至少有一部分是冲突的。因为"普遍尊严的政治反对任何形式的歧视，它完全'无视'公民彼此之间的差异。相反，差异政治则对非歧视提出一种不同的理解，它要求以公民彼此之间的差异为基础对他们区别对待"〔6〕。所以虽然差异政治捍卫土著人的特殊权利（也就是土著人自治的权利）或保护某些少数群体（即通过排斥他人来维护他们文化的完整性），但对于主张原来那种尊严政治的人而言，"这似乎是一种倒退，一种背叛，是对他们所珍爱原则的彻底否定。"〔7〕然而，差异政治的倡导者认为，只是简单地呼吁非歧视是远远不够的，因为这样做"将人们强行纳入一个对他们来说是虚假的同质性的模式之中，从而否定了他们的独特认同。"〔8〕而且，虽然最初的普遍尊严政治的捍卫者声称，在这个问题上他们保持中立，但是他们所谓的中立就是异盲的（difference-blind）原则，事实上根本就不是中立的，而是反映了主

---

〔3〕 Charles Taylor, "The Politics of Recognition," in *Multicullurulism. examining the politics of Recognition*, ed. Arny Gutmann (Princeton, NJ: Princeton University Press, 1994), 36.

〔4〕 同上，第36页。

〔5〕 同上，第38页。

〔6〕 同上，第40页。

〔7〕 同上，第40页。

〔8〕 同上，第43页。

流文化的标准。简而言之，差异政治谴责"自由主义"是将特殊性伪装成普遍性的又一例证。

在泰勒的分析中，差异政治的倡导者是正确的，而自由主义——至少是这种形式的自由主义——是应该予以遣责的。这是因为自由主义始终对差异冷漠无情甚至充满敌意。泰勒坚持认为，自由主义在对待像魁北克这样的集体目标时，这种反感与敌视的态度表现得尤其明显，魁北克人所关注的就是如何以独特的法语社会的形象生存在加拿大联邦中。基于这个原因，泰勒严厉地批判了威尔·金里卡（Will Kymlicka）提出的解决办法，金里卡打算证明自由主义可以容纳差异。金里卡的解决办法仍然坚持自由主义中立立场，他认为，既然个人需要某些基本的文化善来实现其好生活，那么，就要赋予某些群体一定的差异权利（如，允许他们保持其文化的完整性），这样一来，这些群体的成员就可以和其他人一样具有相同的追求好生活的机会。[9]对于泰勒而言，这种解决方法的问题是，它对于"目前存在的人也许是有效的，他们发现自己被迫接受一种文化，他们在这种文化中可能生活得很愉快，也可能完全相反。但是这种方法并不能证明那些旨在确保该文化代代相传的措施具有正当性"[10]。

从更广泛的意义上讲，泰勒的观点就是：自由主义作为一种程序学说是站不住脚的。那些提出这种自由主义观点的人用它来为包容各种差异的中立性体制辩护。异盲的自由主义所主张的是：自由主义可以提供一个价值中立的平台，让所有来自不同文化背景的人都能可以在这个平台上交往和共存。按照这种观点，"必须作出一些区分，如公共领域和私人领域之分，政治和宗教之分，这样才能把那些引起争议的差异和分歧安置在一个与政治无关的领域里。"[11]他认为，这种观点是错误的。自由主义不能也不应该主张文化的中立性。拉什迪的《撒旦诗篇》（*Satanic Verses*）所引起的争议已经证明这种观点是完全错误的。对于主流的伊斯兰教而言，根本不存在宗教与政治的区分。"自由主义并不能为所有的文化提供可能的交往平台，它只是某一种文化的政治表述，与其他文化是完全不相容的。"[12]

迈克尔·沃尔泽也认同这种观点，虽然在语言上有些许的差别。他认为可以区分出两

---

〔9〕 见 Will Kymlicka, *Libercrlism, Community and Culture*（Oxford：Clarendon Press, 1989）；以及 *Multicultural Citizenship*（Oxford：Oxford University Press, 1995）.

〔10〕 Taylor, "Politics of Recognition," 41 n.

〔11〕 同上，第62页。

〔12〕 同上，第62页。

种不同的自由主义：第一种，他称之为自由主义 1，所追求的是"严格的中立国家，也就是，这个国家没有文化或宗教计划，或者说没有任何超越于个人自由、公民的人身与财富安全以外的集体目标。"第二种是自由主义 2，它"允许国家去维护特定的民族、文化与宗教，或（数目有限的）的民族、文化与宗教的存在与繁荣，只要具有不同追求或没有这种追求的公民的基本权利得到有效保护。"[13]对沃尔泽而言，自由主义 2 是自由主义的变种，是正当的，虽然在这二者之间，自由主义社会往往会选择自由主义 1 作为基本原则，理由是自由主义社会的文化与历史倾向就是要回避超越于个人自由与安全的集体目标。那么，它带给我们的就是一个自由主义中立性的历史实例，像美国这样的国家就是这样，虽然其他社会可能并不必然是这样。

三

如果自由主义只不过是一种独特的文化形式，即它也只不过是欧洲文明发展的历史进程中的一个插曲而已，那么，自由主义的普遍性效力将会消失，至少自由主义不能再声称它本身是一种普遍主义的教义。但是，自由主义并不仅仅只是一种独特的文化形式，至少从其所蕴含的哲学意义来看是这样。我认为，泰勒理解自由主义的方式是不完善的。相应地，他对自由主义的批判也是不可靠的。如果我的评价是正确的，那么，自由主义与多元文化主义并不冲突，并不像自由主义的批评者所认为的那样。

为什么自由主义与多元文化主义并不冲突？因为从根本上来讲，自由主义本身也是一种多元文化主义的理论。从本质上讲，自由主义是一种与多元主义（pluralism）有关的理论；而多元文化主义最终也可以归结为一种多元主义。自由主义是对现代世界的道德、宗教以及文化多样性这一事实的一种反映，实际上，自由主义是最合理的反映。自由主义对于这种多样性的反映是：应该包容多样性，宽容差异性；那种整合了个人与共同体利益，以统一性和共同文化为特征的社会一体是无法达到的，也是不应该追求的。无论是与他人保持一致，还是有所不同，只要能够让人民在法律原则下自由地追求他们的目标，那么，这个政治制度就是自由主义制度。许多自由主义者指出，这还意味着要给予人们信仰自由，只要他们认为合适的就可以崇拜；同时也要给予人们以不同的文化标准生活的自由，

---

[13] Michael Walzer, "Comment," in Mullicullurcrlism. Exumining the Politics of Recognition, 99.

只是他们的所作所为不能对使大家和平共处的法律和政治秩序构成威胁。

但问题是，这并不意味着自由主义可以毫无困难地接受某种形式的多元文化主义。虽然自由主义是最能表示欧洲思想解放运动独特性的词汇，但它同时也是一种哲学观点，这种哲学观点主要关注的就是各种不同的生活方式在什么情况下可以共存。有历史自由主义，但也有哲学自由主义。哲学自由主义产生于特定的历史环境（或者特定的文化认同群体）的事实与自由主义作为一种哲学观点的连贯性及可信性并无多大关系。

那么，自由主义对多元文化主义有什么看法呢？最终，自由主义并不是有关个人尊严或个人尊严应该如何得到承认的理论。毫无疑问，像康德这样从卢梭那里获得灵感的思想家认为这个问题是重要的，洪堡、约翰·斯图亚特·密尔以及其他一些思想家都持这种观点。虽然在这些思想家的眼里，人类尊严被认为十分重要，但是它却不是自由主义的中心议题。也正是由于这个原因，自由主义不会被尊重人类尊严是否应该承认个人认同或群体认同的问题所困扰。自由主义不关注任何一种承认，也不会提供任何承认。

按照这种观点，自由主义是不涉及群体问题的，即便个人可能是群体的成员之一。生活在自由主义社会当中的个人是可以自由结社的，可以选择加入他们所钟爱的群体，也可以加入生养他们的群体。对于人们可能比较热衷的文化、宗教、种族、语言或其他形式的归属，自由主义毫无兴趣可言。它不仅不关注个人的认同或特征，也不直接关注人类文化的繁荣；它没有集体目标，对集体没有任何好感，也不促进任何特殊的个人利益。它所做的只是坚持在法律的框架内，让个人与集体和平共处。毫无疑问，坚持法律原则可能会导致对个人事务或集体事务的干涉，也会不可避免地涉到个人或集体认同的问题，但是就自由主义政治本身而言，它并不关注这些事务。实际上，对于特殊的人类事务，或者个人与集体的特殊追求，自由主义都是漠不关心的。因此，最好把自由主义称为冷漠的政治。

然而，要证实这一点不仅要提供一种特殊的观点来表明自由主义是什么，同时也要把诸如泰勒这样的思想家所反对的问题呈现出来。对于泰勒这样的思想家而言，当我们面对各种持续不断的群体承认要求时，冷漠的政治既不可行，也不可欲。那么，问题就是：如果这些要求应该被完全抵制，那事实上能够抵制吗？

从某种意义上来讲，确如泰勒这样的思想家们所认为的那样，在自由主义国家——在这种意义上，或者可以是任何国家——抵制这些个人或集体独特的承认要求是十分困难的。斯里兰卡与西班牙的泰米尔人（Tamil）与巴斯克人（Basque）分离主义者都是不能轻易忽视的。而且，当针对作家萨曼·拉什迪的追杀令发出时，宗教传统之间的冲突所要求的似乎不仅是冷漠。然而，把自由主义看作冷漠的政治并不是说在自由主义国家当中没有什么公共政策是不能被忽视的。而是要对自由主义国家内的公共政策目标进行限定。这个目标并不是塑造政治共同体文化，或者是维护个体尊严，亦或是使社会中的少数群体免遭边缘化的命运。自由主义对所有这些事务都不关心。它只关注如何维护政治秩序，以使这些群体及个人能共存其中。依这种观点来看，自由主义认为群体或个人的特殊认同并不是什么大不了的事。某些文化群体无论是被分裂为许多小的团体，还是被同化进主流文化，亦或是完全消失，都不会影响自由主义的立脚点。这些变化对我们所讨论的群体或个人而言当然是十分重要的，然而，自由主义不会采取措施去摧毁那些希望保持或促进其认同的群体，当然也不会采取行动去支持它们。

是否如泰勒及其他一些思想家所认为的那样，这种观点是不是站不住脚的呢？我认为不是。虽然遵循这种观点往往是十分困难的，因为在政治生活中，强有力的利益要求通常都是难以抵制的。而且，承认的要求越强烈，抵制它的难度就越大。然而，我们可以得出两个观点：一是虽然抵制承认要求可能是十分困难的，但并不是完全没有可能。二是漠视立场的可行性取决于替代性方案——即对这些要求予以承认的方案——的可行性。然而，任何对于这些要求予以承认的尝试都是十分危险的。这是因为承认的要求往往与其他相同的要求，或其他的利益相冲突。比如，1993 年，来自前南斯拉夫的一些移民群体要求澳大利亚政府承认其为马其顿人，因为马其顿人曾经在澳大利亚建立了一个独特的种族共同体。这一要求立即引发其他自称为马其顿人群体的反对，当澳大利亚政府要裁决对哪种认同应该给予官方承认的时候，这种冲突迅速升级为两个种族共同体之间的暴力行动。

问题就是当转变为承认政治的时候，多元文化政策很快就演变为利益群体之间相互冲突的政治。[14] 群体本身并不是自然而稳定的，而是变动不居的，它会随着社会与环境的变化而改变它的形态、规模与特征。从某种意义上来讲，群体是随着社会政治与经济环境的变化而变化的。群体并不总是要求承认，因为它已经存在；有时候，它们之所以存在（至少具有它特定的规模和特征）是因为它已经得到承认。在美国，肯认行动（affirmative action）政策选取一些少数群体给予经济资助，这一动机驱使着人们把自己认同为这些特

---

〔14〕 我讨论过这个问题，见 *The Fraternal Conceit. Individualist versus Collectivist Ideas of Community*（Sydney: Centre for Independent Studies, 1991）。

殊群体的成员。[15]在其他国家，优惠政策已经成为简单的推动或阻碍的因素，如果成员身份会带来利益，特殊群体的规模就会增大，力量也会增强。[16]

然而，即使群体是相对稳定的，承认依然是有问题的，因为承认是群体之间冲突升级的信号，它会使群体之间争夺物质财富的冲突转变为争夺社会特性或认同的冲突。最糟糕的是，事实上，这种承认要求的发展是十分危险的，它使群体之间的妥协变得——如果不是不可能达成的话——难以达成。如果社会认同成为一个议题——一个不再微不足道，因此再也不能被漠视的问题——那么，由它引发的冲突只会变得越来越激烈，尤其是在有些群体将成为胜利者，而有些则成为失败者的情况下，冲突会更严重。

按照这样的思路，我认为，那种对像认同（包括民族认同）以及群体承认这样的事务采取漠视态度的自由主义政策更值得提倡，也更有可能实现。它并不试图去调解不同的文化群体与不同的认同之间的承认要求，也不为其提供任何哲学上的论证。相反，它认为没有任何哲学术语可以解决这个问题，最好也不要试图这样做。因此，自由主义的推荐是政治制度应该尽力避免把承认议题置于政治争论中心位置。

然而，对于自由主义的主张，还有一些更深层次的异议值得探讨。最重要的就是由泰勒提出的，他认为自由主义的这些主张并不能绕过承认的政治这个问题，原因很简单，逃避不是办法，也是令人讨厌的。因为，毫无疑问，逃避将会使一些人比其他人得到更多好处。更确切地说，这会致使多数人的文化标准占据主导地位。在这种情况下，自由主义只提供使不同文化群体能够共存的法律框架的主张就会变得空洞无物。

从某种意义上来讲，这种异议得到了很好地论证；没有任何政治安排能够保证其结果的完全中立。较大的多数文化都想同化那些小的少数群体，虽然少数群体的贡献也会在一定程度上重构主流文化。自由主义声称，虽然少数群体没有不抑制同化的义务（通过保存自己文化的方式），但是多数群体也没有任何帮助较小的文化群体取得成功的义务：如果少数群体被同化了，只能说这就是事物发展的规律。

现在，泰勒对于这种观点的异议就变成了这样：自由主义的这种观点不能满足像魁北克这样的文化群体的要求。魁北克人所要求的不仅仅是自由追求他们自己的生活方式，更

---

〔15〕 最近，在加利福尼亚州，葡萄牙裔美国人的分类也被加入到公开承认的少数群体类别之中，这成为那些具有葡萄牙血统的人去认同自己群体的一个实质性刺激因素（而且可以确保向加利福尼亚大学中属于少数群体的学生提供实质性的资金资助）。

〔16〕 相关的讨论，见 Donald Horowitz, *Ethnic Groups in Conflicl* (Berkeley：University of California Press, 1985)，esp. ch. 2.

重要的是，还要确保他们的独特文化能够生存，不管是现在还是未来都能够存续下去。然而，在这里，自由主义只能采取这样的立场：文化的生存是不能保证的，文化存续也不能被声称为权利。毫无疑问，这种立场不是毫无道理的。虽然这并不是说不同文化共同体的成员不能采取措施来加强其群体持久存在的机会，而是说，国家不应该采取任何措施来决定哪种文化应该继续流行，哪种文化应该消亡以及哪种文化应该予以转化。

按照自由主义的观点，除了秩序或和平，国家应该什么也不管。它不能做得更多，它不能决定哪种文化应该存续下去。在一定程度上，如果国家想要做得更多，那么危险就是它最初的作用也会无法生效。这也就是在美国这样的社会正在发生的情况，在其他一些多元化的国家情况也是如此。（在过去那些试图改变国家的宗教特征的知识分子以及现代僧侣和教士的影响下）国家已经在尝试重塑社会的过程中使冲突加剧。基于秩序的考虑，我想国家严格发挥其保持和平的基本功能可能才是更可取的。

这并不意味着政治制度应该对不同群体在权力上的冲突不闻不问。如果目的是和平，那么，政治制度可能不得不在种族或宗教群体之间进行明确的安排，以使它们能够分享权力。比如，在马来西亚，许多政党是以人种为基础的，但是政府却是由这样的政党联合执政的（国民阵线（the Burisan Nusianul or National Front））。在许多民主国家，采取的都是确保少数群体能够在政治结构中占有一席之地的选举制度。[17]在其他一些地方，为了和平的目的，可以用不同的形式转交政治权力。如果没有自由主义，政治共同体仍将存在，但在原则上不会促进任何特殊集体。自由主义并不关心谁拥有权力，也不关心这个权力是如何获取的。它所关心的就是使社会当中的每个成员都可以自由地追求他们的目标，并提供能使所有人能够和平共处的政治共同体。

现在，泰勒反对这样一种观点：即自由主义可以成为让所有文化彼此交往的平台。泰勒认为这种论断是虚假的。因为自由主义本身也只不过是一种文化的政治表述而已，因此，它并不能包容拒绝政教分离的伊斯兰教。我们还需要进一步探讨泰勒的观点，因为很明显，自由主义不能包容所有的观点。尽管如此，我们还是应该明确什么才是自由主义不能包容的：自由主义不能包容的是国家总是致力于实现一些具体的目标，并且还要将这些具体目标体现在社会政治结构中。然而，这并不是说自由主义不够大度，不能容纳那些范围非常大的文化，比如某些伊斯兰传统。在那些像英国和美国这样拥有伊斯兰少数群体的

---

〔17〕 关于这个话题，见 Donald Horowitz, "Democracy in Divided Societies." in *Nationalism*, *Ethnic Conflict and Democracy*, ed. Larry Diamond and Marc F. Plattner（Baltimore, MD: Johns Hopkins University Press, 1994）, 35 – 55.

国家中，这种情况十分明显。但是即使在那些伊斯兰人占明显多数（或绝大多数）的国家，如马来西亚和和印度尼西亚，实行自由主义制度也是十分能的。例如在马来西亚，印度教徒、佛教徒以及基督教徒——事实上是所有的宗教少数群体——的信仰自由都受宪法的保护，而这种国家制度，从本质上来讲是世俗的。尽管事实上，这种君主立宪政体的国王通常都是伊斯兰教信徒，而且议会中的多数成员往往也都是伊斯兰信徒。印度尼西亚也是穆斯林占多数的国家，然而，这里也有信仰自由。实际上，它也实现了教堂（或清真寺）与国家的有效分离，与规范的政教分离相差无几。（另一方面，在大不列颠联合王国，也实现了宗教与国家的有效分离，但仍然有常设的教堂。）

从这个意义上来讲，如果能够包容各种文化，同时并没有追求它自己的集体目标，那么，我们就可以说这个国家是自由主义国家。不能因为其大多数成员都具有独特的欧洲文化背景，就把这个国家称为自由主义国家。如果一个社会不是由多数文化和少数群体组成，而是各种文化在相互宽容的前提下和平共处，那么，我们也可以说这个国家是自由主义国家。我还想对约瑟夫·拉兹（Joseph Raz）的观点多说几句，拉兹认为："不该认为我们的社会是由多数人与少数人组成的，我们的社会是由多元的文化群体组成的。"[18] 但是，要做到这一点，首先应该承认这种文化群体之间的区分与国家的基本目的没有任何关系。

当然，另一个问题就出现了，这就是说起来容易，做起来难。群体不会停止他们的承认要求，而统治者通常会想尽办法来满足他们的要求，无论是对物质财富的要求，还是政治权力的要求，或者是因为统治者认为群体的要求是正当的。如此一来，自由主义国家就会偏离它的职责，转而追求那些特殊的集体目标。尤其重要的是，人们通常期望统治者能够重塑社会从而可以促进（如果不是完全接受的话）一些特殊宗教或文化的发展，抑或一些人所钟爱的民族概念的发展，这后一种情况并不是不常见。虽然我们应该承认这些统治者的愿望是好的，可是根本没必要假惺惺地去做这些不必做的事。按照自由主义的观点，根本不需要这样做，因为自由主义的忠告就是国家什么也不要做。什么也不做并不是拒绝做任何事，国家仍然有确保政治社会和平的任务。什么也不做就是拒绝做任何它职责范围以外的事。

---

[18] Joseph Raz，"Multiculturalism: A Liberal Perspective," in *Ethics in the Public Domain. Essays in the Morality of law and Politics*, ed. Joseph Raz（Oxford: Clarendon Press, 1994），155 – 176.

四

在这篇文章中，我曾多次谈到自由主义的主张或者描述自由主义所暗含的内容。然而，虽然我认为这些阐述可以体现出自由主义观点所涵盖的内容，但是这些阐述所体现的只是自由主义的一种观点，而且是一种存在争议的观点，这也是事实。因此，也许最重要的就是更加明确地说明这里所呈现的到底是一种什么样的自由主义观点，为什么应该把这种观点推荐给那些关注因多元文化特征而引发困境和问题的国家。

这里所呈现的自由主义是有限国家（the limited state）自由主义。它把政治社会视为一个联合体，在政治社会中，为了实现各自不同的目的，个人和群体都必须遵守法律。在这种版本的自由主义看来，政治社会不以任何共同文化为联结纽带，也没有任何共享性的集体目标。除非个人或群体的目标侵犯了社会的和平，否则它对社会中的个人与群体所追求的目标都持一种冷漠的态度，它不促进任何独特的人类善（human good）。在许多时候，这种自由主义都把自己描述为一种政治秩序，它对所有的人类善都持中立态度。虽然中立的这个词语不能准确地描述自由主义社会，因为没有任何一个社会能够在众多竞争的文化之间保持严格的中立，但是这个词语道出了自由主义社会的精髓。这种自由主义政治共同体是能够包容各种生活方式的政治社会，它不追求任何深层的社会统一或政治一体。

这种自由主义的基础不是任何有关人类尊严的观点，并不像泰勒分析自由主义思想时指出的那样。当然它的基础也不是对个人自治重要性的强调。依这种观点看来，在自由主义社会制度下，贬斥自治与个体价值的生活方式依然能够繁荣。这种自由主义的基础是一种独特的自由观：在追求其多样化的——虽然通常情况下是共同的——目标时，个体拥有与他人联合，或与他人分离的自由。如果一种政治共同体能够保持这种自由，那么这个政治共同体就是一个自由主义的政治社会。如果一个政治社会以直接或间接的方式将其成员拉进任何集体目标，而这些集体目标是其成员既不希望也不需要的，那个社会就不那么自由，社会成员在集体目标中陷得越深，这个社会越不自由。最后，这种自由主义有点像沃尔泽所说的自由主义。

对于这种版本自由主义，存在着许多异议。其中最常提到的就是没有任何一个国家能够完全保持中立，因为每一个国家的制度都必定具有一定的特征，而这些历史性特征往往是违反中立原则的。然而这种异议并不有效。所有的政治制度当然都具有**一定的**特征，就像建筑物的框架都必须具有一定的颜色一样（因为没有一种东西是没有颜色的），因此，所有的政治制度都带有一定的独特性，这与历史及环境的偶然性有关，而与制度所持的立场关系并不大。深受欧洲文化传统影响的国家所形成政府和法律必定以**某种**语言来表示，在欧洲，这种语言最可能是法语、葡萄牙语或西班牙语，而不会是阿拉伯语或波斯语。在现代社会，这些国家很可能就是具有现代意味的民主共和国。他们的议会会遵循特定的程序传统，他们的法律会将某些日子定为公共假期。这里的任何一件事都没有改变这个国家的中立特征，因为这个国家所做的所有事情都不是在追逐或促进任何独特的目标。

然而，更重要的异议是，这种自由主义是不充分的。自由主义国家应该追求一些集体目标。它至少应该在社会当中创造一种和谐与凝聚力，这种和谐与凝聚力可以使这个国家成为一个稳定的政治共同体并能持久地存续下去。这种观点可能更接近沃尔泽所说的自由主义 2，自由主义国家应该致力于国家的存续与繁荣，并努力打造一种共同文化。

然而，在这里，我要捍卫先前提出的观点，我敢断言：这个任务已经超越了国家制度的能力。可以颁布一定的法律来实现这种社会一体，从而建构一个和谐的秩序，（在理论和实践上）承认那些对集体目标持有异议的人有保持不同意见的自由。但是，特别在是那些拒绝压制少数群体的社会，这种承认是不够的。如果这个社会从事民族文化建构，那么，该社会中的少数群体就会发难，他们就会要求在这个建构中享有一定的发言权。为了社会凝聚力而进行的诸如"强力律令"（strong statutes）这样的法律设计并不能使这个国家建立起某种秩序，只会导致意见纷争。

我仍然认为，在社会一体上花费的精力越少，实现社会和谐的可能性越大。在一个文化多元的社会，这就是自由主义所能做的。它给人们提供机会，使他们能够在法律秩序下共存，它漠视不同文化群体的目标或生活方式，任各种不同的艺术、文学以及科学自生自灭。然而，它提供这种机会不是因为法律承认了他们的要求，而是因为法律是沉默的。

自由主义与多元文化主义[*]

布赖恩·巴里（Brian Barry）

李丽红 译

    1945 年之后，广义的自由主义——我马上也要对其进行界定——几乎成为英语政治哲学毋庸置疑的基础。然而，在过去的二十多年里，这种自由主义却受到了许多挑战。其中的很多挑战都可以归入"多元文化主义"的名下。这种典型地以多元文化主义的名义提出的主张——或者，它有时被称为"差异的政治"——认为自由主义以宽容和开放的信条进行自我标榜的做法是不正确的。实际上，这种批判的观点认为自由主义强加了一种错误的普遍性，这种普遍性观念歧视所有类别的少数群体。据我所知，最系统阐述这种批判性观点的就是美国政治理论家艾利斯·马瑞恩·杨（Iris Marion Young）的一本名为《正义与差异的政治》（*Justice and the Politics of Difference*）的著作。[1]需要的时候，我会把这本书作为我的范本。但是我想补充说明的是，还有许多其他的著作也表达了相同的观点，特别是在美国。

    把自由主义和其批评者区分开来的焦点问题是：对于那些不得不在同一个社会中生活但却拥有不同信仰和价值观的人而言，什么才是公平地对待。我想，没有人会否认公平对待在某种意义上就是平等地对待。但是，自由主义是以自己的方式来定义平等对待的，而自由主义的批判者却否认自由主义者所界定的那种平等对待的概念。我做这个讲座的目的就是要证明自由主义平等对待概念的充分性。

    正如我前面所许诺的那样，我首先要界定我所讨论的自由主义是什么样的自由主义。众所周知，"自由主义"这个词被以各种不同的方式来理解。在美国，它所指称的是一种较弱形式社会民主。在欧洲大陆，它更多的是指比较偏爱市场的政治立场。我准备使用的"自由主义"术语在范围上包括前面这两种意义。我所要讨论的广义的"自由主义"是启蒙

---

    [*] 本文原题为 *Liberalism and Multiculturalism*，发表于 *Ethical Perspectives* 4（1997）2.——译者注
    [1] Iris Marion Young, *Justice and the Politics of Difference*. Princeton（N. J.），Princeton University Press，1990.

运动的基本价值在当代的发展。抽象地讲，我们可以说自由主义代表了个人主义（与共同体主义相对）、平等（与任何自然的或是特定的等级制度相对），以及道德普遍主义（与道德特殊主义相对）。具体说来，在自由主义的核心位置是平等的公民身份观念。自由主义国家的成员享有一种共同的公民身份，它不承认任何描述意义上的差异，如种族与性别。每个人都享有同样的公民权利和政治权利，除非他们做出了违反法律的行为，否则他们就不会丧失这些权利。法律规定了平等自由权利的框架，在这个框架内，人们可以自由决定如何过自己的生活，如何实现他们的目标，他们既可以单独实现自己的目标也可以同他人一起去实现。

虽然在自由主义中处于核心位置的平等对待观念看起来只是形式上的，但是它已经逐渐削弱了那些以前被视为理所当然的制度上的不平等。因此，对平等的公民权利最明显的违背就是奴隶制度。在整个 19 世纪，当我们把利害攸关的巨大经济利益牢记于心时，不可能不铭记奴隶制废除的功绩。[2]

而且，在过去的一个半世纪里，妇女的地位在西方社会已经发生改变，这完全符合平等的公民身份原则所提出的要求。在 19 世纪 50 年代，妇女在社会、政治以及经济中的作用都是以男性作为媒介的。通过结婚，女性从受父亲的保护（实际上是监护关系）转变为受丈夫的保护——那些没有这些保护的女人（老处女们）的命运一点都不值得羡慕。从那时起，在所有的西方社会，妇女的法律地位已经发生惊人的变化，结果，她们现在拥有与男性一样的法律地位。推动这种改变的力量是这样一种观念，即国家应该用一系列统一的法律来对待白人和黑人，或者男人和女人。

我不想说这就是自由主义议程的全部。不可否认的是，国家机关不应该以歧视的方式行事，这一点十分重要。但是自由主义者们已经逐渐意识到，职场中的歧视同样十分重大，这已成为不平等对待的来源之一，而且无论雇主是私人实体还是公共实体，这种职场中的歧视都是真实存在的。自由主义反对不平等对待某些群体成员的讨伐运动提出了更进一步的要求，他们要求政府采取强硬的、有效的措施来防止私营雇主的歧视。[3]依此类推，这种反歧视措施的要求也可以适用于餐馆、酒店以及房屋租售业。

---

〔2〕 受益者不止是奴隶主阶层，布里斯托尔（Bristol）和利物浦（Liverpool）也会从奴隶交易中获取财富。1791 年，当下议院拒绝了废除奴隶制的提案时，布里斯托尔敲响了教堂的钟，点起了篝火，还为工人放假半天。尽管奴隶制度可以带来巨大的经济利益，它还是在 16 年后被废除了。

〔3〕 要证明歧视，如果不是不可能，也是相当困难的，只要雇主以广告语的形式努力避免歧视的证据，如，未能把来自种族少数群体的高素质的申请者列入入选名单等等。因此，只能从产生雇佣决定的形式中去寻找歧视，那么，运用统计数据将申请者和成功入选者的人口特征进行比较就是一个十分合适的选择，它可以使存在歧视成为表面上证据确凿。这种对于包含群体身份的统计数据的做法并不违背自由主义原则。

自由主义无疑会受到攻击，攻击它没有能够成功履行承诺，它并没有创造出一个种族和性别这样的人类特征不会影响教育和就业机会的社会。但是，在这个讲座中，我想考查的并不是这种自由主义未能成功完成其目标的攻击，我想考查的是那些目标本身。

近几年来，学术界中那些关注妇女和少数人群体地位的人开始背弃自由主义议程，转而主张群体认同的政治化并放弃了自由主义共同法律之下的平等对待理想。他们对自由主义的主要异议是，虽然自由主义表面上装着声称包容多样化的信仰和生活方式，但实际上却是高度地限制。自由主义声称，每个人都可以按照自己喜欢的方式行事，但是只有他们喜欢的与自由主义信条相一致时，他们才能这样做。

其中一个反对自由主义的观点是按照下面这样的思路展开的。即自由主义鼓吹拥有一套适用于所有人的法律。但是，统一的法律对不同文化群体和宗教群体成员会产生不同的影响，因为他们的习俗和信仰并不相同。因此，这样的法律在现实中是歧视性的，即使在表面上它们对每个人都一样。因为有些人发现遵守这样的法律比做其他事更令人沮丧。

因此，举例来说，假如公共汽车售票员必须戴帽子，以此作为制服的一部分，那么严格遵守教规的锡克族教徒就无法成为公共汽车售票；假如摩托车驾驶员一定要戴安全帽，那么，他们就不能骑摩托车了。人道屠宰动物的规定（Humane animal slaughter regulations）提供了另一个例子。这种规定的典型要求就是动物在被宰杀之前应该被打晕。但是这对于那些想要吃肉并严格遵守教规的犹太信徒和伊斯兰教徒来说就是一个问题，因为他们所信仰的宗教所要求的是动物在被杀时必须要有意识并且必须是流血而亡。

第三个例子是女性生殖器切除实践，通常称为女性割礼。按照我的理解，这虽然不是宗教强制，但是在一些地区（特别是在非洲）确实存在这种根深蒂固的习俗，在那些有这种习俗的地方，一个女孩只有做了这个手术才能嫁得好。尽管如此，保护身体完整性的法律仍在西方自由主义社会中运行，以此来禁止这种切除年轻女孩性器官的行为。自由主义的捍卫者不能否认，统一的法律体系具有这种体现自由主义观念的含义。但是应该做出的反应是这些并没有什么错。自由主义者也许会说，这是一种奇怪的公平概念，它会产生不公平，会使一项法律对不同的人产生不同的效果。法律的公平性就在于它可以在各种不同的利益中寻求一种公平的平衡。因此，在禁止强奸的法律面前，那些不想被强奸的女性的利益就比那些潜在强奸犯的利益更受重视。同样的，在禁止恋童癖的法律面前，那些不想被性骚扰的儿童们的利益就比那些潜在的恋童癖者的利益更受重视。相比于那些即使没有法律禁止也不会从事这些行为的人来说，这些法律对那些深深迷恋强奸和猥亵儿童的人自然有更加严重的影响。但是，因此而认为禁止这些事就使法律变得不公平肯定是荒谬可笑的。任何认为这样的法律违背了平等对待的原则的平等对待观念基本上都是误入歧途的观念。

这种观点影响了一大批以英语为母语并且在政治哲学领域关注所谓的昂贵口味（expensive tastes）问题的学者。按照这样的思路，那些具有昂贵口味的人在原则上也可以合法地要求额外的收入。（如 R. 德沃金所举的例子）因为他们需要吃鸟蛋，喝当年产的红葡萄酒才能达到其他人吃香肠喝啤酒就可以达到的满足感。对于这种观点的普遍反应就是：这太荒唐了，我认为这样的反应是完全正确的。这不仅仅是因为给那些具有昂贵口味的人以额外的钱是难以实行的。那些提出这种主张的人往往也十分愿意承认这一点。错误在于那种认为公平对待就是对那些具有昂贵口味的人进行弥补的想法，甚至想把它作为一种原则。

要解释这种想法有什么错，我们就不得不援引基本的自由主义前提：即公平的主题是权利、资源和机会的分配。因此，公平的收入就是公平的分配收入：收入的分配就是公平的主题。假设你和我具有相同的要求社会资源的权利——例如，我们做了相同的贡献。那么，很简单，你不一定就会从使用这些资源中获得比我更多的满足感。公平的做法是将我们相同的权利转化为购买力，如何处置这些购买力就是我们自己的事了。

我认为没有任何普遍性的原则可以让我们挑选出那些予以特殊对待的情况，在那些情况下，消费源于信仰，如口味。例如，人们的信仰方式可能会使一些工作机会对他们失去吸引力。和平主义者可能会认为在军队中供职对他们来说是不可能的。忠实的素食者对于屠宰场和肉店的工作也会有相同的感受。如果公共汽车售票员一定要戴帽子，那锡克教徒便不会认为这是一个合适的工作。对于那些其宗教信仰禁止其在周五进行交易的人们而言，最好不要在那种周五具有很多交易的国家从事零售业。

很多宗教都会强加一些饮食上的限制。这些限制明显地妨碍了各种吃的机会，如果不信仰那种宗教，就可以得到这些吃的机会，因此，在某种意义上，这也是那种宗教的信徒们的一种代价。为了形成进一步的限制，法律条文可能会与宗教信仰相互配合，因此（在同样的意义上）会加大信徒们的代价。因此，如果法律规定动物在被杀之前应该被打晕，那么，那些因为宗教信仰而不能吃这样的肉的人将不得不放弃吃所有的肉。和不能吃猪肉一样，这就是宗教信仰所引发的代价。这样的法律并没有任何歧视性内容。应该予以特别指出的是：一种禁止犹太教屠宰要求的法律规定决不是对宗教自由的否定，因为没有任何宗教要求他们吃肉。

面对没有肉的未来，一些犹太教徒和穆斯林信徒可能会很好地考虑是否需要为了允许人道屠宰动物而重新解释他们的信仰。事实上，在一定程度上，这样的事情事实上已经发生了。在辛格（Peter Singer）看来："在瑞典、挪威和瑞士这样的国家中，拉比已经接受了屠宰之前打晕动物的法律规定，并没有任何宗教宰杀上的豁免权。很多穆斯林也接受了宰杀之前打晕动物的做法。"〔4〕就自由主义者而言，人们完全可以自由地以这种方式改变他们的信仰或者保持原来的信不变。需要强调的只是：人们不能抱怨信仰加在他们身上的负担，无论这些负担是直接来自那些信仰还是来自于信仰与法律的相互配合。

如今在实践中，为了包容宗教信仰，政府确实趋于做出一些让步，包括前面我提到的所有例子。因此，在那些有关帽饰的规定中锡克教徒可以得到豁免，犹太店主可以在星期天开业而不是星期五，人道宰杀的规定也可以在庆典宰杀时失效。这些让步的产生只是有效的政治游说的结果。但是我在这里想强调的是，从某种意义上讲，存在证明这些让步的原则性理据，但这并不意味着这些让步例证了某种深刻的平等对待原则，根据这一原则，那种对具有不同信仰、不同文化传统和不同个人倾向的人产生不同影响的法律具有**不证自明的**不合逻辑性。相反，我们所拥有的是利益的平衡：适用这一法律的目的有多重要？如何将它与它强加在某些人身上（因其宗教信仰而产生的）的代价相比？

因此，让所有的公共汽车售票员都戴帽子所产生的利益相对而言并不重要，所以让锡克教徒穿好除了帽子以外的制服似乎是一个十分合理的让步。另一方面，我认为要求摩托车驾驶员必须戴安全帽具有足够理由成为强制性建议，不应该有例外。所以，锡克教徒不得不在对他们的宗教进行重新解释和骑摩托之间进行选择。那些赞同对星期天贸易进行严格限制的人也会认为允许犹太店主在星期天进行贸易的例外是可以接受的，因为在商业活动层面，一个星期中仍然有一天是与其他几天明显不同的。最后，就犹太教宰杀而言，我个人的观点是，屠宰动物之前先将其打晕的法律应该是强制的，不应该允许存在例外。在这个案例中，其他人可能会达成另外一种不同的利益平衡。然而重要的是，这也是一种利益平衡，而不是深刻的平等对待原则。

到目前为止，我已经讨论了这样一种观点，即在一个社会中存在适用于所有人的普遍性原则并没有什么本质上的不平等，不管他们的爱好或者信仰是什么。有些人会觉得遵守某些法律比其他人更困难，这是统一的法律体系不可避免的结果。但是，只要存在保留这项法律的正当理由，这些就不能构成反对那种法律的合理抱怨。

另外一种同样在本质上反对自由主义的观点是：尽管自由主义表面上包容各种不同的生活方式，实际上，它所推行的政策却是要摧毁以群体认同为基础的群体差异。但是对我

〔4〕 Peter Singer, *Animal Liberation*. London, Harper Collins, 1991, p. 154.

而言，这种"同化主义"的指控也是一种误导。在一个自由主义社会中，在为了保护他人利益而设计的法律范围之内，人们可以以他们喜欢的方式生活。如果他们选择的生活方式不能给他们带来像获得并维持一份高收入工作这样的东西，那他们是不会选择这种生活方式的。但这不是一个自由主义社会可以被合理抱怨的方面，正如我下面想要论证的那样。

在阐述"同化主义"以及它与自由主义的关系问题之前，我们首先需要将某些自由主义者所认可的理想社会与自由主义制度本身在敦促人们按照前者所提倡的方式生活时的做法加以区分。某些自由主义者确实拥有这样的理想，他们认为在这种理想社会中，性别将不再具有重要意义，因为在那样的社会中，人们的生活方式以及彼此联系的方式不再与性别有关，也就是说，现在是眼睛的颜色了！〔5〕但是，如果人们不愿意选择这样的生活方式，在自由主义制度的本质中并没有任何强迫人们以相同的方式行事的趋势。

事实上，正是自由主义强调了为了某些原因而将性别视为不相关的因素。女人应该享有和男人一样的公民权和政治权利，也不应该在受教育和就业方面遭受歧视。那是自由主义的基本原则。但是，在一个自由主义社会，人们应该可以自由地利用向他们开放的机会，如果他们愿意，他们也可以不利用那些机会，这也同样是自由主义的基本原则。但关键的问题是，那些选择了不利用机会的人就不能再抱怨因为他的选择而产生的结果。结果取决于选择，这一事实本身并没有什么不公平可言。在判定一个特定的案例是否公平时，我们应该考察这个案例的具体细节：选择与结果之间是如何联系起来的？以这种方式联系对他们公平吗？

因此艾利斯·马瑞恩·杨声称，近几年来，美国正在形成一种趋势，那就是一些女性要求复兴有关女性独特作用的一些早期观点，她们要求"绘制亚马逊女斗士（Amazonian grandeur）的形象，恢复并重新评价传统女性在缝补和编制方面的作用，或是以中世纪巫术为基础创造一些新的宗教仪式。"〔6〕祝她们好运！在自由主义社会里，没什么会阻止她们。对于这种想法，自由主义者唯一需要表明的是，整日为缝补、编制和巫术而忙得团团转的女性就不能再抱怨她没有更多的时间成为一个成功的职业女性。

杨论称，她"假定正义最终意味着女性的平等"，而且她明确地表示她所说的并不是机会的平等而是结果的平等。因为她接着解释"女性的平等"意味着"所有高地位、高

---

〔5〕 相关的例子，见 Richard Wasserstrom, 'On Racism and Sexism', in R. Wasserstrom, *Philosophy and Social Issues*. Notre Dame (Ind.), Notre Dame University Press, 1980, p. 11 – 50.

〔6〕 Young, p. 162.

收入和高决策权的职位都应该按照男女的数量按比例分配"。[7]然而，只有我们做进一步的假设，那样一种结果的平等才会成为真正的正义，这进一步的假设就是，为了实现这些职位的平等分配，需要相应的资格，而且为了成功获取这种"高地位、高收入、高决策权的职位"，也需要投入大量时间和精力。

在所有这些情况背后隐藏着一个真正的问题，它比杨所理解的所有问题都更为微妙。我们无法明确地否定雇佣者优先录用那些有能力胜任并有热情从事这一工作职位的候选人，而不是那些不具备这种能力和热情的人。但是什么才是相应的能力和热情呢？这仍然是一个悬而未决的问题。关于这个问题，具体就是以下问题：按照机会平等的要求，那些被雇佣者身上呈现出多少令雇佣者（及被雇佣者的未来工友们）感到讨厌的特征，他们才不会被雇佣？

在这种情况下可能会产生一个麻烦现象，那就是美国社会中那些年轻的黑人男性在寻找和维持工作时的不良纪录——这个纪录决不是通常的教育资质因素所能解释的，而且这一纪录与年轻的黑人女性在劳动力市场中的经验形成鲜明的对比。其中一个解释[8]是：年轻的黑人男性具有咄咄逼人的态度，致使他们在工作中与上级和同事的关系都极其紧张。为了讨论的方便，假设这就是原因，那紧接着会是什么呢？

杨显然认为工作的观念几乎完全是社会构建的[9]。这种观点致使她反对精英管理的观念并坚持认为在一起工作的员工（co-worker）可以正当地参与工作细节的草拟工作。即使她可能会因此而难以抵制如下结论：即在主流经济制度关于工作要求的规定中，这并不是令人讨厌的歧视，而是为了保持一份工作所需要的谦恭与合作。

自由主义者所担忧的可能是，在杨设法清除那种客观界定的工作资格观念——这些职业资格可能是工作性质本身决定——时，她可能也会把那些最好的保护措施清除，这些保护措施可以用来对抗雇用与解雇决策中存在的不受约束的偏见。如果适合从事某项工作的标准是适用于所有人的，那为什么发型、个人装饰的品味、性取向、性别或者种族不能成为潜在相关因素呢？然而，自由主义者并不能排除一种**先在的**可能性，即某些群体的文化特征并未不公平地使其成员的就业前景处于不利地位。自由主义者的疑问是文化特性是否确实与工作业绩有关。

---

〔7〕 同注释6，第29页。

〔8〕 见 Christopher Jenchks, *Rethinking Social Policy. Race, Poverty and the Underclass.* New York, Harper Collins, 1993, pp. 128 - 129.

〔9〕 Young, ch. 7.

如果雇主想要做出什么决定的话，那他必定要在候选者之间有所区别。只有在标准不恰当的情况下（例如种族歧视），区别才是一个贬义的词语。自由主义者不能承受后现代的奢侈，后现代主义者声称恰当性是相对于旁观看者而言的。自由主义者的公平概念取决于合理论证恰当的相关性标准的可能性。可能在每一种情况下，这种论证都不会得到结论，最终可能还得请法院来给出答案。但是决不能回避问题。

同样的推理路径也可以适用于语言。将英语作为主要的经济与政治交流工具的国家根本不需要对居民在家里或在社会集会时所说的语言进行官方的关注。但是同时，自由主义者认为，它也没有任何道德义务去阻止英语不流利的移民或者他们的后裔从事卑微的工作、与政府官员交涉时处于不利地位以及政治边缘化。那些选择移居到这里的人应该认识到，这是他们踏进这个新社会时就应该接受的。对于那些不准备接受这一点的人来说，如果他们没有获得最初吸引他们的利益，他们也不能以此为理由而进行抱怨。

基本定理就是，机会平等加上文化差异几乎确定不疑地会产生这样的结果，即不同群体会有不同的分配结果。只有违背机会平等，才能确保结果的平等，这样才能使所有的群体具有相同的成功率。杨多少有点被这个吸引[10]，但是不能将它等同于任何与自由主义的个人主义前提相一致的公平对待观念。在一个文化多样化的社会，不能认为每个人都同样努力去实现相同的目标。赢得的奖励对于不同的人也许会有不同的价值，怀有不同抱负和优先考虑因素的人不一定都会为了实现它们而做必要的牺牲。因此，即使所有的不必要障碍（包括那些微小的）都被移除，按照通常的标准，仍然会有一些生活方式以及与之有关的价值只获得相对比较低的职业成就。自由主义者将不得不说，这就是文化差异不可避免的结果。

然而，应该强调的是，普遍的自由主义概念并不能承保所有与不同的职业地位有关的社会经济不平等。即使群体具有相似的职业定位，每个群体内部也会存在很大的差异，这些差异源于自然禀赋的不同、运气的不同等等。当代自由主义中有一股较强的力量（我所赞同的）坚持认为，只能以间接的方式证明收入不平等并不是源于选择。如果能够证明这样的不平等可以通过让经济工作更有效率的方式来使每个人都受益，那就可以证明收入不平等并不是源于选择。但是，这种能够通过这种方式证明的收入不平等（纳税和转账后）要比在大多数社会中所发现的要少得多。因此，在英国和美国，占人口百分之十的最富有的人在过去的十年里变得更加富有。但与此同时，占人口百分之十的最贫穷的人也变得更

---

〔10〕 同上。

加贫穷。因此，日渐明显增长的不平等并不能证明每个人都从中受益。

我们应该如何看待这种由于选择具有不同文化偏好的生活方式而产生的不平等呢？到目前为止，我所说的所有内容都是为了表明：如果把这些视为好运气或者坏运气的问题，那是极其错误的。促使人们看重职业成就，拥有某种教育和人格显然决不是被所有其他人所羡慕的。对于那些优先考虑其他方面事情——例如他们的家庭、他们的运动俱乐部或者他们的花园——的人而言，过一种平等或者更加充实的生活也是很有可能的。但是要做到这一点，需要一种以一定程度的经济资源为形式的物质条件。对于那些不把有薪工作作为他们生活中心的人们而言，他们应该仍然拥有足够的收入使他们能够享有一种令人接受的生活标准，并且能够参与他们的社会生活。各种各样的建议都集中在标准上，这个（欧盟定义贫困时曾使用的）标准要求他们的收入至少是社会平均收入的一半。对于北美和西欧的国家而言，这是一个可以轻松达到的标准。我认为，达到这个标准的社会可以声称，它允许人们以不同的优先考虑和价值观去追逐自己的生活。而且他们不会因此而受到不合理的惩罚。然而我相信，至少大多数平等都是通过完全执行下面这个原则而达成的，即任何人都不应该面对那些不是因选择而产生的不平等，除非每个人都可以从这种不平等中获益。

总之，我想考查的是对自由主义指控的第三个变种，即认为自由主义不能公平地处理差异。他们提出异议的理由是自由主义法律和制度对群体自治的干预，这些群体想要以与自由主义原则不相容的方式生活在一起。在这里，我再次表明，要夸大自由主义社会限制表达文化差异的程度是十分简单的，但是即使达到了这个程度，对他们而言也没有什么不公平。

首先，自由主义社会包含很多这样的组织，他们的内部运行方式明显违反自由主义原则。因此，大多数基督徒、摩门教徒、犹太人和穆斯林都属于这样不民主组织，他们只从一个性别的成员中选择教长，也拥有或多或少与性别平等的自由主义原则相冲突的教义。然而，国家恰恰是以相同的方式来对待这些组织和那些内部自由的组织的。而且，宗教（和其他）团体可以自由地建立他们自己的学校，即使这些学校公然致力于宗教教化，只要它们能够在教授标准的学校课程方面满足一些最低限度的较弱要求。

我们也应该注意到：在自由主义社会中，所有像哈特派信徒和阿米希人这样自我封闭的群体都拥有以完全非自由的方式来处理其内部事务的权利，他们做出的决策是不民主的，而且是专制性的，他们会（尽其所能地）控制其成员的所读所想。事实上，除非这些决策是其成员以能够继续具有成员资格为代价而自愿接受的，否则，他们不能订立这些制裁性的决策。因为自由主义社会坚持认为，这样的共同体并不具有阻止其成员离开的合法权利。但是，他们好像对这种做法十分满意。

一些政治理论家（特别是美国人）会特别关注对于普通法的豁免权，而这种豁免权曾是老派阿米希教派（Old Order Amish）所要求的——在大多数情况下，这种要求都是成功的。但是，大多数这样的要求都源于他们希望不与国家发生联系，而这将使他们陷入冲突之中，例如，在公共高速公路上行驶的拖拉机必须要经过检查并交过税的要求。这样的要求就是任何国家都可以制定的，并没有区分自由与否。

唯一可以视为自由主义原则与传统生活方式之间冲突的案例可能就是某些阿米希人对于如下要求的拒绝，即所有孩子都应该由国家认证的教师教育到 16 周岁。人们讨论颇多的最高法院威斯康星州诉约德案（Wisconsin v. Yoderde）经常被误解。因此，没有人说（正如有时被建议的一样）阿米希人的孩子必须被送往当地的公立学校接受教育。他们可以被送往由阿米希人经营的学校，只要课程是由具有从业资格的老师来教授的。困难就在于，这个特殊的阿米希人共同体不允许任何成员去获取国家认可的教育资格证。其他的阿米希人共同体中具有具备从业资格的老师，有人建议应该把他们中的一些引进到约德所在的阿米希人共同体中，让他们来教育这里的孩子。但是这种建议也被拒绝了，理由是这些人"不是我们这种阿米希人"。[11]

威斯康星州诉约德案的判决结果是阿米希人胜诉。然而，很多自由主义者（包括我）认为这是一个错误。因为像老派阿米希人这样的非自由共同体的合法性在于其自愿性。但是，在现代社会中，任何一个没有受过良好教育的人想在主流社会中生存都是相当困难的。通过拒绝使他们的孩子接受教育，约德和其他阿米希人父母实际上是在阻止其子女去获得在其成年后自主选择去留的能力。另一方面的论据是，只有通过限制他们接受教育，阿米希人才能保证下一代不会获得与安心地生活在阿米希人共同体中不一致的观点。这种主张事实上几乎肯定是错误的，因为其他的阿米希人毫无异议地遵守了儿童入学接受教育的法律。但是如果一些特殊的阿米希人共同体只是通过致使其下一代不具备离开共同体的能力来维持共同体的存续，那么依据自由主义的原则，这将毁灭这个共同体存在的合法性。

将以下两种情况区别开来是十分重要的，一种是阿米希人共同体寻求豁免于普通法的情况，另一种是共同体被授予权力去制定他们自己的法律并且实施这些法律的情况。典型的例子就是印第安土著人群体或部落的情况，他们被美国或加拿大授予了一定的自我管理

---

〔11〕 见 D. B. Kraybill, ed., *The Amish and the State*. Baltimore（Md.），Johns Hopkins University Press, 1993.

权。问题是：以某种传统认可的方式来看待这些决定，如果这些群体或部落的内部立法违背了自由主义原则的话会怎么样？这里有两个与加拿大或美国的印第安土著人群体有关的例子。一个就是宗教和文化之间的关系会以限制宗教自由权的形式而得到承认。另一个就是关于财产权以及其他权利的传统用法可能会得到维护，尽管它们的存在与性别的平等对待相冲突。

我并不认为自由主义者要被迫为这个问题提供任何特殊的答案。实际上，这与一个国家将权力下放给次级单位并允许它们以某种违背基本原则的方式行事的做法没有什么不一样。因此，1997 年 6 月，在香港结束殖民恢复主权之时，有人希望中国政府能够允许香港成为一个自由的亚政体。（官方叫法是"一国两制"。）同样，自由主义国家也可以把内部的某些群体当作一种具有事实独立性的"民族"来对待，让它们具有一定的自治权，这些自治权包括它们可以免受某些自由主义的宪法约束。

考虑到欧洲人和新大陆土著居民之间关系的可怕记录，我们很难不支持这样的观点，即"那些侵占土著居民领土的社会，可以为土著居民做的最好的事情就是别去管他们"。[12]但是，如果不是每个受到违反自由主义原则的法律所影响的人都乐意接受这种法律怎么办呢？在怎样的基础上，那些坚持自由主义原则的人才可以拒绝自称因歧视性财产规则而处于不利地位的妇女所提出的权利诉求呢？也就是说，在何种基础上，那些坚持自由主义原则的人才可以主张在法庭上实施国家宪法保障呢？

与通常所建议的相反，当自治权呈现出非自由的形式时，根本没有自由主义原则会认可这种自治权。这样一来，自由主义内部就并不存在任何内在冲突。相反，冲突存在于自由主义和政治自治之间。在我看来，那些将违背自由主义平等对待的基本观念的做法视为不正义的人必须允许那些遭受不平等对待的人向自由主义国家的法院投诉。

总之，我当然并不想否认自由主义社会有它自己的规则，并且这些规则一定会阻止人们去做他们想做的事。但是，在任何其他社会，也必定存在这样的情况。需要追问的是，具有自由主义社会特征的规则是不是比其他规则更具可辩护性。我们不可能在这里提供充足的证据来证明自由主义原则提供了一种更加公平的裁决利益冲突的方式。我已经在《作为公平的正义》这本书中尝试这么做了。[13]我希望通过这场报告能够表明：以多元文化主义为名的争论在削弱自由主义制度提供的权利、资源和机会的公平分配这一主张方面并没有取得成功。

---

〔12〕 James Tully, *Strange Multiplicity*. Cambridge, Cambridge University Press, 1996 具有很强的这种思想的因素。

〔13〕 Brian Barry, *Justice as Impartiality*. Oxford, Clarendon Press, 1995.

第五部分：多元文化主义的前景

多元文化主义在自由主义国家中的回退：理论与政策层面[1]*

克里斯汀·乔普克 (Christian Joppke)

李丽红 译

【摘要】这篇文章主要讨论了近期多元文化主义在自由主义国家中的回退。这种回退主要表现在理论和政策两个层面。借助于新近一些自由主义者对多元文化主义进行的批评，第一部分指出了通过文化承认来整合少数群体的主张所存在的一些不足，尤其是对移民的整合。第二部分讨论了多元文化主义政策在澳大利亚、荷兰和英国这三个国家中的回退，这三个国家都曾经大力倡导多元文化主义政策。多元文化主义政策在实践中的回退是由多种因素造成的，在不同国家中产生回退的原因也各不相同：多元文化主义政策长期缺乏公众的支持；多元文化主义政策固有的不足和失败，特别是在社会经济方面的失败；自由主义国家对自由主义原则重拾信心，这些都是致使多元文化主义回退的原因。

【关键词】多元文化主义；种族少数群体（ethnic minorities）；移民；国家政策；西欧；澳大利亚

最近，威尔·金里卡（Will Kymlicka）（1999：113）宣称，在自由主义国家中，在论证含有差异意识的正义观念（a difference-conscious notion of justice）以及与之相随的法律和政策上，"多元文化主义已经赢得了胜利"。一个自由主义理论家冷冷地回应道"那些不抢占这一位置的人往往是不想谈及它"（Barry 2001：6）。事实上，就在金里卡发出胜利

---

〔1〕 这篇文章写于 2002 年 3 月，是我在纽约拉塞尔·塞奇基金会做访问学者时写的。我十分感谢基金会的工作人员，他们为我提供了良好的工作条件。

* 本文原题为 "The retreat of multiculturalism in the liberal state: theory and policy"，发表在 *The British Journal of Sociology*, 2004 Volume 55 Issue 2. ——译者注

的信号时，自由主义政治理论家的许多新近著作都对多元文化主义的基本前提和假设提出了激烈的质疑，对于金里卡将多元文化主义与自由主义相结合的做法质疑尤为激烈。

在批判多元文化主义的自由主义著作中，处于中心地位的要属布莱恩·巴里（Brian Barry）在 2001 年发表的那本言辞激烈的《文化与平等》（*Culture and Equality*）。这本书充满了激烈的争论和抨击，并对传统的以"私人化策略"（strategy of privatization）来解决文化冲突的做法进行了令人佩服的抗辩，这种策略也曾经产生了自由主义本身。巴里声称，私人化为人们创造了相同的"选择背景"或者游戏规则，在私人领域，人们可以坚持那些适合于自己的独特偏好。多元文化主义融合可以豁免于这些规则，能够产生最少的争议（因为没有成本）并且在实践中被广泛实行，这可能是一种重大的智慧，但是大部分多元文化主义都会产生不公平："通常的情况……要么是法律……足够有力从而使豁免成为不可能，要么是对这些规则的豁免足够有力以致无任何法律可言"（Barry 2001：39）。

如果巴里复活了自由主义古老的公-私划分的美德，那乔瓦尼·萨利托（Giovanni Sartori）在他那本单薄但依旧不乏挑衅性的专著《多元主义、多元文化主义与疏远》（*Pluralismo，multiculturalismo e estranei*）中则表明，政治领域中的"多元主义（pluralism)"——仅次异盲（difference-blind）的法律和制度，成为自由主义的第二个历史发明——所强调的**并不是**多元文化主义。多元主义所要求的是自愿的群体成员身份、交叉歧异的多重归属以及冲突的派别之间的"相互承认"。这些条件完全被多元文化主义政策彻底地否定了，因为它唤起和动员起来的是非自愿的成员身份和相互排斥，而且它所倡导的"承认"只是对主流社会提出要求的单方面行为。像巴里一样，萨利托重述了被抛弃的普遍公民身份观念及国家中立观念："公民身份要求假定国家对其公民的文化认同或种族认同……保持中立"（Sartori 2000：87）。

最后，雅各布·莱威（Jacob Levy）（2000）指出，如果多元文化主义能够得到完全的辩护，那它也不会是一种给人以希望的"多元文化主义权利"或者"承认"，而是现实的"恐惧的多元文化主义"。通过回想朱迪斯·史珂拉（Judith Skhlar）的"恐惧的自由主义"这一概念，莱威认为只能把多样性视为生活中不可避免的事实，而不能视为可以由国家政策来推动的目标。含有差异意识的政策可能仍然是处理文化和种族多样性现实的最好方式，但它也是视情况而定。一个将差异"承认"为权利，而不是注重实效地处理这些差异的计划，不仅与国家公共秩序导向相违背，因为国家实际上已经包容大量这样的主张；而且在理论上也是前后矛盾的，因为它"奠基于这样一个（难以令人尊重的）假设：即一个人原有的文化可以作为评判世界上所有其他文化资源的标准"（Levy

2000：32）。[2]

　　借助于新近一些自由主义者对多元文化主义进行的批评，本文的第一部分深入考察了多元文化主义的核心主张：即应该通过"承认"具有一定"文化"的少数群体为独特的群体的方式来整合（移民）少数群体；第二部分把多元文化主义从理论转移到实践，讨论了官方的多元文化主义政策在一些国家中的回退，这些以前曾大力倡导这些政策的国家是：澳大利亚，荷兰和英国。

　　这种从理论与政策层面对多元文化主义进行批判性评论的方式，其研究范围会受到双重的限制。首先，它只将多元文化主义作为一种整合移民的理论。少数民族、土著人群体或者生活方式群体——它们通常也都被包括在多元文化主义的理论和政策之中——却不在本文的研究范围之内。虽然这是一个有局限性的观点，但是在欧洲和大多数接受英语移民的国家（特别是加拿大和澳大利亚）中，关于多元文化主义的争论大多都是有关如何处理以移民为基础的族裔性（ethnicity）问题。在这个问题上存在着一种反讽，因为多元文化主义的自由主义捍卫者——如金里卡（1995）——认为，与本国的少数民族和土著民族相比，"自愿"的移民最不应该要求文化保护。其次，没有任何一种主张认为多元文化主义理论上的回退与实践中的回退之间具有因果关系，无论是何种因果关系（从理论到政策或从政策到理论）。因为社会科学总是由日常文化问题中的"移动光线"（moving light）（马克斯·韦伯的经典公式）所推动，所以在理论主题与实践考虑之间存在一定的融合也是十分自然的事。但是两者的发展却都有各自独特的逻辑和推动力。是的，人们无须阅读巴里或者萨利托就可以了解近期的政策变化——否则人们就会过度乐观地认为可以在实践中引入学术话语；但是，多元文化主义在理论与实践中的发展揭示了一些有趣的平行状态和折射作用，这是狭隘的集中于理论或政策的讨论都会漏掉的。

自由主义对多元文化主义的批判

　　一个众所周知的混淆就是：多元文化主义既是对"事态"的描述，又是一种"政治

---

　　[2] 从某种意义上讲，把 Levy（2000）与 Barry（2001）以及 Sartori（2000）都作为多元文化主义的自由主义批判著作是有问题的，因为在莱威著作中的案例研究部分，他提出了一系列多元文化主义政策。正如 Shachar（2001a：273）正确指出的那样，"在'恐惧的多元文化主义'理论与实际应用之间存在着一定的张力"，理论上是受限制的，而应用上却十分广泛。

计划"（Barry 2001：22），并且它的使用者通常并不界定他们是在何种意义上使用这个术语的。于是就形成了这种"未经争论的从事实到规范"的倾向（同上）。但是为什么对于多文化或多种族事实的描述会变成国家不得不以法律或政策的形式去效仿或促进这种事实的处方呢？这也是通过文化承认来整合国家中少数群体的观点所面对的第一个问题。不管经验的多元文化主义与规范的多元文化主义之间如何巧妙地（即通过"正义"的考虑而促成）联系在一起，我们事实上都可以主张相反的观点，即一个离心的社会需要具有向心力的国家政策来使其凝聚。历史上，异盲的自由主义国家所倡导的是普遍的公民身份，如今，在那些因 17 世纪的宗教战争而变得极其多样化的欧洲国家中，曾被认为具有缺陷的普遍公民身份却成为这些国家的和平缔造者。迄今尚未有人提出令人信服的解释来说明为什么这种解决方法——也就是巴里所说的"私人化策略"——不再起作用了。

巴里将文化冲突私人化的托词当然取决于中立性"选择背景"的可能性。阿耶莱·莎卡（Ayelet Shachar）（2001a：280f）试图用一个聪明但是有缺陷的思维试验来反驳这一点。她请大家想像一个炎热并阳光普照的（阿拉伯？）国家，那个国家的法律规定每个人都要用面纱遮盖身体（从头到脚），但在国会记录中，却用中立性的术语"公共健康"（减少得皮肤癌的危险）来证明这种法律规定的正当性。难道旅居在那里的西方人不该期望得到豁免吗？这种法律规定完全是压迫个人自由的沉重限制，而且，这种规定成为当地的官方宗教和特殊的风俗也绝非偶然。虽然质疑某些"选择背景"的中立性毫无疑问具有一定的合法性，但莎卡的思想实验并没有把这个问题当作具体的目标而提出质疑。英国中立性的道路法规定：骑摩托车要戴头盔（包头巾的锡克族对于这条法律具有豁免权，巴里对这个案例进行了重点讨论并持否定态度）（Barry 2001：44 - 50）：这个规定不像莎卡思想实验中的东方服饰，头盔并不具有西方文化的特征，也不是（基督教）宗教教义所规定的内容；它也并未提及在那个想像的阳光普照的地方，被当作"公众健康"的防晒霜总是由规定的服饰来作替代。为了反驳巴里对私人化的托词，莎卡对中立性选择背景的可能性进行了激烈的质疑，甚至破坏了她（在 Shachar 2001b 中提出的）对多元文化主义的"内在"批判，在这部著作中，她集中探讨了多元文化主义政策有时会产生的一个结果，那就是对群体内部成员（特别是妇女）的压迫，但这部著作却是以某些选择背景中立的可能性和普遍适用的可能性为基础的。

金里卡（1995：198）也涉及对私人化的反对，认为国家不能像曾经实施的政教分离那样，也把自己与种族和民族性区分开来。无论如何，一个国家都需要具有一种官方语言，一定的公共假期，以及不可避免带有多数人群体特征的某些党派意识。他声称，对于这些强加的东西，还存在一些补救方法——豁免权或确认群体平等地位的积极措施，这些措施可以使他们成为具有平等地位的群体，而不把自己视为特殊主义的群体。要做到这样，还必须认识到文化冲突，至少是与移民及其子孙后代有关的文化冲突，往往都会走向于宗教冲突。[3]在多元文化主义到来之前，自由主义国家就已经学会如何化解这些冲突——实际上，这也正是为什么把自由放在第一位的原因。不同的制度提出的解决方案也大不相同，有两种极端的做法，一种是赋予少数宗教群体与多数宗教群体相同的公共地位，使少数宗教可以获得那些多数宗教已经享有的权利（德国—英国模式），另一种是把所有的少数宗教都从公共领域中完全驱逐出去（法国—美国模式）。在所有的自由主义国家中，宗教自由和信仰中立的原则以不同的方式得到尊重和制度化。因此，非基督教的宗教只是得到与现有宗教相同的对待，自由主义国家不能强迫印度教徒或穆斯林信徒放弃他们的宗教信仰。即使是那些违背中立原则而设立了国家教堂或者使多数人的宗教具有官方地位的国家也不能例外于这个逻辑，有趣的是，他们在容纳新宗教方面做得会更好，通常的做法是简单地将新宗教吸纳进现有的实践。正如四个观察员所描述的荷兰的情况：

> 社会（几乎没有权力）去反对伊斯兰制度的建立，即使它想这样做。事实是，穆斯林只是在运用共同的，因而也是普遍有效的宪法权利——包括宗教自由和平等原则——在荷兰，这些权利是最重要的。（Rath et al. 1999：67）

这并不是否认下列观点，即并不是**所有的**宗教都同样愿意"私人化"，真正有问题的是那些不认可公—私区分原则的人。然而，即使是多元文化主义最有力的捍卫者也得承认，这是对多元文化主义包容的倒数第二个限制，在那一瞬间，自由变成一种"好战的信条"（Taylor 1992：62）。

即使国家与民族性之间的区分可能达不到国家与宗教那样的区分程度，我们也必须考虑到，这些非宗教的要求对个人并不总是那么苛刻——它们并没有违背最初的计划，也没

---

〔3〕 文献资料越来越关注多元文化冲突中的宗教维度（新近的文献，见 Gutmann 2003）。文献对于宗教的关注当然会有所不同，即使是与移民有关的文献也是一样。如，在 Zolberg and Long's（1999）中，与美国的西班牙移民有关的是以语言为基础的冲突，而与欧洲穆斯林移民有关的是宗教冲突，这两种冲突并列出现在这部著作中。

有违背存续下去的最终要求，它们所挑战的是传统和文化习俗。而且，我将会在结论中简要地表明，即使这些不太苛刻的特殊要求在自由主义国家中也正在变得越来越弱，由于这些群体不再使用公共语言，所以，在这些国家的移民整合政策中，再也不会公开实施这些特殊要求。正如左伯格（Zolberg）和朗（Long）（1999：21）所指出的那样，语言与宗教的差别在于，一个人可以掌握多种语言（甚至有人期望这能体现在公众教育中），而宗教归属的标志却是排他性的。

选择私人化并不是说自由主义国家应当不惜一切代价并在所有方面都无视差异。有一个比较实用的例子，虽然在大多数情况下，这并不是一个基于权利的、原则性例子，但是这个例子表明国家**有时**可以把文化差异因素考虑到政策中。在这种更加现实的情境中，文化差异是国家政策的一个"实然"条件，但它并不是一个值得进一步追求的长远目标。雅各布·莱威（2000）将其称为"恐惧的多元文化主义"（multiculturalism of fear），他用这个概念与占据主导地位的"权利与承认的多元文化主义"（multiculturalism of rights and recognition）进行了对比。这看起来象什么？举一个以严格的宗教信仰为基础的多元文化主义冲突的例子，这也是一个臭名昭著的例子，那就是女性割礼。如果这种女性割礼手术以一种温和而理智的形式在美国医院里进行（实际上这也引发了很多争论——1996 年这种做法就在西雅图遭到了拒斥）（Coleman 1998），那么，那个做过割礼手术的年轻穆斯林女孩回到她索马里的家乡后，可能会遭受更加残酷与更加危险的折磨。如果自由主义国家不认可这种做法，那就是意味着"牺牲真正女孩的真正利益"（Levy 2000：57），但是即使自由主义国家因为实践的原因而承认这种做法，那也决不是将这种行为"承认"为与我们自己的文化实践具有同等价值的文化实践（在我们的文化实践中，赋予女性以一定的自主权，她完全可以不要施女性割礼）。

如此一来，通过文化承认来整合少数群体的模式的第二个问题就出现了：即承认所有文化都具有平等的地位，这在逻辑上是不可能的。就像布赖恩·巴里所指出的那样，因为文化具有"命题内容"：它们要区分真假，对错与美丑。不能同时对所有这些都作出判断。我们充其量只能最大限度的包容其他文化，但是不可能平等地承认它们。〔4〕这也是为什么雅各布·莱威建议用消极的"恐惧的多元文化主义"来替代积极的"权利与承认的多元文化主义"的原因。

---

〔4〕 Nancy Fraser（2003）已经提出一种"义务论"的承认概念，这种概念"无需对所讨论的文化群体与宗教群体进行道德评价"。然而，这只是传统的"宽容"概念的另一个版本而已。除了使用了当前流行的行话，为什么要称之为"承认"呢？

不残忍，不侮辱并真正宽容是可能的，虽然不是那么容易。虽然公开主张对文化的尊重和承认不能同时适用于所有文化……承认文化内部的群体价值就是接受那些其他文化不予尊重的群体价值标准。（levy 2000：32）

萨托利（2000：69）也提出相同的观点："认为所有的文化都具有'平等的价值'"……正是对价值含义的破坏。如果所有的文化都有价值，那所有的文化也就全都没有价值，价值就会失去它本来的意义。

特别是萨托利（2000），它已经指出了文化承认的第三个问题：即它是一种单边行为。通常情况下，它所要求的是国家和多数人社会去"承认"少数群体，不可否认的是，多元文化主义很少关注让少数群体去"承认"多数人群体生活方式这一对应的义务。当然，金里卡（1995）做出了一定的让步，他承认移民的全部目标就是"融入"多数人社会的文化，这至少也意味着移民群体对于多数人社会的认识；帕雷克（Parekh）（2000：272）走得更远，他认为当移民群体的要求与多数人社会"实施中的公共价值"相冲突时，有争议的移民文化应该退出。然而，没有哪种多元文化主义理论明确阐述这种相互"承认"。这就是最早由泰勒（1992）提出的"承认的政治"的全部要点。因此，"承认"不同于与古典的"宽容"，萨托利（2000：38）至少认为宽容本身就具有相互性："在我们宽容别人的同时，我们也期望能得到别人的宽容。"

在这种情况下，指出这一点是十分有趣的，即多元文化主义的承认观念与黑格尔（1973［1807］：145－55）详细阐述的承认观念完全相反。对于黑格尔而言，承认这个概念与最初的党派之间的平等冲突有关，它本身具有内在的不稳定性和缺陷，最终，在这场"为承认而进行的斗争"中，是胜利者（"主人"）把承认强加在失败者（"仆人"）身上。相应地，在古典情境中，仆人总是被迫承认主人的存在（然而——马克思对此进行了较大的反转——仆人发现对他劳动产品的承认替代了对他的承认）。在多元文化主义的方案中，这种关系却是相反的，胜利者被要求以一种相当于补偿或归还的方式去承认失败者。有人很可能会质疑这种理解是否过于天真，因为这样做不等于重新确认那些曾经试图消除的劣等标记吗？[5] 这种多元文化主义的承认可能十分适合那些历史上曾经遭受过不公正对待的国内群体（如土著人群体或者欧洲社会中非洲黑奴的后代），但是几乎不适合那些扎根于其

---

〔5〕 美国"肯认性行动计划"的少数群体批评者已经指出了这个问题。"肯认性行动计划"最初是一种普遍的反歧视政策，如今，它已呈现出多元文化主义的群体承认特征。

他国家的自愿移民群体。金里卡（1995）已经认识到这一点，声称移民已经放弃了他们的文化权利。既然如此，我不明白为什么在他关于少数群体权利的理论中，还要把他们包括在内。

我们不得不重申多元文化承认的最后一个问题，即因多元文化承认集中关注文化而减少了对其他方面的关注，这可能是产生少数群体歧视，尤其是社会经济的不平等，更重要的原因。虽然这种观点也是对多元文化主义规范性批判，尤其是来自左派的批判（Barry 2001：321f），但也正是由于这个问题的出现才推进了多元文化主义政策在实践中的回退。毫无疑问，班庭（Banting）和金里卡（2003：7f）对如下假设所提出的质疑在原则上是十分正确的，这种假设认为是零和关系中的固定资源支撑了被称为"挤出效应"的争论对多元文化主义的反对。然而，无论这种联系在理论上具有什么样的缺陷，我们在现实中却经常抱怨这种"承认"政策所带来的是社会经济隐忧。至少在荷兰，这是导致多元文化主义政策在现实中回退的主要原因。"失业、贫穷、辍学、犯罪"集中出现在种族少数群体中——这也是荷兰著名分析学家保罗·斯切夫（Paul Scheffer）在他那部极具影响力的有关荷兰多元文化主义场景的专著中所提出的警告，因为这些结果都是在官方多元文化主义政策的影响下产生的，所以，这种结果也是最令人烦忧的。[6]

政策层面的回退

在接下来的内容中，我将考查的是，在那些曾经公开实施官方多元文化主义政策的国家，这些政策已经发生回退并且被温和地尊重移民的公民整合政策所取代。出现这样的发展结果是多方面的原因所致，在不同的国家中，发生这种回退的主要原因也各不相同，其中有些原因（不是所有的）与前面提到的自由主义对多元文化主义的批评有关：（1）官方的多元文化主义政策缺乏公众的支持（这个原因大体存在于自由主义光谱之外）；（2）这些政策本身所固有的缺陷和不足，尤其是在社会经济层面，它使移民及其子女始终处于边缘化地位和自我隔离状态；（3）自由主义国家重拾信心，它相信自己可以把最低限度的自由强加在那些持不同政见的人身上。就像接下来要讨论的澳大利亚、荷兰和英国的例子所显示的那样，在澳大利亚导致多元文化主义政策**规模缩减**的首要原因，可能就是导致多元文化主义政策在欧洲国家**回退**的第二个和第三个原因。这种对比也将表明，在移民社会（如澳

---

〔6〕 Paul Scheffer, 'Das multikulturelle Drama', *Frankfurter Allgemeine Zeitung*, 21 July 2001.

大利亚）中，多元文化主义问题与民族自我界定问题纠缠在一起，这也使它无法与欧洲的情况——对应，同时也与理论家们所倡导的以少数群体权利为主导的多元文化主义议程完全不同。更重要的是，在移民社会，多元文化主义政策中所体现出的民族认同有助于其免遭挑战（关于加拿大的极端实例，见 Kymlicka 2003）。

澳大利亚多元文化主义的规模缩减

在为加拿大多元文化主义的辩护中，威尔·金里卡（1998：16）承认，后者在"今天所受的攻击比以往任何时候都来得猛烈"，这也是这一方案在任何其他地方也会受攻击的原因，尤其是有人始终认为，它为少数群体的"分离主义"和"聚居化"提供了养料。更需要提及的是，他认为，澳大利亚的情况正在好转，因为当地政府宣称它正极力展示多元文化主义的局限。澳大利亚的情况好转了吗？

仔细观察就会发现，其实不然。在某种程度上，澳大利亚多元文化主义最初的目标就是"以文化的形式保持"种族差异并使之制度化。像在其他地方一样，这一计划在澳大利亚也引起了强烈的公众不满。[7]作为回应，政府反复明确强调，澳大利亚多元文化主义并不具有种族少数群体的性质，尤其是并不是只为那些提出这方面请求的激进分子所设计的政策，而是一种适用于所有澳大利亚人的政策。这并不是一种被迫的或全新的解释，因为多元文化主义观念产生于 20 世纪 70 年代，那时，澳大利亚陈旧的"白种人"与"英国人"的认同已经声名狼藉。澳大利亚多元文化主义政策所体现的这种民族认同维度与泰勒、金里卡或者艾利斯·马瑞恩·杨（Iris Marion Young）所倡导的以少数群体为中心的"承认的政治"没有任何相同之处。

1978 年，这种多元文化主义适用于所有澳大利亚人的强烈意识已经体现在澳大利亚第一部多元文化主义的法典汇编之中，也就是所谓的盖勃利报告（Galbally Report），这篇报告就是因为它关注特殊的移民服务及计划而闻名，它提到"多元文化社会的发展必将使所有澳大利亚人受益"（Galbally 1978：10）。1982 年，澳大利亚人口与种族事务委员会（Council on Population and Ethnic Affairs）颁发了一份名为《所有澳大利亚人的多元文化主义：我们发展中的民族体》（Multiculturalism for All Australians：Our Developing Nationhood）

---

〔7〕 1993 年的一份加拿大民意调查显示，75% 的被调查者都反对将加拿大视为"一个多元文化主义的国家"（Barry 2001：293）。其他国家也有相同的反应，见 Betts（1996：13）and Hjerm（2000：366）.

的文件，在这份文件中，多元文化主义的民族建构功能体现得更加明显。这份文件中的委婉说法令人吃惊，即使是澳大利亚的白澳政策在这里也被改变为"我们多元文化主义的过去"：白种人共同体是为了促进国家行动……通过排斥移民群体来避免群体间的冲突，那些移民群体有可能引发……冲突。"（ACPEA 1982：8）这完全是以一种相当友好的方式来指称澳大利亚实行白澳政策时期对于亚洲人的排斥。如果今天，核心文化与少数群体文化之间发生冲突，国会将会考虑拒绝那些不稳定文化所具有的冒犯性因素（ACPEA 1982：30）。假如这种"主要忠诚于澳大利亚"的强烈意识（ACPEA 1982：25）只是存在于有关多元文化主义政策的最早阐述中，令人困惑的是，最近的阐述仍然始于下面这样的前提，即多元文化主义政策准备从解除种族群体压制的形式转变为适用于所有澳大利亚人的政策。[Office of Multicultural Affairs （OMA）1989；National Multicultural Advisory Council （NMAC）1999]

在为没有自己神话的盎格鲁—撒克逊移民社会提供认同选择的意义上，澳大利亚多元文化主义政策从来都没有被正式拒绝。正如在加拿大，民族的自我界定有助于多元文化主义免遭挑战。然而，在这种与少数群体的包容问题[8]大不相同的民族认同的庇护下，多元文化主义仍然被接受为一种具有微妙差异的解释。我们注意到，即使作为一种所有澳大利亚人的国家认同选择，随着岁月的流逝，多元文化主义也在逐渐缩减。[9]对于倡导多元文化主义的左派人士而言，国家就等同于多元主义文化："我们必须使多元文化主义成为国家的（Castles et al. 1988：5）"或者就像老牌澳大利亚多元文化主义捍卫者，艾·格拉斯比（Al Grassby）用否定的语句所表达的那样："带走多元文化的澳大利亚，你已经一无所有"（Betts 1999：322）。这种将"多元文化的"与"国家的"划等号的做法会产生两个问题。第一，在澳大利亚占据主导地位的英国传统将会消失，即使这确实体现了东南欧人种学的内容，从而助长了这样一种观念，即所有居住在澳大利亚的人都是"种族的"（ACPEA 1982：2）。然而，更重要的是，这种将多元文化的与民族的之间划等号的做法并不能表明这种多元文化主义是澳大利亚的，而不是其他地方的——"澳大利亚的"这一

---

〔8〕 见 Jupp（2002：ch. 5），他正确地指出，澳大利亚多元文化主义平凡的一面是它经常关注再定居与整合，这对非英国移民很有帮助。最明显的，就是澳大利亚多元文化主义在修辞与内容上的分离。

〔9〕 澳大利亚的多元文化主义与加拿大的不同，加拿大的多元文化主义可以说是世界上最稳定的多元文化主义。与其南方邻居相比（在加拿大人的眼中，他们是非多元文化的），这种稳定性与加拿大对差异本身的需要有着重要关系。如果加拿大政府用"多元文化主义就是成为加拿大人"这一口号促进1988年的多元文化主义法案的行为是有效的，那潜台词就是多元文化主义不是成为美国人。

附加意义消失了。为了回应这两个问题，在左派观点与激进分子的观点之外出现了另外一种稍微不同的多元文化主义版本，按照这种版本的观点，澳大利亚理所当然是多元文化的，但其他国家也是多元文化的。这种较弱意义的版本赢得了胜利。

多元文化主义的缩减始于 1988 年政府委员会提供的菲茨杰拉德报告（Fitzgerald Report），这份报告也为澳大利亚当今强调削减熟练工人移民（尤其是澳大利亚白人最讨厌的亚洲人）的政策埋下了伏笔。因此，这份报告是欧洲现状的先兆，在欧洲，突显对新移民开放的政策同样与多元文化主义精英的陈旧说辞保持一定的距离。这份报告的底线就是：公众对于移民政策的支持取决于后者在多大程度上与遭到广泛拒绝的"多元文化主义"保持距离，因为多元文化主义与种族激进主义有关。斯蒂芬·菲茨杰拉德（Stephen Fitzgerald）是一个具有在亚洲工作经验的外交官，两个富有同情心的观察员把他描述为"种族的澳大利亚人"（ethnie Australian）（Birrell and Betts 1988：266），在菲茨杰拉德报告中，"多元文化的"被减化为形容澳大利亚的几个形容词，就像"民主的"那样，所有这些形容相对于澳大利亚认同而言都是次要的：

> 就像澳大利亚是一个民主国家一样，但是澳大利亚还是有自己的认同，多元文化的也是一样，澳大利亚是多元文化的，但仍然是可识别的澳大利亚人，这是澳大利亚人的认同，在澳大利亚最重要。（菲茨杰拉德 1998：10）

那么，什么才能超越这些形容词的类属构成"可识别的澳大利亚人"呢？从而可以使任何的移民的进入都不会出现问题，而无论这些移民来自何处。下面这个答案可以反映出报告作者的爱尔兰背景（而且具有潜在的反英倾向）：

> 应该是一个开放的社会，这里可以轻易进入、生活舒适、把大部分时间用于享受生活，而不是激烈的竞争性追求，这些竞争性追求可能也是提高生活质量的必备条件。（Fitzgerald 1988：5）

这种缩减回应了逻辑上的必备条件，即澳大利亚核心价值的界定必须要与多元文化主义保持分离——否则澳大利亚将无法与加拿大相区别，加拿大与澳大利亚几乎同时实施多元文化主义，也把自己描述为多元文化的国家。如果没有一个分离出来的核心价值，那自 20 世纪 80 年代以来澳大利亚人就一直宣称的澳大利亚人的多元文化主义，以及"主要忠诚于澳大利亚"的所有话语必须仍然是空洞无物的。

1989 年颁布的多元文化的澳大利亚国家议程（*National Agenda for a Multicultural Australia*）就是澳大利亚政府在这个千年的余下时间里对多元文化主义的声明，它以一种稍微不同的方式明确表明澳大利亚除了是多元文化的社会，还是一个具有英国传统的社会。"英国传统对我们来说极为重要。它有助于确定我们是澳大利亚人……这是澳大利亚吸引移民与游客的重要原因……"（OMA1989：50）这种增加的意义再次成为"限制"多元文化主义可能性的必要条件，在国家议程的标题中所界定的价值成为一种"使澳大利亚成为一体的高于一切"的义务。国家议程是在菲茨杰拉德报告发表后不久颁布的，而且它的一个明显意图就是安抚那些强烈主张多元文化主义的民族评论家，这个国家议程所促进的仍然是被弱化了的多元文化主义，这种版本的多元文化主义并没有详细阐述澳大利亚人究竟意味着什么。

这个多元文化的澳大利亚国家议程还增加了一个新的维度，这一维度在使"所有"澳大利亚人都接受多元文化主义政策方面起着重要的作用，但实际上，它进一步弱化了多元文化主义作为一种国家认同选择的价值：它的"经济效益"。最初，多元文化主义只是意味着可以更好地使那些不讲英语的新来者加入劳动者大军，是为了更有效地运用人力资源。然而，经济效益迅速得到重新诠释，并升级为国家层面的观念，多样化的劳动力以及灵敏多样的管理在全球化经济形势下成为一种资产，甚至可以作为"世界上最好的工作场所以及多样化管理的实践"畅销国外（Australian Government 1999：25）。这些都被囊括在"生产多样化"的概念中，自 1992 年以来，它使多元文化事务办公室的业务迅速增加。有两个拥护者把"生产多样化"定义为"强调多样化的积极市场价值，而不是界定对与错，并把多样化作为管理的中心议题，而不是一种整合边缘化群体的补救行动"（Cope and Kalantzis 2001：818）。在这种实用的多元文化主义版本中，所有先前提到的对少数群体的整合以民族认同的选择都被削减，这种版本的多元文化主义也是目前中间右派的约翰·霍华德（John Howard）联合政府想要予以采纳的，约翰·霍华德曾经因猛烈地抨击多元文化主义而出名（见 NMAC 1999 年）。

欧洲对于多元文化主义的超越

几乎没有几个欧洲国家公开实行多元文化主义政策，所以多元文化主义在欧洲的回退也不是特别明显。在加拿大和澳大利亚，确立多元文化主义政策是使整个社会成为一体的认同选择（以及不能在这里提及的原因，即多元文化主义政策与包容少数民族与土著居民有关），而一直以来欧洲多元文化主义所针对的仅仅是移民。相应地，与大洋彼岸的先行者相比，欧洲的多元文化主义不太具有民族根基，并且这里也很少存在对于政策和标签的怀旧，如今，这些政策与标签已被广泛地认为发展极其自然。下面我们将考查两个此前推行欧洲多元文化主义政策的国家——荷兰和英国——新近的发展状况。

早在 90 年代中期，也就是在民粹主义者皮姆·福图恩（Pim Fortuyn）与自由主义时事评论员保罗·舍费尔（Paul Scheffer）的那篇在荷兰广泛流传的名为《多元文化主义闹剧》（multicultural drama）的文章发表之前，左翼自由主义政府就已经放弃了先前的"种族少数群体"政策，转而实施一种公民整合的政策（见 Entzinger 2003；还有 Vermeulen and Penninx 2003：20—22）。[10]之所以发生这种转变是因为先前的有关少数群体的政策出现了几个问题。首先，移民来源国的数量急剧激增，而且移民群体的内部急剧多样化，这种情况使那种以挑选一定数量的"种族少数群体"予以特殊对待的政策难以继续维持下去。其次，把这些挑选出来的少数"群体"限定在他们自己的制度框架内会产生不利影响，会加强他们的隔离感并会与主流社会分离开来。最重要的是，种族少数群体政策无法补救存在于移民及其子孙后代之中的最紧迫的问题，如失业和经济边缘化。在官方多元文化主义政策的保护下，"具有民族属性的下层阶级"可以得到允许出现在荷兰街头，他们可以成为"对荷兰文化和社会没有归属感的人民以及不愿意和不能被整合进荷兰文化与社会的人民"（Entzinger 对 Paul Scheffer 2003：78 的引用和解释）。取代"种族少数群体政策"的新的"整合"政策主要关注以前被忽略的移民整合的社会经济方面，它把移民视为"个体"，他必定会慢慢融入主流社会，而不是作为一个分离的"群体"而保持自己的制度。

荷兰"整合"政策的新颖之处在于它是为了在整合过程中吸引更多的移民。这种移民整合政策必须是"双向道"，这已成为多年的口头禅，但以前它确实意味着，在移民没有问题的同时，大多接受移民的社会都不得不发生改变。[11]现在，它的内涵是完全相反的。让我们看看荷兰首相罗杰·凡·博客斯特尔（Roger van Boxtel）对城市和整合政策所做的阐述：

---

〔10〕 Kymlicka and Banting（2003：22）在评价这篇文章的先前版本时指出，他（指乔普克）并未引用任何在荷兰或英国已被取代或废止的多元文化主义政策作为范例。这种表述看似不符合荷兰的情况，虽然符合英国的情况。在英国，多元文化主义政策大多存在于地方层面，而不是国家层面，我在这里主要讨论的是英国多元文化主义最近在国家层面的发展，所以并不一定触及地方层面的多元文化主义。

〔11〕 Paul Scheffer 访谈录，*BBC Monitoring International Reports*，4 May 2002.

在我们的国家中，只要可能，种族少数群体的成员可以最大限度地保持其独立的地位。这就需要他们选择这个社会，并充分利用这个社会为新来的同胞所提供的便利条件。而掌握荷兰语就是其中一个非常重要的方面。（引自 Entzinger 2003：74）

这种"提问"式的新特点最明显的体现在 1998 年颁布的《整合新来者公民法》（Law on Civic Integration for Newcomers）中，这项法律迫使那些非欧洲的新来者要学习长达 600 小时的语言和公民课程。

荷兰公民整合计划所规定的义务，从本质上讲都是从自由主义的角度提出的，这也是欧洲各国政府（左派或右派）（包括所有斯堪的纳维亚国家［除了瑞典］、比利时、奥地利和德国）在迅速着手实施相同计划时争论的焦点所在。然而，把它与当代的"工作福利"计划进行对比是一件十分有趣的事情，义务的另外一面就是资源的供给，在这种情况下，在促进移民整合方面起到积极作用的语言培训课程就变得无可争议。〔12〕整合义务与自由主义原则的兼容性取决于如何温和或强硬地处罚那些不服从者——是处以罚款还是视情况而定的合法居留？至少在荷兰，这种处罚绝对是"轻"的；但这绝不意味着这种形式的公民整合政策会遍布整个欧洲。

从多元文化主义政策向公民整合政策的转变反映了一种地震式的转变，不仅仅是在荷兰，在欧洲的其他国家也是如此，都是"从忽视到肯认一个人自己的文化"。〔13〕随着跨越欧洲的右翼民粹主义的出现，这个主题无疑被加剧了。然而，不应夸大它的影响。如前所述，在皮姆·福图恩突然出现在国家政治中之前，荷兰向公民整合的政策转变就发生了，而且这种转变也是在勿容置疑的自由主义者的策划下完成的。〔14〕而且，福图恩现象表明，多元文化主义所引发的混乱是极其复杂的，绝不是陈旧的"右翼民粹主义"标签所能揭示的。相反，在这种特殊的情况下，它是一种由自由主义所引发的混乱。正如我将在最后一部分进行详细阐述的，这里所确认的"多数文化"并不只局限于狭隘的国家层面，而是指西方文化，在西方文化中，同性恋或女性群体可以自豪地考虑自己的地位。只有当著名的荷兰裔摩洛哥阿訇挑战式的声称同性恋是一种"败坏"时，福图恩才会报复地回应，说伊斯兰教是"倒退的文化"。并且，当被问及他是否曾经"谈"起"倒退

---

〔12〕 这一结论的获得应归功于与威尔·金里卡的交流。

〔13〕 Paul Scheffer, 'Das Scheitern eines Traums', *Die Zeit* 11 July 2002.

〔14〕 比如社会学家 Han Entzinger 就曾建议荷兰政策这样做。

的"穆斯林时，符号式的回答就是："我谈到穆斯林了吗？我曾经和他们上过床。"[15]这是一种独特的"民粹主义"。它并不迷恋过去的单一文化（同性恋者也受到了它的压制）；相反，它要求将公民调节作为移民的组成部分，在官方多元文化主义占据主导地位的影响下，这种观点是被回避的。

最近，从多元文化主义到公民整合政策的转变也同样发生在英国。英国当然不同于荷兰，因为英国在官方多元主义方面的招牌做法一直是自由放任和去中心化，多元文化主义政策在国家的一些分枝机构中实施（特别是在地方层面），但是，它却被其他机构所否定，或至少是忽视（如撒切尔时期的中央政府）。同荷兰一样，如果认为是右翼民粹主义导致了英国多元文化主义的回退，那也将是一种误导，因为这个国家一直以来的标志就是缺乏政治意义上的极右翼派别。

在突然遭受猛烈攻击之前，迟至 2000 年，兰尼米得信任委员会（Runnymede Trust）提交的一篇名为《多种族英国的未来》报告才确认了英国正统的多元文化主义，这份报告是由在英国具有"种族关系"名家之称的比丘·帕雷克（Bhikhu Parekh）主持和策划的。在这个报告中引用最多的一句话就是："大不列颠性"（Britishness）具有系统的、不言而喻的种族内涵（Runnymede Trust 2000：38）。[16]相应地，英国需要向"多元文化的后民族国家"转变，那样，英国将是一个"由共同体构成的共同体"。由于这一报告声称不列颠性具有种族性，从而损害了不列颠性的声誉，整合多样化社会的"自由主义"模式因此而具有了缺陷。依据这种模式，"在公共领域中存在一种单一的政治文化"，而多样性被移交到"个人和共同体的私有领域"。作为替代，人们不得不转向一种"多元主义的"模式，在这种模式中，"对文化多样性的承认"只发生在公共领域（Runnymede Trust 2000：48ff）。人们不禁要问：当英国第一届布莱尔政府的外交大臣罗宾·库克（Robin Cook）宣布"印式烤鸡"与"鱼和薯片"都可以成为英国人最喜欢的菜式时，难道这不是"多元主义"模式已经抵达的标志吗？就像多元文化主义者否定地指出的那样（特别是 Galeotti 2002），公私二元论已经成为稻草人，被隔绝"公民"的"自由"事实上从来

---

〔15〕 Sasha Polakow-Suransky and Giuliana Chamedes, 'Europe's New Crusade', *The American Prospect*, 26 August 2002.

〔16〕 很快，这句话就被用来指责整个报告及其作者，甚至是以一种自由主义的表达方式（比如，'Don't mention the B-word', *The Economist*, 14 October 2000）。这样做有失公平，首先，帕瑞克的爱国资质是毫无问题的，其次，他在他的理论中（Parekh 2000：272）指出，主流社会的可操作的公共价值高于那些应该被包容的少数群体信仰和实践。

都不是公私划分的，它所体现的始终是人们在公共领域中的利益与认同，毕竟，帕雷克是以勋爵的身份生活在英国上议院，除了公共领域，这一身份很难接触到其他领域。就好像感觉到重申正统多元文化主义具有一种去年的味道，帕雷克迅速做了回撤，开始为一种将"自由的"和"多元的"模式"综合"起来的模式进行辩护，依据这种模式，"英国既是一个公民共同体，又是一个共同体的共同体（Runnymede Trust 2000：47）。

事实证明，这种对于正统多元文化主义的重申是短命的。近 20 年以来，英国最严重的种族骚乱就发生在 2001 年春夏之交，发生在英格兰北部的几个城市，这一事件从不同的侧面显示了英国的多元文化主义现实。政府委托了一个调查组来调查骚乱的起源，这个调查组的主席是经验丰富的城市议员，泰德·坎托（Ted Cantle），调查组成员包括政治家、社会工作者和当地资深的"少数群体"专家，他们的调查显示：

> 在居住区和市中心都存在物理性隔离倒没什么稀奇，但令人震惊的是，在我们的城市中存在着深度的两极分化……分离的教育安排，分离的社区和志愿机构，分离的就业与礼拜场所，分离的语言，分离的社会与文化网络，这意味着有许多共同体在平行地运行。这些生活似乎没有任何一点联系，更不用说任何重叠与有意义的交流。（Cantle Report 2001：9）

此外，调查组非常痛惜地表示，这里"缺乏一种诚实而有力的争论，因为人们总是'拐弯抹角地谈论'敏感的种族、宗教和文化问题"（Cantle Report 2001：9）。最后，当地的少数群体议员并不认为自己是他们共同体利益的代表和追求者，而是把自己的当选"更多地归功于家庭与其他一些不相关的因素"，或者陷入"政治来源于家族背景"的困境以及"甜心交易"之中（Cantle Report 2001：23）。这篇报告中所描述的"多种族的英国"当然是"众多共同体"之一，而不是那种将多种共同体结合在一起的单数的"共同体"。

有趣的是，20 年前，在 1981 年布里克斯顿暴乱（Brixton riots）之后，英国保守党政府曾建议采取更加"积极的行动"，并将多元文化主义作为整合少数群体的不败方法（见Joppke1999：231f）。2001 年，工党政府认为，现在是推动"超越多元文化主义"的时候了。[17] 在这种建议下，坎托报告奏响了一个全新的乐章：必须存在一种"更强意义的公民身份"（2001：10），必须商定"'民族性'的共同因素"（2001：19），必须在少数群体

---

[17] 'Connubial wrongs', *The Economist*, 10 November 2001.

中加强"英语语言的使用"，所有的"非白人共同体必须进一步接受和参与主要的国家制度。"与此同时，该报告还强调，这并不是回退到过去的前多元文化主义时期："我们永远不会让时间倒转，永远不会回到统治的或民族性一元文化主义的过去。"（2001：18）

英国推崇的超越多元文化主义的做法在很大程度上是工党内政大臣大卫·布伦凯特（David Blunkett）鼎立支持的结果，事实上，他在第一个任期内就打破了具有英国礼仪意识的种族关系禁忌，这与坎托报告中所要求的"诚实而有力的争论"如出一辙。他在坎托报告发表的前夜宣称："我们拥有接受性准则，那些进入我们家园的人——就是因为这样——应该接受这些准则。"[18]在此之前，没有人敢说让某些少数群体的实践去接受前所未有的公众监督。最著名的例子是包办婚姻，令人震惊的是，它似乎是强迫婚姻。在巴基斯坦和孟加拉国共同体中，家长为自己的儿子或女儿进口一个配偶带回家已经成为司空见惯的做法——我们一定会这样认为，因为英国签证就是一份可观的嫁妆。这种做法会产生两方面的问题，一方面，女性，特别是年轻女性，往往要被迫接受这种结合（见 Home Office 2000 年），另一方面，这种结合所生的后代要面临这样的情况，即父母中有一人是完全不懂英国语言和社会的，这样一来，必定会使少数群体中的边缘化和隔离不断地被更新，而且世代相传。1996 年至 2000 年，这种包办婚姻的数量增加了一倍以上，2000 年达到了 1.8 万。

这就是真正的"多元文化主义"问题，与其说承认是解决办法还不如说它本身就是问题，因为它与自由主义所宣称的婚姻是权利选择的观念是冲突的。内政大臣布伦凯特从来不装腔作势，他的话触及到问题的核心："我们相信，在这些共同体中也需要存在一个讨论，讨论在这些居住区内是否要继续更多的实施这种包办婚姻。"[19]对于这一问题，一个少数群体激进分子作出了预见中的答复：

> 讨论已有这种实践的英国共同体该或不该结婚，这是很可恶的。这将会给那些占据主导地位的亚洲共同体发出完全错误的信号，即他们并不是英国规范的组成部分。[20]

这种回应本身所援引的就是一种自由主义准则：即政府不该干涉个人的婚姻选择。事

[18] *Independent on Sunday*, 9 December 2001, p. 1.
[19] 最终，这个讨论会穿越人种的迷雾。*Sunday Times*, 10 February 2002.
[20] *Financial Times*, 8 February 2002, p. 2.

实上，包办婚姻显示出自由主义国家所具有的一种困境，也就是如果它想尊重自己所宣称的不干预私人领域事务的原则，那它就不能对自己那些已经被违背的原则所做太多。

虽然公民整合具有这种新的压力，然而，自由主义者对自由主义原则却变得越来越有信心，并且表示出它本身并不愿意看到这些原则在宽容的多元文化主义的外衣下被违犯。如果自由主义的特征就是对"多样性"的必要补偿与自主之间的张力（见 Galston 1995），那我们就可以把这种新出现的信心解释为从多样性到自主的转变，在这种转变中，自由主义的观点成为一种独特的生活方式，它与其他的非自由的方式是相冲突的。为什么自由主义国家在英国和超越多元文化主义方面表现出新的信心，原因是十分复杂的。其中一个原因就是它随时准备面对大规模的移民，最近一个时期，人们总是关心恐怖主义与安全，在此之前，这个原因是占据主导地位的。公众在这个方面达成的共识就是多元文化主义在缩减，无论是作为社会事实还是作为政治计划。

对新移民早有准备与缩减多元文化主义之间的联系也许是英国政府最近的白皮书《安全边界、安全港》（*Secure Borders, Safe Haven*）最突出的特征（Home Office 2002）。这份白皮书展示了管理与整合移民的新议程，有趣的是，这份文件与 1988 年澳大利亚的菲茨杰拉德报告十分相似，这份文件也是以一种经济动机展开，因为新移民同样伴随着多元文化主义修辞的巨大缩减。主旨十分明显：如果政府要宽容新的移民，那就必须确保其具有"归属感和认同"。[21] 而且，新来者也必须"形成一种对主流社会的归属感、认同感以及共享的相互的理解，而且要把这些归属感和认同感世代相传"（Home Office 2002：27）。为了确保这一点，白皮书开篇一章就是"公民身份与民族性"，这一章展示了一种新的整合议程。虽然认可了"我们的社会是多元文化的，我们的社会是由多样化的人民所塑造的"（Home Office 2002：29）这一信条，但是这却是在推动"多元文化主义超越"的过程中所体现出的一般性特点。这是使英国公民身份升级的一次尝试，在英国传统中，公民身份是一个相当弱的概念，并没有"认同"的含义。具体的措施包括在美式的入籍仪式上引入宣誓，强化那些要求获取公民身份的人对英语的要求，在英语学校引入强制性的"公民身份与民主"的教育课程。内政大臣布伦凯特在 2004 年 2 月末举行的第一个公众公民身份典礼上宣称，"有人害怕差异，害怕那些跨越国界来到我们国家生活的人所带来的多样性，这是对这种害怕的回应。"[22]

---

〔21〕　出自 David Blunkett（Home Office 2002）的序言。

〔22〕　'Britain's First Citizenship Ceremony', *New York Times*, 26 February 2004.

　　向公民整合的转变可能在英国和荷兰是最明显的，到目前为止，在欧洲（如果除了瑞典之外），这两个国家是最致力于官方多元文化主义政策的。但是远不止这些，它是一种遍布全欧洲的现象。欧洲各处都存在这样一种趋势，那就是把"多元文化主义"作为对多样化社会的描述，而不是作为解决办法的国家政策。相反，如今的国家政策呈现出一种更加中立、更加"公民"的倾向。然而，有人可能会提出异议，难道这不是民族主义或"种族主义"的复兴吗（正如 et al. 2002 所指出的那样）？实际上，向公民整合的转变是受这样一种想法所驱动的，即把新来者固定在接受他们的"特定"社会中，使他们熟悉"英国"或"荷兰"的价值观念与行为方式。但是，如果仔细观察就会发现，这些特殊主义恰恰是以不同名字命名的自由平等的普遍原则，这些普遍原则是所有自由主义社会的特征，英国和荷兰也不例外，移民必须忠于主流社会，必须被社会化进主流社会。如果非要说出英国公民身份的"基本准则"是什么，最近的白皮书可能只能说："我们尊重人权和自由，坚持民主价值，忠实地遵守法律并履行我们的责任和义务。"（Home Office 2002：34）同样地，在坎托报告所援引的"'民族性'的共同因素"中，也没有什么是英国特有的："我们会更加明显地支持反歧视措施、支持妇女权利、普遍接受英语……以及尊重宗教差异与世俗观点（Cantle Report 2001：19）。这并不是英国特有的，而是自由主义国家所具有的没有任何国家特征的信条。

　　在德国，保守的反对党，即基督教民主党联盟（CDU）也有同样的经历，它也曾要求外来者尊敬占据主导地位的文化，这一倡议无疾而终。德国的情况是完全不同的，因为这里从来没有英国或者荷兰那样的官方多元文化主义政策。然而，有些政府机构，尤其是外资事务联邦委员会，一直认为德国是一个多元文化主义的国家，这种观念也反映在政策上。有趣的是，在它得到保守的反对党肯定性地再评价之前，一种经过改变的主导文化观念已经率先被外交事务委员会以否定的形式提出，声称并不存在移民应该接受的"德国主导文化"。[23]基督教民主党联盟的肯定性再评价与荷兰与英国的公民整合运动构成了一种严格的平行。尽管如此，这一观念是必须要回退的，因为在德国任何与国家的象征和修辞有关的术语都会被贯以不自由的含义。尽管这是事实，当被问及什么是德国的主导文化时，它的倡导者恐怕只能想出一种与英国或荷兰的主导文化十分相似的东西：即宪政原则、欧洲观念，妇女平等和德语。在这里唯一具有国家特征的就是语言，但是那时，国家必然会从事语言选择（Zolberg and Long 1999：21）。

─────────

〔23〕 Federal Commissioner for Foreigner Affairs, *Anst esse zum Thema Integration*, Berlin, January 2000.

结论

前面的讨论表明，在欧洲，对民族特殊主义的确认最近正在转变为公民整合。更普遍的是，自由主义的民族国家体现出一种彻底的去种族化（de-ethnicization）特征，在这国家中，各种民族标签只是同一事物——即自由主义的自由和平等信条——的不同称谓而已。这种去种族化特征的最明显的表达形式就是一视同仁的移民政策、自由化的公民身份规则以及与陈旧的"同化"观念保持一定的距离（Joppke 2004）。至于引起这种变化的原因已经超过了本文的讨论范围。但是它的效果是去除多元文化主义"承认"计划，因为并不存在除了最低限度自由之外的强制性规定，不能要求移民接收国做出补偿。除了语言之外，新到者唯一需要强制接受的是自由主义的强制性规定，最明显的就是程序上的自由－民主原则。德国（左翼绿党）政府最近在穆斯林移民方面的声明可以证实这一点：

> 任何人都不必认真对待同化移民的政策。生活在这里的穆斯林不必放弃他们的文化和宗教认同。但是，他们应该遵守民主法制国家的框架，（而且）无条件地接受基本法律，尤其是政教分离……[24]

因此，当地自由主义国家在"一个人自己的文化"方面重拾信心，它比过去的多元文化所主张的最低限度的自由更加严重。

威尔·金里卡（1995）至少在十年前就已经高兴地宣称了多元文化主义和自由主义之间的联姻，这是过早的断言吗？是，也不是。在自由主义社会的组成成分中，最重要的是政治上的多元主义，法律上的宪政主义和市场，当然也应该包含多元文化主义的可能性，日常政策和修辞的改变并不会对它产生影响。即使是在修辞层面，"我们现在都是多元文化主义者"（Glazer 1997）这一观念也没有发生改变，在某种意义上，它通常并没有考虑到国家会将认同强加在人民身上。古老的同质化的民族建构（见 Scott 1998）已经被差异

---

[24] 引自最近的 Bericht der Beauftragten der Bundesregierung für *Ausl nderfragen über die Lage der Ausl* nder in der Bundesrepublik Deutschland，Berlin：Federal Commissioner for Foreigner Affairs，August 2002，p. 249.

而多元的社会逻辑所击溃，至少在通常所说的"西方"社会是这样的。那么，什么才是"多元文化主义的回退"呢？日益增长的"入乡随俗"意识仍未被人们遗忘并成为移民整合的座右铭，可能就是因为当代的"乡"是多元的，在这里人们之间的联结纽带正在变得程序化、普遍化。

参考文献

Australian Council on Population and Ethnic Affairs（ACPEA）1982 *Multiculturalism for all Australians：our developing nationhood*，Canberra：Australian Government Publishing Service.

Australian Government 1999 *A New Agenda for Multicultural Australia*，Canberra：Australian Government Publishing Service.

Back，L.，Keath，M.，Khan，A.，Shukra，K. and Solomos，J. 2002 'New Labour's White Heart'，*Political Quarterly* 73（4）：445 – 54.

Banting，K. and Kymlicka，W. 2003 *Do Multiculturalism Policies Erode the Welfare State?* Typescript.

Barry，B. 2001 *Culture and Equality*，Cambridge：Polity Press.

Betts，K. 1996 'Immigration and Public Opinion in Australia'，*People and Place* 4（3）：9 – 20.

Betts，K. 1999 *The Great Divide*，Sydney：Duffy and Snellgrove.

Birrell，R. and Betts，K. 1988 'The FitzGerald Report on Immigration Policy'，*Australian Quarterly* 60（3）：261 – 74.

Cantle Report 2001 *Community Cohesion*，London：Government Printing Office.

Castles，S. et al. 1988 *Mistaken Identity*，Sydney：Pluto Press.

Coleman，D. L. 1998 'The Seattle Compromise'，*Duke Law Journal* 47：717 – 81.

Cope，B. and Kalantzis，M. 2001 'Productive Diversity'，in J. Jupp（ed.）*The Australian People*，Cambridge：Cambridge University Press.

Entzinger，H. 2003 'The Rise and Fall of Multiculturalism：The Case of the Netherlands'，in C. Joppke and E. Morawska（eds）*Toward Assimilation and Citizenship*，Basingstoke：Palgrave Macmillan.

Fitzgerald, S. 1988 *Immigration: A Commitment to Australia. The Report of the Committee to Advise on Australia's Immigration Policies*, Canberra: Australian Government Publishing Service.

Fraser, N. 2003 'Social Justice in the Age of Identity Politics', in N. Fraser and A. Honneth *Redistribution or Recognition?* London: Verso.

Galbally, F. 1978 *Migrant Services and Programs: Report of the Review of Post-Arrival Programs and Services for Migrants*, Canberra: Australian Government Publishing Service.

Galeotti, A. 2002 *Toleration as Recognition*, Cambridge: Cambridge University Press.

Galston, W. 1995 'Two Concepts of Liberalism', *Ethics* 195: 516 – 34.

Glazer, N. 1997 *We Are All Multiculturalists Now*, Cambridge, Mass.: Harvard University Press.

Gutmann, A. 2003 *Identity in Democracy*, Princeton: Princeton University Press.

Hegel, G. W. F. 1973 [1807] *Ph? nomenologie des Geistes*, Frankfurt: Suhrkamp.

Home Office 2000 *A Choice By Right*, London: Government Printing Office.

Home Office 2002 *Secure Borders, Safe Haven*, London: White Paper, Government Printing Office.

Hjerm, M. 2000 'Multiculturalism Reassessed', *Citizenship Studies* 4 (3): 357 – 81.

Joppke, C. 1999 *Immigration and the Nation-State: the United States, Germany, and Great Britain*, Oxford: Oxford University Press.

Joppke, C. 2004 *Exclusion in the Liberal State: The Case of Immigration and Citizenship Policy*, typescript.

Jupp, J. 2002 *From White Australia to Woomera*, Cambridge: Cambridge University Press.

Kymlicka, W. 1995 *Multicultural Citizenship*, Oxford: Oxford University Press.

Kymlicka, W. 1998 *Finding Our Way*, Toronto: Oxford University Press.

Kymlicka, W. 1999 'Comments on Shachar and Spinner-Halev,' in C. Joppke and S. Lukes (eds) *Multicultural Questions*, Oxford: Oxford University Press.

Kymlicka, W. 2003 'Being Canadian', *Government and Opposition* 38 (3): 357 – 85.

Levy, J. 2000 *The Multiculturalism of Fear*, Oxford: Oxford University Press.

Loury, G. 1997 'How to Mend Affirmative Action', *Public Interest* 127: 33 – 43.

National Multicultural Advisory Council (NMAC) 1999 *Australian Multiculturalism for a New Century: Toward Inclusiveness*, Canberra: Australian Government Publishing Service.

Office of Multicultural Affairs（OMA）1989 *National Agenda for a Multicultural Australia*, Canberra：Australian Government Publishing Service.

Parekh, B. 2000 *Rethinking Multiculturalism*, Basingstoke：Palgrave Macmillan.

Rath, J. , Penninx, R. Groenendijk, K. and Meyer, A. 1999 'The Politics of Recognizing Religious Diversity in Europe', *Netherlands Journal of Social Sciences* 35：53 – 67.

Runnymede Trust 2000 *The Future of Multi-Ethnic Britain*, London：Profile Books.

Sartori, G. 2000 *Pluralismo, multiculturalismo e estranei*, Milano：Rizzoli.

Scott, J. C. 1998, *Seeing Like a State*, New Haven：Yale University Press.

Shachar, A. 2001a 'Two Critiques of Multiculturalism', *Cardozo Law Review* 23：253 – 97.

Shachar, A. 2001b *Multicultural Jurisdictions*, Cambridge：Cambridge University Press.

Taylor, C. 1992 *Multiculturalism and 'The Politics of Recognition'*, Princeton：Princeton University Press.

Vermeulen, H. and Penninx, R. （eds）2000 *Immigrant Integration：The Dutch Case*, Amsterdam：Het Spinhuis.

Zolberg, A. and Long, L. W. 1999 'Why Islam is Like Spanish', *Politics and Society* 27 (1)：5 – 38.

多元文化主义的兴衰？

——多元社会中有关包容与融纳的新辩论*

[加拿大] 威尔·金里卡 著

高景柱 译

在过去 40 年中，有关民族多样性的法律和政治融纳（accommodation）的理念已经在世界范围内处于一种不断变化的状态。人们通常以"多元文化主义的兴衰"这样一种为人所熟知的方式来描述这种状态。实际上，这已经成为一种"主流话语"（master narrative），学者、记者和政策制定者们在当代有关多样性的辩论中广泛援引这种观点。虽然人们在"多元文化主义之后"（after multiculturalism）什么将来临这一问题上存在分歧，但是人们在我们确实处于一个"后多元文化的"（post-multicultural）时代这一主张上，存在惊人的共识。

本文的主要目标是探讨和批判这种主流话语，并提供一种替代性的分析框架以处理我们所面临的问题。为此我将建议，我们需要探讨这种主流话语背后所隐藏的东西。多元文化主义的兴起和衰落有着非常不平衡的过程，这依赖于问题的本质以及所包含的国家，如果我们承认存在一种能够融纳多样性的可持续发展模式，那么我们需要去理解这些变化。

我们可以这样来表述最简单形式的主流话语：〔1〕

从 20 世纪 70 年代到 20 世纪 90 年代中期，在西方民主国家中，通过一系列多元文化

---

   * 本文原题为："The Rise and Fall of Multiculturalism? New Debates on Inclusion and Accommodation in Diverse Societies"，是一篇将刊于《联合国教科文组织世界报告》和《国际社会科学杂志》特刊的论文的修订稿。——原注

   十分感谢作者本人惠赐原稿。——译注

   〔1〕 一些有影响力的有关多元文化主义兴衰的主流话语宣称，它适用于整个西方民主国家，参见 Brubaker 2001；Joppke 2004；cf. Baubock 2002. 当然，在荷兰（Entzinger 2003；Koopmans 2006；Prin and Slijper 2002）、英国（Hansen 2007；Back et al 2002；Vertovec 2005）、澳大利亚（Ang and Stratton 2001）和加拿大（Wong et al 2005）等国中，也有很多诸如多元文化主义的"衰落"、"回退"和"危急"之类的话语。

主义政策以及对少数群体权利（minority rights）的保护，存在一种非常明显的承认和融纳多样性的趋势。无论是在不同国家的国内层面上，还是在国际组织层面上，这些政策都获得了认可，同时也拒绝了更早时期的建立一个单一的同质性国家的理念。

然而，自从 20 世纪 90 年代中期，我们已经看到多元文化主义的高涨和回退，并重新主张国家建构、共同价值和认同、单一的公民身份甚至"同化的回归"（return of assimilation）等理念。

这种多元文化主义的回退部分是由多数群体间所弥漫的如下担心所致：对多样性的融纳已经"走的太远了"，同时它正在威胁着他们的生活方式。这种担心经常表现为本土主义和民粹主义的右翼政治运动的兴起，比如丹麦人民党捍卫"丹麦人的丹麦"这一旧观念。

但是这种回退也反映了中左阵营的一种信念，即多元文化主义并未使可能的受益者——即少数群体——获得帮助，因为多元文化主义并没有解决少数群体所受到的社会的、经济的和政治的排斥的根源问题，同时这也许确实无意中对他们进行了社会隔离。因此，即使诸如欧洲的社会民主党这样的中左政治运动起初倡导多元文化主义，现在也已经不再倡导这种理念，转而强调"整合"（integration）、"社会凝聚力"、"共同的价值观"和"被共享的公民身份"（shared citizenship）。[2]

社会民主党的民族整合话语不同于激进的右翼话语，它们强调发展一种更加具有包容性的民族身份，反对种族主义和种族歧视，但是它们同多元文化主义的豪言壮语和政策还是有一定的距离。"后多元文化主义"这一词语经常被用来指称这种新的倾向，旨在克服这种天真的或具有误导性的多元文化主义的限度，同时抛弃同质性的民族主义意识形态所具有的不公正的观点。[3]

简言之，这就是有关"多元文化主义兴衰"的主流话语。它有助于抓住目前我们正在进行的辩论的重要特征。然而，在某些方面，它是误导的，可能会掩盖我们所面临的真正挑战和机遇。

在本文的其他部分，我认为主流话语：（1）错误了概括了过去 40 年间多元文化主义实践的性质；（2）夸大了多元文化主义被抛弃的程度；（3）没有真正把握它们所面临的真正困难和限度。

---

〔2〕 欧洲社会民主党对这些问题的大体看法，可参见 Cuperus et al 2003.

〔3〕 进步的知识分子和学者使用的"后多元文化主义"一词不同于激进的右翼所使用的"反多元文化主义"（anti-multiculturalism）一词，参见 Alibhai-Brown 2000, 2004（re the UK）；Jupp 2007（re Australia）；King 2004；Hollinger 2006（re the US）。

一、什么是多元文化主义?

在很多后多元文化主义的话语中，多元文化主义是指赞扬民族文化多样性的美好前景（a feel-good celebration of ethnocultural diversity），鼓励公民承认和接受多民族社会中所存在的一整套习俗、传统、音乐和美食。在英国，艾利海—布朗（Alibhai-Brown）称之为"3S"模式的多元文化主义——莎丽、炸馅角和钢鼓（saris, samosas and steel drums）（Alibhai-Brown 2000）。[4]多元文化主义重视人们熟悉的族群的文化标志物——服装、美食和音乐，并将它们视为由族群成员保留下来的正宗的（authentic）文化实践，这些精彩的文化现象也可以被其他族群的成员安全地体验。因此，它们被在多元文化的学校中讲授、在多元文化的节日中表演和在多元文化的媒体和博物馆中展示等等。

在我看来，正如我下面将要解释的，这是一幅夸张的多元文化主义图景。但是，它是一幅有影响力的图景，经常处于很多批判的中心。它面临的最明显的批判如下：

它完全忽视了经济和政治不平等问题。即使所有的英国土著人都能享受牙买加钢鼓音乐或印度的炸馅角，这并不能解决英国的加勒比裔和南亚裔共同体所面临的一些问题，比如失业、较差的教育成绩、住宅区的隔离、英语语言能力差和政治边缘化等问题。这些经济和政治问题并不能仅仅通过赞扬文化差异来加以解决。

甚至就促进更深入地了解文化差异的（合法）目标方面，有些目标强调分散的、"正宗的"文化实践对每一个群体来说都是"独一无二的"，这是危险的和误导的。首先，并不是所有的传统上在一定群体内被实践的习俗——比如强迫婚姻——都是值得被赞扬的，或者在法律上能被许可。为了避免这种风险，有一种倾向在于选择诸如美食或音乐这些安全的、没有冒犯性的多元文化主义实践，很多社会成员能够体验这种东西。但是，这会产生一种相反的风险，比如导致文化差异的琐碎化或迪斯尼化[5]（the trivialization or Disney-

---

〔4〕 莎丽是一种印度女子裹在身上的绸布或棉布，被用来作为主要的外衣；炸馅角是一种有肉或菜馅的三角形面食小吃；钢鼓是一种有音高的打击乐器之一，起源于拉丁美洲加勒比海的特立尼达和多巴哥国，由钢鼓和钢桶组成的乐队被称为"钢鼓乐队"。——译者注

〔5〕 迪斯尼化是以迪斯尼主题公园为代表的商业模式，其特征在于多样性、主题化、商品化和表演性劳动。在迪斯尼化的世界里，消费者是中心，商品和服务提供者的目的是为消费者提供激动人心的娱乐体验，试图用激动人心的体验取代枯燥无味的同质性消费。——译者注

fication of cultural difference，Bissoondath 1994），忽视了文化价值和宗教教义上的差异所带来的真正挑战。

其次，"3S"模式的多元文化主义能够鼓励产生一种封闭的、静态的群体观念，每一个群体都有自己真正独特的文化实践。多元文化主义也许致力于鼓励人们分享各自不同的习俗，但是每一个群体都有自己独立的习俗这一假定忽视了文化的调适、混合和混杂的过程，忽视了文化共性，这在一定程度上强化了少数群体是一个永恒的"他者"这一观念。

最后，这种模式最后以强化少数群体内部的权力不平等和文化约束而告终。在决定哪一种传统是"正宗的"以及怎样去解释和展示这些传统的过程中，国家通常咨询少数群体内部的传统精英——通常是一些年老的男性，这忽视了这些传统实践（以及传统的精英）所采取的方式经常受到内部改革者的挑战，这些改革者往往对很多问题持有不同的看法，比如一个"好穆斯林"（good Muslim）应该怎样行动。因此，它能够压制在"文化体系"上持不同态度上的人，这些东西不许异议或争论。

按照后多元文化主义者的看法，人们对多元文化主义缺陷的逐渐承认已经解释了多元文化主义的回退，同时在寻求新的后多元文化的公民身份模式，这种模式强调政治参与和经济机会优先于文化认同的象征性政治，强求人权和个人自由优先于对文化传统的尊重，强调建构一种包容性的、共同的民族认同优先于对祖先的文化认同，强调文化变迁和文化混合优先于静态的文化差异。

如果多元文化主义确实以一些互不相关的民间实践（folk-practices）来赞扬文化差异，那么后多元文化主义者的批判将是有道理的。然而，在我看来，正如它在过去40年间在西方民主国家的发展历程所显示的那样，它是一幅夸大的多元文化主义现实图景，与我们需要面对的真正问题还存在一定的差距。

在这里我并不能回顾多元文化主义的整个历史，但是我认为展示其得以产生的历史背景是非常重要的。从某种意义上而言，"多元文化主义"与人类一样古老，不同的文化已经找到了共存的方式，对多样性的尊重是很多诸如奥斯曼帝国这样历史上著名的帝国的特征之一。但是，多元文化主义的"兴衰"是一种更加具体的重要现象，首先在20世纪60年代晚期出现于西方民主国家。这个时机非常重要，因为它有助于我们把握多元文化主义与战后的更大的社会变革之间的关系。

具体说来，多元文化主义可以被视为与民族和种族多样性相关的更大的"人权革命"的一部分。到第二次世界大战之前，西方的种族文化和宗教多样性所体现的是一系列不自由（illiberal）和不民主的关系，包括征服者和被征服者之间的关系、殖民者和被殖民者之间的关系、主人和奴隶之间的关系、定居者和土著之间的关系、种族和缺乏显著的种族特征者之间的关系、遵守规范者和反常者之间的关系、正统和异端之间的关系、文明和原始之间的关系以及盟友和敌人之间的关系。这些等级关系被种族主义的意识形态证明为合理的，种族主义的意识形态明确主张一些人和文化具有优先性，有着统治他人的权利。在整个西方世界，这些意识形态被广泛接受，并获得了国内法律（比如建立在种族偏见基础上的移民和国籍政策）和外交政策（比如与海外殖民地的关系）的支持。

然而，二战之后，世界各地已经开始不再支持希特勒对种族主义意识形态的狂热的和凶残的使用，同时联合国果断地否定这种意识形态，转而支持一种新的种族和民族平等的意识形态。这种民族平等的新假设已经促使了一系列政治运动的产生，致力于与旧的意识形态进行斗争，或者反对旧的等级制所产生的持续影响。我们可以区分出这种政治运动的三次"浪潮"：（1）从1948年至1965年的反对殖民主义运动；（2）反对种族隔离和歧视的运动，代表性的运动是由非洲裔美国人在1955年至1965年发起的民权运动；（3）出现于20世纪60年代晚期的争取多元文化主义和少数群体权利的运动。

这些政治运动都借鉴了人权革命以及种族和民族平等这些根本的意识形态，并致力于挑战早期的民族和种族等级制的合法性。人权革命在这里确实扮演了双重角色：它不仅仅是斗争的动力，而且也是对斗争的目标和手段的一种约束。这些在历史上被排斥或侮辱的群体以平等的名义反对早期的等级制，同时他们也宣称自己的排斥或压迫传统，比如压迫妇女、同性恋、混血人以及宗教异端等等。更加一般的人权框架和自由民主的宪政框架提供了讨论和处理这些问题的总体架构。

因此，这些运动都可以看作促进了民主的"市民化"（citizenization）进程，也就是说，就少数群体的成员和国家之间的纵向关系以及不同群体成员之间的横向关系而言，将早期的等级制关系转变成自由民主的公民身份关系。在过去，人们通常假定参与这种市民化进程的唯一方式是将单一的、无差别的公民身份（undifferentiated citizenship）模式加于所有人。但是，出现于20世纪60年代的多元文化主义的理念和政策以如下假定为起点：这种复杂的历史必然会产生以不同的群体为基础的民族政治主张（ethnopolitical claims）。市民化的关键并不在于压制这些不同的主张，而在于通过人权、公民自由和民主问责的语言来对这些主张进行筛选和塑造。同时，这也是多元文化主义运动的目的之所在。

多元文化改革结果的确切特征随着群体的变化而变化，与每个群体所具有的独特历史相适应。它们都像多元文化主义的第二次浪潮那样以反对歧视为起点，但是它们并不仅限于反对歧视，还反对其他形式的排斥或侮辱。在大多数西方社会中，在第二次人权斗争浪潮的影响下，由国家支持的非常明显的反对民族、种族或宗教少数群体的行为在 20 世纪 60 年代和 70 年代已经基本上停止了。然而，民族和种族等级制的证据依然存在，无论是以经济不平等、政治代表的缺乏来衡量，还是以社会歧视、文化上的失语来衡量，民族和种族等级制在很多社会中仍然清晰可见。各种不同形式的多元文化主义可以被用来克服这些挥之不去的不平等。

在西方民主国家中，我们可以发现大致存在三种不同形式的多元文化主义。首先是对土著民族赋权的新模式，比如对新西兰的毛利人、加拿大和澳大利亚的原住民、美洲印第安人、斯堪的纳维亚半岛的萨米人或格陵兰岛的因纽特人的赋权。对土著民族所采取的这些多元文化公民身份（multicultural citizenship）的新模式通常包括如下九种政策的某种组合：[6]

(1) 承认领土权或土地所有权（land rights/title）；

(2) 承认自治权；

(3) 承认历史上的条约和（或）签署新的条约；

(4) 承认文化权（语言、狩猎、捕鱼、圣地）；

(5) 承认习惯法；

(6) 确保在中央政府中拥有代表或受到咨询；

(7) 土著民族的独特地位获得宪法或法律的承认；

(8) 支持和批准有关土著民族权利的国际条约；

(9) 肯认行动。

其次，在一些亚国家群体中存在的有关自治和分享权力的新形式，比如西班牙的巴斯克和加泰罗尼亚人、比利时的弗拉芒区和瓦隆人、英国的苏格兰和威尔士人、加拿大的魁北克人、德国的南蒂罗尔和芬兰的瑞典人等等。对少数民族（national minorities）所采取的这些多元文化公民身份的新模式通常包括如下六种政策的某种组合：

(1) 联邦或准联邦领土自治；

(2) 地区或国家层面的官方语言地位；

(3) 确保在中央政府或宪法法院拥有代表；

(4) 用公共资金支持以少数群体语言开办的大学、学校和媒体；

---

〔6〕 这里以及以下所列举的多元文化主义政策源自：“Index of Multicultural Policies”，developed in Banting and Kymlicka 2006.

（5）"多元民族主义"（multinationalism）能够获得宪法或议会的认可；

（6）拥有国际人格（比如允许亚国家层面的群体能够加入国际组织或签署条约或拥有自己的奥林匹克队伍）。

最后，对移民群体所采取的这些多元文化公民身份的新模式，通常包括如下八种政策的某种组合：

（1）在中央和（或）地区、市级层面上，多元文化主义获得宪法、法律或议会的认可；

（2）在学科课程中采用多元文化主义；

（3）在执行发放公共传媒或媒体许可证的任务时，包括或者关注民族代表；

（4）取消着装规则（dress-codes）、周日服装准则（Sunday-closing legislation）等等（通过立法或审理法院案件的形式）；

（5）允许双重国籍；

（6）为族群组织开展的文化活动提供资金支持；

（7）为双语教学或母语教学提供资金支持；

（8）为处于不利地位的移民群体提供优待措施。

虽然在多元文化主义的三种模式之间存在重要的差异，但是每一种模式都可以用来消除早期等级制的遗毒，同时有助于建立公平的和更加具有包容性的民主社会。

所以，在我看来，多元文化主义是最早以人权理念为基础，致力于发展一种民主公民身份的新模式，以取代早期不文明的和不民主的等级关系与排斥政策。毫无疑问，这种市民化模式的多元文化主义（multiculturalism-as-citizenization）非常不同于以赞扬静态的文化差异来解释多元文化主义的"3S"模式。"3S"模式的多元文化主义认为多元文化主义致力于展示和体验美食、服饰和音乐等方面的差异，这忽视了政治和经济不平等。市民化模式的多元文化主义主张多元文化主义致力于建构一种新的公民和政治关系，以克服在消除形式上的歧视之后仍然存在的深深的不平等。

在上述对多元文化主义的诸多解释中，确定哪一种解释为西方的多元文化主义实践提供了一种更加精确的描述，这显然是至关重要的。在我们决定是否应为多元文化主义的衰落进行庆祝或哀悼之前，或者在我们决定是否用后多元文化主义取代多元文化主义之前，我们首先需要明晰我们所说的多元文化主义到底意味着什么。我已经在其他地方仔细捍卫了我所说的多元文化主义（Kymlicka 2007：chaps. 3 - 5），因此在这里我仅仅指出"3S"模式的多元文化主义三个方面的错误。

首先，宣称多元文化主义完全或主要关注象征性的文化政治，这依赖于对实际政策的一种完全误解。如果我们审视上述三个方面的政策，那么，显而易见的是，多元文化主义包括经济、政治、社会和文化等维度。以土著民族的领土主张为例，对很多土著民族来说，虽然控制传统的领土一定有着文化和宗教方面的重要性，但是它也有着深刻的经济意义和政治意义。土地是经济机会和政治自治的物质基础。或者考虑少数民族的语言权利。赋予少数民族的语言以官方语言的地位，其中的部分价值在于对历史上受到污蔑的语言予以官方的"承认"。但是，这也是一种经济上的和政治上的赋权：少数群体的语言在公共机构中被使用的越多，少数群体的成员就有更多的获得雇佣和进行决策的机会。土著民族和少数民族进行的多元文化主义斗争所具有的政治和经济维度确实是非常明显的：它们正在重新建构国家机构，这包括重新分配对重要的公共资源和自然资源的政治控制权。

因此，多元文化主义关注对民族习俗的非政治化（apolitical）的赞扬，这一主张仅仅当在涉及到移民群体时，才有一定的可行性。在学校和媒体中，人们经常看到的最明显的"多元文化主义"的代表确实是美食、服饰和音乐。所以，当后多元文化主义者在谈论多元文化主义时，他们几乎无一例外地忽视土著民族和少数民族所面临的问题，侧重于移民群体——"3S"模式的多元文化主义在此方面有着更多的可行性，这并不令人感到奇怪。

但是，即使在这种背景下，如果我们再回头看看与移民群体相关的八种多元文化主义政策，那么我们将很快发现它们也涉及到复杂的经济、政治和文化要素。虽然移民（正确地）关注其文化在历史上所遭受的侮辱，但是移民的多元文化主义也包括关注获得政治权力和经济机会的政策，比如关注优待措施政策、政治协商机制、对民族自治组织的资助或者取得公民身份的便利程度。

因此，关注土著民族、少数民族和移民群体的三种模式的多元文化主义将文化承认、经济再分配和政治参与结合在一起。后多元文化主义在这方面批评多元文化主义忽视了经济和政治不平等，这根本不靠谱。

其次，后多元文化主义者认为多元文化主义忽视了人权的重要性，这同样是错误的。相反，正如我们已经看到的，多元文化主义自身是以人权为基础的运动，它是由人权和自由民主宪政原则所激发的，并受到这些原则的制约。其目的在于挑战传统的民族和种族等级制，这些传统的等级制在战后人权革命的过程中，已经成为众矢之的。以这种方式来理解多元文化主义，市民化模式的多元文化主义并没有为保护或融纳针对少数群体的非自由的文化实践提供支持，这些非自由的文化实践也已经在战后人权革命的过程中变得名誉扫地。我们采纳市民化模式的多元文化主义的原因，也是我们拒绝违背人权的文化实践的原因。这确实是我们在整个西方民主社会中所看到的情况。无论人们采纳何种多元文化主义观念，多元文化主义在概念上已经与更为深厚的人权传统勾连在一起，同时也受到占据主导地位的自由民主宪政原则的制约。西方民主制度并没有使移民群体的一些诸如强迫婚姻、因叛教而获罪或阴蒂切除术这样的习俗不受有关人权的宪法规则的制约。后多元文化主义者主张人权应该统辖对文化传统的认同，这一主张仅仅重申了什么是多元文化主义理论和实践的重要组成部分。

最后，后多元文化主义者主张多元文化主义忽视或否认文化变迁的现实，我们需要指出其中的缺陷。相反，无论对少数群体来说，还是对多数群体来说，市民化模式的多元文化主义都是一种深刻的（以及有目的的）进行变革的计划。它要求占据主导地位的群体和在历史上处于屈从地位的群体都从事新的实践，进入一种新的关系，同时接受新的概念和话语，所有这一切都将深刻地改变人们的认同和实践。

对每一个国家中在历史上占据主导地位的群体最明显的要求是，放弃种族优越感，放弃对国家的独占权，同时不要在公共机构中仅仅塑造自己民族的形象（比较典型的是白人或基督徒）。实际上，很多多元文化主义"在公共机构中进行长期努力"的目的在于识别和攻击那些历史上长期排斥或蔑视少数群体的根深蒂固的传统、风俗和符号。人们已经记录了很多多数群体的身份和实践被迫进行的变革，也记录了很多由这些变革所引起的激烈反应。

但是，多元文化主义对少数群体的身份和实践也进行了同样的变革。很多少数群体拥有民族和种族偏见、反犹太主义、种姓和性别排斥、宗教的必胜信念（religious triumphalism）和政治独裁的历史，所有这一切对自由民主的多元文化主义和少数群体的权利来说都是非法的。更进一步地，即使少数群体的传统做法并不包含不自由或不民主的因素，这些传统做法在文化上具有封闭性，在多元文化主义看来，是缺乏吸引力和难以为继的。这些做法也是对早期由多数群体所实施的歧视、偏见或排斥的一种回应，同时这些做法也许会失去自身的吸引力，并逐渐淡出人们的记忆。例如，一些少数群体已经发展出了一些独特的自助、族内通婚和解决内部冲突的形式，因为他们在社会机构中受到排斥或歧视。当民族和种族等级制衰落时，当少数群体成员与其他群体成员互动以及共同参与国家机构而感到舒适时，少数群体的传统做法也许已经丧失了存在的合理性。多元文化主义并不主张仅仅保护多数群体或少数群体的传统生活方式，而且也给它们带来了多重挑战。后多元文化主义者所提出的应当承认文化变迁重要性的主张仅仅是再次重申多元文化主义议程中一个已经长期存在的理念而已。

简言之，我认为后多元文化主义的批判错置了批判的对象，这主要因为它并没有正确地认识到在过去 40 年中已经"兴起"的多元文化主义的政策和计划的性质与目标。

二、多元文化主义的回退？

但是这提出了一个难题。如果后多元文化主义者关于多元文化主义的缺陷的主张在很大程度上是一种误导，那么多元文化主义的衰落说明了什么？如果正如我所主张的多元文化主义是由人权理念所激发的并旨在深化民主公民身份关系的一种理念，那么为什么会出现多元文化主义的回退呢？

其中的部分答案在于多元文化主义的死亡报告已经在很大程度上被夸大了。我们需要再一次铭记多元文化主义有着不同的类型，仅仅只有其中的一些类型面临激烈的回退。例如，土著民族致力于建立一种多元文化公民身份的新模式，人们并没有从这种多元文化公民身份的新模式回退。相反，增强土著民族的土地权、自治权和习惯法的趋势在西方民主社会中仍然有着很大的空间，同时联合国大会在 2007 年通过的《土著民族权利宣言》中重申了这些趋向。类似的情况是，少数民族致力于建立一种多元文化公民身份的新模式，人们也没有从这种多元文化公民身份的新模式回退。相反，在西方民主社会中，增强亚国家群体的语言权和区域自治权的趋势也有很大的空间。在法律和公共舆论中，这两种趋势确实已经根深蒂固，越来越多的证据表面，对土著民族和少数民族所进行的多元文化主义改革实际上已经有助于建立民主自由和平等的关系。[7]例如，今天很少有人否认加泰罗尼亚人的区域自治权有益于巩固西班牙的民主，也很少有人否认土著民族享有的权利有助于深化拉丁美洲的民主的公民身份。

因此，仅仅就移民群体而言，我们看到了多元文化主义的严重回退。在这里毫无疑问，在一些西方民主社会中，存在一些反对针对战后的移民群体的多元文化主义政策的活动。同时，也有很多学术争论探讨这些政策的影响。例如，有些研究显示，在加拿大，移民群体的多元文化主义政策对市民化有着很强的有益影响（Bloemraad 2006）。其他研究表明，在荷兰，移民群体的多元文化主义政策有着有害的影响（Koopmans et al 2005；Sniderman and Hagendoorn 2007）。[8]

---

〔7〕 我搜集的相关证据，参见 Kymlicka 2007：chapter 5.

〔8〕 我在对斯尼德曼（Sniderman）和哈格多恩（Hagendoorn）著作的评论中，已经讨论和批评了这些针对荷兰的研究，该书评将刊于：Perspectives on Politics（2008）。

为什么移民群体的多元文化主义特别具有争议？这是一个重要的问题，接下来我将探讨这个问题。但是，我们首先讨论一个为人们所熟知的解释。很多论者认为，移民群体的多元文化主义的回退显示了向传统的自由主义和共和主义的如下信念的回归：种族属于私人领域，公民身份应当是单一的和无差别的。在这种观点看来，移民群体的多元文化主义的回退反映了拒绝整个市民化模式的多元文化主义（例如 Brubaker 2001；Joppke 2004）。

但是，我们不能这样来解释。如果西方民主社会正在拒绝多元文化公民身份理念，那么它也已经拒绝了亚国家群体、土著民族和移民的主张。毕竟，亚国家群体和土著民族的主张涉及到将民族文化的多样性融入到公共领域以及在差异的公民身份方面的共识，移民群体并不持有这些主张。在主要机构的运作过程中，移民通常寻求适度的改变或免责，而历史悠久的少数民族和土著民族通常寻求范围更加广泛的认同与融纳，包括领土要求、自治权、语言权、不同的教育体系甚至不同的法律制度。这些主张比移民群体的融纳主张更加严重地挑战了无差别的公民身份理念和种族从属于私人领域这些主张。然而，西方民主社会根本没有放弃它们融纳这些历史悠久的少数群体这一承诺。

实际上，当历史悠久的少数群体试图超越差异的公民身份以及对差异的公共承认这些主张时，西方民主社会正在逐渐接受这些主张。因此，它们并不是受到批判的多元文化公民身份本身的理念。[9]相反，问题是特别针对移民问题的。因此，我们需要梳理的是为什么当多元文化主义关涉到这种特别的民族文化多样性时，它是更加富有争议的？

但是有关这些问题的措辞方式太一般化了。移民群体多元文化主义的回退并不是普遍的——它比其他类型的多元文化主义影响了更多的国家。例如，在加拿大，对移民群体的多元文化主义的公共支持一直保持在一个较高的水平。同时，即使在那些具有移民群体多元文化主义回退现象的国家，如荷兰或澳大利亚，情况也更加复杂。例如，荷兰军队在20世纪90年代曾抵制融纳多样性的理念，现在它已经接纳了多元文化主义，即使其他公共机构正在回避多元文化主义。同时在澳大利亚，虽然联邦政府已经慢慢退出多元文化主义，但是州政府已经采取了新的多元文化主义政策。简言之，我们所看到的情况是，在国家内部以及国家层面上，一些关涉到移民群体的多元文化主义处于一种不平衡的进与退的状态中。

因此，后多元文化主义者对于多元文化主义"回退"的描述是过分夸大的，同时也是

---

〔9〕 主张西方民主社会正在拒绝多元文化公民身份的论者简单地忽略了有关土著民族和移民群体的一些明显的反例，例如可以参见：Joppke 2004；Barry 2001。

误导的。很多新形式的多元文化公民身份已经生根，并没有遇到任何重大的激烈回冲或回退。与少数民族和土著民族相关的主要改革是正确的，它们受到自身所带来的有益影响的强有力支持。就移民群体的多元文化主义而言，其政策失败和回退显然被夸大了，掩盖了很多与其相关的政策结果和公共支持。

在下面我将谈谈有关移民群体的多元文化主义的独特命运的几种可能的解释。但是应当注意到，我们直到将后多元文化主义者的多元文化主义正在被抛弃诸如此类的假设放在一边，我们才能开始探讨这些因素。这里发生的一切并不是对民族文化多样性的公共承认的一种一般的或原则性的拒绝。相反，很多面临移民群体多元文化主义回退的国家，实际上正在加强其他民族文化差异的制度化。例如，虽然荷兰正在面临移民群体的多元文化主义的回退，但是它增强了历史悠久的弗里斯兰少数群体的权利。虽然法国正在面临移民群体的多元文化主义的回退，但是它强化了对历史悠久的少数群体的语言的承认。虽然德国正在面临移民群体的多元文化主义的回退，但是它特别举办了赋予历史悠久的丹麦少数群体特殊地位 50 周年庆典。虽然英国正在面临移民群体的多元文化主义的回退，但是它赋予了在苏格兰和威尔士的历史悠久的民族新的自治权。这样的例子还有很多。如果我们认为这些对于移民群体的多元文化主义的回退是向自由主义的或共和主义的无差别的公民身份和种族属性私域化的主张的回归，那么上述情况将没有任何意义。

简言之，与后多元文化主义者的论断相反，市民化模式的多元文化主义是非常有生命力的，同时它在民主国家的"工具包"（tool-kit）中仍是一个非常重要的选项，这部分是因为多元文化主义 40 多年的发展显示了其确实有助于市民化。然而，在有关特定国家的特定形式的多样性时，这种路径的特定应用遇到了很多障碍。并非所有采取新的多元文化公民身份模式的努力都已经扎根发芽，或者已经成功地实现了市民化所要达到的目的。

因此，关键的问题在于为什么多元文化公民身份在某时某地起作用，而不在其他时间或其他地点起作用。这是一个关键的问题，它不但能够解释在西方国家中多元文化公民身份的不同命运，而且在后殖民地和后共产主义国家中作为思考多样性的一种模式也有着潜在的功能。不幸的是，后多元文化主义者的辩论并不能在很大程度上有益于这些问题的解决。由于后多元文化主义者忽视了多元文化主义曾经有助于市民化的程度，同时也过于夸大了多元文化主义的回退程度，所以他们并没有回答为什么多元文化公民身份在某时某地起作用，而在其他时间或地点失败了这一关键问题。

三、多元文化公民身份的前提

在我看来，我们尚未系统阐释多元文化公民身份的成功试验的前提，同时当在这一问题上做出判断和进行评论时，我们需要一定程度的谨慎。然而，如果我们探讨了不同类型的群体和国家的多元文化主义的不同命运，那么我们能够获得一些关于民主的多元文化主义的可持续发展模式的先决条件的初步启示。

多元文化主义的理论和实践表明多元文化主义能够有益于市民化，但是多元文化主义的历史记录表明在多元文化主义取得预期效果之前，必须具有一定的先决条件。多元文化公民身份并不能被凭空建立（或强加）：它必须具备一定的资源和先决条件。我在近期的一本著作中（Kymlicka 2007，chap. 4）讨论了多元文化公民身份的一些先决条件，但是我现在仅仅关注两个先决条件：国家—少数群体之间关系的去安全化（the desecuritization of state-minority relations）和人权共识的存在。

（1）去安全化：如果各国在地缘政治方面感到不安全，害怕邻近的敌人，那么它们就不可能公平地对待自己的少数群体。具体说来，国家不可能给予这些少数群体以权利和资源，同时视这些少数群体为自己邻近敌国的潜在盟友。

在过去的西方社会，这已经成为一个问题。例如，二战前，意大利、丹麦和比利时担心它们的讲德语的少数群体更加忠诚于德国，而不是忠诚于自己，同时这些少数群体将支持德国入侵和吞并这些讲德语的少数群体的聚居区。这些国家担心德国将以解放这些讲德语的少数群体的名义来侵略自己，同时这些讲德语的少数群体将会同入侵者合作。

今天，在民主已经建立的国家，历史悠久的少数民族和土著民族并不是问题——虽然在“9·11”之后对一些诸如阿拉伯和穆斯林这样的移民群体来说可能还是存在问题的。很难想到一个单一的西方民主国家会担心少数民族同邻近的敌人和潜在的侵略者合作。[10]这部分是因为西方国家并没有将侵略它们的邻近敌人。北约也已经消除了西方国家侵略其邻国的可能性。因此，在被邻国侵略的过程中，少数民族和土著民族是否忠诚，这个问题已经没有任何实际意义。

---

〔10〕 如果我们不再将视野仅仅局限在西欧，那么我们会发现虽然塞浦路斯和以色列的民主已经很巩固，但是它们仍然视历史悠久的土耳其和阿拉伯少数群体为外部敌人的潜在合作者，并不赋予这些少数群体自治权，这并不是一个巧合。

当然，西方民主国家确实拥有远距离的潜在敌人，比如过去的苏联共产主义以及今天的伊斯兰圣战主义。但是与这些远距离的威胁相关的情况是，少数民族和土著民族与国家站在同一个阵营。如果魁北克获得了更多的权利甚至独立了，加拿大的其他人并不会担心魁北克将同"基地"组织合作以推翻加拿大。自治的或独立的魁北克将是加拿大的盟友，而不是敌人。

然而，在世界的大部分地区，少数群体仍然被视为会同邻近的敌人合作的第五纵队。当少数群体在民族或宗教上与邻国有关系时，或者当少数群体处于两个国家时，以至于邻国声称有权去保护"它的"少数群体，上述观点尤为正确。可以考虑在波斯尼亚的塞族人或者在印度的克什米尔人。

在这些条件下，民族关系变成"与安全相关的关系"（securitized）。国家和少数群体之间的关系并不被视为一种正常的民主辩论和协商关系，而是被视为一种国家安全事务，其中国家为了保护自己，不得不去限制民主进程。在这种寻求安全关系的状况下，少数群体的政治动员可能被禁止，同时即使少数群体能够发出自己的声音，社会和国家依然会拒绝倾听他们的主张。毕竟，一些不忠诚的群体怎么能有反对国家的合法主张呢？因此，民族关系一旦变成与安全相关的关系，就既侵蚀了少数群体发出自己声音的民主空间，又消除了他们的要求被接受的可能性。

然而，在大多数西方国家中，民族政治已经被"去安全化了"（de-securitized）。民族政治恰恰是一种常态的、日常的政治（normal，day-to-day politics）。国家和少数群体成员之间的关系已经不再同"安全的"框架相关，同时已经被放置在"民主政治"的框架之中。这就是多元文化公民身份出现和生根发芽的基本前提之一。

（2）保护人权：第二个前提条件并不涉及国家安全，而是与处于少数群体自治组织管辖下的个人相关。如果国家担心多元文化公民身份会导致民主国家内的地方暴乱，那么国家不可能接受少数群体的自治主张。

在过去的西方国家中，当一些长期存在的少数群体被视为非自由的政治文化的载体时，这也是一个担心之所在。同时在关涉到一些近来的移民群体时，这种担心仍然存在。但是当至少关系到少数民族时，人们现在通常广泛假定，在跨越民族界限的自由民主的基本价值和人权上存在一种深层的共识。因此，人们通常假定任何授予少数民族的自治权将按照民主和人权的共同标准来行使。人们普遍认为少数群体的自治政府将在自由民主的宪政框架内活动，并坚决维护个人权利。在西方，少数群体已经获得了自治权，他们的自治机关与中央政府受到同样的宪法约束，同时也不拥有以文化的正宗性、宗教的正统性或种族的纯正性之名义来限制个人自由的法律权力。对西方的少数民族来说，不但他们没有可能建立非自由的政体，而且他们也不希望那样做。相反，所有的证据表明少数民族的成员至少与占据主导地位的民族成员一样——如果不比占据主导地位的民族成员多的话——坚定地信奉自由民主的价值观。[11]

这消除了占主导地位的群体对少数群体拥有自治权的一种关键担心。在世界的很多地方，人们担心一旦少数民族或土著民族获得了自治权，他们将利用这些权利去迫害、剥夺、驱逐或杀死任何不属于其群体的成员。在西方民主社会中，这并不是一个问题。人们在自由民主的价值观上存在一种强烈的共识，他们非常相信无论如何多元文化主义的问题最终将获得解决，他们的公民权利和政治权利将得到尊重。无论少数民族和土著民族的主张是怎样被解决的——无论语言权、自治权、领土或多元文化主义政策怎样被采纳，人们可以放心，他们不会被剥夺他们的公民身份，不会被解雇，不会遭受种族清洗，不会遭受不公平的审判，不会被剥夺言论自由和结社自由。简言之，在自由民主的价值观上的共识确保了有关融纳多样性的辩论并不是一种有关生死的问题。这带来的结果是，占主导地位的群体将不会拼命反对少数群体的主张。这也是多元文化公民身份被成功采纳的前提条件之一。

还有一些其他因素在巩固西方已经兴起的多元文化主义，比如人口结构的变化，但是去安全化和人权仍是其中的关键因素。在这两个前提条件缺乏的地方，多元文化主义是不可能出现的，除非它是暴力斗争或外部强加的结果。这两个因素不仅有助于解释多元文化主义的兴起，而且也有助于解释那些接纳新穆斯林移民的国家从多元文化主义的部分回退，这些新移民通常被视为不忠诚的和不自由的。也有其他一些因素在反对移民群体的多元文化主义的过程中起作用，比如包括对非法移民的关注、支持失业的移民会带来的经济负担以及古老的种族偏见。[12]对很多人来说，后者是其中的关键因素。但是偏见当然存在于所有国家之中，偏见的存在确实部分证明了采取多元文化主义的必要性，因此，它并不能解释在支持多元文化主义的过程中各个国家之间（或不同时间段之间）的相异性。同时，如果我们尽力去理解在反对多元文化主义的过程中，为什么这种潜在的偏见和排外

---

〔11〕 既然土著民族有时候并不持有自由民主的价值观，与土著民族相关的情况更加复杂。但是，既然土著民族的自治政府很少拥有统治其他民族成员的权力——与少数民族拥有的区域自治权不一样，我们也就不应当担心土著民族的自治政府会伤害其他民族成员的权利。而且，有证据表明土著民族的成员正在接受自由民主的原则（Schouls 2005）。

〔12〕 对这些因素更加详细的讨论，可参见：Kymlicka 2004。

主义有时能变成强大的政治运动？我认为其中的答案在于多元文化主义对地缘政治安全、人权和经济安全的威胁这些观念。在这些观念不存在的地方，当它们与北美最大的移民群体相关时，多元文化主义所获得的支持仍然是非常强劲的。

四、结语：西方多元文化主义的未来

如果这种分析是正确的，那么它对西方多元文化主义的未来就有着重要意义。一方面，尽管所有人都在谈论多元文化主义的回退，这种分析认为一般而言，多元文化主义的前途是光明的。在现代西方民主社会中，有着很多强有力的力量在促使人们对民族文化多样性的公共承认和融纳。公共价值、法律规范方面的宽容、平等、个人自由以及人权革命的基础所有这一切都在促进多元文化主义向前发展，特别是当这一切被视为有益于反对民族和种族等级制时情况就更是如此。这些因素解释了持续存在的对亚国家群体和土著民族权利的承认。在面对这些趋势的过程中，无差别的公民身份和中立的公共领域这些古老的理念已经崩溃了，同时今天已经没有人再认真地建议可以放弃或逆转历史悠久的少数群体所享有的这些新形式的少数群体权利以及差异的公民身份。[13]少数群体的权利、自由民主和人权这些理念能够轻松共存，这已经成为国内法和国际法的起点之一。在这些情形中，没有什么东西可以替代多元文化主义。

针对移民群体的情形更加复杂。促使与历史悠久的少数群体相关的多元文化主义产生的同样因素，也有意愿产生针对移民群体的多元文化主义，同时在"低风险"的情况下这些政策看上去确实运行的很好。然而，在多元文化主义被视为会带来很高风险的地方，移民群体的多元文化主义面临着很多困境。在移民被视为非法，被视为偏执的实践或运动的载体以及（或）被视为福利国家的纯粹负担的地方，多元文化主义为审慎的自利（prudential self-interest）和道德原则带来了风险，同时这种看法可以颠覆支持多元文化主义的力量。

另一方面，人们也可以主张这些同样的因素也能够拒绝移民群体的多元文化主义所带来的高风险。当移民被视为非法的、偏执的以及沉重的负担时，恰恰最需要多元文化主

---

〔13〕 即使像布莱恩·巴里（Brian Barry）这样对多元文化主义持严肃批判态度的人，也没有将批判态度适用于亚国家群体和土著民族的情况。

义。如果没有一些积极的政策去促进彼此之间的理解和尊重，促使移民在主流机构中感到很舒服，那么这些因素能够迅速地导致移民处于一种永远反对社会的下层阶级的地位。我确实同意，从长远来看，对大量存在的移民所采取的唯一可行的反应是采取某种形式的自由的多元文化主义，无论这些移民来自何处，将去往何方。但是，我们需要接受在很多国家通往移民群体的多元文化主义的道路将不是一帆风顺的或笔直的。我们更需要把重点放在怎样去处理所涉及到的风险。在过去，移民群体的多元文化主义的捍卫者已经着重强调文化多样性和文化内部的沟通所带来的潜在益处，着重强调对种族主义和排外心理的谴责。我认为这些主张听起来很合理，但是他们需要更加全面地认识其中所涉及到的审慎的和道德的风险，以及如何去避免这些风险。

参考文献：

Alibhai-Brown, Y. (2000) *After Multiculturalism*, London: Foreign Policy Centre.

—— (2003) "Post-Multiculturalism and Citizenship Values", presented to Immigrant Council of Ireland Conference on Immigration, Ireland's Future, 11 December 2003.

—— (2004) "Beyond multiculturalism", *Canadian Diversity/Diversité Canadienne* 3 (2): 51 – 4.

Ang, I. and Stratton, J. (2001) "Multiculturalism in crisis: The new politics of race and national identity in Australia", in I. Ang (ed.) *On Not Speaking Chinese: Living Between Asia and the West*, London: Routledge: 95 – 111.

Back, L., Keith, M., Khan A., Shukra K. and Solomos, J. (2002) "New Labour's white heart: Politics, multiculturalism and the return of assimilation", *Political Quarterly*, 73: 445 – 54.

Banting, K. and Kymlicka W. (eds) (2006) *Multiculturalism and the Welfare State: Recognition and Redistribution in Contemporary Democracies*, Oxford: Oxford University Press.

Barry, B. (2001) *Culture and Equality: An Egalitarian Critique of Multiculturalism*, Cambridge: Polity Press.

Baubock, R. (2002) "Farewell to multiculturalism? Sharing values and identities in societies of immigration", *Journal of International Migration and Immigration*, 3: 1 – 16.

Bissoondath, N. (1994) *Selling Illusions: The Cult of Multiculturalism in Canada*, Toronto: Penguin.

Bloemraad, I. (2006) *Becoming a Citizen: Incorporating Immigrants and Refugees in the United States and Canada*, Berkeley: University of California Press.

Brubaker, R. (2001) "The Return of Assimilation?", *Ethnic and Racial Studies*, 24/4: 531 – 48.

Cuperus, R., Duffek, K. and Kandel, J. (eds) (2003) *The Challenge of Diversity: European Social Democracy Facing Migration, Integration and Multiculturalism*, Innsbruck: Studien Verlag.

Entzinger, H. (2003) "The Rise and Fall of Multiculturalism in the Netherlands", in C. Joppke and E. Morawska (eds) *Toward Assimilation and Citizenship: Immigrants in Liberal Nation-States*, London: Palgrave, 59 – 86.

Hansen, R. (2007) "Diversity, Integration and the Turn from Multiculturalism in the United Kingdom", in K. Banting, T. Courchene and L. Seidle (eds) *Belonging? Diversity, Recognition and Shared Citizenship in Canada*, Montreal: Institute for Research on Public Policy, 35 – 86.

Hollinger, D. (2006) *Post-ethnic America: Beyond Multiculturalism*, revised edition, New York: Basic Books.

Joppke, C. (2004) "The Retreat of Multiculturalism in the Liberal State: Theory and Policy", *British Journal of Sociology*, 55/2: 237 – 57.

Jupp, J. (2007) *From White Australia to Woomera: The Story of Australian Immigration*, 2nd edition, Cambridge: Cambridge University Press.

King, D. (2004) *The Liberty of Strangers: Making the American Nation*, Oxford: Oxford University Press.

Koopmans, R., Statham P., Guigni M. and Passy F. (2005) *Contested Citizenship: Immigration and Cultural Diversity in Europe*, Minneapolis: University of Minnesota Press.

Koopmans, R. (2006) "Trade-Offs Between Equality and Difference: The Crisis of Dutch Multiculturalism in Cross-National Perspective", Brief, Danish Institute for International Affairs, December 2006.

Kymlicka, W. (2004) "Marketing Canadian Pluralism in the International Arena", *International Journal*, 59/4: 829 – 52.

Kymlicka, W. (2007) *Multicultural Odysseys*: *Navigating the New International Politics of Diversit*, Oxford: Oxford University Press.

Kymlicka, W. in Sniderman and Hagendoorn, 2008 forthcoming mentioned in text

Schouls, T. (2003) *Shifting Boundaries*: *Aboriginal Identity*, *Pluralist Theory*, *and the Politics of Self-Government*, Vancouver: UBC Press. 2005 in text

Sniderman, P. and Hagendoorn, L. (2007) *When Ways of Life Collide*, Princeton University Press.

Vertovec, S. (2005) "Pre −, High −, Anti-and Post-Multiculturalism", ESRC Centre on Migration, Policy and Society, University of Oxford.

Wong, L., Garcea J. and Kirova A. (2005) "An Analysis of the 'Anti-and Post-Multiculturalism' Discourses: The Fragmentation Position", Prairie Centre for Excellence in Research on Immigration and Integration.

延伸阅读书目

1. Baber, H. E.. (2008) *The multicultural mystique: the liberal case against diversity* (Amherst, N. Y.: Prometheus Books)

2. Baker, Judith (1994) (ed.), *Group Rights* (Toronto; Buffalo: University of Toronto Press)

3. Banting, Keith and Kymlicka, Will (2006) *Multiculturalism and the welfare state: recognition and redistribution in contemporary democracies* (Oxford; New York: Oxford University Press)

4. Barry, Brain (2001) *Culture and Equality, An Egalitarian Critique of Multiculturalism* (Cambridge, UK: Polity Press)

5. Barth, William Kurt (2008) *On cultural rights: the equality of nations and the minority legal tradition* (Leiden; Boston: Martinus Nijhoff Publishers)

6. Baub? ck, Rainer and Rundell, John (eds.) (1998) *Blurred boundaries: migration, ethnicity, citizenship* (Aldershot Hants, England; Brookfield, Vt.: Ashgate)

7. Baumann, Gerd (1999) *The multicultural riddle: rethinking national, ethnic, and religious identities* (New York: Routledge)

8. Baumeister, Andrea T. (2000) *Liberalism and the Politics of Difference*, (Edinburgh: Edinburgh University Press)

9. Brooks, Stephen (ed.) (2002) *The challenge of cultural pluralism* (Westport, Connecticut: Praeger)

10. Cairns Alan C. and Courtney John C. (ed.), (1999) *Citizenship, Diversity, and Pluralism: Canadian and comparative perspectives* (Montreal; Ithaca [N. Y.]: McGill-Queen's University Press)

11. Carens, Joseph H. (2000) *Culture, citizenship, and community: a contextual exploration of justice as evenhandedness* (Oxford; New York: Oxford University Press)

12. Deveaux, Monique (2006) *Gender and justice in multicultural liberal states* (Oxford; New York: Oxford University Press)

13. Dhamoon, Rita (2009) *Identity/difference politics: how difference is produced, and why it matters* (Vancouver: UBC Press)

14. Eisenberg, Avigail and Spinner-Halev, Jeff (eds.) (2005) *Minorities within minorities: equality, rights and diversity* (Cambridge; New York, N. Y. : Cambridge University Press)

15. Gagnon, Alain-G. and Iacovino, Raffaele (2007) *Federalism, citizenship, and Quebec: debating multinationalism* (Toronto; Buffalo: University of Toronto Press)

16. Galston, William A. (1991) *Liberal Purposes: Goods, Virtues, and Duties in the Liberal State* (Cambridge; New York: Cambridge University Press)

17. Gilbert, Paul (2000) *Peoples, Cultures and Nations in Political Philosophy* (Washington, D. C. : Georgetown University Press)

18. Glaze, Nathan (1997) *We Are All Multicultualists Now* (Cambridge, Mass. : Harvard University Press)

19. Glaze, Nathan (ed.) (1975) *Ethnicity*, (Cambridge, Mass. : Harvard University Press)

20. Goldberg, David Theo (1994) *Multiculturalism: A Critical Reader* (Cambridge, MA: Blackwell Publishers)

21. Gurr, Ted Robert (1993) *Minority at Risk: A Global View of Ethnopolitical Conflict* (Washington D. C. : United States Institute of Peace Press)

22. Gutmann, Amy (1994) *Multiculturalism: examining the politics of recognition* (Princeton, N. J. : Princeton University Press)

23. Haddock, Bruce and Sutch, Peter (eds.) (2003) *Multiculturalism, identity, and rights* (New York, NY: Routledge)

24. Hollinger, David (2006) *Cosmopolitanism and solidarity: studies in ethnoracial, religious, and professional affiliation in the United States* (Madison, Wis. : University of Wisconsin Press)

25. Hollinger, David (1995) *Posteyhnic America: Beyond Multiculturalism* (New York: Basic books)

26. Joppke, Christian and Lukes, Steven (eds.) (1999) *Multicultural questions* (Oxford; New York: Oxford University)

27. Kelly, Paul (ed.) (2002) *Multiculturalism Reconsidered: 'Culture and Equality' and It's Critics* (Oxford: Polity Press)

28. Kenny, Michael (2004) *The politics of identity: liberal political theory and the dilemmas of difference* (Cambridge, UK; Malden, MA: Polity Press)

29. Kincheloe, Joe L. and Steinberg, Shirley R. (1997) *Changing Multiculturalism* (Buckingham [England]; Philadelphia: Open University Press)

30. Kukathas, Chandran (2003) *The liberal archipelago: a theory of diversity and freedom* (Oxford: Oxford University Press)

31. Kymlicka, Will (1989) *Liberalism, Community, and Culture* (Oxford University Press, Oxford)

32. Kymlicka, Will (1995) *Multicultural citizenship: a liberal theory of minority rights* (Oxford: Clarendon Press; New York: Oxford University Press)

33. Kymlicka, Will (2001) *Politics in the vernacular: nationalism, multiculturalism, and citizenship* (Oxford, UK; New York: Oxford University Press)

34. Kymlicka, Will and Baogang, He (eds.) (2005) *Multiculturalism in Asia* (Oxford: Oxford University Press

35. Kymlicka, Will and Bashir, Bashir (eds.) (2008) *The politics of reconciliation in multicultural societies* (Oxford; New York: Oxford University Press)

36. Kymlicka, Will and Norman, Wayne (2000) (eds.) *Citizenship in Diverse Societies* (Oxford University Press, Oxford)

37. Laden, Anthony Simon and Owen, David (eds.) (2007) *Multiculturalism and political theory* (Cambridge; New York: Cambridge University Press)

38. Levey, Geoffrey Brahm and Modood, Tariq (eds.) (2009) *Secularism, religion, and multicultural citizenship* (New York: Cambridge University Press)

39. Levy, Jacob (2000) *The Multiculturalism of Fear* (Oxford University Press, Oxford).

40. Liew, Ten Chin (2004) *Multiculturalism and the value of diversity* (Singapore: Marshall Cavendish Academic)

41. Macey, Marie (2009) *Multiculturalism, religion and women: doing harm by doing good?* (Basingstoke; New York: Palgrave Macmillan)

42. Markell, Patchen (2003) *Bound by recognition* (Princeton, N. J.: Princeton University Press)

43. May, Stephen, Modood, Tariq and Squires, Judith (eds.) (2004) *Ethnicity, nationalism and minority rights* (Cambridge: Cambridge University Press)

44. McGhee, Derek (2008) *The end of multiculturalism?: terrorism, integration and human rights* (Maidenhead: Open University Press)

45. Meer, Nasar (2010) *Citizenship, identity, and the politics of multiculturalism: the rise of Muslim consciousness in Britain* (New York: Palgrave Macmillan)

46. Miller, David (2000) *Citizenship and National Identity* (Cambridge, UK; Malden, MA: Polity Press)

47. Mookherjee, Monica (2009) *Women's rights as multicultural claims: reconfiguring gender and diversity*

in political philosophy （Edinburgh：Edinburgh University Press）

48. Nagle, John （2009） *Multiculturalism's double bind：creating inclusivity, cosmopolitanism and difference* （Farnham, U. K. ; Burlington, VT：Ashgate）

49. Nagle, J. （2009） *Multiculturalism's double bind：creating inclusivity, cosmopolitanism and difference* （Farnham, U. K. ; Burlington, VT：Ashgate）

50. Parekh, Bhikhu （2000） *Rethinking Multiculturalism-Cultural Diversity and Political Theory* （Cambridge, Mass. : Harvard University Press）

51. Pathak, Pathik （2008） *The future of multicultural Britain：confronting the progressive Dilemma* （Edinburgh：Edinburgh University Press）

52. Raz, Joseph （1986） *The Morality of Freedom.* （Oxford［Oxfordshire］：Clarendon Press；New York：Oxford University Press）

53. Rex, John （1996） *Ethnic minorities in the modern nation state：working papers in the theory of multiculturalism and political integration* （Basingstoke, Hampshire：MacMillan Press）

54. Schmidt, Alvin J. （1997） *The Menace of Multiculturalism*, （Westport, Conn. : Praeger）

55. Schneider, Hildegard and Bossche, Peter van den （eds. ） （2008） *Protection of cultural diversity from a European and international perspective* （Antwerpen：Intersentia；Portland, OR：Distribution for the USA and Canada, International Specialized Bk. Services）

56. Seymour, M. （ed. ） （2010） *The plural states of recognition* （New York：Palgrave Macmillan）

57. Shachar, Ayelet （2001） *Multicultural jurisdictions：cultural differences and women's rights* （Cambridge；New York：Cambridge University Press）

58. Shapiro, Ian and Kymlicka, Will （eds. ） （1997） *Ethnicity and group rights* （New York：New York University Press）

59. Shweder, Richard A. , Minow, Martha and Markus, Hazel R. （eds. ） （2002） *Engaging cultural differences：the multicultural challenge in liberal democracies* （New York：Russell Sage Foundation）

60. Siim, Birte and Squires, Judith （eds. ） （2008） *Contesting citizenship* （London：Routledge）

61. Sor-hoon Tan （ed. ） （2005） *Challenging citizenship：group membership and cultural identity in a global age* （Aldershot, Hants, England；Burlington, VT, USA：Ashgate）

62. Spinner-Halev, Jeff （1994） *The Boundaries of Citizenship：Race, Ethnicity and Nationality in the Liberal State* （The Johns Hopkins University Press）

63. Tamir, Yael （1993）, *Liberal Nationalism* （Princeton：Princeton University Press）

64. Tully, James （1995） *Strange Multipilicity：Constitutionalism in an Age of Diversity* （Cambridge：Cambridge University Press）

65. Tully, James and Gagnon, Alain-G (eds.) *Struggles for Recognition in Multination States* (Cambridge: Cambridge University Press)

66. Young, Iris Marion (1990) *Justice and the Politics of Difference* (Princeton: Princeton University Press)

作者及编者简介

1. K·安东尼·阿皮亚（K. Anthony Appiah）：加纳哲学家、文化理论家与小说家。主要研究兴趣包括政治与道德理论、心理与语言哲学、种族与身份理论。新近的主要著作有《世界主义：陌生者世界中的道德》（*Cosmopolitanism: Ethics in a World of Strangers*, 2006）、《身份的道德》（*The Ethics of Identity*, 2005）、《道德的实验》（*Experiments in Ethics*, 2008）等。

2. 艾利斯·马瑞恩·杨（Iris M. Young）：已故芝加哥大学政治学系教授。她的研究兴趣广泛，涉足的领域包括：当代正义理论；民主与差异；女性主义政治理论；大陆政治哲学（福柯和哈贝马斯）；伦理学与国际事务；环境伦理；社会性别、种族与公共政策；公共政策的规范性分析。主要著作有：《正义与差异的政治》（*Justice and the Politics of Difference*, 1990）、《交错的声音：社会性别、政治哲学和政策的困境》（*Intersecting Voices: Dilemmas of Gender, Political Philosophy, and Policy*, 1997）、《包容与民主》（*Inclusion and Democracy*, 2000）、《女性的身体经验》（*On Female Body Experience: 'Throwing Like a Girl' and Other Essays*, 2005）、《全球性困境：论战争、自决和全球正义》（*Global Challenges: War, Self-Determination, and Responsibility for Justice*, 2007）。

3. 艾米·古德曼（Amy Gutmann）：宾夕法尼亚大学校长，宾夕法尼亚大学人文科学院政治学教授，美国政治和法律哲学协会主席。她的主要研究兴趣集中在伦理学、正义理论、审议民主理论和民主教育。她编著的《多元文化主义与承认的政治》（*Multiculturalism and The Politics of Recognition*, 1992）中收录了查尔斯·泰勒的《承认的政治》一文，自此之后，多元文化主义理论流行开来。主要著作有：《肤色意识：种族的政治道德》（*Color Conscious: The Political Morality of Race*, with Anthony Appiah, 1996），此书荣获"拉尔夫·邦奇奖"和"北美社会哲学协会图书奖"，被认为是"政治学中研究种族和多元文化主义最杰出的学术著作"；《民主与分歧》（*Democracy and Disagreement*）、《结社自由》（*Freedom of Association*）、《为什么是协商民主》（*Why Deliberative Democracy? with Dennis Thompson*, 2004）、《民主与福利国家》（*Democracy and the Welfare State*, 1988）。

4. 布莱恩·巴里（Brian Barry）：已故英国政治哲学家，伦敦经济学院政治科学系教授。曾执教于哥伦比亚大学，研究《正义论》的第一本英文著作《自由主义的正义理论》（*The Liberal Theory of Justice*，1973）的作者，其他主要著作有《作为公平的正义：社会正义专题》（*Justice as Impartiality*，*Vol. II of A Treatise on Social Justice*，1995）、《文化与平等：对多元文化主义的平等主义批判》（*Culture and Equality*：*An Egalitarian Critique of Multiculturalism*，2001）等。

5. 杰夫·斯宾纳－哈列维（Jeff Spinner-Halev）：北卡罗莱纳大学政治科学系教授。主要研究兴趣是当代自由主义理论与民主理论，当前比较关注激进的非正义问题。主要著作有：《幸存的多样性：宗教与民主的公民身份》（*Surviving Diversity*：*Religion and Democratic Citizenship*，2000）、《公民身份的边界：自由主义国家的人种、种族与民族性》（*The Boundaries of Citizenship*：*Race*，*Ethnicity and Nationality in the Liberal State*，1996）、与人合编《少数中的少数：平等、权利与多样性》（Co-editor with Avigail Eisenberg. *Minorities within Minorities*：*Equality*，*Rights and Diversity*，2005）。

6. 杰里米·瓦尔德隆（Jeremy Waldron）：著名法哲学家和政治哲学家，主要研究领域包括法律、司法和社会政策。主要著作包括：《私有财产权》（*The Right to Private Property*，1988）、《自由主义的权利》（*Liberal Rights*，1993）、《产法的尊严》（*The Dignit of Legislation*）、《法律与分歧》（*Law and Disagreement*，1999，《上帝、洛克与平等》（*God*，*Locke and Equality*，2002）

7. 克里斯汀·乔普克（Christian Joppke）：巴黎美国大学政治学教授。主要著作有《公民身份与移民》（*Citizenship and Immigration*，2010）、《面纱：认同之镜》（*Veil*：*Mirror of Identity*，2009）、《基于血统的选择：自由主义国家的种族移民》（*Selecting by Origin*：*Ethnic Migration in the Liberal State*，2005）、《移民与民族国家：美国、德国与英国》（*Immigration and the Nation-State*：*The United States*，*Germany*，*and Great Britain*，1999）等。

8. 米歇尔·韦维尔卡（Michel Wieviorka）：法国社会学家，主要研究兴趣恐怖主义、种族主义、社会运动以及社会变革理论。巴黎社会科学高等研修学院（école des Hautes études en Sciences Sociales，Paris）社会学干预分析中心（Centre d'Analyse et d'Intervention Sociologiques）主任。主要著作有《反犹太主义》（*L'antisémitisme*，2005）、《论暴力》（*La violence*，2004）等。

9. 钱德兰·库卡萨斯（Chandran Kukathas）：印第安裔澳大利亚政治理论家，主要研究兴趣是多元文化主义与自由主义的争论，执教于伦敦经济与政治科学学院政府系，在政治理论研究方面很有影响。主要著作：《自由的群岛：关于多样性与自由的理论》（*The Liberal Archipelago*：*A Theory of Diversity and Freedom*，2003）、《罗尔斯：正义理论及其批判》（*Rawls*：*A Theory of Justice and Its Critics*（with Philip Pettit, Polity and Stanford，1990））、《哈耶克与现代自由主义》（*Hayek and Modern Liberalism*，1989）。

10. 苏珊·莫勒·欧金（Susan Moller Okin）：已故新西兰自由女权主义政治哲学家。1970 年在牛津大学获得哲学硕士学位，1975 年在哈佛大学获博士学位。她曾任教于奥克兰大学、瓦萨大学、哈佛大学等。1990 年，她加入斯坦福大学伦理学会，成为享受玛塔·萨顿·威克斯（Marta Sut-

ton Weeks）基金的教授。2004 年在伦敦去世。她的主要著作有《多元文化主义对女性有害吗?》（*Is multiculturalism bad for women*，1999）、《正义、性别与家庭》（*Justice，gender，and the family*，1989）、《性别、公共领域与私人领域》（*Gender，the public and the private*，1989）、《西方政治思想中的女性》（*Women in Western political thought*，1979）等。

11. 威尔·金里卡（Will Kymlicka）：加拿大政治哲学家，女皇大学政治学教授。主要研究兴趣集中在当代政治哲学与多元文化主义理论，他的自由多元文化主义理论享誉西方学术界。主要著作有《自由主义、社群与文化》（*Liberalism，Community，and Culture*，1989）、《多元文化的公民权》（*Multicultural Citizenship：A Liberal Theory of Minority Rights*，1995）、《少数的权利：民族主义、多元文化主义和公民》（*Politics in the Vernacular：Nationalism，Multiculturalism，Citizenship*，2001）、《当代政治哲学》（*Contemporary Political Philosophy：An Introduction*，1990）等。

12. 韦恩·诺曼（Wayne Norman）：杜克大学教授，1988 年在伦敦经济学院获博士学位。主要研究兴趣集中在政治哲学与伦理学领域。主要著作有《多民族国家的协商民族主义、民族建构、联邦主义与分裂》（*Negotiating Nationalism：Nation-building，Federalism，and Secession in the Multinational State*，2006）、《联邦主义理论》（Co-editor withD. Karmis，*Theories of Federalism* 2005）、《多元文化社会的公民身份》（Co-editor with Kymlicka，*Citizenship in Diverse Societies*）等。

13. 约瑟夫·拉兹（Joseph Raz）：英国著名法哲学家、道德哲学家和政治哲学家，英国牛津大学法哲学教授、巴利奥尔学院研究员、哥伦比亚大学法学院教授。主要著作包括：《法律体系的概念》（*The Concepts of Legal System* 1970/1980）、《实践理性与规范》（*Practical Reason and Norms*，1975/1990）、《法律的权威》（*The Authority of Law*，1979）、《自由的道德》（*The Morality of Freedom*，1986）、《公共领域中的伦理学》（*Ethics in the Public Domain*，1994）、《迷人的理性》（*Engaging Reason*，1999）、《价值、尊重与归属》（*Value，Respect and Attachment*，2001）、《价值的实践》（*The Practice of Value*，2003）等。

14. 李丽红，1975 年生，辽宁朝阳人，2003 年和 2006 年在天津师范大学分别获得法学硕士和法学博士学位。现任教于苏州大学政治与公共管理学院。主要研究方向：西方政治思想史、当代西方政治哲学、多元文化主义理论。出版有译著《社会契约论》（合译），另有关于多元文化主义的论文、译文多篇。